$D = X$

$C = CM$

$D3 \quad D6 = 6X \quad 3X$

DR. MED. MARKUS WIESENAUER

MAXIQUICKFINDER
Homöopathie

DIE GU-QUALITÄTSGARANTIE

Wir möchten Ihnen mit den Informationen und Anregungen in diesem Buch das Leben erleichtern und Sie inspirieren, Neues auszuprobieren. Bei jedem unserer Produkte achten wir auf Aktualität und stellen höchste Ansprüche an Inhalt, Optik und Ausstattung.
Alle Informationen werden von unseren Autoren und unserer Fachredaktion sorgfältig ausgewählt und mehrfach geprüft. Deshalb bieten wir Ihnen eine 100%ige Qualitätsgarantie.

Darauf können Sie sich verlassen:
Wir legen Wert darauf, dass unsere Gesundheits- und Lebenshilfebücher ganzheitlichen Rat geben. Wir garantieren, dass:
• alle Übungen und Anleitungen in der Praxis geprüft und
• unsere Autoren echte Experten mit langjähriger Erfahrung sind.

Wir möchten für Sie immer besser werden:
Sollten wir mit diesem Buch Ihre Erwartungen nicht erfüllen, lassen Sie es uns bitte wissen! Wir tauschen Ihr Buch jederzeit gegen ein gleichwertiges zum gleichen oder ähnlichen Thema um. Nehmen Sie einfach Kontakt zu unserem Leserservice auf. Die Kontaktdaten unseres Leserservice finden Sie am Ende dieses Buches.

GRÄFE UND UNZER VERLAG. *Der erste Ratgeberverlag – seit 1722.*

KGS

Vorwort

Spannend und faszinierend – so lässt sich die Homöopathie am besten charakterisieren. Und so beschreiben es auch immer mehr Menschen, wie sie die Homöopathie erleben. Ob akute Beschwerden, immer wieder auftretende Infekte oder eine anhaltende Erkrankung – die Homöopathie eröffnet oft ungeahnte Behandlungsmöglichkeiten, weil sie die Selbstheilungskräfte des Körpers gezielt aktiviert.

In dieses Buch ist meine inzwischen über 25-jährige Praxistätigkeit eingeflossen. Die Basis dafür bleibt aber eine weltweit angewendete Heilweise, die zwar mehr als 200 Jahre alt ist, die aber dennoch auch für sogenannte moderne Erkrankungen eine Antwort kennt. Beurteilen und bewerten lässt sich die Homöopathie nur aus praktischer Erfahrung, indem man sie anwendet: Erlebnis Gesundheit.

Als Hausarzt mache ich immer wieder die Erfahrung, dass es häufig die Frauen sind, die sich mit Homöopathie beschäftigen. Typische Beschwerden sind etwa eine schmerzhafte Periodenblutung, die unreine Haut oder Verdauungsstörungen. Oftmals beschäftigen sich Mütter mit Homöopathie, weil ihre Kinder einen Infekt nach dem anderen nach Hause bringen. Und gar nicht so selten ist es auch die Hebamme, die schon vor der Geburt zur Vorbereitung »Kügelchen« gegeben hat, um die Entbindung und das Wochenbett zu erleichtern.

Wenn Sie in diesem Buch blättern, werden Sie sofort erkennen, dass die Homöopathie bei einer Vielzahl sehr unterschiedlicher Beschwerden und Erkrankungen, bei denen eine Selbstmedikation möglich ist, angewendet werden kann. Dabei ist die Auswahl des richtigen homöopathischen Arzneimittels denkbar einfach. Das Konzept des MAXIQUICKFINDERS HOMÖOPATHIE ist so aufgebaut, dass Sie in wenigen Schritten Ihr Arzneimittel finden – passend für die jeweilige Situation. Neu im vorliegenden MAXIQUICKFINDER sind Beschwerdenbilder, bei denen aufgrund einer längeren Erkrankung eine schulmedizinische Behandlung notwendig ist. Denn Sie können das homöopathische Mittel auch daraufhin aussuchen, welche Beschwerden trotz Therapie noch vorhanden sind – und gewissermaßen die Nebenwirkungen der Schulmedizin mit Homöopathie abmildern. Wenn Sie nach dem Motto »Das eine tun, ohne das andere zu lassen« vorgehen, dann wird die Homöopathie zur Komplementärmedizin, das heißt zu einer die Schulmedizin ergänzenden Therapie.

Mit allen guten Wünschen
Ihr

Inhalt

Homöopathie– eine Faszination

1.

Die Homöopathie fasziniert immer mehr Menschen – eine Erfolgsgeschichte seit über 200 Jahren, und das auf der ganzen Welt. Denn mit der Homöopathie können nicht nur viele akute Beschwerden, sondern auch chronische Krankheiten behandelt werden, und das ohne Gefahr von Nebenwirkungen. Durch die Anregung der Selbstheilungskräfte hilft die Homöopathie, dass Körper, Geist und Seele im wahrsten Sinn des Wortes wieder ins Lot kommen.

MIT DEM WIRKPRINZIP der Homöopathie lassen sich viele körperliche wie auch seelische Beschwerden erfolgreich behandeln. Die Homöopathie zählt zu den natürlichen Heilmethoden, die immer auf den ganzen Menschen wirkt. Der MAXIQUICK-FINDER HOMÖOPATHIE ermöglicht Ihnen, das für Ihre Beschwerden geeignete Mittel auf rasche und zielsichere Weise zu finden. Dabei spielt es keine Rolle, ob es sich bei dem Kranken um ein Neugeborenes, einen Säugling oder ein Kind handelt, oder ob Sie als Erwachsener erkrankt sind: Das infrage kommende Mittel unterstützt Ihre Selbstheilungskräfte.

Es gibt jedoch auch Krankheiten, bei denen die Selbstheilungskräfte quasi wie gelähmt sind. Sie können nicht mehr oder nur noch eingeschränkt aktiviert werden. Beispiele dafür sind Autoimmunkrankheiten wie die Schilddrüsenentzündung (Thyreoiditis) oder das Unvermögen des Körpers, bei Zuckerkrankheit (Diabetes mellitus) Insulin zu produzieren. Dies bedeutet aber nicht, dass Sie auf eine homöopathische Behandlung verzichten müssen. Vielmehr liegt der große Vorteil der Homöopathie darin, dass die Globuli auch parallel zu den Medikamenten der Schulmedizin eingenommen werden können. Deshalb wird die Homöopathie zu Recht auch als Komplementärmedizin bezeichnet. Insofern erweitert die Homöopathie die Behandlungsmöglichkeiten auch und gerade bei langwierigen Beschwerden und Erkrankungen.

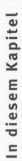

In diesem Kapitel

Einführung in die Homöopathie – das Wichtigste im Überblick

Ein revolutionäres Behandlungskonzept

Mit der Homöopathie entwickelte der Arzt und Wissenschaftler Samuel Hahnemann (1755–1843) ein innovatives, seiner Zeit weit vorausschauendes Behandlungskonzept. Im Jahr 1796 stellte er seine neue Heilweise vor, wonach Krankheiten durch solche Arzneimittel geheilt werden sollten, die bei einem Gesunden vergleichbare, »ähnliche« Beschwerden auslösen. Eine für das Medizinsystem revolutionäre Idee. Auch heute noch bleiben manche Aspekte der Homöopathie für die Wissenschaft unerklärbar. Und dennoch – immer mehr Menschen lassen sich von der Wirksamkeit der Homöopathie überzeugen: Sie haben ihre Wirkung an sich selbst verspürt, ein beeindruckendes Aha-Erlebnis. Die eigene Erfahrung mit der Homöopathie lässt ungeahnte Behandlungsmöglichkeiten erkennen. Die Homöopathie – sachgerecht angewendet – ist eine praktisch risikofreie, aber hochwirksame Therapie. Sie kann oft dann noch weiterhelfen, wenn die Schulmedizin ihre Möglichkeiten bereits ausgeschöpft hat, etwa beim Fersensporn. Jedoch sind zum Beispiel ein Knochenbruch, eine schwere Infektion, eine insulinpflichtige Zuckerkrankheit oder eine Krebserkrankung allein mit Homöopathie nicht in den Griff zu bekommen.

Die Selbstheilungskräfte aktivieren

Dennoch werden Sie wahrscheinlich überrascht sein, welche und vor allem wie viele Beschwerden mit Homöopathie behandelt werden können. Das liegt am Wirkprinzip der Homöopathie: Auf den Reiz der homöopathischen Arznei antwortet der kranke Organismus mit einer Aktivierung der Heilreaktion; dies äußert sich in dem spürbaren Empfinden: »Mir geht es zusehends besser.« Aber wie können Sie sich das vorstellen?

Die Ähnlichkeitsregel

Das Grundprinzip der Homöopathie ist die Ähnlichkeitsregel: »Ähnliches kann durch Ähnliches geheilt werden« (Similia similibus curentur). Das heißt, bei einem Patienten wird ein Mittel angewendet, das zuvor an einem Gesunden erforscht worden war und das bei dem Gesunden die gleichen Symptome hervorrief, die der Kranke nun zeigt.

Die Arzneimittelprüfung am Gesunden

Ein zentrales Element der homöopathischen Forschung ist die Arzneimittelprüfung. Dazu wurden und werden die Naturstoffe, aus denen das Arzneimittel hergestellt wird, einem Gesunden gegeben. Diese freiwillige Versuchsperson dokumentiert, welche Beschwerden, obgleich ja gesund, sich nunmehr während der Einnahme zeigen. Dabei kann die Substanz nicht nur auf unterschiedliche Körperregionen, sondern auch auf Stimmung und Verhalten Einfluss haben. Die seelischen und körperlichen Befindlichkeitsänderungen werden von der Prüfperson von Kopf zu Fuß protokolliert. Diese Dokumentation ergibt die Basis für das sogenannte Arzneimittelbild des geprüften Stoffes. Da die Homöopathie tagtäglich in aller Welt angewendet wird, entsteht zu jedem Mittel ein riesiger Erfahrungsschatz. Dies bedeutet, dass man über die Wirkung und Verträglichkeit jedes einzelnen Mittels eine sehr genaue Kenntnis besitzt, was im Übrigen die Schulmedizin unter »Evidenz-basierter Medizin« versteht. Dies erklärt auch, warum heute seit Hahnemanns Zeiten über das einzelne Mittel weitaus mehr

Erkenntnisse vorliegen und weshalb der Arzneimittelschatz erheblich zugenommen hat. Insofern erstaunt es nicht, dass sich auch viele Erkrankungen unserer heutigen Zeit wirkungsvoll mit Homöopathie behandeln lassen.

Drei einfache Beispiele

→ **Die Küchenzwiebel:** Jeder kennt nur zu gut die Reaktion auf Augen und Nase, wenn er eine Zwiebel schneidet – die dadurch ausgelösten Symptome erinnern an einen Erkältungsschnupfen. Deshalb finden Sie die Küchenzwiebel (lat. *Allium cepa*) auf Seite 96 als Heilmittel für Erkältungsschnupfen.

→ **Die Brennnessel:** Ihnen weicht jeder tunlichst aus, ansonsten entwickelt sich ein juckender Hautausschlag, der an eine Allergie erinnert. Und so finden Sie die Brennnessel (lat. *Urtica urens*) auf Seite 181 als Heilmittel unter »Allergie«.

→ **Kaffee:** Für manche Menschen ist es undenkbar, am späten Nachmittag noch Kaffee zu trinken, weil sie dann abends nicht einschlafen können, sich im Bett wälzen und ihnen tausend Gedanken durch den Kopf gehen. Und in der Tat können diese Menschen mit »homöopathischem« Kaffee (Coffea) auf ganz un-

schädliche Weise wieder einen erholsamen Schlaf erreichen (Seite 30).

Das individuelle Krankheitsbild

Die Umsetzung der Ähnlichkeitsregel ist ganz einfach. Die Arzneimittelbilder beschreiben gewissermaßen einen Zustand, der Ihre individuellen Empfindungen oder auch Beschwerden wiedergibt. Die charakteristischsten Symptome bzw. die Beschwerden, die Sie am meisten belasten, leiten Sie zu »Ihrem«, zum richtigen Mittel; deshalb spricht man in der Homöopathie auch von den Leitsymptomen. Sie sind im zweiten Kapitel ab Seite 18 dargestellt.

Da jeder Patient seine Beschwerden sehr unterschiedlich empfindet, gibt es in der Homöopathie nicht nur ein einziges

---

→ Lieferbarkeit der Mittel

Alle Mittel erhalten Sie in Apotheken. Manchmal kann ein Mittel in der gewünschten Potenz und Darreichungsform nicht vorrätig sein. In aller Regel wird es jedoch innerhalb von ein bis zwei Tagen lieferbar sein.

Mittel zum Beispiel bei Schnupfen, Magenschmerzen oder Hautausschlag. Typische Begleiterscheinungen konkretisieren die Leitsymptome und erleichtern den Weg zu »Ihrem« Mittel bei den jeweiligen Beschwerden.

Deshalb wird in der Homöopathie vom individuellen Krankheitsbild gesprochen; damit sind sowohl die seelischen als auch die körperlichen Beschwerden gemeint. Und deshalb finden Sie bei den einzelnen Beschwerdenbildern stets mehr als nur ein Mittel genannt.

Die Potenzierung

Die auf Seite 7 genannten Beispiele zeigen Ihnen noch etwas Typisches der Homöopathie: Wenn Sie sich in der Beschreibung der Symptome zur Schlaflosigkeit wiederfinden, werden Sie keinen üblichen Kaffee trinken, weil sich dadurch Ihr »überdrehter« Zustand sehr wahrscheinlich noch verschlimmern würde. Sie nehmen stattdessen den Kaffee »homöopathisch« aufbereitet ein. Aber was heißt das?

Dr. Samuel Hahnemann sah sich in den ersten Jahren seiner homöopathischen Behandlung ebenfalls mit diesem Problem konfrontiert. Da er auch Apotheker

---

→ Herstellung homöopathischer Arzneimittel: Potenzierung

Alle homöopathischen Mittel tragen hinter dem Namen noch ein Kürzel wie D6 oder C12. Dies gibt die Anzahl der Potenzierungsschritte an. Bei der Potenzierung wird der Arzneigrundstoff mit der Trägersubstanz (Alkohol und Wasser bzw. Milchzucker) verschüttelt bzw. verrieben. Dieser Vorgang wird so oft durchgeführt, bis die gewünschte Potenz erreicht ist.

Dezimalpotenzen:	1 Teil Arzneigrundstoff	+ 9 Teile Trägersubstanz → D1
	1 Teil D1	+ 9 Teile Trägersubstanz → D2
	1 Teil D2	+ 9 Teile Trägersubstanz → D3
	usw.	

Centesimalpotenzen:	1 Teil Arzneigrundstoff	+ 99 Teile Trägersubstanz → C1
	1 Teil C1	+ 99 Teile Trägersubstanz → C2
	1 Teil C2	+ 99 Teile Trägersubstanz → C3
	usw.	

Für die Selbstmedikation wie auch für die Behandlung akuter Beschwerden eignen sich die D6- oder D12-Potenzen, die auch in diesem Buch angegeben sind, besonders gut. Erfahrene Therapeuten setzen noch sogenannte Hochpotenzen (D/C30, D/C200 und höher) sowie die speziell hergestellten LM- oder Q-Potenzen ein, vor allem auch zur Behandlung langwieriger Erkrankungen.

Darreichungsformen: Homöopathische Arzneimittel gibt es als Globuli (Streukügelchen), Tabletten und alkoholhaltige Tropfen. Obgleich alle drei Darreichungsformen eine identische Wirksamkeit haben, werden zumeist Globuli verwendet. Manche homöopathische Mittel gibt es in bestimmten Potenzen nur als Tabletten.

und Chemiker war, löste er das Problem auf geniale Weise. Die verwendeten Stoffe werden Schritt für Schritt verarbeitet, was in der Fachsprache der Homöopathie als Potenzieren bezeichnet wird.

Potenzieren ist nicht Verdünnen

Als Grundstoffe für die Arzneimittel werden meist Pflanzen, Tiere und Tiergifte verwendet, aber auch Säuren, Mineralien und Metalle. Verständlich, dass es darunter auch gefährliche Stoffe gibt, die man unverarbeitet keinesfalls einnehmen darf, etwa Arsenicum album (Weißes Arsenik) oder Mercurius, das Quecksilber! Aber auch Pflanzen wie Aconitum, der Eisenhut, oder Belladonna, die Tollkirsche, wären tödlich giftig.

Die Genialität Hahnemanns liegt darin, dass er die Naturstoffe schrittweise verarbeitet hat, sodass sie ihre Giftigkeit oder ihr Allergiepotenzial, etwa bei Apis mellifica, der Honigbiene, verlieren. Darüber hinaus stellte er fest, dass die verarbeiteten Stoffe durch die Potenzierung viel stärker und intensiver wirkten, ohne jedoch irgendwelche schädlichen Nebenwirkungen zu entwickeln.

So finden Sie im MAXIQUICKFINDER HOMÖOPATHIE bei verschiedenen akuten Entzündungen Belladonna als Heilmittel genannt, wie Sie bei den Mittelbeschreibungen auf Seite 250 nachlesen können. Die Tollkirsche ist, wie Sie bereits gelesen haben, eine Giftpflanze. Durch die Methode der schrittweisen Verarbeitung, also durch die Potenzierung, wird aus der Giftpflanze ein Heilmittel, das selbst für Kleinkinder als bewährt empfohlen wird (Seite 234, 238) und das sogar von Schwangeren und Stillenden angewendet werden kann, wie Sie auf Seite 202 oder 224 nachlesen können.

Wirksamkeit und Qualität sind belegt

Die Herstellung der Mittel ist im Homöopathischen Arzneibuch (HAB) verbindlich vorgeschrieben. Daran müssen sich alle Hersteller in Deutschland halten. Die darin festgelegten Vorschriften gehen auf Hahnemann zurück; dazu gehört auch, dass jedes Arzneimittel von Hand verarbeitet werden muss – mit der Folge, dass homöopathische Arzneimittel von gleichbleibender Qualität und somit auch von gesicherter Wirksamkeit sind.

Und dass die Homöopathie wirksam ist, zeigen ihre Behandlungserfolge auch und gerade bei Neugeborenen und Kleinkindern; und immer häufiger wird die Homöopathie auch bei Tieren mit Erfolg eingesetzt. Übrigens – die seriöse Forschung hat inzwischen eine Vielzahl handfester wissenschaftlicher Studien, wonach die Wirksamkeit der Homöopathie belegt ist. Diese Aussage wurde auch von der Weltgesundheitsorganisation WHO bestätigt.

→ **Wichtiger Hinweis**

Auf dem Beipackzettel mancher homöopathischer Arzneimittel finden Sie oft folgende Warnhinweise: Das Arzneimittel soll während der Schwangerschaft und Stillzeit nur nach Rücksprache mit dem Arzt eingenommen werden. Oder: Das Arzneimittel ist für Kinder unter 12 Jahren nicht geeignet. Hintergrund ist, dass der Arzneimittelhersteller von der Zulassungsbehörde zu solchen Angaben gezwungen wird. Wenn dieser Hinweis auch auf einem in diesem Buch genannten Mittel steht, dann können Sie es dennoch unbesorgt in der angegebenen Potenz und Dosierung anwenden.

Homöopathie

in der Praxis –
so einfach geht es

Homöopathie ist nicht schwierig. Sie müssen sich nur mit einigen Besonderheiten vertraut machen, dann werden Sie selbst immer sicherer in der Auswahl und Anwendung der Mittel.

So nehmen Sie die homöopathischen Mittel ein

→ Als Darreichungsform eignen sich besonders die Globuli. Dies sind Streukügelchen aus Saccharose (Rohrzucker), auf die die alkoholhaltige Lösung aufgetropft wird. Globuli sind die gebräuchlichste Darreichungsform und für Kinder jeglichen Alters, aber auch für Erwachsene besonders gut geeignet.

Hinweis: Auch wenn Sie Diabetes (Zuckerkrankheit) haben, können Sie die Globuli ohne Anrechnung anwenden.

→ Manche Mittel können nicht in jeder Potenz als Globuli hergestellt werden. Dann bedienen Sie sich der Tabletten: Hier wird der Arzneigrundstoff mit Laktose (Milchzucker) verarbeitet und als Tablette gepresst.

Hinweis: Bei Milchzuckerunverträglichkeit (Laktoseintoleranz) verwenden Sie Globuli oder die alkoholhaltigen Tropfen (sog. Dilution). Nehmen Sie die Tropfen am besten auf einem Plastiklöffel ein, und verdünnen Sie sie mit Wasser.

→ Ob Sie das Mittel in einer D- oder C-Potenz anwenden, ist für den Behandlungserfolg unerheblich. Denn entscheidend ist, wie oft der Herstellungsschritt (= Potenzierung) vorgenommen wurde. So entspricht einer D6 eine C6 oder einer D12 eine C12 usw.

→ Für die in diesem Buch angegebenen Mittel und Potenzen gibt es keine Wechselwirkungen mit schulmedizinischen Arzneimitteln. Ganz im Gegenteil, durch die gleichzeitige Einnahme des homöopathischen Mittels lassen sich oftmals die Nebenwirkungen der chemischen Arzneien reduzieren bzw. gezielt behandeln.

→ Bessern sich die Beschwerden, dann reduzieren Sie die Einnahmehäufigkeit von 3-mal täglich auf je nach Befinden 1- bis 2-mal täglich bzw. von 2-mal täglich auf 1-mal täglich.

Wichtig: Sind die Beschwerden abgeklungen, setzen Sie das Mittel ab!

Umgang mit höheren Potenzen

Höhere Potenzen als in diesem Buch angegeben sollten dem Erfahrenen vorbehalten bleiben, da sie eine äußerst exakte Übereinstimmung zwischen dem Krankheitsbild und dem Arzneimittelbild notwendig machen. Denn nur dann wirkt auch die Hochpotenz. Auch rufen sie häufiger eine Erstverschlimmerung (siehe rechts) hervor. Bei den tiefen und mittleren Potenzen D3, D6 und D12 ist dies nicht der Fall.

→ Je höher die Potenz, desto länger ist die Wirkungsdauer des Mittels. Die Gabe

---

→ Dosierung des homöopathischen Arzneimittels

Pro einmaliger Gabe (Dosis) erhalten
→ Neugeborene, Säuglinge: 1 Globulus
→ Kleinkinder: 3 Globuli
→ Schulkinder, Erwachsene: 5 Globuli
1 Tablette entspricht 3–5 Globuli; bei Neugeborenen und Säuglingen zerstoßen Sie die Tablette zu Pulver und geben davon die Hälfte.
Verabreichen Sie Tropfen, so entspricht die im Buch genannte Anzahl der Globuli der Anzahl der Tropfen.
Ältere Menschen nehmen gern anstelle der 5 Globuli eine Tablette ein.

---

einer D30-/C30-Potenz hat eine Wirkungsdauer von durchschnittlich zwei bis drei Tagen, eine D200/C200-Potenz wirkt rund vier Wochen lang! Deshalb darf die Wiederholung vor allem auch bei Kindern nur streng individuell erfolgen und sollte dem Therapeuten vorbehalten sein.

Besonderheiten der Homöopathie

Erstverschlimmerung: Sollte kurz nach Behandlungsbeginn einer akuten Erkrankung eine Verschlechterung eintreten, setzen Sie das Mittel für einen halben Tag ab, danach nehmen Sie es wieder, aber nur noch halb so häufig wie zu Beginn. Wenden Sie ein Mittel wegen chronischer Beschwerden an und verstärken sich die Beschwerden, dann setzen Sie die Behandlung für ein bis zwei Tage aus und nehmen danach dasselbe Mittel nur noch halb so oft wie zuvor.

Kurmäßige Anwendung: Bei einer länger andauernden bzw. chronischen Erkrankung empfiehlt es sich, nach dreiwöchiger Einnahme das Mittel eine Woche lang auszusetzen, um es danach bei noch bestehenden Beschwerden wiederum drei Wochen lang einzunehmen. Sind die zu behandelnden Beschwerden noch

---

→ Wasserglasmethode

Wenn Sie in Ihrer Hausapotheke das angezeigte Mittel nicht in der angegebenen Potenz, sondern in einer D30- oder C30-Potenz haben, dann sollten Sie es bei akuten Beschwerden nur nach der Wasserglasmethode einnehmen: Lösen Sie 3 Globuli in einem halb mit Wasser gefüllten Glas durch Umrühren mit einem Plastiklöffel auf (wird auch Verkleppern genannt). Davon nehmen Sie dann so oft, wie bei dem Mittel angegeben, 1 knappen Teelöffel ein. Das entspricht einer Gabe.

---

nicht vollständig abgeklungen, dann nehmen Sie das Mittel in diesem Rhythmus weiterhin ein. Denn es gibt Beschwerden, die nur allmählich abklingen. Typische Beispiele sind die homöopathische Behandlung von Nebenwirkungen der notwendigen schulmedizinischen Therapie. Eine Besonderheit ist die homöopathische Kur (Seite 13).

Lebenslange Einnahme? Oft wird im Zusammenhang mit der kurmäßigen Einnahme die Frage gestellt, ob man das

Mittel »ein Leben lang« einnehmen muss. Nein, denn die Homöopathie versucht immer, die Beschwerden zum Abklingen zu bringen, indem sie hilft, die Ursachen zu heilen. Deshalb spüren Sie oftmals auch nach Absetzen des Mittels noch eine anhaltende Besserung.

Möglichst nur ein Mittel einnehmen: Wählen Sie das Mittel wie auf Seite 14 beschrieben nach den Leitsymptomen aus. Stellen Sie sich dazu die Frage: »Was macht mir derzeit am meisten Beschwerden?« Dadurch nehmen Sie Ihre »Hauptbaustelle« in Angriff:

→ Das kann eine lang anhaltende Beschwerde sein, bei der Sie jetzt mithilfe der Homöopathie die gezielte Anregung der Selbstheilungskräfte in Gang setzen.

→ Bei einer akuten Beschwerde steht deren Behandlung im Vordergrund. Nehmen Sie zwei Mittel parallel ein, dann wenden Sie ein Mittel vor dem Essen, das andere mit etwa einer Viertelstunde Abstand zum Essen danach an.

Das Mittel zeigt keine Wirkung: Wenn ein Mittel nach ein bis zwei Tagen keine Wirkung zeigt, zumal bei akuten Beschwerden, dann prüfen Sie nochmals Ihre Auswahl Schritt für Schritt anhand der Leitsymptome; wählen Sie in Ruhe und mit Sorgfalt das »richtige« Mittel aus und nehmen Sie es wie beschrieben ein. Insbesondere bei hochakuten Krankheitsverläufen, etwa bei akuten Infekten, können sich die Leitsymptome sehr schnell ändern. Ein Beispiel: Der anfänglich trockene Husten hat sich durch das Mittel deutlich gebessert. Jetzt wird der noch vorhandene Husten schleimig, Sie müssen wieder mehr abhusten, um den Schleim auswerfen zu können. Das anfänglich eingenommene Mittel passt jetzt nicht mehr. Nun kommt ein Mittel aus der Rubrik »schleimiger Husten« in Betracht. Und dieses wählen Sie wiederum nach den momentan im Vordergrund stehenden Leitsymptomen aus.

Wichtig: Beachten Sie unbedingt die Grenzen der Selbsthilfe. Fragen Sie deshalb bei allen Fällen, bei denen Sie sich nicht sicher sind, in Ihrer Homöopathie-kompetenten Apotheke nach oder holen ärztlichen Rat ein. Dies betrifft insbesondere Säuglinge und Kleinkinder!

Effektiv: ausleiten, entgiften, Schwachstellen stärken

Auf den Seiten 42 bis 44 finden Sie spezielle Diagramm-Tafeln zu den Themen Ausleiten und Entgiften von Medikamenten und Erregern (Viren, Bakterien). Solche Ursachen können eine Abwehrschwäche hervorrufen, in deren Folge sich körperliche Schwachstellen entwickeln, die zu wiederkehrenden Entzündungen neigen. Dies bedeutet, dass die körpereigenen Selbstheilungskräfte geschwächt sind und eine Unterstützung benötigen. Eine solche homöopathische Stärkungskur beginnt sinnvollerweise mit dem Ausleiten. Dabei orientieren Sie sich entweder an den Medikamenten, die Sie bislang eingenommen haben. Oder es treten immer wieder Entzündungen auf, die durch bestimmte Erreger verursacht werden; sie lassen sich einem bestimmten Mittel zuordnen.

So gehen Sie vor:

→ Im ersten Schritt beginnen Sie die Stärkungskur mit dem Ausleiten und Entgiften. Nehmen Sie dazu das entsprechende Mittel drei Wochen lang ein, dann machen Sie eine Woche Pause; so verfahren Sie insgesamt drei Mal.

→ Als zweiter Schritt wird Ihre individuelle Schwachstelle (etwa Atemwege oder Harnwege), wo immer wieder Entzündungen auftreten, behandelt. Lesen Sie dazu je nach Beschwerdebild in der entsprechenden Diagramm-Tafel nach, mit welchem Mittel die Behandlung durchgeführt wird. Auch dieses Mittel nehmen Sie – wie auf Seite 11 beschrieben – kurmäßig drei Wochen lang ein, um danach eine einwöchige Pause einzulegen. In dieser Weise verfahren Sie, bis Sie sich gestärkt und stabilisiert haben: Die Entzündung ist nicht mehr aufgetreten.

Hinweis: Beachten Sie bitte, dass die Dauer einer solchen Behandlung sehr unterschiedlich sein kann. Oft reichen zwei bis drei Monate für die Behandlung aus; es ist aber durchaus eine längere Behandlungsdauer möglich und vor allem sinnvoll, solange noch krankheitstypische Beschwerden bestehen.

Unterstützung von außen – homöopathische Salben

Der akute Hautausschlag oder das schon länger bestehende Ekzem sind typische Krankheitsbilder, bei denen die Homöopathie erfolgreich »von innen« heilen hilft. Haut, Haaren und Nägeln ist deshalb ein eigenes Kapitel gewidmet (Seite 178–199). Wenn Sie dieses Kapitel durchlesen, werden Sie vielleicht überrascht feststellen, dass es auch homöopathische Salben und Cremes gibt. Sie unterstützen erfolgreich die Wirkung des Mittels, das

---

→ Die homöopathische Kur

Es gibt verschiedene Beschwerdenbilder, bei denen sich zwei Arzneimittel gegenseitig ergänzen, vor allem wenn sie kurmäßig und nacheinander eingenommen werden. Die entsprechenden Arzneimittel, die sich für diese Form der Anwendung besonders bewährt haben, sind auf den Diagramm-Tafeln jeweils optisch hervorgehoben.

Durchführung der Kur: Sie nehmen das zuerst genannte Arzneimittel drei Wochen lang ein, danach setzen Sie es ab und nehmen das zweite Mittel ebenfalls drei Wochen lang ein. Danach wechseln Sie wieder zum ersten Mittel.

Dauer der Kur: Die Kur beenden Sie, wenn es Ihnen besser geht. Je nach Besserung der Beschwerden können Sie diese Kur mehrere Monate lang durchführen. Selbstverständlich können Sie zu einem späteren Zeitpunkt bei erneutem Auftreten der Beschwerden wieder mit der Kur beginnen.

Wichtig: Unterbrechen Sie die Kur, wenn Sie akut erkranken und deswegen ein anderes Mittel einnehmen. Ist die Akuterkrankung abgeklungen, setzen Sie das dabei angewendete Mittel ab und führen die homöopathische Kur fort.

Sie einnehmen. Auch homöopathische Salben aktivieren die körpereigenen Selbstheilungskräfte, sie »unterdrücken« also nicht den Hautausschlag, sondern helfen, die erkrankte Haut in ihrer Schutzfunktion zu aktivieren. Die Salben werden nach den gleichen Gesichtspunkten ausgewählt wie die Mittel zum Einnehmen, also nach den Leitsymptomen. In diesem Zusammenhang hat sich eine sogenannte Schaukeltherapie bewährt:

Dabei wird das schulmedizinische Präparat im Wechsel mit der homöopathischen Salbe angewendet, bei einem Hautausschlag zum Beispiel morgens die chemische, abends die homöopathische Salbe. Einmal mehr ist darauf hinzuweisen, dass Hauterkrankungen oftmals viel Geduld erfordern und ein möglichst frühzeitiger Behandlungsbeginn mit der Homöopathie nachdrücklich empfohlen wird; insbesondere gilt dies auch für Kinder.

2. Beschwerden
von Kopf bis Fuß

In der Homöopathie ist es gebräuchlich, die Beschwerden »von Kopf bis Fuß« einzuteilen. So ist auch Ihr MAXIQUICKFINDER HOMÖOPATHIE aufgebaut. Auf der rechten Seite sehen Sie mithilfe des Farbleitsystems neun Körperregionen und Bereiche; diesen sind die Beschwerden zugeordnet. Der Zugriff ist simpel: Sie schlagen in den Kapiteln nach, wo Sie die meisten Beschwerden haben!

Auf einer **einführenden Seite** erfahren Sie, welche Beschwerden Sie in diesem Bereich finden. Diese Seiten sollen Ihnen helfen, die richtigen Diagramm-Tafeln zu finden. In der ganz rechten Spalte sind die jeweiligen Beschwerdenbilder und Erkrankungen aufgelistet; größere Kapitel sind stichwortartig unterteilt. Schlagen Sie die infrage kommende Seite auf.

→ In der Diagramm-Tafel gehen Sie jetzt die beiden links auf der Seite stehenden Rubriken »wo oder warum« und »was« von oben nach unten durch. Stellen Sie sich dabei die Frage, welche der genann-ten Symptome auf Sie bzw. den Kranken am meisten zutreffen und typisch sind. Die Pfeile helfen, die Zusammenhänge der Beschwerden schnell zu erkennen: Mit diesen beiden Schritten treffen Sie die **Vorauswahl für das Mittel**.

→ In der nächsten Spalte, »wie«, lesen Sie, unter welchen Umständen sich die genannten Beschwerden verschlechtern (↓) oder verbessern (↑).

→ Dem Pfeil folgend erfahren Sie dann unter »wie noch« und »außerdem« zu-sätzliche Angaben, die die bestehenden Beschwerden weiter präzisieren.

→ Es müssen nicht alle beschriebenen Symptome zutreffen! Doch je mehr An-gaben mit Ihren Beschwerden überein-stimmen, desto sicherer können Sie sein, das richtige homöopathische Mittel ge-funden zu haben. Bei zu wenig Überein-stimmung beginnen Sie von vorn.

→ In der rechten Spalte finden Sie das für die Beschwerden passende Arzneimittel, zudem Potenz und Dosierung, auf man-chen Tafeln weitere Hinweise zur Anwen-dungsdauer und Häufigkeit.

→ Über den Seitenverweis gelangen Sie zur Gesamtbeschreibung des Mittels.

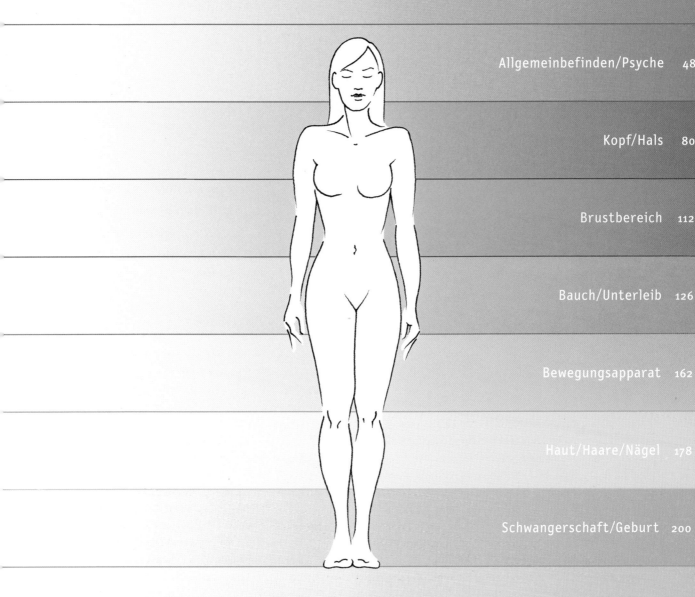

Hausapotheke/Notfälle

Dieses Kapitel beschreibt sehr unterschiedliche Anwendungsmöglichkeiten der Homöopathie: Neben Mitteln für die Hausapotheke finden Sie hier auch Behandlungsmöglichkeiten für Notfälle oder Nebenwirkungen der schulmedizinischen Therapie. Dazu gehört auch das Ausleiten und Entgiften und damit die Stärkung der Abwehrkräfte.

Akutmittel

Die fünf wichtigsten Akutmittel der Homöopathie sollten auf jeden Fall Bestandteil Ihrer Hausapotheke sein. Um sie schnell bei der Hand zu haben, sollten Sie diese Mittel deutlich kennzeichnen. Machen Sie sich in einer ruhigen Stunde mit ihnen vertraut.

Hausapotheke

Grundsätzlich empfiehlt es sich, mehrere homöopathische Arzneimittel für akute Beschwerden in der homöopathischen **Hausapotheke** zu haben. Um die Auswahl der entsprechenden Mittel zu vereinfachen, sind die akuten Beschwerden alphabetisch sortiert. Da möglicherweise die aktuell bestehenden Beschwerden nicht eindeutig auf eines dieser Mittel zutreffen, sollten Sie auch in den Kapiteln von Seite 48 bis 239 unter der jeweiligen krankheitsbezogenen Diagramm-Tafel nachsehen. Dort finden Sie zu jedem Symptom eine Auswahl an fünf Mitteln.

Die Hausapotheke beinhaltet auch Mittel für **Notfälle**. Je nach Schwere des Notfalls sollten Sie ärztliche Hilfe anfordern. Das angezeigte Mittel können Sie zwischenzeitlich in kurzen Zeitabständen einnehmen bzw. dem Betroffenen geben. Damit leisten Sie bereits Erste Hilfe.

Die verschiedenen **Verletzungen und ihre Folgen** sind ebenfalls alphabetisch gelistet. Die Mittel dafür unterstützen den Heilungsprozess, dadurch klingen Schmerzen, Schwellungen oder ein Bluterguss rascher ab – egal, ob es sich dabei um die Folgen eines Unfalls, einer Operation oder einer Entbindung handelt. Aber auch Wundinfektionen können mit Homöopathie vermieden werden.

Nebenwirkungen

Bei manchen Erkrankungen kann auf chemische Arzneimittel nicht verzichtet werden. Oft kommt es bei deren Anwendung zu **Medikamentenneben-**

wirkungen. Dies verleitet Patienten häufig dazu, die Arzneien nur noch unregelmäßig einzunehmen oder sie sogar abzusetzen. Das sollten Sie keinesfalls tun! Sprechen Sie bei neu auftretenden oder unklaren Beschwerden mit Ihrem Arzt, der Ihnen die Medikamente verordnet hat. Sollte es sich um Nebenwirkungen handeln, lassen sich diese mit Homöopathie sehr gut behandeln, ohne dass die Wirksamkeit der chemischen Arzneimittel vermindert wird. Vergleichbares gilt auch für **Impfungen**. Mithilfe der Homöopathie sind Impfungen besser verträglich. Bei der Auswahl des geeigneten Mittels orientieren Sie sich entweder an der Art der Impfung oder an den Beschwerden, die als mögliche Impffolgen aufgetreten sind. Dies ermöglicht Ihnen auch, das in Frage kommende Mittel bereits drei Tage vor der geplanten Impfung anzuwenden, zumal wenn Sie bereits wissen, dass Sie auf eine Impfung mit Beschwerden reagierten.

Ausleiten, Abwehrschwäche

Ausleiten und Entgiften ist bei vielen anhaltenden oder wiederkehrenden Beschwerden der erste Schritt, um die Selbstheilungskräfte anzuregen. Bei der Auswahl des Mittels orientieren Sie sich vor allem an der Ursache, also ob es sich um Medikamente oder Erreger handelt. Beginnen Sie damit auch Ihre Behandlung, wenn Sie an einer **Abwehrschwäche** leiden, denn durch Ausleiten und Entgiften können Sie körperliche Schwachstellen und damit einhergehende, ständig wiederkehrende Entzündungen behandeln.

Die fünf wichtigsten Akutmittel

warum, wo	was	wie	wie noch	außerdem	MITTEL[1]
Kälte, kalte (Zug-)Luft, seelische Ereignisse (Schock, Schreck)	»man brütet etwas aus«: Schüttelfrost, rasch steigendes Fieber, man ist unruhig, ängstlich	↓abends, nachts, Berührung, Kälte ↑Schweißausbruch	plötzlicher Krankheitsbeginn, anfänglich trockene, blasse, später rote, heiße Haut	bewährt bei fieberhaftem Infekt im Anfangsstadium, auch bei (Klein-)Kindern	Aconitum D6 stündl. 5 Glob. Seite 243
feucht-kalte (Zug-)Luft, Überhitzung, Sonnenbestrahlung	hochrotes, heißes Gesicht, rasch ansteigendes Fieber, Fantasieren, Schwitzen	↓Berührung, Geräusche, Licht ↑Ruhe	klopfende Kopf- und Ohrenschmerzen; heftige Schluckschmerzen, brennt wie Feuer	häufig Folgemittel von Aconitum, bei Fieber und Entzündungen (Kinder)	Belladonna D6 stündl. 5 Glob. Seite 250
Erbrechen nach üppigem Essen; ungesunde Ernährungs- und Lebensweise	(Kater-)Übelkeit, Brechreiz, morgendliches Würgen und Erbrechen, Verstopfung	↓durch Kälte, morgens ↑Wärme	gehetzte Lebensweise, innere Anspannung, wirkt gestresst, Verlangen nach Genussmitteln	bewährt bei Übelkeit, Brechreiz und Erbrechen durch Chemotherapie	Nux vomica D6 3-mal tägl. 5 Glob. Seite 282
Infekt, verdorbene Speisen, emotionale Ereignisse, Periodenschmerzen	wässrige Durchfälle, Bauchkrämpfe, Erbrechen, Kältegefühl am ganzen Körper	↓Anstrengung, Aufregung ↑Trinken von Kaltem	akute Kreislaufschwäche, blasses Gesicht, kalte Schweiße, starker Schwindel	bei schmerzhafter Periodenblutung mit Brechdurchfall und Kreislaufschwäche	Veratrum album D6 alle paar Min. 5 Glob., dann 3-mal tägl. 5 Glob. Seite 300
Harnblasenentzündung	heftigste brennende Schmerzen in Blase und Harnröhre, auch nach dem Wasserlassen	↓Berührung, Bewegung, kaltes Wasser, Trinken von Kaffee ↑Wärme, Ruhe	Bauchkrämpfe, Schmerzen wie Feuer	bewährt bei Brandblasen zur beschleunigten Abheilung	Cantharis D6 3-mal tägl. 5 Glob. Seite 255

[1] *Akutdosierung: am 1. und 2. Krankheitstag 4- bis 5-mal einnehmen*

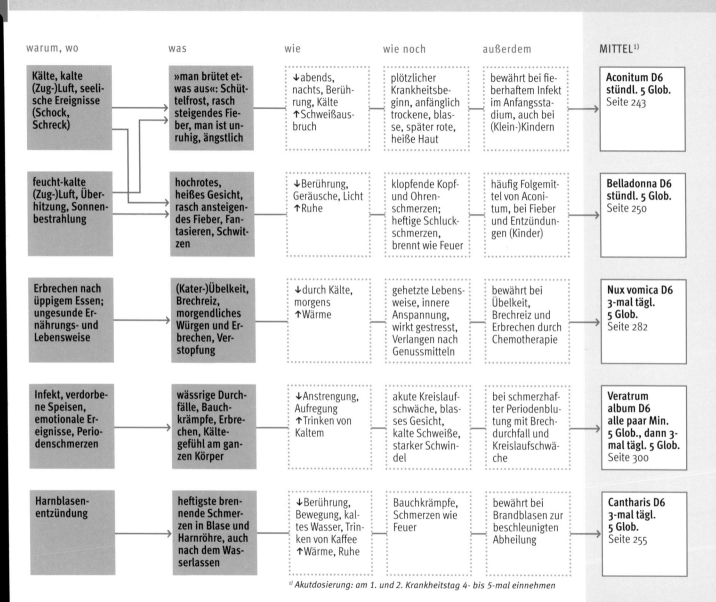

Mittel für die Hausapotheke

warum, wo	was	wie	wie noch	außerdem	MITTEL[1]
Angstzustände: Aufregung, Schock, Panik- attacken, Enge- gefühl	**starkes Angstge- fühl, körperliche Unruhe, erhöhter Blutdruck mit Herzjagen, Angstträume**	↓abends, nachts, durch Berührung, Kälte ↑Schweißaus- bruch	Beschwerden schaukeln sich auf, negative Erlebnisse tau- chen ständig auf	Panikattacken, Angst vor Enge: Flugzeug, me- dizinische Gerä- te (»Röhre«), Tunnel	**Aconitum D12 2-mal tägl. 5 Glob.** Seite 243
Angstzustände: Schreck, Schock Folgen von Aufregung	**zittrige Schwä- che, Energielo- sigkeit, Schwin- del, wie betäubt, oft dunkelrotes Gesicht**	↓abends, warme Räume, Wärme ↑frische Luft	von Nacken und Schulter ausge- hende läh- mungsartige Schmerzen, Kopfweh	bewährt zur Nachbehand- lung von Virus- infekten mit verzögerter Ge- sundung	**Gelsemium D12 2-mal tägl. 5 Glob.** Seite 266
Atemnot bei Allergie	**Brennen und Stechen in Hals und Rachen, Hustenreiz, schweres Atmen**	↓Wärme, Berührung ↑kalte Auflagen, an frischer Luft	Schwellung der Augenlider mit Jucken und Brennen, Trä- nenfluss	Gesichtshaut wie aufgequol- len, rot, heiß, stechende Schmerzen	**Apis melli- fica D6 öfter im Abstand von einigen Min. 5 Glob.** Seite 247
Atemnot bei Kreislauf- schwäche	**blasses Ausse- hen, Schwindel- gefühl, Kältege- fühl, besonders am Kopf, bläuli- che Lippen**	↓nach dem Essen ↑frische Luft, Hochlagern des Körpers	erschwertes At- men, Husten mit zähem Schleim, verfärbte Lippen und Fingernägel	häufiges Auf- stoßen, übel riechende Blä- hungen, Völle- gefühl; Roem- held-Syndrom	**Carbo vege- tabilis D6 öfter im Abstand von einigen Min. 5 Glob.** Seite 255
Atemnot bei Schreck	**Schnappen nach Luft, rötliche oder bläulich- blasse Gesichts- farbe, starkes Schwitzen**	↓Wärme ↑Abkühlung	man fühlt sich wie betäubt, weiß nicht, was man sagen oder tun soll	bewährt bei den Folgen einer Ge- hirnerschütte- rung oder eines Schlaganfalls	**Opium D12 mehrmals im Abstand von einigen Min. 5 Glob.** Seite 283

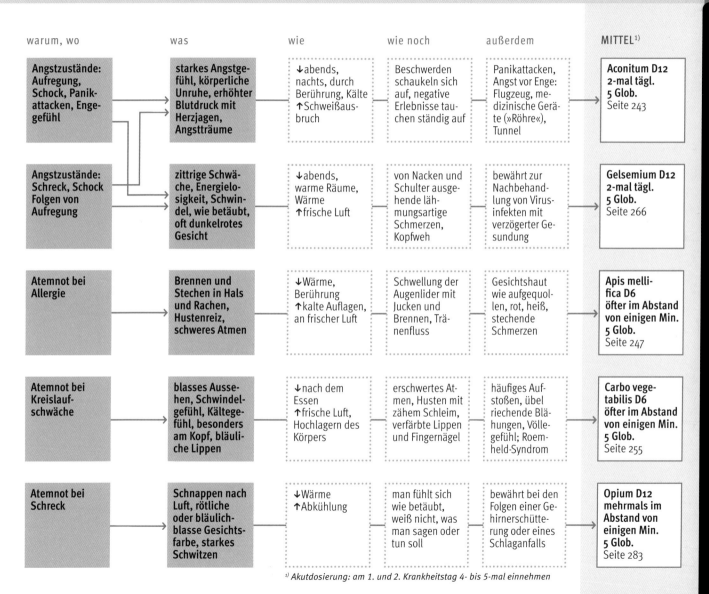

[1] *Akutdosierung: am 1. und 2. Krankheitstag 4- bis 5-mal einnehmen*

Mittel für die Hausapotheke

warum, wo	was	wie	wie noch	außerdem	MITTEL[1]
Augenbinde-hautentzündung: Erkältung, allergische Reaktion	**gerötete, brennende, schmerzende Augen, anfangs trocken, später scharfer Tränenfluss**	↓abends, Wärme, langes Lesen ↑Kälte, Dunkelheit	sehr lichtempfindlich; entzündete Lidränder; wässrig-schleimiges Nasensekret; Niesreiz	bewährt bei immer wiederkehrender Bindehautentzündung	**Euphrasia D6 3-mal tägl. 5 Glob.** Seite 264
Augenbinde-hautentzündung: Überanstrengung (Bildschirm, schlechte Beleuchtung)	**Hitze, Brennen der Augen, unscharfes Sehen, Kopfschmerzen durch angestrengtes Lesen**	↓Kälte, Nässe ↑vorsichtige Bewegung	schmerzhafte Verspannungen im Schulter-Nacken-Bereich	bewährt bei Augenverletzungen durch Unfall, Stoß, Sturz sowie Bänderriss: **zum Arzt!**	**Ruta D6 3-mal tägl. 5 Glob.** Seite 291
Bauchkrämpfe, nach emotionalen Ereignissen (Aufregung, Entrüstung, Demütigung)	**kolikartige Magen- und Bauchschmerzen, man muss sich zusammenkrümmen**	↓nachmittags, nachts, nach Essen, Trinken ↑Wärme, Zusammenkrümmen	Blähungskolik mit Durchfall, bewährt bei Krämpfen von Gallenblase, Darm, Nieren	selbst Kleinigkeiten bringen einen aus der Fassung, man reagiert mit Wutanfall	**Colocynthis D6 3-mal tägl. 5 Glob.** Seite 260
Blähungskoliken, Drei-Monats-Koliken; Zahnen	**Darmkrämpfe, auch gelblich grüner Durchfall, wie faule Eier riechend, wunder Po**	↓Aufregung, nachts ↑lokale Wärme	aufgetriebener Leib, stinkende Blähungen, Aufstoßen, saures Erbrechen	ärgerliche, gereizte Stimmung, lässt sich nicht beruhigen, sehr schmerzempfindlich	**Chamomilla D6 3-mal tägl. 3 Glob.** Seite 257
Blasenentzündung	**heftigste brennende Schmerzen in Blase und Harnröhre, auch nach dem Wasserlassen**	↓Berührung, Bewegung, kaltes Wasser, Trinken von Kaffee ↑Wärme, Ruhe	Bauchkrämpfe, Schmerzen wie Feuer	bewährt bei Brandblasen zur beschleunigten Abheilung (Seite 21)	**Cantharis D6 3-mal tägl. 5 Glob.** Seite 255

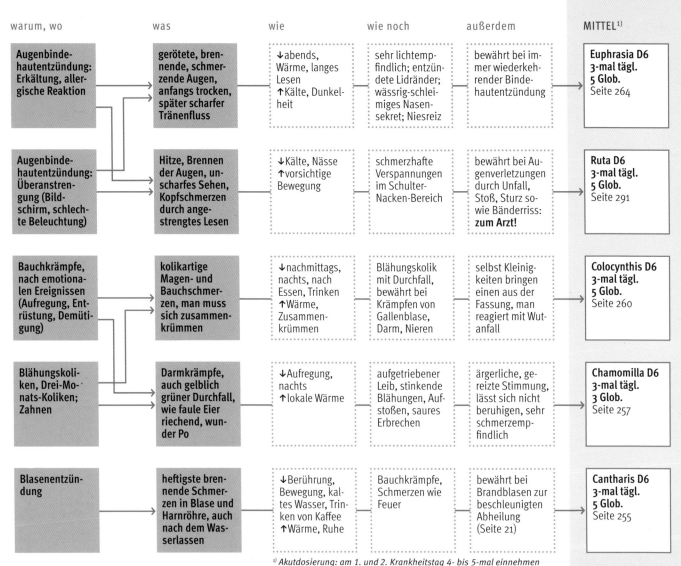

[1] *Akutdosierung: am 1. und 2. Krankheitstag 4- bis 5-mal einnehmen*

Mittel für die Hausapotheke

warum, wo	was	wie	wie noch	außerdem	MITTEL[1]
Brandblase: Verbrennung, Verbrühung	Bildung von kleinen und größeren Brandblasen, die ineinander übergehen	↓Berührung, Bewegung, kaltes Wasser, Trinken von Kaffee ↑Wärme, Ruhe	stark brennende Schmerzen, wie Feuer	bewährt zur Vermeidung von Verbrennungsschäden der Haut	**Cantharis D6** 3-mal tägl. 5 Glob. Seite 255
Brustdrüsenentzündung in der Stillzeit	geschwollene Brustdrüse, tastbare, schmerzhafte Knoten, die Haut ist gerötet, heiß	↓Berührung, Bewegung ↑Kälte	Lymphknoten in der Achselhöhle schmerzhaft geschwollen, Krankheitsgefühl	Phytolacca D2: bewährt zur Verringerung des Milchflusses und zum Abstillen	**Phytolacca D6** 3-mal tägl. 5 Glob. Seite 286
Brustdrüsenschmerzen vor der Periode, nach einer Entbindung	Brüste geschwollen, schmerzhaft, sehr berührungsempfindlich, jede Bewegung tut weh	↓Berührung, Erschütterung	schmerzhafte, starke Periodenblutung, die oft zu früh einsetzt	Schluckbeschwerden, einseitiger Halsschmerz, der zur anderen Seite wechselt	**Lac caninum D12** 2-mal tägl. 5 Glob. (vom 14. bis 28. Zyklustag) Seite 274
Durchfall bei verdorbenen Speisen (Fisch, Fleisch)	Durchfälle wie Wasser, extreme Brennschmerzen am After, man fühlt sich sterbenselend	↓um Mitternacht, Kälte ↑Wärme, warme Getränke	starkes Durstgefühl, Speisengerüche rufen Ekel hervor, Erbrechen	innere Unruhe, mit Angstgefühl, auch um die Gesundheit, Neigung zu Gewichtsabnahme	**Arsenicum album D12** 2-mal tägl. 5 Glob. Seite 249
Durchfall auf Reisen, ungewohnte Ernährung; Antibiotikatherapie	akuter Durchfall, danach Blähungen und Verstopfung, Aufstoßen mit Übelkeit	↓Nikotingenuss ↑Nahrungsverzicht	anhaltende Appetitlosigkeit, Müdigkeit, allgemeine Leistungsschwäche	bewährt bei Reisedurchfall, zur Vorbeugung bei Reisen, Sanierung der Darmflora	**Okoubaka D3** 3-mal tägl. 5 Glob. Seite 283

[1] *Akutdosierung: am 1. und 2. Krankheitstag 4- bis 5-mal einnehmen*

Mittel für die Hausapotheke

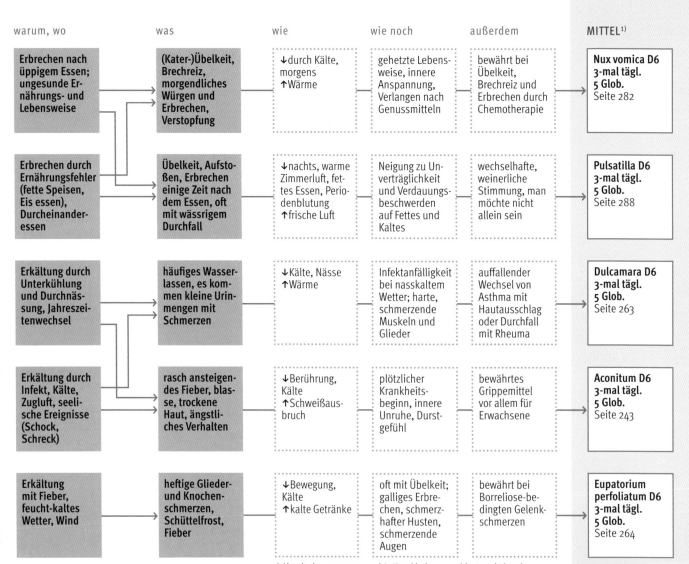

warum, wo	was	wie	wie noch	außerdem	MITTEL[1]
Erbrechen nach üppigem Essen; ungesunde Ernährungs- und Lebensweise	(Kater-)Übelkeit, Brechreiz, morgendliches Würgen und Erbrechen, Verstopfung	↓durch Kälte, morgens ↑Wärme	gehetzte Lebensweise, innere Anspannung, Verlangen nach Genussmitteln	bewährt bei Übelkeit, Brechreiz und Erbrechen durch Chemotherapie	**Nux vomica D6** 3-mal tägl. 5 Glob. Seite 282
Erbrechen durch Ernährungsfehler (fette Speisen, Eis essen), Durcheinanderessen	Übelkeit, Aufstoßen, Erbrechen einige Zeit nach dem Essen, oft mit wässrigem Durchfall	↓nachts, warme Zimmerluft, fettes Essen, Periodenblutung ↑frische Luft	Neigung zu Unverträglichkeit und Verdauungsbeschwerden auf Fettes und Kaltes	wechselhafte, weinerliche Stimmung, man möchte nicht allein sein	**Pulsatilla D6** 3-mal tägl. 5 Glob. Seite 288
Erkältung durch Unterkühlung und Durchnässung, Jahreszeitenwechsel	häufiges Wasserlassen, es kommen kleine Urinmengen mit Schmerzen	↓Kälte, Nässe ↑Wärme	Infektanfälligkeit bei nasskaltem Wetter; harte, schmerzende Muskeln und Glieder	auffallender Wechsel von Asthma mit Hautausschlag oder Durchfall mit Rheuma	**Dulcamara D6** 3-mal tägl. 5 Glob. Seite 263
Erkältung durch Infekt, Kälte, Zugluft, seelische Ereignisse (Schock, Schreck)	rasch ansteigendes Fieber, blasse, trockene Haut, ängstliches Verhalten	↓Berührung, Kälte ↑Schweißausbruch	plötzlicher Krankheitsbeginn, innere Unruhe, Durstgefühl	bewährtes Grippemittel vor allem für Erwachsene	**Aconitum D6** 3-mal tägl. 5 Glob. Seite 243
Erkältung mit Fieber, feucht-kaltes Wetter, Wind	heftige Glieder- und Knochenschmerzen, Schüttelfrost, Fieber	↓Bewegung, Kälte ↑kalte Getränke	oft mit Übelkeit; galliges Erbrechen, schmerzhafter Husten, schmerzende Augen	bewährt bei Borreliose-bedingten Gelenkschmerzen	**Eupatorium perfoliatum D6** 3-mal tägl. 5 Glob. Seite 264

[1] Akutdosierung: am 1. und 2. Krankheitstag 4- bis 5-mal einnehmen

Mittel für die Hausapotheke

warum, wo	was	wie	wie noch	außerdem	MITTEL[1]
Fließschnupfen durch Erkältung, Feuchtigkeit	tropfende Nase, wässriger, brennender Nasenschleim, wunde Nasenlöcher	↑frische Luft, Kühle	tränende Augen, raue Stimme, Hüsteln	bewährt auch bei Heuschnupfen	**Allium cepa D6** 3-mal tägl. 5 Glob. Seite 245
Gichtanfall	Gelenkschwellung mit Hitzegefühl und Verlangen nach Abkühlung	↓Wärme, Bewegung ↑kalte Anwendungen	brennendes Gefühl der Hände und Füße, erhöhte Harnsäure, Gichtknoten	bewährt bei Borreliose-bedingten Gelenkschmerzen	**Ledum D6** 3-mal tägl. 5 Glob. Seite 276
Halsschmerzen durch Infektion, Erkältung	dunkelroter Rachen, schmerzhaftes Schlucken, geschwollene Halslymphknoten	↓Berührung ↑Ruhe, lokale Wärme, Trinken von Kaltem	bis in die Ohren ausstrahlende Schmerzen, allgemeines Zerschlagenheitsgefühl	bewährt bei Seitenstrangangina und Pfeifferschem Drüsenfieber	**Phytolacca D6** 3-mal tägl. 5 Glob. Seite 286
Hämorrhoiden, nach chirurgischer Hämorrhoidenbehandlung	schmerzhafte, leicht blutende Hämorrhoiden, Wundschmerz am After	↓Berührung, feuchte Wärme	Hämorrhoiden sind entzündlich gereizt, Riss am After, anhaltende Verstopfung	Neigung zu Krampfadern, Venenentzündungen; spontanes Nasenbluten	**Hamamelis D6** 3-mal tägl. 5 Glob. Seite 268
Hautausschlag mit Schwellung (Quaddel)	Haut ist rot, heiß, teigig geschwollen, große Quaddeln, stechende Schmerzen	↓Wärme, Berührung ↑kalte Auflagen, frische Luft	Ruhelosigkeit, Bewegungsdrang, Durstlosigkeit, Hitzegefühl der Haut	bewährt beim Quincke-Ödem mit Anschwellung der Augenlider, auch der Wangen	**Apis mellifica D6** 3-mal tägl. 5 Glob. Seite 247

[1] *Akutdosierung: am 1. und 2. Krankheitstag 4- bis 5-mal einnehmen*

Mittel für die Hausapotheke

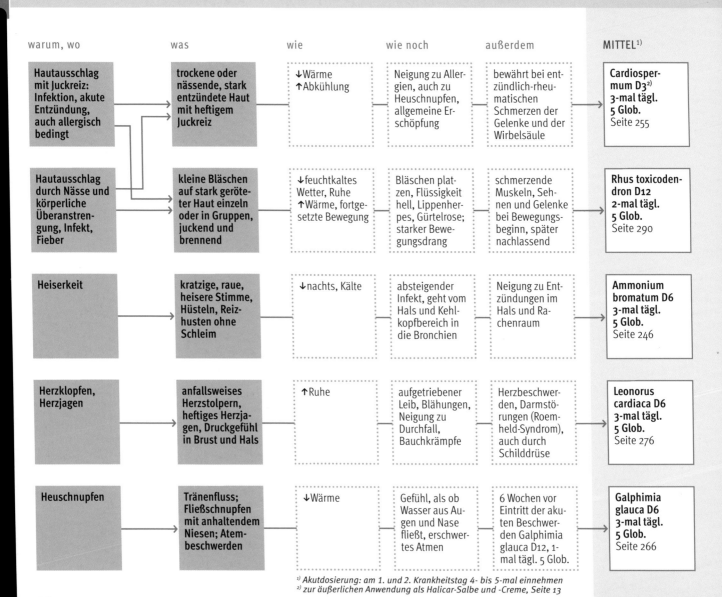

warum, wo	was	wie	wie noch	außerdem	MITTEL[1]
Hautausschlag mit Juckreiz: Infektion, akute Entzündung, auch allergisch bedingt	trockene oder nässende, stark entzündete Haut mit heftigem Juckreiz	↓Wärme ↑Abkühlung	Neigung zu Allergien, auch zu Heuschnupfen, allgemeine Erschöpfung	bewährt bei entzündlich-rheumatischen Schmerzen der Gelenke und der Wirbelsäule	**Cardiospermum D3[2]** 3-mal tägl. 5 Glob. Seite 255
Hautausschlag durch Nässe und körperliche Überanstrengung, Infekt, Fieber	kleine Bläschen auf stark geröteter Haut einzeln oder in Gruppen, juckend und brennend	↓feuchtkaltes Wetter, Ruhe ↑Wärme, fortgesetzte Bewegung	Bläschen platzen, Flüssigkeit hell, Lippenherpes, Gürtelrose; starker Bewegungsdrang	schmerzende Muskeln, Sehnen und Gelenke bei Bewegungsbeginn, später nachlassend	**Rhus toxicodendron D12** 2-mal tägl. 5 Glob. Seite 290
Heiserkeit	kratzige, raue, heisere Stimme, Hüsteln, Reizhusten ohne Schleim	↓nachts, Kälte	absteigender Infekt, geht vom Hals und Kehlkopfbereich in die Bronchien	Neigung zu Entzündungen im Hals und Rachenraum	**Ammonium bromatum D6** 3-mal tägl. 5 Glob. Seite 246
Herzklopfen, Herzjagen	anfallsweises Herzstolpern, heftiges Herzjagen, Druckgefühl in Brust und Hals	↑Ruhe	aufgetriebener Leib, Blähungen, Neigung zu Durchfall, Bauchkrämpfe	Herzbeschwerden, Darmstörungen (Roemheld-Syndrom), auch durch Schilddrüse	**Leonorus cardiaca D6** 3-mal tägl. 5 Glob. Seite 276
Heuschnupfen	Tränenfluss; Fließschnupfen mit anhaltendem Niesen; Atembeschwerden	↓Wärme	Gefühl, als ob Wasser aus Augen und Nase fließt, erschwertes Atmen	6 Wochen vor Eintritt der akuten Beschwerden Galphimia glauca D12, 1-mal tägl. 5 Glob.	**Galphimia glauca D6** 3-mal tägl. 5 Glob. Seite 266

[1] *Akutdosierung: am 1. und 2. Krankheitstag 4- bis 5-mal einnehmen*
[2] *zur äußerlichen Anwendung als Halicar-Salbe und -Creme, Seite 13*

Mittel für die Hausapotheke

warum, wo	was	wie	wie noch	außerdem	MITTEL[1]
Heuschnupfen	**extremer Juckreiz der Nase, der Augen, im Rachenraum, man will sich ständig kratzen**	↓Wärme	Juckreiz im Gehörgang und im Ohrbereich, Geruchsverlust, Fließschnupfen	Neigung zu Hautausschlägen, oft juckend, trocken	**Arundo D6 3-mal tägl. 5 Glob.** Seite 249
Hexenschuss (Lumbago)	**stechende Schmerzen, man vermeidet jegliche Bewegung, Muskelverspannungen wie steif**	↓geringste Bewegung, Berührung ↑Schweißausbruch, kalte Anwendungen	Neigung zu stechenden Kopfschmerzen, rheumatischen Beschwerden, Verstopfung	auch bewährt bei trockenem, schmerzhaftem Husten (siehe unten)	**Bryonia D6 3-mal tägl. 5 Glob.** Seite 252
Husten mit (Kopf-) Schmerzen	**stechende Schmerzen beim Husten, der ganze Brustkorb schmerzt**	↓geringste Bewegung, Berührung ↑Schweißausbruch, kalte Anwendungen	stechende Kopfschmerzen, fiebrig heiß, großer Durst auf Kaltes	bei heftigen Schmerzen an Muskeln, Sehnen, Bändern, Rippen, Gelenken (siehe oben)	**Bryonia D6 3-mal tägl. 5 Glob.** Seite 252
Ischiasschmerzen	**ziehende Schmerzen, bei Bewegungsbeginn wie steif, allmählich nachlassend**	↓feuchtkaltes Wetter, Ruhe ↑Wärme, fortgesetzte Bewegung	Rückenschmerzen nach Bandscheibenvorfall, mit Schmerzen im Arm oder Bein	bewährt bei (Sport-)Verletzungen mit Dehnung, Zerrung, Prellung, Tennisarm	**Rhus toxicodendron D12 2-mal tägl. 5 Glob.** Seite 290
Kopfschmerzen durch Infekte, nach starker Sonneneinstrahlung	**plötzlich auftretender klopfender, hämmernder Kopfschmerz**	↓Berührung, Geräusche, Licht ↑Ruhe	hochrotes, heißes Gesicht, gerötete Augen; brennender Schmerz der Haut	bewährt bei akuten Schmerzen, die kolikartig kommen und gehen	**Belladonna D6 3-mal tägl. 5 Glob.** Seite 250

[1] *Akutdosierung: am 1. und 2. Krankheitstag 4- bis 5-mal einnehmen*

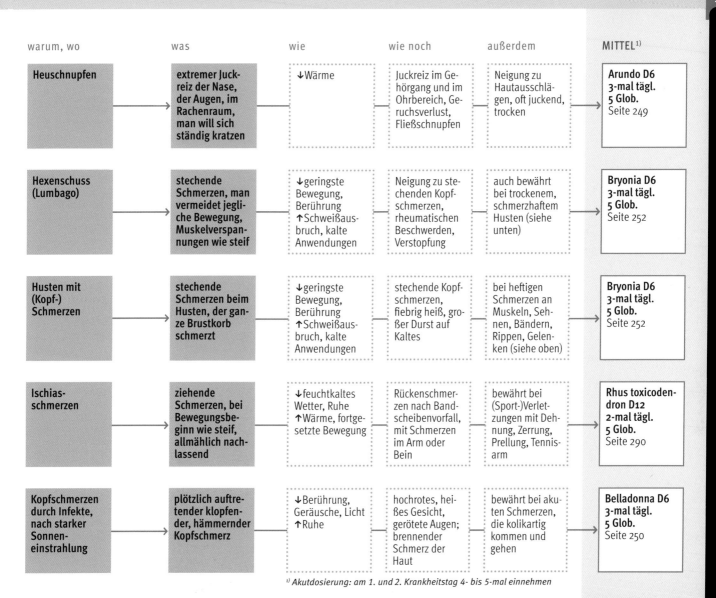

Mittel für die Hausapotheke

warum, wo	was	wie	wie noch	außerdem	MITTEL[1]
Kopfschmerzen vom Nacken ausgehend: bei feucht-warmem Wetter, Stress, Überforderung	**in Halswirbelsäule und Nacken beginnend, über den Kopf ziehender Schmerz**	↓abends, warme Räume, Wärme	oft dunkelrotes Gesicht, zittrige Schwäche, Apathie, Frieren, ohne Durst	Kopfschmerzen bei seelischen Belastungen, nach Virusinfekten, verzögerte Genesung	**Gelsemium D6 3-mal tägl. 5 Glob.** Seite 266
Kreislaufschwäche, Ohnmacht durch Infekte, bei emotionalen Ereignissen	**akute Kreislaufschwäche, blasses Gesicht, kalte Schweiße, starker Schwindel**	↓Anstrengung, Aufregung ↑Trinken von Kaltem	Kältegefühl am ganzen Körper, Erbrechen, wässrige Durchfälle, Bauchkrämpfe	bewährt bei Brechdurchfall und schmerzhafter Periodenblutung mit Kreislaufschwäche	**Veratrum album D6 alle paar Min. 5 Glob. auf die Zunge** Seite 300
Lampenfieber	**Vorahnungen und Aufregungen bewirken häufiges Wasserlassen und Durchfall**	↓nachts, morgens, durch Wärme, in engen Räumen ↑im Freien, kühle Luft	Ängstlichkeit, hektisches Verhalten, auch Angst vor großer Höhe	Magenschmerzen, man muss unbedingt etwas essen, Blähungen durch Süßes und Weißmehl	**Argentum nitricum D12 2-mal tägl. 5 Glob.** Seite 248
Lippenherpes bei Ekelgefühl	**Lippenbläschen, bläschenartiger Ausschlag um den Mund, am Kinn**	↓Periodenblutung, Wetterwechsel ↑Bewegung, körperliche Tätigkeit	dunkle, pigmentreiche, unreine Haut mit Mitesser, Pickel; übel riechender Schweiß	man fühlt sich erschöpft, überfordert, missbraucht, geht auf Distanz, auch sexuell	**Sepia D12 2-mal tägl. 5 Glob.** Seite 293
Lippenherpes bei Infekt und Stress	**kleine Bläschen auf stark geröteter Haut einzeln oder in Gruppen, juckend, brennend**	↓feuchtkaltes Wetter, Ruhe ↑Wärme, fortgesetzte Bewegung	Bläschen platzen auf, helle Flüssigkeit entleert sich, auch bei Gürtelrose	schmerzende Muskeln, Sehnen und Gelenke bei Bewegungsbeginn, später nachlassend	**Rhus toxicodendron D12 2-mal tägl. 5 Glob.** Seite 290

[1] *Akutdosierung: am 1. und 2. Krankheitstag 4- bis 5-mal einnehmen*

Mittel für die Hausapotheke

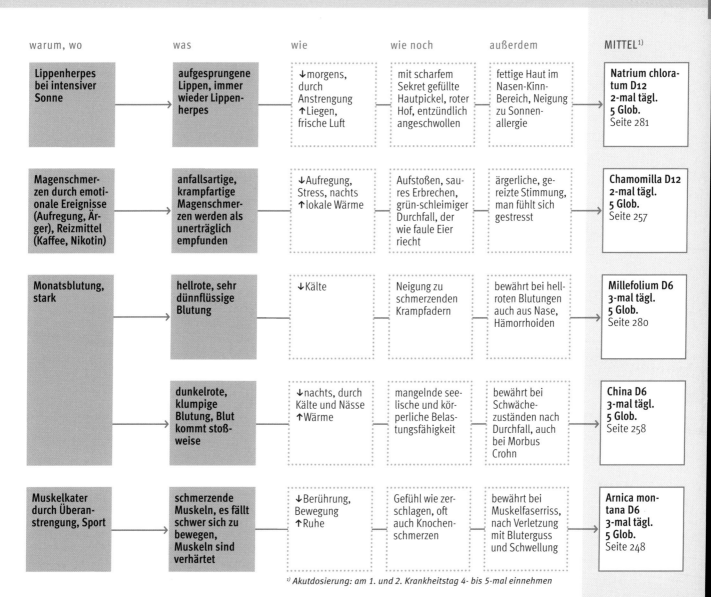

warum, wo	was	wie	wie noch	außerdem	MITTEL[1]
Lippenherpes bei intensiver Sonne	aufgesprungene Lippen, immer wieder Lippenherpes	↓morgens, durch Anstrengung ↑Liegen, frische Luft	mit scharfem Sekret gefüllte Hautpickel, roter Hof, entzündlich angeschwollen	fettige Haut im Nasen-Kinn-Bereich, Neigung zu Sonnenallergie	**Natrium chloratum D12** 2-mal tägl. 5 Glob. Seite 281
Magenschmerzen durch emotionale Ereignisse (Aufregung, Ärger), Reizmittel (Kaffee, Nikotin)	anfallsartige, krampfartige Magenschmerzen werden als unerträglich empfunden	↓Aufregung, Stress, nachts ↑lokale Wärme	Aufstoßen, saures Erbrechen, grün-schleimiger Durchfall, der wie faule Eier riecht	ärgerliche, gereizte Stimmung, man fühlt sich gestresst	**Chamomilla D12** 2-mal tägl. 5 Glob. Seite 257
Monatsblutung, stark	hellrote, sehr dünnflüssige Blutung	↓Kälte	Neigung zu schmerzenden Krampfadern	bewährt bei hellroten Blutungen auch aus Nase, Hämorrhoiden	**Millefolium D6** 3-mal tägl. 5 Glob. Seite 280
	dunkelrote, klumpige Blutung, Blut kommt stoßweise	↓nachts, durch Kälte und Nässe ↑Wärme	mangelnde seelische und körperliche Belastungsfähigkeit	bewährt bei Schwächezuständen nach Durchfall, auch bei Morbus Crohn	**China D6** 3-mal tägl. 5 Glob. Seite 258
Muskelkater durch Überanstrengung, Sport	schmerzende Muskeln, es fällt schwer sich zu bewegen, Muskeln sind verhärtet	↓Berührung, Bewegung ↑Ruhe	Gefühl wie zerschlagen, oft auch Knochenschmerzen	bewährt bei Muskelfaserriss, nach Verletzung mit Bluterguss und Schwellung	**Arnica montana D6** 3-mal tägl. 5 Glob. Seite 248

[1] *Akutdosierung: am 1. und 2. Krankheitstag 4- bis 5-mal einnehmen*

Mittel für die Hausapotheke

warum, wo	was	wie	wie noch	außerdem	MITTEL[1]
Muskelkrämpfe	spontan auftretende Muskelkrämpfe, vor allem auch nächtliche Wadenkrämpfe	↓durch Aufregung, nachts, vor der Periodenblutung	nächtliches Zähneknirschen, schmerzhafte Kiefergelenke	bewährt bei Muskelkrämpfen in der Schwangerschaft, bei Dialyse-Patienten	**Cuprum metallicum D6** 3-mal tägl. 1 Tabl. Seite 262
Nackenschmerzen, steifer Hals	Schmerzen im Nacken-Schulter-Bereich, auch entlang der Halswirbelsäule	↓Bewegung, Kälte ↑Wärme	Schmerzen strahlen bis in die Finger aus, neuralgische Schmerzen	Kopfschmerzen, Migräne durch Wirbelsäulenbeschwerden, Gefühl wie verrenkt und verspannt	**Lachnanthes D6** 3-mal tägl. 5 Glob. Seite 275
Nagelbettentzündung, nicht eitrig	hochrot entzündete Haut mit Brennen und klopfenden Schmerzen	↓Berührung, Wärme	auch mit plötzlichem Fieber, hochrotes, heißes Gesicht, klopfende Kopfschmerzen	bewährt bei allen akuten Hautentzündungen, vergleichbar einem Sonnenbrand	**Belladonna D6** 3-mal tägl. 5 Glob. Seite 250
Nagelbettentzündung, eitrig	eitrige Entzündung, stechende Schmerzen bei der geringsten Berührung	↓Berührung, kalte Luft ↑Wärme	säuerliche, nach Käse riechende Absonderungen: Schleim, Schweiß, Eiter	Neigung zu Pusteln und Akne, zu schlecht heilenden, ständig entzündeten Wunden	**Hepar sulfuris D6** 3-mal tägl. 1 Tabl. Seite 270
Nasenbluten ohne Grund	anhaltendes Bluten, auch kleinste Wunden bluten stark und lang anhaltend	↓abends, nachts, emotionale Ereignisse ↑kurze Ruhepausen	häufiges Nasenbluten, der geringste Stoß verursacht blaue Flecken	man ist schnell erschöpft, braucht Ruhepausen, muss häufig Kleinigkeiten essen	**Phosphorus D12** 2-mal tägl. 5 Glob. Seite 286

[1] *Akutdosierung: am 1. und 2. Krankheitstag 4- bis 5-mal einnehmen*

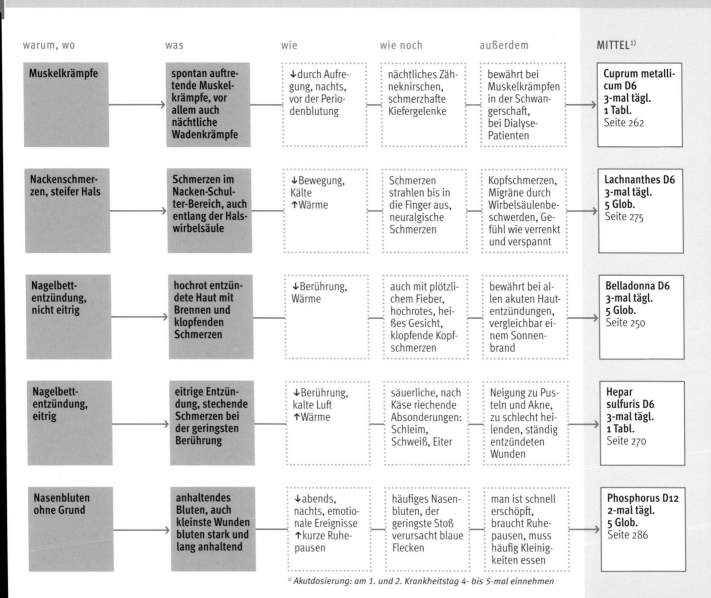

Mittel für die Hausapotheke

warum, wo	was	wie	wie noch	außerdem	MITTEL[1]
Nasennebenhöhlenentzündung	gelblich weißer, zäher Schleim aus Nase und Bronchien, auch im Augeninnenwinkel	↑frische Luft, Wärme	klopfende Gesichtsschmerzen über den Wangenknochen, allgemeines Krankheitsgefühl	häufig Nasennebenhöhlenentzündungen und Verdauungsstörungen mit Magenbeschwerden	**Kalium bichromicum D6** 3-mal tägl. 5 Glob. Seite 273
Nasennebenhöhlen- und Stirnhöhlenentzündung	Stirnkopfschmerzen, Druck über der Nasenwurzel, zäher Schleim, Reizhusten	↓nachts ↑Flüssigkeitszufuhr	in die Augen einschießende Schmerzen, zäher Schleim im Rachen	Neigung zu anhaltendem und wiederkehrendem Schnupfen mit schwer löslichem Schleim	**Cinnabaris D6** 3-mal täglich 1 Tabl. Seite 259
Ohrenschmerzen durch Zugluft, Infektion, Erkältung	sich schnell entwickelnde, klopfende Ohrenschmerzen, große Schmerzhaftigkeit	↓Berührung, Geräusche, Licht ↑Ruhe	plötzlicher Fieberanstieg, hochrotes, schweißiges Gesicht, Beine oft kalt, kein Durst	bewährt bei einer beginnenden Mittelohrentzündung, vor allem auch bei (Klein-)Kindern	**Belladonna D6** 3-mal tägl. 5 Glob. Seite 250
Periodenschmerzen	starke Unterleibsschmerzen mit akuter Kreislaufschwäche, starker Schwindel	↓Anstrengung, Aufregung ↑Trinken von Kaltem	Blässe, kalter Schweißausbruch, Erbrechen, Krämpfe mit wässrigen Durchfällen	Erschöpfung, Kältegefühl am ganzen Körper	**Veratrum album D6** ½-stündl.[2] 5 Glob. Seite 300
Prellung, Verstauchung, Zerrung, Dehnung	ziehende Schmerzen, bei Bewegungsbeginn verstärkt, starke Schwellung	↓feuchtkaltes Wetter, Ruhe ↑Wärme, fortgesetzte Bewegung	starker Bewegungsdrang, innere Ruhelosigkeit	bewährt bei (Sport-)Verletzungen von Gelenken, Sehnen und Bändern	**Rhus toxicodendron D12** 2-mal tägl. 5 Glob. Seite 290

[1] *Akutdosierung: am 1. und 2. Krankheitstag 4- bis 5-mal einnehmen*
[2] *bei Besserung 3-mal tägl. einnehmen*

Mittel für die Hausapotheke

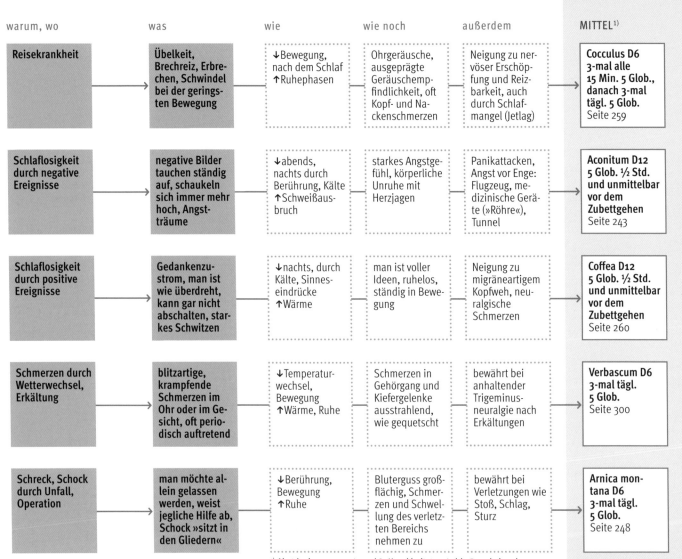

warum, wo	was	wie	wie noch	außerdem	MITTEL[1]
Reisekrankheit	**Übelkeit, Brechreiz, Erbrechen, Schwindel bei der geringsten Bewegung**	↓Bewegung, nach dem Schlaf ↑Ruhephasen	Ohrgeräusche, ausgeprägte Geräuschempfindlichkeit, oft Kopf- und Nackenschmerzen	Neigung zu nervöser Erschöpfung und Reizbarkeit, auch durch Schlafmangel (Jetlag)	**Cocculus D6 3-mal alle 15 Min. 5 Glob., danach 3-mal tägl. 5 Glob.** Seite 259
Schlaflosigkeit durch negative Ereignisse	**negative Bilder tauchen ständig auf, schaukeln sich immer mehr hoch, Angstträume**	↓abends, nachts durch Berührung, Kälte ↑Schweißausbruch	starkes Angstgefühl, körperliche Unruhe mit Herzjagen	Panikattacken, Angst vor Enge: Flugzeug, medizinische Geräte (»Röhre«), Tunnel	**Aconitum D12 5 Glob. ½ Std. und unmittelbar vor dem Zubettgehen** Seite 243
Schlaflosigkeit durch positive Ereignisse	**Gedankenzustrom, man ist wie überdreht, kann gar nicht abschalten, starkes Schwitzen**	↓nachts, durch Kälte, Sinneseindrücke ↑Wärme	man ist voller Ideen, ruhelos, ständig in Bewegung	Neigung zu migräneartigem Kopfweh, neuralgische Schmerzen	**Coffea D12 5 Glob. ½ Std. und unmittelbar vor dem Zubettgehen** Seite 260
Schmerzen durch Wetterwechsel, Erkältung	**blitzartige, krampfende Schmerzen im Ohr oder im Gesicht, oft periodisch auftretend**	↓Temperaturwechsel, Bewegung ↑Wärme, Ruhe	Schmerzen in Gehörgang und Kiefergelenke ausstrahlend, wie gequetscht	bewährt bei anhaltender Trigeminusneuralgie nach Erkältungen	**Verbascum D6 3-mal tägl. 5 Glob.** Seite 300
Schreck, Schock durch Unfall, Operation	**man möchte allein gelassen werden, weist jegliche Hilfe ab, Schock »sitzt in den Gliedern«**	↓Berührung, Bewegung ↑Ruhe	Bluterguss großflächig, Schmerzen und Schwellung des verletzten Bereichs nehmen zu	bewährt bei Verletzungen wie Stoß, Schlag, Sturz	**Arnica montana D6 3-mal tägl. 5 Glob.** Seite 248

[1] *Akutdosierung: am 1. und 2. Krankheitstag 4- bis 5-mal einnehmen*

Mittel für die Hausapotheke

warum, wo	was	wie	wie noch	außerdem	MITTEL[1]
Schwindelanfälle	**Schwindel bei der geringsten Bewegung, auch mit Übelkeit, Brechreiz, Erbrechen**	↓Bewegung, nach dem Schlaf ↑Ruhephasen	Ohrgeräusche, ausgeprägte Geräuschempfindlichkeit, oft Kopf- und Nackenschmerzen	Neigung zu nervöser Erschöpfung und Reizbarkeit	**Cocculus D6 3-mal alle 15 Min. 5 Glob., danach 3-mal tägl. 5 Glob.** Seite 259
Sodbrennen durch Reizmittel (Nikotin), ungesunde Ernährung; in der Schwangerschaft	**ständig saures Aufstoßen mit Magensäure im Mund, Zähne wie stumpf**	↓Essen, fette Speisen	säuerlich riechender Stuhl, oft Stirnkopfschmerzen	der ganze Mensch fühlt sich sauer	**Robinia pseudacacia D6 3-mal tägl. 5 Glob.** Seite 290
Sonnenallergie, »Mallorca-Akne«	**mit scharfem Sekret gefüllte Hautpickel, roter Hof, entzündlich angeschwollen**	↓morgens, Sonne, durch Anstrengung ↑Liegen, frische Luft	fettige Haut im Nasen- Kinn-Bereich, Lippen aufgesprungen, Lippenherpes durch Sonne	Neigung zu Ekzem und Neurodermitis	**Natrium chloratum D12 2-mal tägl. 5 Glob.** Seite 281
Sonnenbrand, Verbrennung	**hochrot entzündete Haut mit Brennen und klopfenden Schmerzen**	↓Berührung, Wärme	oft mit hochrotem, heißem Gesicht; klopfende Kopfschmerzen durch zu viel Sonne	bewährt bei allen akuten Hautentzündungen vergleichbar einem Sonnenbrand	**Belladonna D6 3-mal tägl. 5 Glob.** Seite 250
Venenentzündung	**dunkelbläulich verfärbte, schmerzende Vene, Wundheits-, Zerschlagenheitsgefühl**	↓Berührung, Druck, Erschütterung ↑Kühle	gestaute Venen mit Ödemen im Knöchelbereich, wiederholte Venenentzündungen	Neigung zu Venenschwäche und Hämorrhoiden mit dunkelroter Blutung	**Hamamelis D6 3-mal tägl. 5 Glob.** Seite 268

[1] *Akutdosierung: am 1. und 2. Krankheitstag 4- bis 5-mal einnehmen*

Mittel für die Hausapotheke

warum, wo	was	wie	wie noch	außerdem	MITTEL[1]
Verdauungsstörungen durch verdorbene Speisen (Wurstwaren)	Durchfälle wie Wasser, extreme Brennschmerzen am After, starkes Erbrechen	↓um Mitternacht, Kälte ↑Wärme, warme Getränke	Durstgefühl, Speisegerüche rufen Ekel hervor, man fühlt sich sterbenselend	rasche Gewichtsabnahme und Schwäche, innere Unruhe mit Angstgefühl	**Arsenicum album D12** 2-mal tägl. 5 Glob. Seite 249
Verdauungsstörungen durch verdorbene Speisen (Fisch, Meeresfrüchte)	Würgen und Erbrechen, Bauchkrämpfe, Ekel vor Küchengerüchen	↓Kälte, Nässe, Wetterwechsel ↑Bewegung, körperliche Tätigkeit	ausgeprägtes Verlangen nach Saurem, auch bewährt bei Schwangerschaftsübelkeit	unreine Haut, Unterleibsbeschwerden mit Senkungsgefühl, Blasenentzündungen	**Sepia D12** 2-mal tägl. 5 Glob. Seite 293
Völlegefühl, Verdauungsstörungen	ständiges Aufstoßen, starke Blähungen, Bauch ist prall aufgetrieben	↓Milch, Weizenmehl ↑Abgang von Luft	Schmerzen treten oft verstärkt im linken Bauchbereich auf	bewährt bei mangelnder Verdauung (sog. Insuffizienz)	**Momordica balsamina D6** 3-mal tägl. 5 Glob. Seite 280
Wadenkrämpfe	Neigung zu Muskelkrämpfen, auch nächtliche Wadenkrämpfe	↓durch Aufregung, nachts, vor der Periodenblutung	nächtliches Zähneknirschen, morgens schmerzhafte Kiefergelenke	bewährt bei krampfartigem Husten mit meist wenig Schleimauswurf	**Cuprum metallicum D6** 3-mal tägl. 1 Tabl. Seite 262
Zahnen, Zahnschmerzen	ausgeprägte Schmerzempfindlichkeit, man kann die Schmerzen nicht mehr ertragen	↓Kaffee, Wärme, nachts	schmerzende Gesichtshälfte oft rot und heiß, ärgerliche, gereizte Stimmung	bewährt beim zahnenden Kind, bei schmerzempfindlichen Zahnhälsen	**Chamomilla D12** 2-mal tägl. 5 Glob. Seite 257

[1] *Akutdosierung: am 1. und 2. Krankheitstag 4- bis 5-mal einnehmen*

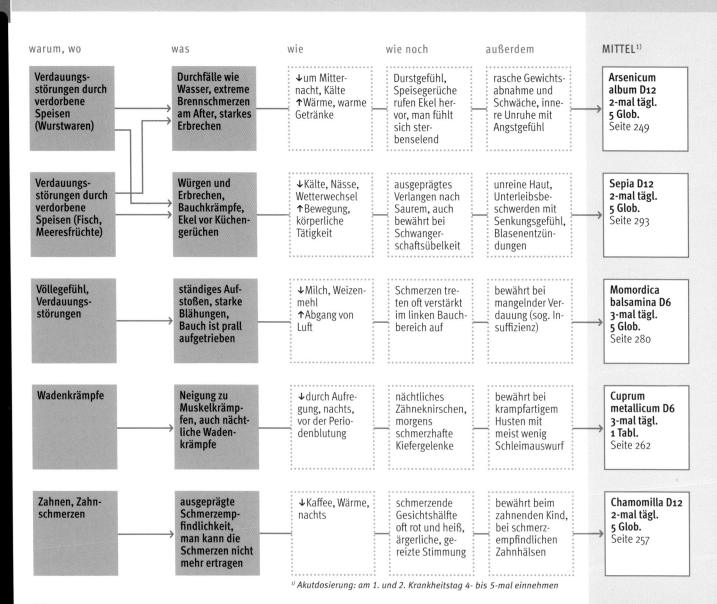

Verletzungen/Operationsfolgen/Narben

warum, wo	was	wie	wie noch	außerdem	MITTEL[1]
Ängste, Unruhe, Schockfolgen	Beschwerden schaukeln sich auf, negative Erlebnisse tauchen ständig auf, Angstträume	↓abends, nachts, durch Berührung, Kälte ↑Schweißausbruch	starkes Angstgefühl, körperliche Unruhe, erhöhter Blutdruck mit Herzjagen	Panikattacken, Angst vor Enge: Flugzeug, medizinische Geräte (»Röhre«), Tunnel	**Aconitum D12** 2-mal tägl. 5 Glob. Seite 243
Bänderriss (Sprunggelenk, Achillessehne)	Bewegung ist schmerzhaft eingeschränkt, betroffener Bereich ist angeschwollen	↓Kälte, Nässe ↑vorsichtige Bewegung	anhaltende Schmerzen, auch Gefühl wie zerschlagen	bewährt bei Schnappfinger; bei Augenverletzungen durch Unfall, Stoß, Sturz: **zum Arzt!**	**Ruta D6** 3-mal tägl. 5 Glob. Seite 291
Bluterguss, großflächig, zahnärztlicher Eingriff	möchte allein gelassen werden, weist jegliche Hilfe ab, Schock »sitzt in den Gliedern«	↓Berührung, Bewegung ↑Ruhe	zunehmende Schmerzen und Schwellung des verletzten Bereichs	bewährt bei Verletzungen wie Stoß, Schlag, Sturz	**Arnica montana D6** 3-mal tägl. 5 Glob. Seite 248
Bluterguss, kleinflächig	Hauteinblutungen, kleine blaue Flecken, Wundheitsgefühl	↓nachts, morgens ↑Bewegung	bewährt bei Quetschungen, verletzte Haut entzündet sich	nach Entbindung zur Rückbildung der Gebärmutter, Anregung des Wochenflusses	**Bellis perennis D6** 3-mal tägl. 5 Glob. Seite 251
Bluterguss am Auge (»blaues Auge«)	Schwellung, Schmerzen, Auge ist blutunterlaufen: **zum Arzt!**	↓warme Anwendungen, Bewegung ↑kalte Anwendungen	Stich- und Bissverletzungen durch Pflanzen, Insekten und Zecken, spitze Gegenstände	bewährt zur Vermeidung von Entzündungen durch Verletzungen	**Ledum D6** 3-mal tägl. 5 Glob. Seite 276

[1] *Akutdosierung: am 1. und 2. Krankheitstag 4- bis 5-mal einnehmen*

33

Verletzungen/Operationsfolgen/Narben

warum, wo	was	wie	wie noch	außerdem	MITTEL[1]
Dammriss, Dammschnitt	**Anregung der Wundheilung, Vermeidung von wulstiger Narbenbildung (Keloid)**	↓feuchtes, drückendes Wetter, Kälte, Bewegung ↑Ruhe	Wundbereich neigt zu Entzündung und Eiterung, schlechte Heilungstendenz	bewährt bei Verletzungen der Geburtswege (Zangengeburt, verzögerter Geburtsverlauf)	**Calendula D6** **3-mal tägl.** **5 Glob.** Seite 254
Gehirnerschütterung, Schleudertrauma	**Kopf- und Nackenschmerzen, Schwindel, starke Verspannungen, oft Niedergeschlagenheit**	↓Berührung, Kälte, Wetterwechsel ↑Ruhe	einschießende Nervenschmerzen, anhaltendes Taubheitsgefühl	Kribbeln und Schweregefühl in den Armen und Beinen, auch bei Bandscheibenvorfall	**Hypericum D6** **3-mal tägl.** **5 Glob.** Seite 271
Knochenbruch, Knochenverletzung: akuter Unfall	**zur Anregung der Knochenbruchheilung, Linderung von Schmerz, Schwellung**	↑Ruhigstellung	anhaltende Schmerzen, auch durch Bluterguss, Bewegungseinschränkung	bewährt auch beim sogenannten Ermüdungsbruch der Sportler	**Symphytum D6**[2] **3-mal tägl.** **5 Glob.** Seite 297
Knochenheilung, verzögerte	**verzögerte Knochenheilung, auch nach operativer Versorgung**	↓Kälte, Wetterwechsel ↑warmes Wetter, frische Luft	Unterstützung der Heilung bei mit Metallplatte oder Nagelung versorgtem Bruch	auch bewährt bei Wachstumsschmerzen der Kinder	**Calcium phosphoricum D12**[2] **2-mal tägl.** **5 Glob.** Seite 254
Knochenprellung, Rippenprellung	**stechende Schmerzen, jegliche Bewegung wird vermieden, man schont sich**	↓geringste Bewegung, Berührung ↑Schweißausbruch, kalte Anwendungen	schmerzhaft verspannte Muskeln, wie steif, man kann vor Schmerzen kaum atmen	bewährt bei heftigen Schmerzen an Muskeln, Sehnen, Bändern, Rippen, Gelenken	**Bryonia D6** **3-mal tägl.** **5 Glob.** Seite 252

[1] Akutdosierung: am 1. und 2. Krankheitstag 4- bis 5-mal einnehmen
[2] KUR ZUR KNOCHENHEILUNG: Einnahme und Dauer, siehe Seite 13

Verletzungen/Operationsfolgen/Narben

warum, wo	was	wie	wie noch	außerdem	MITTEL[1]
Narbenheilung, verzögerte	Beschleunigung der Narbenheilung, zur Erzielung kosmetisch ästhetischer Narben	↓feuchtheißes Wetter, Kälte, Wetterwechsel ↑Wärme	Juckreiz im Narbenbereich, Neigung zu Haarausfall und brüchigen Nägeln	anhaltende Schmerzen nach Bandscheibenvorfall, durch Meniskusschaden	**Calcium fluoratum D12[2] 2-mal tägl. 5 Glob.** Seite 253
	alte Narben brechen auf und schmerzen, Bindegewebe verliert an Elastizität, wie verhärtet	↓Kälte, kaltes Wetter ↑Wärme, warme Anwendungen	Wirbelsäulenschmerzen, Einknicken der Hand- und Fußgelenke, Hühneraugen	bewährt bei Zahnfleischtaschen und anhaltender Zahnfleischentzündung	**Silicea D12[2] 2-mal tägl. 5 Glob.** Seite 294
Narbenschmerzen	ziehende Schmerzen mit Taubheitsgefühl und Missempfindungen	↓Berührung, Kälte, Wetterwechsel ↑Ruhe	Kopfschmerzen, Benommenheits-, Schwindelgefühl, auch nach Gehirnerschütterung	bewährt bei Nervenschmerzen durch Operation, Verletzung, Entzündung	**Hypericum D6 3-mal tägl. 5 Glob.** Seite 271
Narkoseausleitung	Unwohlsein, oft morgendliche Übelkeit, Würgen, Kopfweh, Magenbeschwerden	↓Kälte, morgens ↑Wärme	Neigung zu Brechreiz und Erbrechen, Verstopfung	bewährt bei Nebenwirkungen einer Chemotherapie	**Nux vomica D6 3-mal tägl. 5 Glob.** Seite 282
Nervenverletzung	einschießende Schmerzen, auch mit anhaltendem Taubheitsgefühl und Missempfindungen	↓Berührung, Kälte, Wetterwechsel ↑Ruhe	Nervenschmerzen an den Druckstellen der eingegipsten Gliedmaße, durch Gürtelrose	Kopfschmerzen, Benommenheits-, Schwindelgefühl, auch nach Gehirnerschütterung	**Hypericum D6 3-mal tägl. 5 Glob.** Seite 271

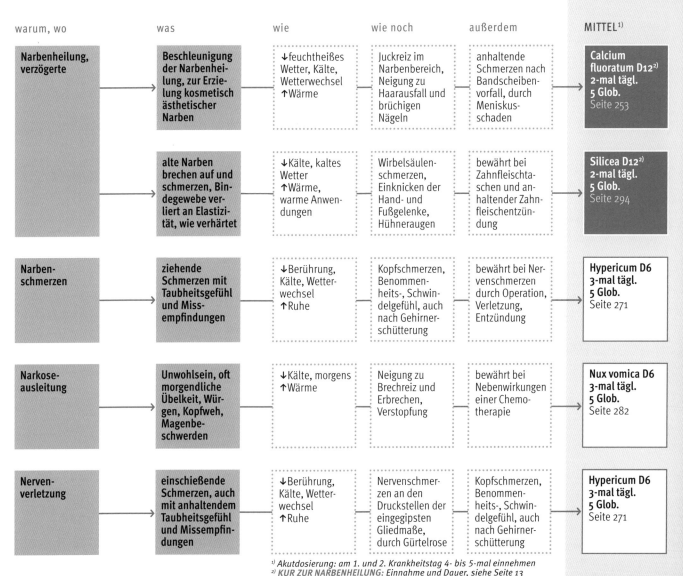

[1] *Akutdosierung: am 1. und 2. Krankheitstag 4- bis 5-mal einnehmen*
[2] *KUR ZUR NARBENHEILUNG: Einnahme und Dauer, siehe Seite 13*

Verletzungen/Operationsfolgen/Narben

warum, wo	was	wie	wie noch	außerdem	MITTEL[1]
Schnittwunde (Messer, Glasscherbe, Operation)	zur optimalen Verheilung von Schnittwunden und Operationswunden	↓nachts, Kälte, emotionale Ereignisse ↑Ruhe	Schmerzen und Berührungsempfindlichkeit, auch nach Kaiserschnitt oder Dammschnitt	auch bewährt bei Entzündung durch Harnblasenkatheter	**Staphisagria D6** 3-mal tägl. 5 Glob. Seite 296
Schürfwunde, Platzwunde, Risswunde	Wunden mit Hautverlust, Beschleunigen der Wundheilung, Vermeiden von Entzündungen	↓feuchtes, drückendes Wetter, Kälte, Bewegung ↑Ruhe	Wundbereich neigt zu Eiterung, schlechter Heilung, wulstiger Narbenbildung (Keloid)	nach Verletzung der Geburtswege (Zangengeburt, verzögerter Geburtsverlauf)	**Calendula D6** 3-mal tägl. 5 Glob. Seite 254
Stichwunde, Bisswunde, Insektenstich	Verletzungen durch Pflanzen, Insekten und Zecken, spitze Gegenstände	↓warme Anwendungen, Bewegung ↑kalte Anwendungen	Verletzungen mit Schwellung, Schmerzen; Auge blutunterlaufen: **zum Arzt!**	Vermeiden von Insektenstichen und Entzündungen: Ledum C30, 1-mal pro Woche 5 Glob.	**Ledum D6** 3-mal tägl. 5 Glob. Seite 276
Verbrühungen, Verbrennungsnarben	Wundheilungsstörungen bei Verbrennungen, verhärtete Narben mit Hautschrumpfung	↓Kälte, Zugluft, am frühen Morgen ↑Wärme	Narbenverhärtungen durch Bestrahlungstherapie bei Krebspatienten	bewährt bei lähmungsartiger Schwäche im Bereich der Narbe bzw. der Gliedmaße	**Causticum Hahnemanni D12** 2-mal tägl. 5 Glob. Seite 256
Zerrung, Dehnung, Verstauchung	ziehende Schmerzen, bei Bewegungsbeginn verstärkt, starke Schwellung	↓feuchtkaltes Wetter, Ruhe ↑Wärme, fortgesetzte Bewegung	starker Bewegungsdrang, innere Ruhelosigkeit	bewährt bei (Sport-)Verletzungen von Gelenken, Sehnen, Bändern	**Rhus toxicodendron D12** 2-mal tägl. 5 Glob. Seite 290

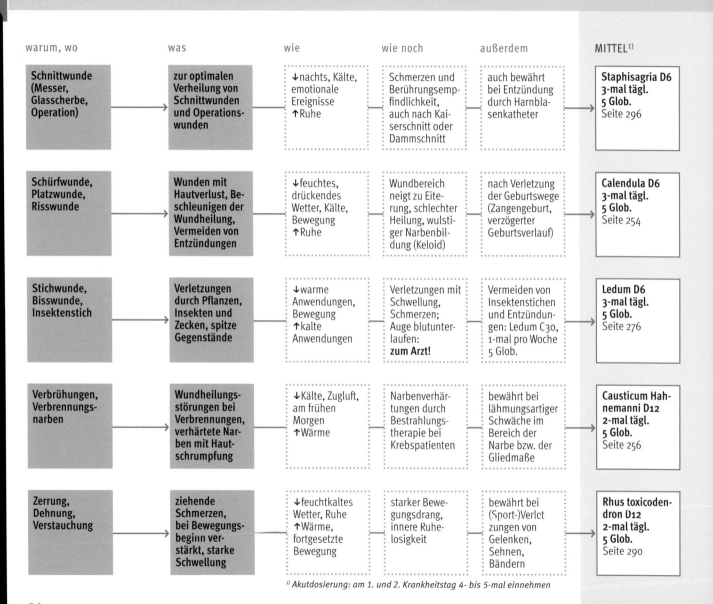

[1] *Akutdosierung: am 1. und 2. Krankheitstag 4- bis 5-mal einnehmen*

Medikamentennebenwirkungen

warum, wo	was	wie	wie noch	außerdem	MITTEL
Aufstoßen, Völlegefühl	Unwohlsein, oft morgendliche Übelkeit, Würgen, Kopfweh, Magenbeschwerden	↓durch Kälte, morgens ↑Wärme	Neigung zu Brechreiz und Erbrechen, Verstopfung	bewährt bei Nebenwirkungen einer Chemotherapie	**Nux vomica D6** 3-mal tägl. 5 Glob. Seite 282
Blähungen infolge Antidiabetika	extrem übel riechende Blähungen, aufgetriebener Bauch, lautes Aufstoßen	↓Sitzen, Stehen ↑Bewegung	weicher, durchfälliger Stuhl mit Schleim, auch als Folge eines Darminfekts	auch bewährt bei Gärungsprozessen durch gestörte Darmflora	**Asa foetida D6** 3-mal tägl. 5 Glob. Seite 249
Durchfall infolge Antibiotika	danach Blähungen und Verstopfung, Aufstoßen mit Übelkeit	↓Nikotingenuss ↑Nahrungsverzicht	Appetitlosigkeit, Müdigkeit, allgemeine Leistungsschwäche	Darmflora: während und nach einer Antibiotikatherapie einnehmen	**Okoubaka D3** 3-mal tägl. 5 Glob. Seite 283
Hautausschlag mit Schwellung: Allergie	Haut ist wie aufgequollen, rot, Hitzegefühl, stechende Schmerzen	↓Wärme, Berührung ↑kalte Auflagen, an frischer Luft	Schwellung der Augenlider mit Jucken und Brennen, Tränenfluss	Brennen und Stechen im Hals und Rachen, Hustenreiz, schweres Atmen: **zum Arzt!**	**Apis mellifica D6** öfter im Abstand von einigen Min. 5 Glob. Seite 247
Hautausschlag mit Bläschen	kleine Bläschen auf stark geröteter Haut einzeln oder in Gruppen, juckend und brennend	↓feuchtkaltes Wetter, Ruhe ↑Wärme, fortgesetzte Bewegung	Bläschen platzen, Flüssigkeit hell; Lippenherpes, Gürtelrose; starker Bewegungsdrang	bewährt bei schmerzenden Muskeln, Sehnen und Gelenken bei Bewegungsbeginn	**Rhus toxicodendron D12** 2-mal tägl. 5 Glob. Seite 290

Medikamentennebenwirkungen

warum, wo	was	wie	wie noch	außerdem	MITTEL
Juckreiz	juckende Hautstellen, man muss sich ständig kratzen, wodurch sich die Haut entzündet	↓Bettwärme, Kratzen	oft sehr trockene Haut »wie Papier«, Juckreiz auch am After, Neigung zu Verstopfung	auch bewährt bei Juckreiz in der Schwangerschaft	**Dolichos pruriens D6** 3-mal tägl. 5 Glob. Seite 263
Kreislaufschwäche	akute Kreislaufschwäche, blasses Gesicht, kalte Schweiße, starker Schwindel	↓Anstrengung, Aufregung ↑Trinken von Kaltem	Kältegefühl am ganzen Körper, Erbrechen, wässrige Durchfälle, Bauchkrämpfe	bewährt bei Brechdurchfall und schmerzhafter Periodenblutung mit Kreislaufschwäche	**Veratrum album D6** alle paar Min. 5 Glob. auf die Zunge Seite 300
Leberbelastung	mangelnde Leistungsfähigkeit, ohne Appetit, Druckgefühl im Oberbauch, Verstopfung	↓körperliche Belastung ↑Ruhe	trocken-rissige Hautausschläge, allgemein trockene Haut mit Juckreiz	auch bewährt während und nach einer Chemotherapie zur Leberstabilisierung	**Picrorhiza D6** 3-mal tägl. 5 Glob. Seite 287
Magenbeschwerden infolge von Medikamenten (z. B. Schmerzmittel)	morgendliches Würgen, Übelkeit, Magenschmerzen mit Druckgefühl, Verstopfung	↓durch Kälte, morgens ↑Wärme	Einnahme verschiedener Medikamente, die schlecht vertragen werden	bewährt bei Übelkeit, Brechreiz und Erbrechen durch Chemotherapie	**Nux vomica D6** 3-mal tägl. 5 Glob. Seite 282
Müdigkeit infolge von blutdrucksenkenden Arzneimitteln	Kopfdruck, verschwommenes Sehen, Schwindel, Schwarzwerden vor den Augen im Stehen	↓vormittags, bei Wetterumschwung ↑Ruhe	mangelnde Leistungsfähigkeit, Konzentrationsschwäche, man fühlt sich ständig müde	Gefühl, als sei alles zu viel, gedrückte Stimmung, Gefühl von Benommenheit	**Haplopappus D6** 3-mal tägl. 5 Glob. Seite 268

Medikamentennebenwirkungen

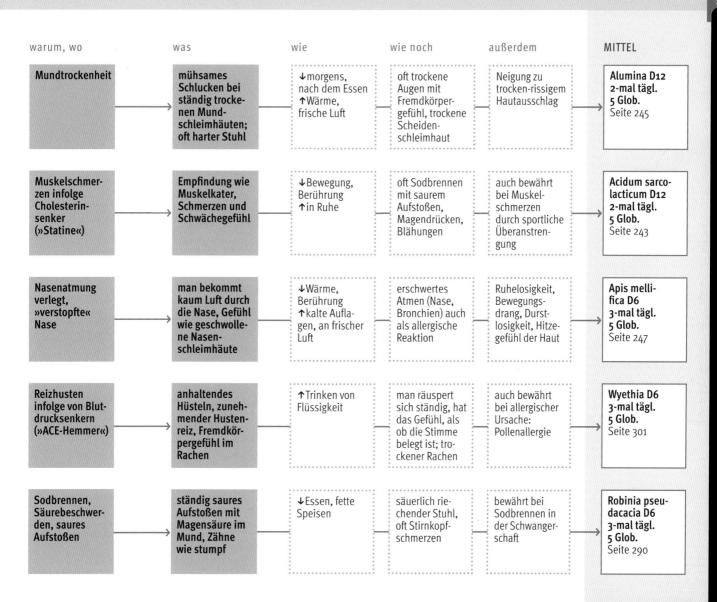

warum, wo	was	wie	wie noch	außerdem	MITTEL
Mundtrockenheit	**mühsames Schlucken bei ständig trockenen Mundschleimhäuten; oft harter Stuhl**	↓morgens, nach dem Essen ↑Wärme, frische Luft	oft trockene Augen mit Fremdkörpergefühl, trockene Scheidenschleimhaut	Neigung zu trocken-rissigem Hautausschlag	**Alumina D12 2-mal tägl. 5 Glob.** Seite 245
Muskelschmerzen infolge Cholesterinsenker (»Statine«)	**Empfindung wie Muskelkater, Schmerzen und Schwächegefühl**	↓Bewegung, Berührung ↑in Ruhe	oft Sodbrennen mit saurem Aufstoßen, Magendrücken, Blähungen	auch bewährt bei Muskelschmerzen durch sportliche Überanstrengung	**Acidum sarcolacticum D12 2-mal tägl. 5 Glob.** Seite 243
Nasenatmung verlegt, »verstopfte« Nase	**man bekommt kaum Luft durch die Nase, Gefühl wie geschwollene Nasenschleimhäute**	↓Wärme, Berührung ↑kalte Auflagen, an frischer Luft	erschwertes Atmen (Nase, Bronchien) auch als allergische Reaktion	Ruhelosigkeit, Bewegungsdrang, Durstlosigkeit, Hitzegefühl der Haut	**Apis mellifica D6 3-mal tägl. 5 Glob.** Seite 247
Reizhusten infolge von Blutdrucksenkern (»ACE-Hemmer«)	**anhaltendes Hüsteln, zunehmender Hustenreiz, Fremdkörpergefühl im Rachen**	↑Trinken von Flüssigkeit	man räuspert sich ständig, hat das Gefühl, als ob die Stimme belegt ist; trockener Rachen	auch bewährt bei allergischer Ursache: Pollenallergie	**Wyethia D6 3-mal tägl. 5 Glob.** Seite 301
Sodbrennen, Säurebeschwerden, saures Aufstoßen	**ständig saures Aufstoßen mit Magensäure im Mund, Zähne wie stumpf**	↓Essen, fette Speisen	säuerlich riechender Stuhl, oft Stirnkopfschmerzen	bewährt bei Sodbrennen in der Schwangerschaft	**Robinia pseudacacia D6 3-mal tägl. 5 Glob.** Seite 290

Medikamentennebenwirkungen

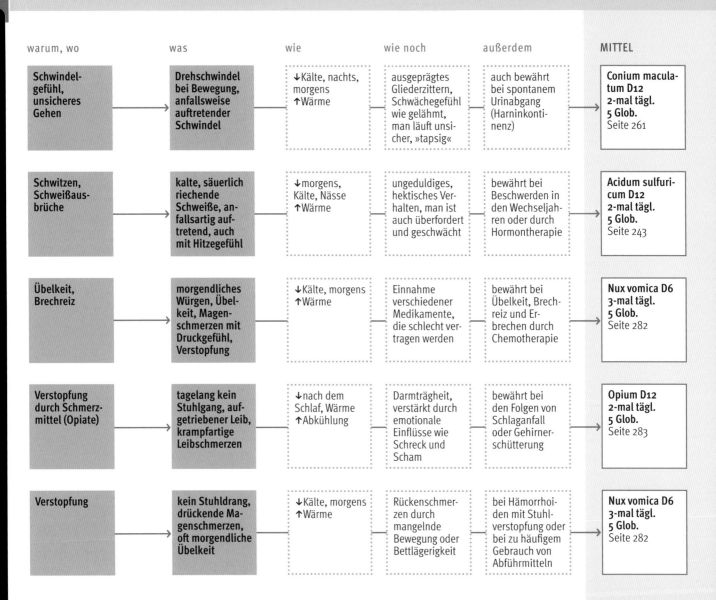

warum, wo	was	wie	wie noch	außerdem	MITTEL
Schwindel-gefühl, unsicheres Gehen	Drehschwindel bei Bewegung, anfallsweise auftretender Schwindel	↓Kälte, nachts, morgens ↑Wärme	ausgeprägtes Gliederzittern, Schwächegefühl wie gelähmt, man läuft unsicher, »tapsig«	auch bewährt bei spontanem Urinabgang (Harninkontinenz)	**Conium maculatum D12** 2-mal tägl. 5 Glob. Seite 261
Schwitzen, Schweißausbrüche	kalte, säuerlich riechende Schweiße, anfallsartig auftretend, auch mit Hitzegefühl	↓morgens, Kälte, Nässe ↑Wärme	ungeduldiges, hektisches Verhalten, man ist auch überfordert und geschwächt	bewährt bei Beschwerden in den Wechseljahren oder durch Hormontherapie	**Acidum sulfuricum D12** 2-mal tägl. 5 Glob. Seite 243
Übelkeit, Brechreiz	morgendliches Würgen, Übelkeit, Magenschmerzen mit Druckgefühl, Verstopfung	↓Kälte, morgens ↑Wärme	Einnahme verschiedener Medikamente, die schlecht vertragen werden	bewährt bei Übelkeit, Brechreiz und Erbrechen durch Chemotherapie	**Nux vomica D6** 3-mal tägl. 5 Glob. Seite 282
Verstopfung durch Schmerzmittel (Opiate)	tagelang kein Stuhlgang, aufgetriebener Leib, krampfartige Leibschmerzen	↓nach dem Schlaf, Wärme ↑Abkühlung	Darmträgheit, verstärkt durch emotionale Einflüsse wie Schreck und Scham	bewährt bei den Folgen von Schlaganfall oder Gehirnerschütterung	**Opium D12** 2-mal tägl. 5 Glob. Seite 283
Verstopfung	kein Stuhldrang, drückende Magenschmerzen, oft morgendliche Übelkeit	↓Kälte, morgens ↑Wärme	Rückenschmerzen durch mangelnde Bewegung oder Bettlägerigkeit	bei Hämorrhoiden mit Stuhlverstopfung oder bei zu häufigem Gebrauch von Abführmitteln	**Nux vomica D6** 3-mal tägl. 5 Glob. Seite 282

Impfungen/Impffolgen

warum, wo	was	wie	wie noch	außerdem	MITTEL[1]
Grippeschutz-Impfung	die Nase läuft, gehäuftes Niesen, auch Halsweh	↓Gewitter, Sturm, Nässe, Nebel ↑Wärme	häufige Erkältungen, auch mit Nasennebenhöhlenentzündungen und Bronchitis	bewährt bei wiederkehrenden Harnwegs- und Unterleibsentzündungen	**Thuja occidentalis D12** 2-mal tägl. **5 Glob.** Seite 299
Impfreaktion	Haut ist rot, heiß, teigig geschwollen, große Quaddeln, stechende Schmerzen	↓Wärme, Berührung ↑kalte Auflagen, an frischer Luft	Neigung zu allergischen Reaktionen mit Schwellung (Ödem) an Haut und Schleimhaut	bewährt bei Anschwellen des Arms durch Hyposensibilisierung	**Apis mellifica D6** 3-mal tägl. **5 Glob.** Seite 247
Impfungen allgemein, Reiseimpfungen	man verträgt Impfungen schlecht, reagiert mit leichtem Fieber und »Kränkeln«	↓körperliche Anstrengung ↑Ruhephasen, Schlaf	mangelnde Leistungsfähigkeit, oft unerklärliche Müdigkeit, allergische Beschwerden	entzündetes Zahnfleisch, Mund- und Lippenbläschen, Gerstenkorn	**Propolis D12** 2-mal tägl. **5 Glob.** Seite 288
Leberschutz (Hepatitis-Impfung)	unterstützt die Funktion der Leber sowie der Gallenblase	↓Bewegung, Druck, feuchtwarmes Wetter ↑Ruhe, warme Umschläge	Neigung zu Verdauungsstörungen mit wechselndem Stuhl	auch zur Begleitbehandlung bei leberbelastenden chemischen Arzneimitteln	**Carduus D6** 3-mal tägl. **5 Glob.** Seite 256
Typhus-Impfung	stabilisiert die Darmflora und stärkt die gesamte Abwehrlage	↓Nikotingenuss ↑Nahrungsverzicht	oft Blähungen und Verstopfung, Aufstoßen mit Übelkeit, anhaltende Appetitlosigkeit	bewährt bei Verdauungsstörungen auf Reisen mit Durchfall oder Verstopfung	**Okoubaka D3** 3-mal tägl. **5 Glob.** Seite 283

[1] *Einnahmedauer: ca. 10 Tage*

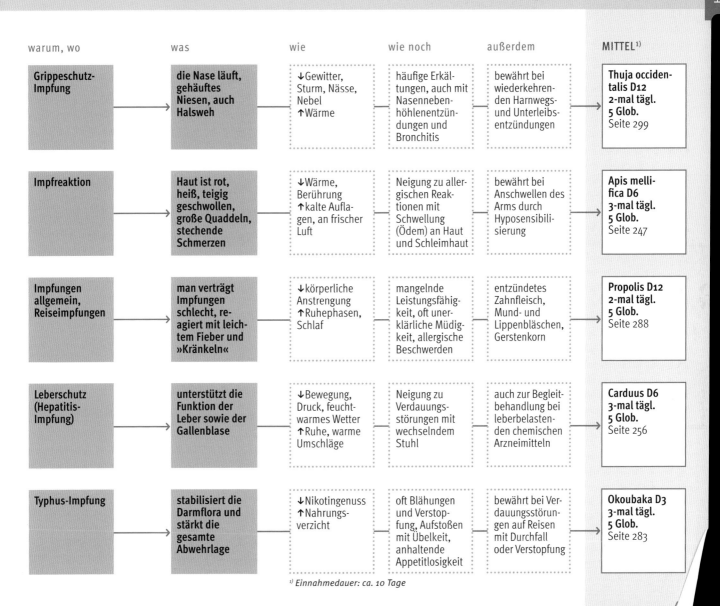

Ausleiten und Entgiften von Medikamenten

warum, wo	was	wie	wie noch	außerdem	MITTEL[1]
Amalgam, Schwermetall, Schmerzmittel, Narkosemittel	Unwohlsein, oft morgendliche Übelkeit, Würgen, Kopfweh, Magenbeschwerden	↓Kälte, morgens ↑Wärme	Neigung zu Brechreiz und Erbrechen, Verstopfung	bewährt bei Nebenwirkungen einer Chemotherapie	**Nux vomica D6** 3-mal tägl. 5 Glob. Seite 282
Antibiotika	akuter Durchfall oder Verstopfung, danach Blähungen, Übelkeit; Scheidenpilzinfektion	↓Nikotingenuss ↑Nahrungsverzicht	anhaltende Appetitlosigkeit, Müdigkeit, allgemeine Leistungsschwäche	Aufbau der Darmflora: während und nach einer Antibiotikatherapie einnehmen	**Okoubaka D3** 3-mal tägl. 5 Glob. Seite 283
Cortison (innerlich und äußerlich)	unreine, großporige, gerötete Haut, Mitesser, trocken-schuppend oder fettig, Juckreiz	↓morgens, Waschen, (Bett-)Wärme ↑Abkühlung	schlecht heilende, oft eitrige Hautentzündungen, starke, übel riechende Schweiße	unterstützend bei Cortison-Behandlung wegen Atemwegs- oder Gelenkerkrankungen	**Sulfur D12[2]** 1-mal tägl. 5 Glob. Seite 297
fiebersenkende Medikamente, chemische Erkältungspräparate	immer wieder Beschwerden wie bei einer Erkältung mit Schnupfen, Husten	↓am frühen Morgen ↑im Freien	anhaltend rasch erschöpft, geringste Anstrengung löst Schweißausbrüche aus	die Gesundung zieht sich in die Länge, Neigung zum Rückfall für den nächsten Infekt	**Magnesium fluoratum D12** 2-mal tägl. 5 Glob. Seite 278
Medikamente allgemein und gegen Allergien, Umweltgifte	mangelnde Leistungsfähigkeit, oft unerklärlich müde, Neigung zu Allergien	↓körperliche Anstrengung ↑Ruhephasen, Schlaf	häufig entzündetes Zahnfleisch, Mund- und Lippenbläschen, Gerstenkorn, Hautausschläge	man leidet immer wieder unter Muskel- und Gelenkschmerzen	**Propolis D12** 2-mal tägl. 5 Glob. Seite 288

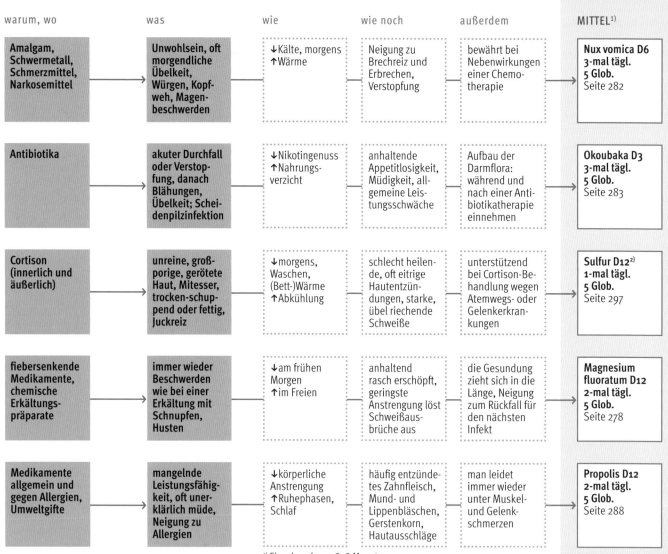

[1] *Einnahmedauer: 2–3 Monate*
[2] *Erstverschlimmerung möglich, siehe Seite 11*

Ausleiten und Entgiften von Erregern (Pilze, Viren, Bakterien)

warum, wo	was	wie	wie noch	außerdem	MITTEL
Ausfluss infolge Pilzinfektion (Candida)	**Ausfluss zäh, klebrig, wie Kleister, weiß-liche Beläge auf der Scheiden-schleimhaut**	↓morgens, Kälte, Nässe, nach der Periode ↑im Freien	weißliche Flecken auf der Mundschleimhaut (Soor) und Bläschen (Aphthen)	bewährt bei Milchschorf, ju-ckender, trockener, schuppender Haut, auch Neurodermitis	**Borax D6** **3-mal tägl.** **5 Glob.** Seite 251
Durchfall infolge Noro- und Rotaviren, Salmonellen	**Durchfall, danach Blähungen und Verstopfung, Aufstoßen mit Übelkeit**	↓Nikotingenuss ↑Nahrungs-verzicht	anhaltende Appetitlosigkeit, allgemeine Leistungsschwäche	bewährt bei Verdauungs-störungen auf Reisen sowie durch Anti-biotika	**Okoubaka D3** **3-mal tägl.** **5 Glob.** Seite 283
Gelenkschmer-zen infolge Borreliose (Bakterium)	**Gelenkschwel-lung mit Hitze-gefühl, brennen-de Schmerzen, Verlangen nach Abkühlung**	↓Wärme, Bewegung ↑kalte Anwen-dungen	Beginn oft in Füßen und Knien, danach Befall der Finger- und Hand-gelenke	bewährt bei Verletzungen durch Pflanzen, spitze Gegen-stände, »blaues Auge«	**Ledum D6** **3-mal tägl.** **5 Glob.** Seite 276
Leberentzün-dung infolge Virusinfektion (Hepatitis)	**mangelnde Leis-tungsfähigkeit, ohne Appetit, Druckgefühl im Oberbauch, Verstopfung**	↓körperliche Belastung ↑Ruhe	Hautjucken, trockene Haut, auch trocken-rissige Hautaus-schläge	auch bei Lebererkrankung durch Medika-mente, ungesun-de Ernährung	**Picrorhiza D6** **3-mal tägl.** **5 Glob.** Seite 287
Lippenbläschen, Gürtelrose infolge Herpes-viren	**in der Lippe »arbeitet« es, ein oder mehrere Bläschen ent-wickeln sich, platzen auf**	↓feuchtkaltes Wetter, Ruhe ↑Wärme, fort-gesetzte Bewe-gung	auch bei Gürtel-rose: auf stark geröteter Haut Bläschen einzeln oder in Gruppen, jucken, brennen	bewährt bei schmerzenden Muskeln, Sehnen und Ge-lenken bei Be-wegungsbeginn	**Rhus toxicoden-dron D12** **2-mal tägl.** **5 Glob.** Seite 290

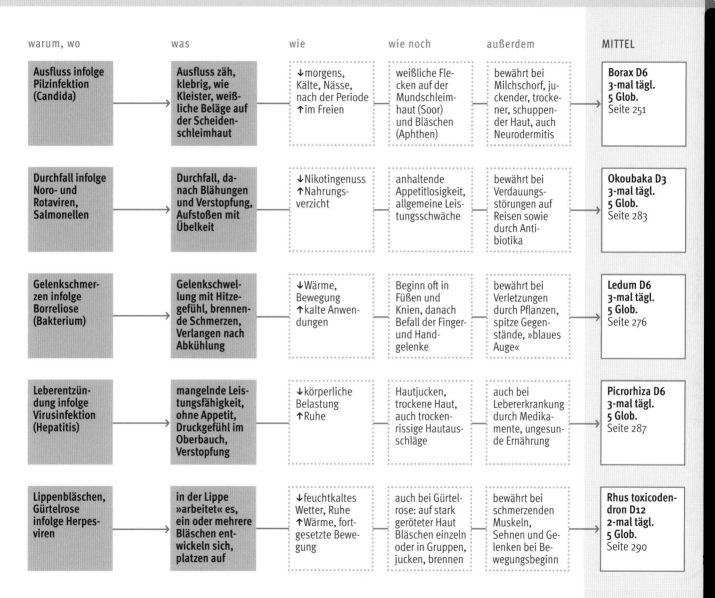

43

Ausleiten und Entgiften von Erregern (Viren, Bakterien)

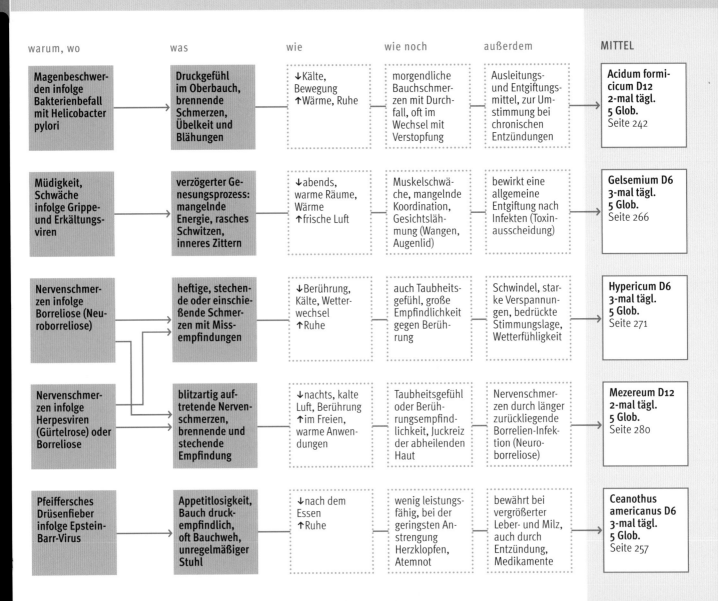

warum, wo	was	wie	wie noch	außerdem	MITTEL
Magenbeschwerden infolge Bakterienbefall mit Helicobacter pylori	Druckgefühl im Oberbauch, brennende Schmerzen, Übelkeit und Blähungen	↓Kälte, Bewegung ↑Wärme, Ruhe	morgendliche Bauchschmerzen mit Durchfall, oft im Wechsel mit Verstopfung	Ausleitungs- und Entgiftungsmittel, zur Umstimmung bei chronischen Entzündungen	**Acidum formicicum D12** 2-mal tägl. 5 Glob. Seite 242
Müdigkeit, Schwäche infolge Grippe- und Erkältungsviren	verzögerter Genesungsprozess: mangelnde Energie, rasches Schwitzen, inneres Zittern	↓abends, warme Räume, Wärme ↑frische Luft	Muskelschwäche, mangelnde Koordination, Gesichtslähmung (Wangen, Augenlid)	bewirkt eine allgemeine Entgiftung nach Infekten (Toxinausscheidung)	**Gelsemium D6** 3-mal tägl. 5 Glob. Seite 266
Nervenschmerzen infolge Borreliose (Neuroborreliose)	heftige, stechende oder einschießende Schmerzen mit Missempfindungen	↓Berührung, Kälte, Wetterwechsel ↑Ruhe	auch Taubheitsgefühl, große Empfindlichkeit gegen Berührung	Schwindel, starke Verspannungen, bedrückte Stimmungslage, Wetterfühligkeit	**Hypericum D6** 3-mal tägl. 5 Glob. Seite 271
Nervenschmerzen infolge Herpesviren (Gürtelrose) oder Borreliose	blitzartig auftretende Nervenschmerzen, brennende und stechende Empfindung	↓nachts, kalte Luft, Berührung ↑im Freien, warme Anwendungen	Taubheitsgefühl oder Berührungsempfindlichkeit, Juckreiz der abheilenden Haut	Nervenschmerzen durch länger zurückliegende Borrelien-Infektion (Neuroborreliose)	**Mezereum D12** 2-mal tägl. 5 Glob. Seite 280
Pfeiffersches Drüsenfieber infolge Epstein-Barr-Virus	Appetitlosigkeit, Bauch druckempfindlich, oft Bauchweh, unregelmäßiger Stuhl	↓nach dem Essen ↑Ruhe	wenig leistungsfähig, bei der geringsten Anstrengung Herzklopfen, Atemnot	bewährt bei vergrößerter Leber- und Milz, auch durch Entzündung, Medikamente	**Ceanothus americanus D6** 3-mal tägl. 5 Glob. Seite 257

Abwehrschwäche: körperliche Schwachstellen/wiederkehrende Entzündungen

warum, wo	was	wie	wie noch	außerdem	MITTEL
Allergien und Atemwegsinfekte	**Borken in der Nase, zäher Schleim, erschwertes Nasenatmen, Hüsteln, Räuspern**	↓trockene (Zimmer-)Luft ↑im Freien	Abgeschlagenheitsgefühl, unregelmäßiger Stuhl mit Verstopfung, Durchfall, Blähungen	im Winterhalbjahr Neigung zu Nebenhöhlenentzündungen, im Frühjahr zu Allergien	**Luffa operculata D6[1)2)] 3-mal tägl. 5 Glob.** Seite 277
Atemwegsinfekte durch Erkältungen	**wässriger, danach dick gelblicher Schnupfen, später schleimiger anhaltender Husten**	↓nachts, Kälte ↑aufsetzen	beginnt oft mit Trockenheit im Rachen, Schluckbeschwerden kommen und gehen	jede Erkältung beginnt in Nase und Rachen, endet mit Husten	**Sticta D6 3-mal tägl. 5 Glob.** Seite 296
Ausfluss, Scheidenpilz	**Ausfluss ist zäh, klebrig, wie Kleister, weißliche Beläge auf der Scheidenschleimhaut**	↓morgens, Kälte, Nässe, nach der Periode ↑im Freien	weißliche Flecken auf der Mundschleimhaut (Soor) und Bläschen (Aphthen)	juckende, trockene, schuppende Haut, die schlecht heilt, Eiterungstendenz	**Borax D6 3-mal tägl. 5 Glob.** Seite 251
Blasenentzündung, abklingend	**verminderter oder vermehrter Harndrang, dunkler, konzentrierter Urin**	↓reichliche Mahlzeiten ↑Wärme	drückende Schmerzen im Nierenbereich, immer wieder Harnwegsinfekte	Anregung der Nierentätigkeit, allgemein zur verstärkten Ausscheidung; Nierengrieß	**Solidago D3 3-mal tägl. 5 Glob.** Seite 295
Darmpilzbesiedelung	**aufgetriebener Leib, Völlegefühl, Aufstoßen, trockener Mund, pappiger Geschmack**	↓Zucker, Weißmehl ↑Trinken von Wasser	Zunge weiß-gelblich, gräulich belegt; wechselnder Stuhl	bewährt zur Darmsanierung, auch zusätzlich zum Pilzmittel (Antimykotikum)	**Ichthyolum D6 3-mal tägl. 5 Glob.** Seite 272

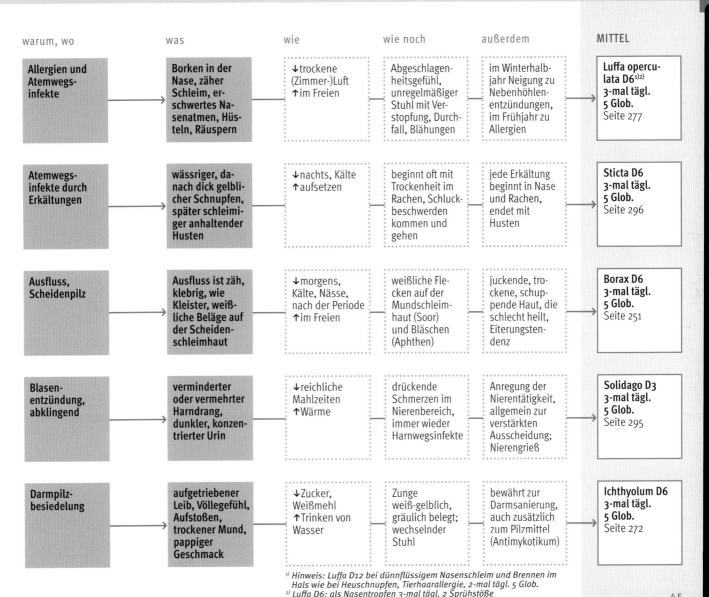

[1)] *Hinweis: Luffa D12 bei dünnflüssigem Nasenschleim und Brennen im Hals wie bei Heuschnupfen, Tierhaarallergie, 2-mal tägl. 5 Glob.*
[2)] *Luffa D6: als Nasentropfen 3-mal tägl. 2 Sprühstöße*

Abwehrschwäche: körperliche Schwachstellen/wiederkehrende Entzündungen

warum, wo	was	wie	wie noch	außerdem	MITTEL
Halsschmerzen, Mandelentzündungen, wiederkehrend	oft Halsweh und Schluckbeschwerden, dunkelrote Rachenschleimhaut	↓Berührung, Bewegung ↑Ruhe, Trinken von Kaltem, lokale Wärme	Halslymphknoten geschwollen; bis in die Ohren ausstrahlende Schmerzen; oft müde	bei Seitenstrangangina und Pfeifferschem Drüsenfieber	**Phytolacca D6** **3-mal tägl.** **5 Glob.** Seite 286
Magenkeim-Befall mit Helicobacter pylori	Druckgefühl im Oberbauch, brennende Schmerzen, Übelkeit und Blähungen	↓Kälte, Bewegung ↑Wärme, Ruhe	morgendliche Bauchschmerzen mit Durchfall, oft im Wechsel mit Verstopfung	Entgiftungsmittel, es aktiviert die Abwehr bei chronischen und allergischen Erkrankungen	**Acidum formicicum D12** **2-mal tägl.** **5 Glob.** Seite 242
Mundschleimhautbläschen (Aphthen)	auf der Mundschleimhaut Bläschen (Aphthen) und weißliche Flecken (Soor, ein Pilz)	↓morgens, Kälte, Nässe, nach der Periode ↑im Freien	auch bei weißlichen Belägen auf der Scheidenschleimhaut, Ausfluss zäh, klebrig	juckende, trockene, schuppende Haut, die schlecht heilt, Eiterungstendenz	**Borax D6** **3-mal tägl.** **5 Glob.** Seite 251
Mundschleimhautentzündung	anhaltend entzündete Mundschleimhäute, oft auch weißlich-blass veränderte Stellen	↓Kälte, Wind ↑Ingangkommen der Absonderungen	oft trockener, bitterer Mundgeschmack, Aufstoßen, Bauchschmerzen rechtsseitig	Schleimhautentzündungen auch als Folge einer Chemo- oder Bestrahlungstherapie	**Hydrastis canadensis D6** **3-mal tägl.** **5 Glob.** Seite 270
Muskel-, Sehnen-, Gelenkschmerzen	ziehende Gelenk- und Muskelschmerzen, schmerzhafte Sehnen, Nervenschmerzen	↓nachts, Wetterumschwung ↑Bewegung, warme Anwendungen	Kribbeln und Ameisenlaufen in den Beinen, die Knochen schmerzen	man fühlt jeden Wetterumschwung mit vermehrten Schmerzen: Barometerschmerz	**Rhododendron D6** **3-mal tägl.** **5 Glob.** Seite 289

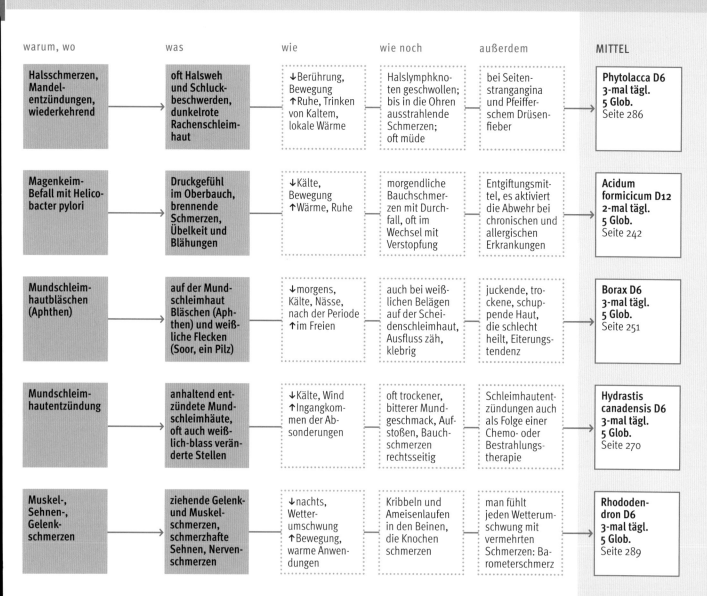

Abwehrschwäche: körperliche Schwachstellen/wiederkehrende Entzündungen

warum, wo	was	wie	wie noch	außerdem	MITTEL
Nasenneben-höhlenentzün-dung, chronische	zäher, dick-gelb-licher, schwer löslicher Schleim, auch im Rachen, mit Räuspern	↓Berührung, kalte Luft ↑Wärme	trockener oder zähschleimiger Husten, auch anfallsweise, oft stechendes Kopfweh	Neigung zu Pusteln, Akne, zu schlecht hei-lenden, ständig entzündeten Wunden	**Hepar sulfuris D6** 3-mal tägl. 1 Tabl. Seite 270
Nasenschleim-haut wie ausgetrocknet	Borken in der Nase, zäher Schleim, er-schwertes Na-senatmen, Hüs-teln, Räuspern	↓trockene (Zimmer-)Luft ↑im Freien	Zungenbelag; unregelmäßiger Stuhlgang mit Verstopfung, Durchfall, Blähungen	verursacht durch trockene Raum-luft, ständige Entzündungen, chemische Nasentropfen	**Luffa opercu-lata D6** 3-mal tägl. 5 Glob. Seite 277
Prostata-entzündung	Schmerzen hin-ter dem Scham-bein, gehäuftes Wasserlassen mit Brennen	↓Kälte, Nässe, nach dem Wasserlassen ↑durch Wärme	wiederkehrende anhaltende Entzündungen, oft schleimiger Urin	bewährt zur Ausheilung nach einer Operation an der Blase und Prostata	**Populus D3** 3-mal tägl. 5 Glob. Seite 288
Stimmband-reizung, Stimmband-entzündung	ständiges Räuspern, Ge-fühl, als ob die Stimme immer belegt ist; tro-ckener Rachen	↑Trinken von Flüssigkeit	ständiges Hüs-teln, zunehmen-der Hustenreiz, Fremdkörperge-fühl im Rachen	bei Allergie sind Pollen sowie Medikamente (»ACE-Hemmer«) die Ursache	**Wyethia D6** 3-mal tägl. 5 Glob. Seite 301
Zahnfleisch-entzündung, Zahnfleisch-taschen	Zahnfleisch ist anhaltend ent-zündet und zieht sich zurück, »schlechter« Geschmack	↓Kälte, kaltes Wetter ↑Wärme, warme Anwen-dungen	Zahnfleisch-bluten bei der Zahnreinigung; schmerzende Zähne, vor allem auf Kaltes	alte Narben brechen auf, schmerzen, Bin-degewebe ver-liert an Elastizi-tät, wie verhärtet	**Silicea D12** 2-mal tägl. 5 Glob. Seite 294

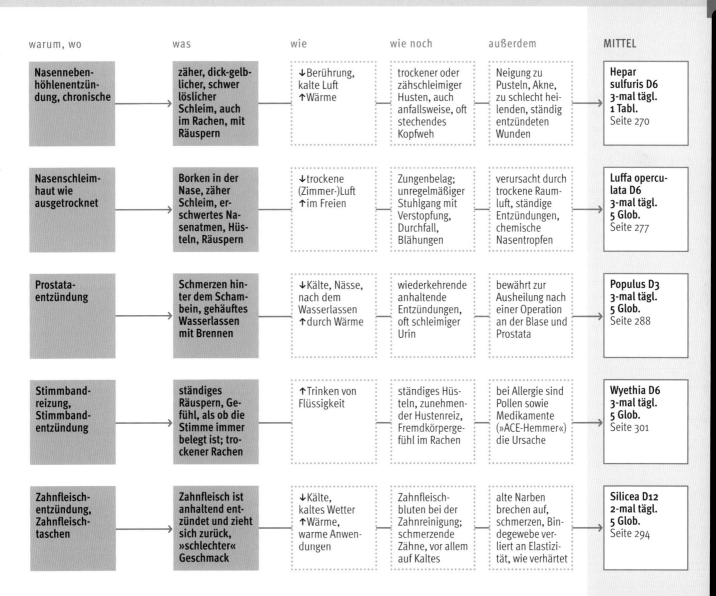

Allgemeinbefinden/Psyche

Mit Allgemeinbefinden bezeichnet man das subjektive Gefühl eines Menschen bezüglich seines körperlichen und seelisch-geistigen Zustands. Ein getrübtes Allgemeinbefinden heißt Unwohlsein oder Befindlichkeitsstörung. Mit homöopathischen Arzneimitteln lässt sich der gestörte Zustand stabilisieren.

Das Allgemeinbefinden kann von verschiedenen Faktoren beeinträchtigt werden. Neben Krankheiten, die in den nächsten Kapiteln behandelt werden, hat die Psyche einen großen Einfluss darauf. In diesem Kapitel finden Sie deshalb psychische Befindlichkeitsstörungen, aber auch psychosomatische Beschwerden, das sind psychische Beschwerden, die sich in körperlichen Problemen äußern.

Psyche

Unter **Psyche** finden Sie alle Beschwerden, die den seelisch-geistigen Bereich betreffen. Aus den unterschiedlichsten Gründen kann unsere Stimmung »im Keller« sein, können sich Ängste entwickeln, eine innere Anspannung oder Schuldgefühle. Emotionale Reaktionen auf Ereignisse können sich als Erschöpfungszustand äußern, der zu einer anhaltenden Müdigkeit oder zu Konzentrationsstörungen und Vergesslichkeit führt. Überlastung kann

uns stressen oder ein Burnout-Syndrom auslösen. Wenn die seelische Balance nicht mehr gegeben ist, wenn Kummer, Sorgen und ständiges Grübeln die Ursache für die mangelnde Leistungsfähigkeit sind, kann Sie die Homöopathie unterstützen. Sie hilft Ihnen dabei, Ihre Stabilität wiederzuerlangen. Bedenken Sie dabei aber bitte, dass Ihre Seele eine gewisse Zeit benötigt, damit Sie Ihren »Schwung« wiederbekommen, den Sie von früher her kennen. Dies betrifft auch Schlafstörungen. Das homöopathische Mittel wirkt nicht wie ein chemisches Medikament, das den Schlaf quasi erzwingt, sondern es reguliert den gestörten Schlaf-Wach-Rhythmus. Deshalb kann Homöopathie auch bei Jetlag helfen.

Immunsystem

Einen großen Einfluss auf das Allgemeinbefinden hat auch das **Immunsystem**. Je stabiler und ausgeglichener wir sind, desto besser ist es und desto weniger anfällig gegenüber Infekten sind wir. Dennoch schließt das nicht aus, dass wir zum Beispiel durch Kälte, Nässe oder Ansteckung einen Infekt bekommen. Sinnvoll ist es deshalb, einige immunstabilisierende Mittel in der Hausapotheke zu haben, um bei Bedarf darauf zurückgreifen zu können.

Allergien und Krebserkrankungen

Auch Allergien und Krebserkrankungen haben mit unserem Immunsystem und damit mit unserem Allgemeinbefinden zu tun. Eine **Allergie** ist eine überschießende Reaktion des Immunsystems auf an sich harmlose Stoffe wie Pollen, sogenannte Allergene. Die Erfahrung aus der Praxis zeigt, dass sich allergische Erkrankungen sehr erfolgreich homöopathisch behandeln lassen. Bei der Auswahl des Mittels muss natürlich das verursachende Allergen berücksichtigt werden; ganz wesentlich sind jedoch Ihre individuellen Symptome, mit denen sich die Allergie äußert. Diese Leitsymptome führen zum Mittel.

Bei **Krebserkrankungen** zeigt sich, dass eine notwendige schulmedizinische Behandlung umso erfolgreicher ist, je stabiler Körper, Geist und Seele sind. Nur dann können unsere Selbstheilungskräfte angeregt werden. Und dabei spielt die begleitende homöopathische Behandlung eine große Rolle. Sie unterstützt den Heilungsprozess und reduziert die Nebenwirkungen der Chemotherapie und Bestrahlungsbehandlung wie auch der oft eingesetzten chemischen Medikamente, die den Hormonhaushalt verändern.

In diesem Kapitel

Psyche: Ängste/Angstzustände/Panikattacken

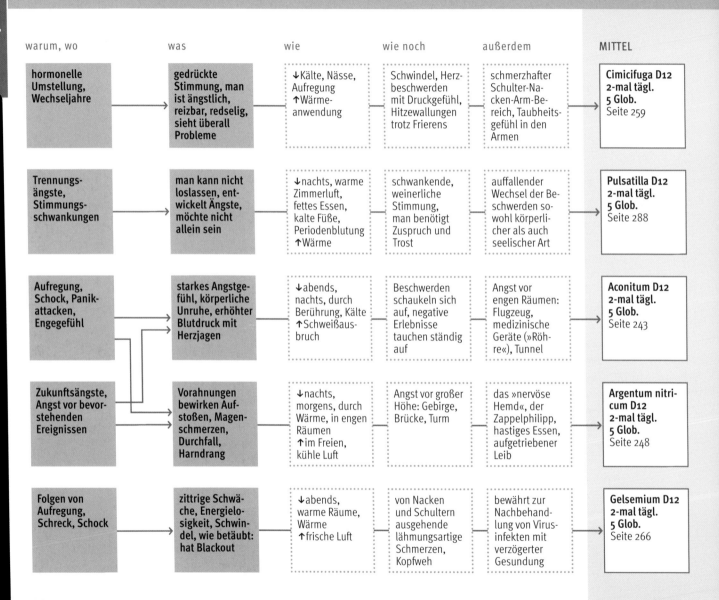

warum, wo	was	wie	wie noch	außerdem	MITTEL
hormonelle Umstellung, Wechseljahre	gedrückte Stimmung, man ist ängstlich, reizbar, redselig, sieht überall Probleme	↓Kälte, Nässe, Aufregung ↑Wärme- anwendung	Schwindel, Herz- beschwerden mit Druckgefühl, Hitzewallungen trotz Frierens	schmerzhafter Schulter-Na- cken-Arm-Be- reich, Taubheits- gefühl in den Armen	**Cimicifuga D12** 2-mal tägl. 5 Glob. Seite 259
Trennungs- ängste, Stimmungs- schwankungen	man kann nicht loslassen, ent- wickelt Ängste, möchte nicht allein sein	↓nachts, warme Zimmerluft, fettes Essen, kalte Füße, Periodenblutung ↑Wärme	schwankende, weinerliche Stimmung, man benötigt Zuspruch und Trost	auffallender Wechsel der Be- schwerden so- wohl körperli- cher als auch seelischer Art	**Pulsatilla D12** 2-mal tägl. 5 Glob. Seite 288
Aufregung, Schock, Panik- attacken, Engegefühl	starkes Angstge- fühl, körperliche Unruhe, erhöhter Blutdruck mit Herzjagen	↓abends, nachts, durch Berührung, Kälte ↑Schweißaus- bruch	Beschwerden schaukeln sich auf, negative Erlebnisse tauchen ständig auf	Angst vor engen Räumen: Flugzeug, medizinische Geräte (»Röh- re«), Tunnel	**Aconitum D12** 2-mal tägl. 5 Glob. Seite 243
Zukunftsängste, Angst vor bevor- stehenden Ereignissen	Vorahnungen bewirken Auf- stoßen, Magen- schmerzen, Durchfall, Harndrang	↓nachts, morgens, durch Wärme, in engen Räumen ↑im Freien, kühle Luft	Angst vor großer Höhe: Gebirge, Brücke, Turm	das »nervöse Hemd«, der Zappelphilipp, hastiges Essen, aufgetriebener Leib	**Argentum nitri- cum D12** 2-mal tägl. 5 Glob. Seite 248
Folgen von Aufregung, Schreck, Schock	zittrige Schwä- che, Energielo- sigkeit, Schwin- del, wie betäubt: hat Blackout	↓abends, warme Räume, Wärme ↑frische Luft	von Nacken und Schultern ausgehende lähmungsartige Schmerzen, Kopfweh	bewährt zur Nachbehand- lung von Virus- infekten mit verzögerter Gesundung	**Gelsemium D12** 2-mal tägl. 5 Glob. Seite 266

Psyche: Ärger/Aufregungen

warum, wo	was	wie	wie noch	außerdem	MITTEL
Druck »von oben«, Unsicherheit, Überforderung	man lehnt jegliche Veränderung und alles Neue ab, gibt den Druck »nach unten« weiter	↓spätnachmittags, Wärme, Schwüle ↑frische Luft, Kühle	mangelnde Konzentration, man ist vergesslich, macht viele Schreibfehler	starke Blähungen, man bevorzugt süße und warme Speisen, erträgt keine enge Kleidung	**Lycopodium D12** 2-mal tägl. 5 Glob. Seite 277
emotionaler Druck: Aufregung, Ärger, Stress, Wetterwechsel	gereizte Stimmung, man will seine Ruhe haben, denkt ständig an Beruf und Aufgaben	↓Bewegung, Berührung, Wetterumschwung ↑Schweißausbruch, kalte Anwendungen	bei Aufregungen verkrampft sich die Rückenmuskulatur, man vermeidet jegliche Bewegung	stechendes Kopfweh, rheumatische Schmerzen, Verstopfung, großes Durstgefühl	**Bryonia D12** 2-mal tägl. 5 Glob. Seite 252
Stress, Überforderung, ungesunde Ernährungs- und Lebensweise	gehetzte Lebensweise, innere Anspannung, man wirkt überarbeitet und gestresst	↓morgens, Kälte, Bewegung ↑Wärme, warme Anwendungen	man liebt Genussmittel trotz Magenbeschwerden, morgendlicher Brechreiz, Verstopfung	schmerzhafte Muskelverspannungen im Nacken-Schulter- und Rückenbereich	**Nux vomica D12** 2-mal tägl. 5 Glob. Seite 282
seelische Konflikte durch überzogene Leistungsbereitschaft, Pubertät, Wechseljahre	man fühlt sich missbraucht, überfordert, erschöpft, alles erscheint zu viel	↓Kälte, Nässe, Wetterwechsel ↑Bewegung, körperliche Tätigkeit	man reagiert oft heftig und gereizt, geht auf Distanz zum Partner, Abneigung gegen Sex	übel riechender Schweiß bei der geringsten Anstrengung, Senkungsgefühl der Scheide	**Sepia D12** 2-mal tägl. 5 Glob. Seite 293
Kränkung, Kummer, seelischer »Müllschlucker«	man fühlt sich im Inneren verletzt, ist sehr empfindsam, nachtragend	↓nachts, Kälte, emotionale Zuwendung ↑Ruhe	man ist leicht gekränkt, die angestaute Wut entlädt sich später explosionsartig	Emotionales ruft Bauchweh und Unterleibsbeschwerden hervor	**Staphisagria D12** 2-mal tägl. 5 Glob. Seite 296

Psyche: Erschöpfungszustände/Müdigkeit/Burnout

warum, wo	was	wie	wie noch	außerdem	MITTEL
Schlafmangel, Jetlag, Schichtarbeit, Überanstrengung	nervöse Erschöpfung und Reizbarkeit, man kann sich nichts merken, gähnt ständig	↓Bewegung, nach dem Schlaf ↑kurze Ruhephasen	gestörter Schlaf-Wach-Rhythmus, tagsüber müde, erschwertes Einschlafen	Schwindel bei der geringsten Bewegung, Schweißausbrüche bei Anstrengung	**Cocculus D12** 2-mal tägl. 5 Glob. Seite 259
Stress, Ärger, Überanstrengung, Ernährungsfehler, Schlafmangel, Jetlag	innere Anspannung, tagsüber müde, nachts schlaflos, schlechte Träume	↓Kälte, Berührung, Anstrengung, Alkohol ↑abends, durch Essen, Bewegung	Beine sind ständig in Bewegung, Zähneknirschen, nächtliches Aufschrecken	nervöse Unruhe mit Erschöpfung, man fühlt sich ständig getrieben, redet viel	**Zincum metallicum D12** 2-mal tägl. 5 Glob. Seite 301
Erschöpfung durch Überanstrengung	man ist erschöpft durch Überarbeitung, ist zeitgleich für Familie und Beruf tätig	↓daran denken ↑Ablenkung	häufig Unterleibsschmerzen, Senkungsbeschwerden der Scheide, kein Interesse am Sex	die erschöpfte Frau, stellt an sich selbst zu hohe Ansprüche: »Wie schaffe ich alles?«	**Helonias dioica D6** 3-mal tägl. 5 Glob. Seite 270
Überanstrengung, durchgemachte Erkrankung, (Liebes-)Kummer	man fühlt sich wie ausgelaugt, hat großes Ruhe- und Schlafbedürfnis	↓Anstrengung, Lärm, Kälte ↑Ruhe, Wärme	man kann sich nicht konzentrieren, ist wie benommen, Schwindel, Kopfdruck	Gefühl, als sei alles zu viel, kein Interesse am Sex	**Acidum phosphoricum D12** 2-mal tägl. 5 Glob. Seite 242
niedriger Blutdruck, Wetterfühligkeit	mangelnde Leistungsfähigkeit, Konzentrationsschwäche, gedrückte Stimmung	↓vormittags, Wetterumschwung ↑Ruhe	Gefühl, als sei alles zu viel, man fühlt sich wie benommen	oft Kopfdruck, Sehstörungen, Schwindel, Schwarzwerden vor den Augen	**Haplopappus D6** 3-mal tägl. 5 Glob. Seite 268

Psyche: Essstörungen

warum, wo	was	wie	wie noch	außerdem	MITTEL
Frustration, falsche Ernährungsweise, Schilddrüsenunterfunktion	möglichst viel essen, Heißhunger, zu wenig Bewegung, ist mit allem zu spät dran	↓nach dem Schlaf, Periodenblutung ↑an frischer Luft	krampfartige Magenschmerzen, übel riechende Blähungen, Verstopfung	gedrückte Stimmung, man kommt nicht in Schwung, Arbeit geht nicht voran	**Graphites D12** 2-mal tägl. **5 Glob.** Seite 267
ständiges Hungergefühl, falsche Ernährungsweise	man liebt reichliches Essen, vor allem Eiergerichte, Süßspeisen, bewegt sich ungern	↓Kälte, Nässe, Anstrengung ↑trockenes Wetter, Wärme	oft Sodbrennen, aufgetriebener Bauch, wechselnder Stuhl	man schwitzt rasch an Kopf, Nacken, Oberkörper, Schweiß riecht säuerlich; häufig erkältet	**Calcium carbonicum D12** 2-mal tägl. **5 Glob.** Seite 252
Ernährungsfehler (Durcheinanderessen), Stimmungsschwankungen	man verschlingt das Essen, Völlegefühl, Sodbrennen, Übelkeit, dick weiß belegte Zunge	↓saure Speisen, Wein, Temperaturextreme ↑Ruhe, frische Luft	man ist reizbar, oft mürrisch; Übergewicht, Stoffwechselstörung (metabolisches Syndrom)	oft bläschenartiger Hautausschlag, dicke Schwielen- und Hornhautbildung	**Antimonium crudum D12** 2-mal tägl. **5 Glob.** Seite 246
ständiges Naschen, innere Unsicherheit	Hungergefühl auf Süßes und Warmes, man ist rasch gesättigt, lässt den vollen Teller stehen	↓spätnachmittags, Wärme, Schwüle ↑an frischer Luft, Kühle	aufgetriebener Leib nach wenig essen, starke Blähungen, man erträgt keine enge Kleidung	mangelnde Konzentration, man ist vergesslich, macht viele Schreibfehler, lehnt Neues ab	**Lycopodium D12** 2-mal tägl. **5 Glob.** Seite 277
Heimweh, Trennungsschmerz	wie zugeschnürter Hals, man bringt keinen Bissen herunter, ist zu Tränen gerührt	↓Berührung, Genussmittel, Emotionen ↑Essen	Lachen und Weinen, körperliche und seelische Beschwerden wechseln sich ab	Kopfschmerzen wie durch einen Nagel verursacht, Magenbeschwerden mit Bauchkrämpfen	**Ignatia D12** 2-mal tägl. **5 Glob.** Seite 272

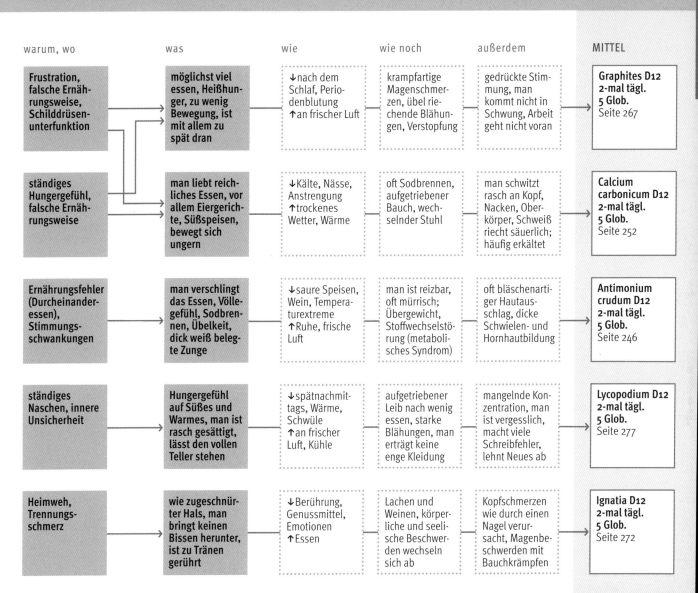

Psyche: Heimweh/Einsamkeit

warum, wo	was	wie	wie noch	außerdem	MITTEL
Aufregung, Vorahnungen, Überanstrengung	**Angst vor dem Alleinsein, das geringste Geräusch erschreckt, innerlich angespannt**	↓abends, nachts, emotionale Ereignisse ↑kurze Ruhepausen	schlanker, nervöser Mensch, braucht Ruhephasen, inneres Zittern, Bewegungsdrang	zittrige Schwäche bei leerem Magen, muss häufiger essen; häufiges Nasenbluten	**Phosphorus D12** 2-mal tägl. 5 Glob. Seite 286
Alleinsein, seelische Überforderung, Kummer, Sorgen	**man braucht viel Zuwendung, nimmt das Leid der Mitmenschen intensiv wahr**	↓Kälte, Zugluft, Dunkelheit, vor/während der Periodenblutung ↑Wärme	ausgeprägter Gerechtigkeitssinn, lähmende Müdigkeit und Schwäche	melancholische Stimmung, man ist wie gelähmt vor Kummer, reagiert übersensibel	**Causticum Hahnemanni D12** 2-mal tägl. 5 Glob. Seite 256
Trennungsängste, Stimmungsschwankungen	**man kann nicht loslassen, entwickelt Ängste, möchte nicht allein sein**	↓nachts, warme Zimmerluft, fettes Essen, kalte Füße, Periodenblutung ↑Wärme	schwankende, weinerliche Stimmung, man benötigt Zuspruch und Trost	auffallender Wechsel der Beschwerden sowohl körperlicher als auch seelischer Art	**Pulsatilla D12** 2-mal tägl. 5 Glob. Seite 288
Heimweh, Trennungsschmerz	**wie zugeschnürter Hals, man bringt keinen Bissen herunter, ist zu Tränen gerührt**	↓Berührung, Genussmittel, Emotionen ↑Essen	Lachen und Weinen, körperliche und seelische Beschwerden wechseln sich ab	nervös bedingte Herzbeschwerden, Kopfschmerzen wie durch einen Nagel verursacht	**Ignatia D12** 2-mal tägl. 5 Glob. Seite 272
Trennungskonflikt, Heimweh	**man reagiert auf die Trennung mit Trotz, ist beleidigt, will in Ruhe gelassen werden**	↓Kälte, Zugluft, Berührung ↑Wärme, Bewegung	seelische Konflikte können sich mit einer Ohren- und Mandelentzündung zeigen	Wangen auffallend gerötet, schlechte Stimmung verdirbt den Appetit, Zungenbrennen	**Capsicum D12** 2-mal tägl. 5 Glob. Seite 255

Psyche: Innere Anspannung/Spannungszustände

warum, wo	was	wie	wie noch	außerdem	MITTEL
Aufregung, Ärger, Stress, Wetterwechsel	gereizte Stimmung, man will seine Ruhe haben, denkt ständig an Beruf und Aufgaben	↓Bewegung, Berührung, Wetterumschwung ↑Schweißausbruch, kalte Anwendungen	stechendes Kopfweh, rheumatische Schmerzen, Verstopfung, großes Durstgefühl	bei Aufregungen verkrampft sich die Rückenmuskulatur, man vermeidet jegliche Bewegung	**Bryonia D12** 2-mal tägl. 5 Glob. Seite 252
Stress, Ärger, Überanstrengung, Ernährungsfehler, unruhiger Schlaf, Jetlag	innere Anspannung, man ist tagsüber müde, kann nachts nicht schlafen, träumt schlecht	↓Kälte, Berührung, Anstrengung, Alkohol ↑abends, durch Essen, Bewegung	Beine sind ständig in Bewegung, Zähneknirschen, nächtliches Aufschrecken	nervöse Unruhe mit Erschöpfung, man fühlt sich ständig getrieben, redet viel	**Zincum metallicum D12** 2-mal tägl. 5 Glob. Seite 301
Aufregung, Schreck, Kummer, Vorahnungen, Überanstrengung	Angst im Dunkeln, vor dem Alleinsein, das geringste Geräusch erschreckt	↓abends, nachts, emotionale Ereignisse ↑kurze Ruhepausen	schlanker, nervöser Mensch, braucht Ruhephasen; inneres Zittern, Bewegungsdrang	zittrige Schwäche bei leerem Magen, man muss häufiger etwas essen, oft Nasenbluten	**Phosphorus D12** 2-mal tägl. 5 Glob. Seite 286
Zukunftsängste, Angst vor bevorstehenden Ereignissen	Vorahnungen bewirken Durchfall und häufiges Wasserlassen, Magenschmerzen, Aufstoßen	↓nachts, morgens, Wärme, in engen Räumen ↑im Freien, kühle Luft	aufgetriebener Leib, verstärkt durch Süßes und Weißmehlbrot, hastiges Essen	das »nervöse Hemd«, der Zappelphilipp, Angst vor großen Höhen	**Argentum nitricum D12** 2-mal tägl. 5 Glob. Seite 248
körperliche und seelische Überanstrengung, Pflichtbewusstsein	Schwäche mit Schwitzen, rasche Ermüdbarkeit mit Kreuzschmerzen	↓nachts zwischen 3 und 5 Uhr, Kälte, Luftzug ↑Wärme	Wassereinlagerung, Tränensäckchen, ausgeprägtes Wärmeverlangen	sehr pflichtbewusst, emotional leicht verletzbar, überempfindlich gegen Lärm, Geruch	**Kalium carbonicum D12** 2-mal tägl. 5 Glob. Seite 273

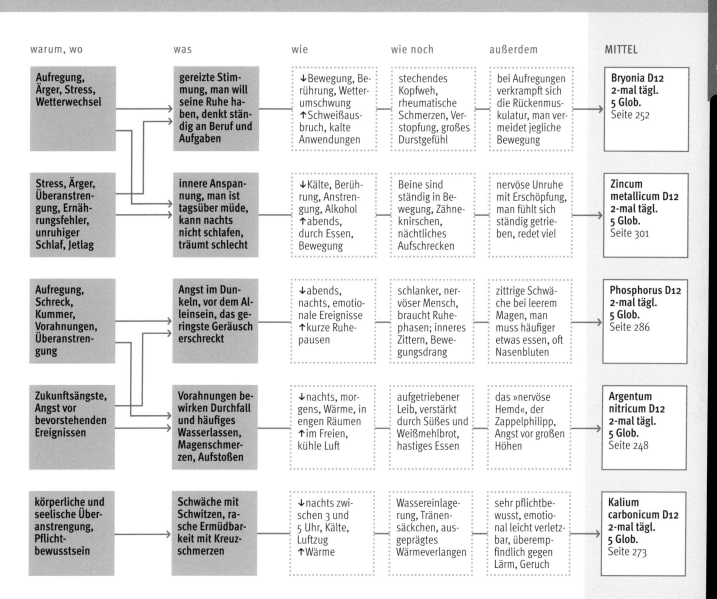

Psyche: Kontaktschwierigkeiten

warum, wo	was	wie	wie noch	außerdem	MITTEL
Stimmungs-schwankungen, mangelndes Interesse	man ist reizbar, ruhelos, oft mür-risch, will nicht angeschaut und angesprochen werden	↓saure Speisen, Wein, Tempera-turextreme ↑Ruhe, frische Luft	hastiges Essen, Völlegefühl, Sodbrennen, Übelkeit, oft bläschenartiger Ausschlag	Neigung zu Übergewicht, Stoffwechsel-störung (meta-bolisches Syndrom)	**Antimonium crudum D12** 2-mal tägl. 5 Glob. Seite 246
Überarbeitung, berufliche Sorgen, Kränkung	man will allein sein, ist zart be-saitet, mutlos, hat immer und ständig Bedenken	↓morgens, Musik, alles Ungewohnte ↑im Freien sein	schlaflos vor Sorgen, körperli-che Kräfte sind begrenzt, wenig Interesse am Sex	empfindsame Reaktion auf andere, dabei Herzbeschwer-den, erschwer-tes Atmen	**Ambra D6** 3-mal tägl. 5 Glob. Seite 246
seelische Konflikte, lang anhaltender Kummer, De-mütigung, Ärger	man will allein sein, nicht ge-tröstet werden, innerer Rückzug	↓morgens, Sonne, durch Anstrengung ↑liegen, frische Luft	man kann die Vergangenheit nicht loslassen, Schmerz, Ent-täuschung nicht überwinden	körperliche Be-schwerden als Zeichen der Mut-losigkeit, man nimmt trotz Appetit nicht zu	**Natrium chlora-tum D12** 2-mal tägl. 5 Glob. Seite 281
geistige und körperliche Überanstren-gung; Pubertät	zurückhaltend, menschenscheu, man fühlt sich erschöpft, hat gedrückte Stim-mung	↓Alkohol, Kaffee, Wärme ↑abends	Verlangen nach Sex, mangelnde Erektionsfähig-keit, vorzeitiger Samenerguss	ölige Kopfhaut, fettige Haut mit dunklen Mites-sern, starker, übel riechender Schweiß	**Selenium D12** 2-mal tägl. 5 Glob. Seite 293
seelische Konflikte durch Überforderung; Pubertät, Wechseljahre	man fühlt sich missbraucht, überfordert, erschöpft, alles erscheint zu viel	↓Kälte, Nässe, Wetterwechsel ↑Bewegung, körperliche Tätigkeit	oft heftige, ge-reizte Reaktion, geht auf Distanz zum Partner, hat Abneigung ge-gen Sex	übel riechender Schweiß bei der geringsten Anstrengung, Senkungsgefühl der Scheide	**Sepia D12** 2-mal tägl. 5 Glob. Seite 293

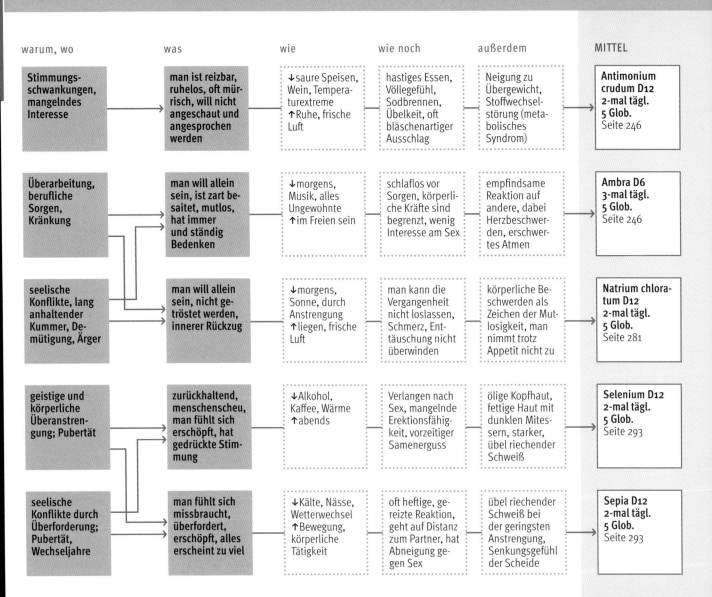

Psyche: Konzentrationsstörungen/Vergesslichkeit

warum, wo	was	wie	wie noch	außerdem	MITTEL
Schlafmangel, Jetlag, Schichtarbeit, Überanstrengung	nervöse Erschöpfung und Reizbarkeit, man kann sich nichts merken, gähnt ständig	↓Bewegung, nach dem Schlaf ↑kurze Ruhephasen	gestörter Schlaf-Wach-Rhythmus, tagsüber müde, erschwertes Einschlafen	Schwindel bei der geringsten Bewegung, Schweißausbrüche bei Anstrengung	**Cocculus D12** 2-mal tägl. 5 Glob. Seite 259
Überanstrengung, durchgemachte Erkrankung, (Liebes-)Kummer	man fühlt sich wie ausgelaugt, hat großes Ruhe- und Schlafbedürfnis	↓Anstrengung, Lärm, Kälte ↑Wärme, Ruhe	man kann sich nicht konzentrieren, ist wie benommen, Schwindel, Kopfdruck	Gefühl, als sei alles zu viel, kein Interesse am Sex	**Acidum phosphoricum D12** 2-mal tägl. 5 Glob. Seite 242
Überanstrengung, Überforderung	man kann sich nicht konzentrieren und nichts merken, fühlt sich rasch überfordert	↓nachts, morgens, Kälte, Genussmittel, seelische Ereignisse ↑Bewegung im Freien	innere Unruhe, man zuckt unwillkürlich mit den Augenlidern, großer Bewegungsdrang	bewährt bei ADHS (Aufmerksamkeitsdefizit-Syndrom), sprunghaftes Verhalten	**Agaricus D12** 2-mal tägl. 5 Glob. Seite 245
Kränkung, Demütigung; Unsicherheit	mangelnde Konzentration, man ist vergesslich, macht viele Schreibfehler	↓spätnachmittags, Wärme, Schwüle ↑frische Luft, Kühle	man lehnt Veränderungen und Neues ab, gibt den Druck »nach unten« weiter	starke Blähungen, man bevorzugt süße und warme Speisen, erträgt keine enge Kleidung	**Lycopodium D12** 2-mal tägl. 5 Glob. Seite 277
emotionale Ereignisse, bevorstehende Ereignisse, geistige Überarbeitung	kurz zuvor Gelesenes kann nicht behalten werden, schlechtes Namensgedächtnis	↓Emotionen, Überanstrengung ↑nachmittags, abends, essen	Unwohlsein, das sich durch hastiges Essen bessert, anschließend Übelkeit, Völlegefühl	aufbrausend auch bei nichtigem Anlass, oft ungerecht, unentschlossen, sorgenvoll	**Anacardium D12** 2-mal tägl. 5 Glob. Seite 246

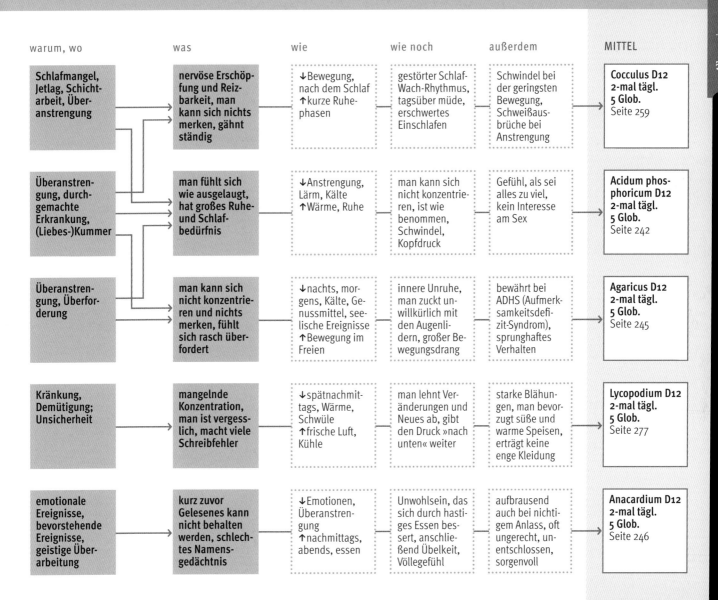

Psyche: Kränkung/Demütigung

warum, wo	was	wie	wie noch	außerdem	MITTEL
seelische Konflikte durch Überforderung	man fühlt sich missbraucht, überfordert, erschöpft, alles erscheint zu viel	↓Kälte, Nässe, Wetterwechsel ↑Bewegung, körperliche Tätigkeit	übel riechender Schweiß bei der geringsten Anstrengung, Senkungsgefühl der Scheide	man reagiert oft heftig und gereizt, geht auf Distanz zum Partner, Abneigung gegen Sex	**Sepia D12** 2-mal tägl. 5 Glob. Seite 293
Kränkung, Kummer, seelischer »Müllschlucker«	man fühlt sich im Inneren verletzt, ist sehr empfindsam, nachtragend	↓nachts, Kälte, emotionale Zuwendung ↑Ruhe	man ist leicht gekränkt, die angestaute Wut entlädt sich später explosionsartig	Emotionales ruft Bauchweh und Unterleibsbeschwerden hervor	**Staphisagria D12** 2-mal tägl. 5 Glob. Seite 296
mangelndes Selbstbewusstsein, Erschöpfung durch Überanstrengung	geringste Kritik entmutigt, geistiges Arbeiten überfordert rasch	↓Kälte, Winterzeit, Periodenblutung ↑Wärme	Selbstzweifel, man ist voller Zukunftsängste, unentschlossen, alles ist »grau in grau«	Rückenschmerzen, man »kann sein Kreuz nicht mehr tragen«, friert ständig, ist wetterfühlig	**Silicea D12** 2-mal tägl. 5 Glob. Seite 294
akuter Konflikt: Kummer, Heimweh, Trennung	häufiges Seufzen, zu Tränen gerührt, Kloßgefühl, Hals wie zugeschnürt	↓Berührung, Genussmittel, Emotionen ↑essen	Lachen und Weinen, körperliche und seelische Beschwerden wechseln sich ab	Kopfschmerzen wie durch einen Nagel verursacht, Magenbeschwerden mit Bauchkrämpfen	**Ignatia D12** 2-mal tägl. 5 Glob. Seite 272
seelische Konflikte, lang anhaltender Kummer, Demütigung, Ärger	man kann die Vergangenheit nicht loslassen, Schmerz, Enttäuschung nicht überwinden	↓morgens, durch Anstrengung ↑liegen, frische Luft	man will allein sein, nicht getröstet werden, neigt zu Migräne	körperliche Beschwerden als Ausdruck der Mutlosigkeit, man nimmt trotz Appetit nicht zu	**Natrium chloratum D12** 2-mal tägl. 5 Glob. Seite 281

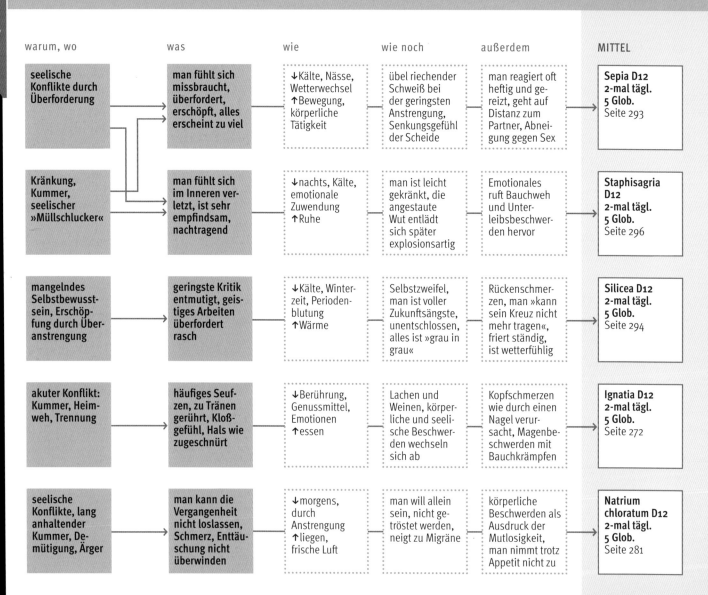

Psyche: Kummer/Sorgen/Grübeln

warum, wo	was	wie	wie noch	außerdem	MITTEL
Erschöpfung durch Überanstrengung	man ist erschöpft durch Überarbeitung, ist zeitgleich für Familie und Beruf tätig	↓daran denken ↑Ablenkung	häufig Unterleibsschmerzen, Senkungsbeschwerden der Scheide, kein Interesse am Sex	die erschöpfte Frau, stellt an sich selbst zu hohe Ansprüche: »Wie schaffe ich alles?«	**Helonias dioica D6** 3-mal tägl. 5 Glob. Seite 270
Überarbeitung, berufliche Sorgen, Kränkung	man ist schlaflos vor Sorgen, körperliche Kräfte sind begrenzt, man will allein sein	↓morgens, Musik, alles Ungewohnte ↑im Freien sein	empfindsame Reaktion auf andere, dabei Herzbeschwerden, erschwertes Atmen	man ist zart besaitet, mutlos, zurückhaltend, hat immer und ständig Bedenken	**Ambra D6** 3-mal tägl. 5 Glob. Seite 246
Überanstrengung, durchgemachte Erkrankung, (Liebes-)Kummer	man fühlt sich wie ausgelaugt, hat großes Ruhe- und Schlafbedürfnis	↓Anstrengung, Lärm, Kälte ↑Wärme	man kann sich nicht konzentrieren, ist wie benommen, Schwindel, Kopfdruck	Gefühl, als sei alles zu viel, kein Interesse am Sex	**Acidum phosphoricum D12** 2-mal tägl. 5 Glob. Seite 242
seelische Überforderung, Kummer, Sorgen	man ist übersensibel, nimmt das Leid der Mitmenschen intensiv wahr, Gerechtigkeitssinn	↓Kälte, Zugluft, Dunkelheit, vor/während der Periodenblutung ↑Wärme	melancholische Stimmung, lähmende Müdigkeit und Schwäche	man ist wie erstarrt vor Kummer, muss sich immer wieder antreiben	**Causticum Hahnemanni D12** 2-mal tägl. 5 Glob. Seite 256
Kränkung, Kummer, seelischer »Müllschlucker«	man fühlt sich im Inneren verletzt, ist sehr empfindsam, nachtragend	↓nachts, durch emotionale Zuwendung ↑Ruhe	man ist leicht gekränkt, die angestaute Wut entlädt sich später explosionsartig	Emotionales ruft Bauchweh und Unterleibsbeschwerden hervor	**Staphisagria D12** 2-mal tägl. 5 Glob. Seite 296

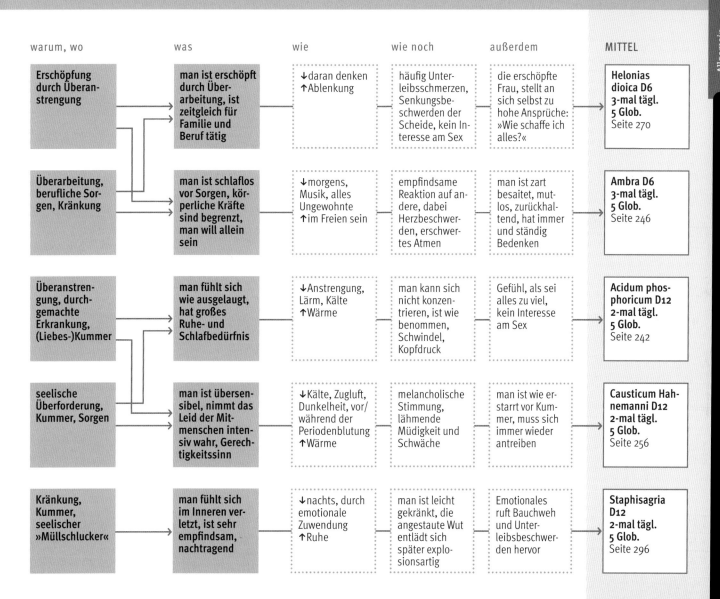

59

Psyche: Lampenfieber/Prüfungsangst

warum, wo	was	wie	wie noch	außerdem	MITTEL
emotionale Ereignisse, bevorstehende Ereignisse, geistige Überarbeitung	kurz zuvor Gelesenes kann nicht behalten werden, schlechtes Namensgedächtnis	↓Emotionen, Überanstrengung ↑nachmittags, abends, durch Essen	Unwohlsein, das sich durch hastiges Essen bessert, anschließend Übelkeit, Völlegefühl	man ist aufbrausend auch aus nichtigem Anlass, oft sehr ungerecht, unentschlossen	**Anacardium D12** **2-mal tägl.** **5 Glob.** Seite 246
emotionale Ereignisse, bevorstehende Ereignisse	Durchfall, häufiges Wasserlassen, starkes Schwitzen, Magenschmerzen, Aufstoßen	↓nachts, morgens, Wärme, in engen Räumen ↑im Freien, kühle Luft	aufgetriebener Leib, verstärkt durch Süßes und Weißmehlbrot, hastiges Essen	das »nervöse Hemd«, der Zappelphilipp, hat Vorahnungen, Angst vor großen Höhen	**Argentum nitricum D12** **2-mal tägl.** **5 Glob.** Seite 248
emotionale Ereignisse	das Herz klopft bis zum Hals, heftiger Pulsschlag, schweißig, schwindelig	↓Kühle, Bewegung ↑in Ruhe, Schwitzen	rote Hautflecken im Gesicht, am Hals, Kopfweh entwickelt sich	man bekommt vor Aufregung kaum Luft beim Sprechen	**Strophantus D6** **3-mal tägl.** **5 Glob.** Seite 297
Überanstrengung, Überforderung; Frühgeborenes	man hat Angst vor Misserfolg, ist mutlos, oft unschlüssig, introvertiert	↓Kälte, im Winter, durch Sinneseindrücke ↑Wärme, Zuwendung	man ist sehr gewissenhaft, traut sich nichts zu, reagiert mit sturem Verhalten	kalte, schweißige Hände und Füße, man friert ständig, häufige Infekte, Hautausschlag	**Silicea D12** **2-mal tägl.** **5 Glob.** Seite 294
Folgen von Aufregung, Schreck, Schock	zittrige Schwäche, Energielosigkeit, Schwindel, wie betäubt, hat oft dunkelrotes Gesicht	↓abends, warme Räume, Wärme ↑frische Luft	von Nacken und Schulter ausgehende lähmungsartige Schmerzen, Kopfweh	bewährt zur Nachbehandlung von Virusinfekten mit verzögerter Gesundung	**Gelsemium D12** **2-mal tägl.** **5 Glob.** Seite 266

warum, wo	was	wie	wie noch	außerdem	MITTEL
emotionale Ereignisse wie Ärger, Aufregung, zu viel Kaffee	Zornausbrüche, man kann sich kaum beruhigen, erträgt keine Kritik	↓Aufregung, Kaffee, Wärme, nachts ↑lokale Wärme	sehr ungeduldig, ungerechtfertigte emotionale Reaktionen, vor der Periode verstärkt	aufgetriebener Bauch, stinkende Blähungen, oft grünlicher Durchfall	**Chamomilla D12** 2-mal tägl. 5 Glob. Seite 257
emotionale Ereignisse wie Ärger, Stress, Wetterwechsel	gereizte Stimmung, man will seine Ruhe haben, denkt ständig an Beruf und Aufgaben	↓Bewegung, Berührung, Wetterumschwung ↑Schweißausbruch, kalte Anwendungen	stechendes Kopfweh, rheumatische Schmerzen, Verstopfung, großes Durstgefühl	bei Aufregungen verkrampft sich die Rückenmuskulatur, man vermeidet jegliche Bewegung	**Bryonia D12** 2-mal tägl. 5 Glob. Seite 252
emotionale Ereignisse wie Ärger, Aufregung, Wut, Zorn	ärgerliche, gereizte Stimmung, jede Kleinigkeit führt zu einem heftigen Wutausbruch	↓Aufregung, Kälte ↑morgens, warme Anwendungen, Zusammenkrümmen	anfallsweise auftretende Nervenschmerzen, Ischiasschmerz, Trigeminusneuralgie	seelische Konflikte äußern sich in krampfartigen Magen- und Bauchschmerzen	**Colocynthis D12** 2-mal tägl. 5 Glob. Seite 260
emotionale Ereignisse wie Kummer, Verdruss, Schreck; erhöhter Blutdruck	Gefühl, versagt zu haben, man sieht keinen Hoffnungsschimmer trotz großem Engagement	↓nachts, am frühen Morgen, durch Kälte ↑Wärme	Wechsel von depressiver und aggressiver Stimmungslage, Vergesslichkeit	oft untersetzte Statur, dunkelrotes Gesicht, Schwindel, klopfende Kopfschmerzen	**Aurum metallicum D12** 2-mal tägl. 5 Glob. Seite 250
ungesunde Ernährungs- und Lebensweise, Stress, sitzende Tätigkeit	gehetzte Lebensweise, innere Anspannung, man wirkt überarbeitet und gestresst	↓morgens, Kälte, Bewegung ↑Wärme, warme Anwendungen	man liebt Genussmittel trotz Magenbeschwerden, morgendlicher Brechreiz, Verstopfung	schmerzhafte Muskelverspannungen im Nacken-Schulter- und Rückenbereich	**Nux vomica D12** 2-mal tägl. 5 Glob. Seite 282

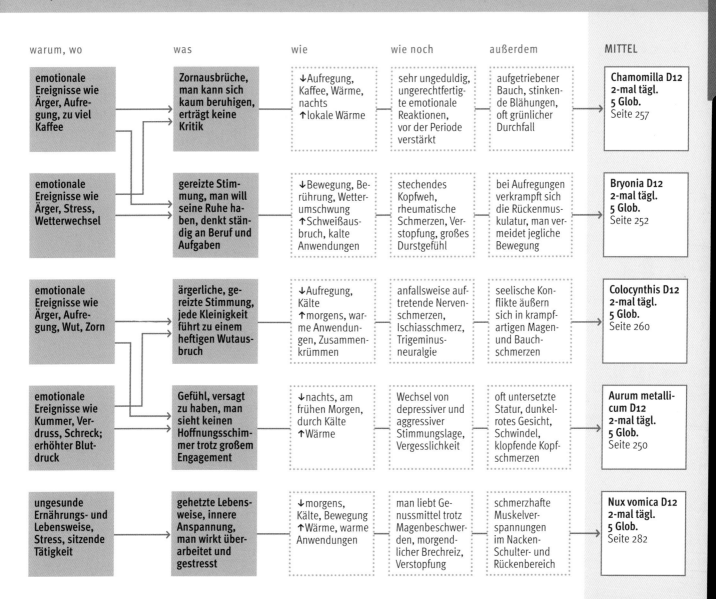

Psyche: Niedergeschlagenheit/depressive Verstimmung

warum, wo	was	wie	wie noch	außerdem	MITTEL
unerfülltes Sexualleben	ängstliche Mutlosigkeit, melancholisch, sexuell sehr fordernd mit starkem Verlangen	↓abends, in Ruhe ↑Bewegung im Freien	man wirkt nach außen hin oft überheblich und herablassend	immer wieder Unterleibsbeschwerden und Schmerzen, Periodenschmerzen	**Platinum metallicum D12** 2-mal tägl. 5 Glob. Seite 287
Stimmungsschwankungen mit psychosomatischen Reaktionen	nächtliches Schwitzen, man verträgt keine Hitze, Zimmerwärme; wechselhafte Stimmung	↓nachts, warme Zimmerluft, fettes Essen, kalte Füße, Periodenblutung ↑frische Luft	auffallender Wechsel der Beschwerden sowohl körperlicher als auch seelischer Art	schwankende, weinerliche Stimmung, man möchte nicht allein sein, benötigt Zuspruch	**Pulsatilla D12** 2-mal tägl. 5 Glob. Seite 288
Erschöpfung durch Überanstrengung	Selbstzweifel, man ist voller Zukunftsängste, mutlos, unentschlossen	↓Kälte, Winterzeit, Periodenblutung ↑Wärme	Rückenschmerzen, man »kann sein Kreuz nicht mehr tragen«, friert ständig, ist wetterfühlig	man hat Angst vor Misserfolg, sieht überall Risiken, alles ist »grau in grau«	**Silicea D12** 2-mal tägl. 5 Glob. Seite 294
emotionale Ereignisse wie Kummer, Verdruss, Schreck; erhöhter Blutdruck	Gefühl, versagt zu haben, man sieht keinen Hoffnungsschimmer trotz großem Engagement	↓nachts, am frühen Morgen, Kälte ↑Wärme	Wechsel von depressiver und aggressiver Stimmung, Vergesslichkeit	untersetzte Statur, dunkelrotes Gesicht, Schwindel, klopfende Kopfschmerzen	**Aurum metallicum D12** 2-mal tägl. 5 Glob. Seite 250
geistige und körperliche Anstrengung; Verengung der Blutgefäße, erhöhter Blutdruck	gedrückte Stimmung, ängstliche Verwirrtheit, Muskelverkrampfungen	↓nachts, Bewegung ↑fester Druck	versteinerte Mimik, ungelenke Bewegungen, Zittern und Zucken der Arme und Beine	bewährt zur Begleitbehandlung bei Parkinson-Krankheit und erhöhtem Blutdruck	**Plumbum metallicum D12** 2-mal tägl. 5 Glob. oder 1 Tabl. Seite 287

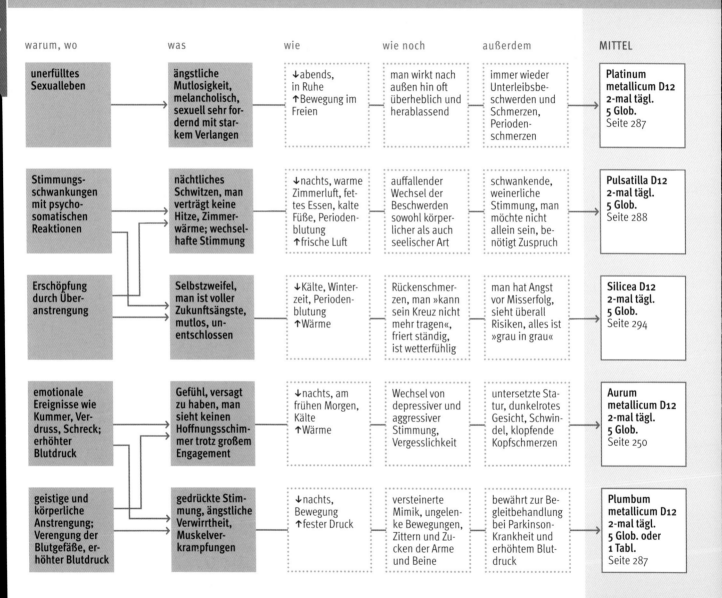

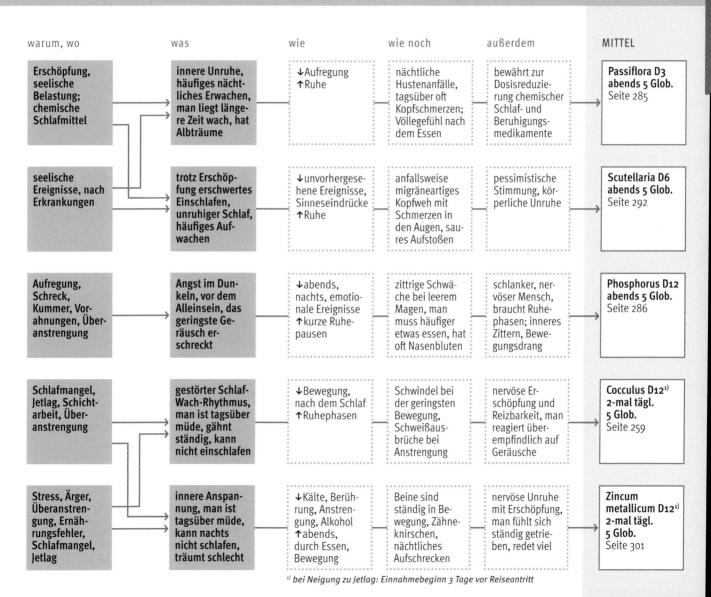

warum, wo	was	wie	wie noch	außerdem	MITTEL
Erschöpfung, seelische Belastung; chemische Schlafmittel	innere Unruhe, häufiges nächtliches Erwachen, man liegt längere Zeit wach, hat Albträume	↓Aufregung ↑Ruhe	nächtliche Hustenanfälle, tagsüber oft Kopfschmerzen; Völlegefühl nach dem Essen	bewährt zur Dosisreduzierung chemischer Schlaf- und Beruhigungsmedikamente	**Passiflora D3** **abends 5 Glob.** Seite 285
seelische Ereignisse, nach Erkrankungen	trotz Erschöpfung erschwertes Einschlafen, unruhiger Schlaf, häufiges Aufwachen	↓unvorhergesehene Ereignisse, Sinneseindrücke ↑Ruhe	anfallsweise migräneartiges Kopfweh mit Schmerzen in den Augen, saures Aufstoßen	pessimistische Stimmung, körperliche Unruhe	**Scutellaria D6** **abends 5 Glob.** Seite 292
Aufregung, Schreck, Kummer, Vorahnungen, Überanstrengung	Angst im Dunkeln, vor dem Alleinsein, das geringste Geräusch erschreckt	↓abends, nachts, emotionale Ereignisse ↑kurze Ruhepausen	zittrige Schwäche bei leerem Magen, man muss häufiger etwas essen, hat oft Nasenbluten	schlanker, nervöser Mensch, braucht Ruhephasen; inneres Zittern, Bewegungsdrang	**Phosphorus D12** **abends 5 Glob.** Seite 286
Schlafmangel, Jetlag, Schichtarbeit, Überanstrengung	gestörter Schlaf-Wach-Rhythmus, man ist tagsüber müde, gähnt ständig, kann nicht einschlafen	↓Bewegung, nach dem Schlaf ↑Ruhephasen	Schwindel bei der geringsten Bewegung, Schweißausbrüche bei Anstrengung	nervöse Erschöpfung und Reizbarkeit, man reagiert überempfindlich auf Geräusche	**Cocculus D12**[1] **2-mal tägl.** **5 Glob.** Seite 259
Stress, Ärger, Überanstrengung, Ernährungsfehler, Schlafmangel, Jetlag	innere Anspannung, man ist tagsüber müde, kann nachts nicht schlafen, träumt schlecht	↓Kälte, Berührung, Anstrengung, Alkohol ↑abends, durch Essen, Bewegung	Beine sind ständig in Bewegung, Zähneknirschen, nächtliches Aufschrecken	nervöse Unruhe mit Erschöpfung, man fühlt sich ständig getrieben, redet viel	**Zincum metallicum D12**[1] **2-mal tägl.** **5 Glob.** Seite 301

[1] bei Neigung zu Jetlag: Einnahmebeginn 3 Tage vor Reiseantritt

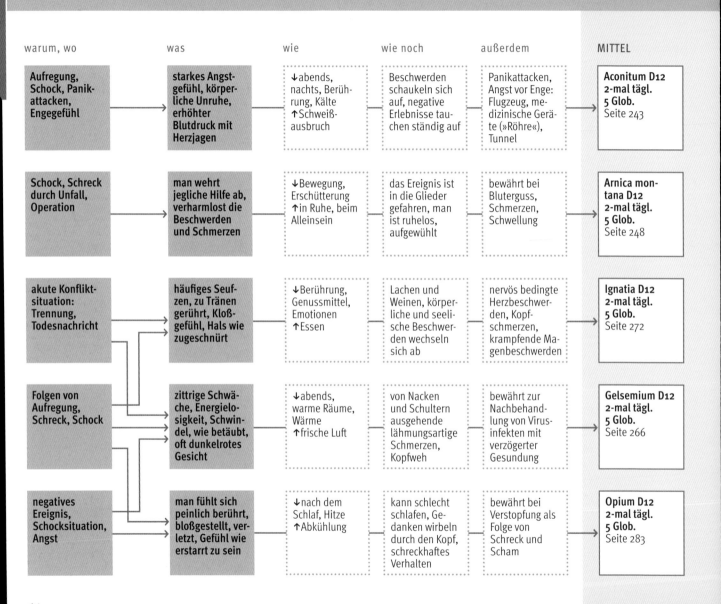

warum, wo	was	wie	wie noch	außerdem	MITTEL
Aufregung, Schock, Panikattacken, Engegefühl	starkes Angstgefühl, körperliche Unruhe, erhöhter Blutdruck mit Herzjagen	↓abends, nachts, Berührung, Kälte ↑Schweißausbruch	Beschwerden schaukeln sich auf, negative Erlebnisse tauchen ständig auf	Panikattacken, Angst vor Enge: Flugzeug, medizinische Geräte (»Röhre«), Tunnel	**Aconitum D12** 2-mal tägl. 5 Glob. Seite 243
Schock, Schreck durch Unfall, Operation	man wehrt jegliche Hilfe ab, verharmlost die Beschwerden und Schmerzen	↓Bewegung, Erschütterung ↑in Ruhe, beim Alleinsein	das Ereignis ist in die Glieder gefahren, man ist ruhelos, aufgewühlt	bewährt bei Bluterguss, Schmerzen, Schwellung	**Arnica montana D12** 2-mal tägl. 5 Glob. Seite 248
akute Konfliktsituation: Trennung, Todesnachricht	häufiges Seufzen, zu Tränen gerührt, Kloßgefühl, Hals wie zugeschnürt	↓Berührung, Genussmittel, Emotionen ↑Essen	Lachen und Weinen, körperliche und seelische Beschwerden wechseln sich ab	nervös bedingte Herzbeschwerden, Kopfschmerzen, krampfende Magenbeschwerden	**Ignatia D12** 2-mal tägl. 5 Glob. Seite 272
Folgen von Aufregung, Schreck, Schock	zittrige Schwäche, Energielosigkeit, Schwindel, wie betäubt, oft dunkelrotes Gesicht	↓abends, warme Räume, Wärme ↑frische Luft	von Nacken und Schultern ausgehende lähmungsartige Schmerzen, Kopfweh	bewährt zur Nachbehandlung von Virusinfekten mit verzögerter Gesundung	**Gelsemium D12** 2-mal tägl. 5 Glob. Seite 266
negatives Ereignis, Schocksituation, Angst	man fühlt sich peinlich berührt, bloßgestellt, verletzt, Gefühl wie erstarrt zu sein	↓nach dem Schlaf, Hitze ↑Abkühlung	kann schlecht schlafen, Gedanken wirbeln durch den Kopf, schreckhaftes Verhalten	bewährt bei Verstopfung als Folge von Schreck und Scham	**Opium D12** 2-mal tägl. 5 Glob. Seite 283

Psyche: Schuldgefühle/Selbstvorwürfe

warum, wo	was	wie	wie noch	außerdem	MITTEL
körperliche und seelische Überanstrengung	ausgeprägtes Pflichtbewusstsein, Ängstlichkeit, verzagte Grundstimmung, leicht verletzbar	↓nachts zwischen 3 und 5 Uhr, Kälte, Luftzug ↑Wärme	Schwäche mit Kraftlosigkeit, Schwitzen, rasche Ermüdbarkeit mit Kreuzschmerzen	man ist überempfindlich gegen Lärm, Geruch, hat ausgeprägtes Wärmeverlangen	**Kalium carbonicum D12** 2-mal tägl. 5 Glob. Seite 273
Stimmungsschwankungen mit psychosomatischen Reaktionen	nächtliches Schwitzen, man verträgt keine Hitze, Zimmerwärme; wechselhafte Stimmung	↓nachts, warme Zimmerluft, fettes Essen, kalte Füße, Periodenblutung ↑Wärme	auffallender Wechsel der Beschwerden sowohl körperlicher als auch seelischer Art	schwankende, weinerliche Stimmung, man möchte nicht allein sein, benötigt Zuspruch	**Pulsatilla D12** 2-mal tägl. 5 Glob. Seite 288
Kränkung, Kummer, seelischer »Müllschlucker«	man fühlt sich im Inneren verletzt, ist sehr empfindsam, nachtragend	↓nachts, Kälte, emotionale Zuwendung ↑Ruhe	man ist leicht gekränkt, die angestaute Wut entlädt sich später explosionsartig	Emotionales ruft Bauchweh und Unterleibsbeschwerden hervor	**Staphisagria D12** 2-mal tägl. 5 Glob. Seite 296
seelische Überforderung, Kummer, Sorgen	man ist übersensibel, hat ausgeprägten Gerechtigkeitssinn, ist wie gelähmt vor Kummer	↓Kälte, Zugluft, Dunkelheit, vor/während der Periodenblutung ↑Wärme	melancholische Stimmung, man nimmt das Leid der Mitmenschen intensiv wahr	lähmende Müdigkeit und Schwäche, man muss sich immer wieder antreiben	**Causticum Hahnemanni D12** 2-mal tägl. 5 Glob. Seite 256
seelische Konflikte, lang anhaltender Kummer, Demütigung, Ärger	man kann die Vergangenheit nicht loslassen, Schmerz, Enttäuschung nicht überwinden	↓morgens, Sonne, durch Anstrengung ↑liegen, frische Luft	man will allein sein, nicht getröstet werden, innerer Rückzug	körperliche Beschwerden als Zeichen der Mutlosigkeit, man nimmt trotz Appetit nicht zu	**Natrium chloratum D12** 2-mal tägl. 5 Glob. Seite 281

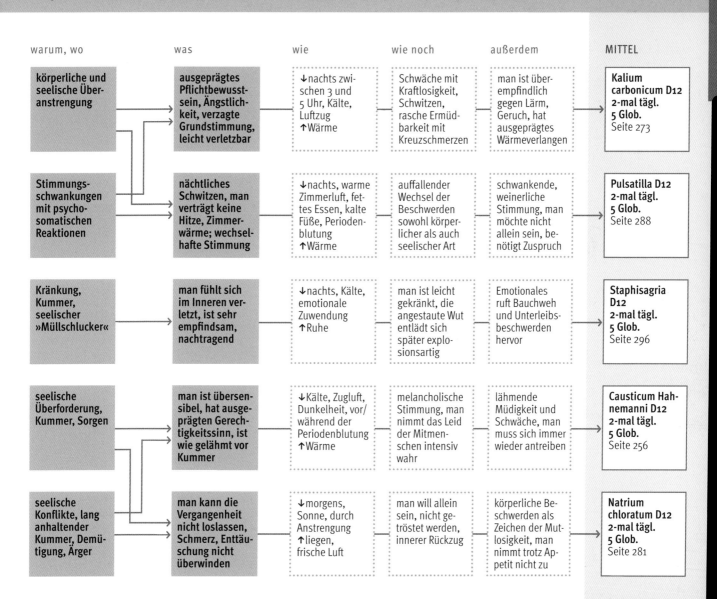

Psyche: Sexuelle Lustlosigkeit

warum, wo	was	wie	wie noch	außerdem	MITTEL
Überanstrengung, Erschöpfung	man verspürt keine sexuelle Befriedigung, hat Schmerzen beim Höhepunkt	↓Überanstrengung, nachts, Wärme ↑Ruhe	man fühlt sich nicht leistungsfähig, ist rasch erschöpft, in nervös-gereizter Stimmung	man wechselt rasch die Gesichtsfarbe von Rot nach Blass, Frieren, Frösteln	**Ferrum metallicum D12** 2-mal tägl. 5 Glob. Seite 265
seelische Konflikte durch Überforderung, hormonelle Umstellung	man reagiert oft heftig und gereizt, geht auf Distanz zum Partner, Abneigung gegen Sex	↓Kälte, Nässe, Wetterwechsel ↑Bewegung, körperliche Tätigkeit	man fühlt sich missbraucht, überfordert, erschöpft, alles erscheint zu viel	übel riechender Schweiß, Senkungsgefühl der Scheide, Neigung zu Blasenentzündungen	**Sepia D12** 2-mal tägl. 5 Glob. Seite 293
seelische Konflikte, lang anhaltender Kummer, Demütigung, hormonelle Umstellung	Trockenheit der Scheide mit Schmerzen beim Sex, Widerwille dagegen	↓morgens, Anstrengung ↑liegen, frische Luft	man kann die Vergangenheit nicht vergessen und überwinden	man will allein sein, nicht getröstet werden, hat oft Migräne, kaum Gewichtszunahme	**Natrium chloratum D12** 2-mal tägl. 5 Glob. Seite 281
geistige und körperliche Überanstrengung	man entwickelt keine sexuellen Gefühle, fühlt sich nach Sex erschöpft	↓Anstrengung	man kann sich schlecht konzentrieren, fühlt sich erschöpft und abgespannt	Steifigkeit der Gelenke und im Rücken mit Kältegefühl, Neigung zu Hexenschuss	**Ginseng D6** 3-mal tägl. 5 Glob. Seite 267
emotionale Ereignisse wie Kummer, Sorgen	man ist sexuell schnell erregt, Versagensangst wegen mangelnder Erektionsfähigkeit	↓Wärme, Bewegung ↑Kühle, sich niederlegen	Erschöpfung, Schwächezustand mit Gefühl wie gelähmt, Niedergeschlagenheit	häufiger und plötzlich auftretender Harndrang durch vergrößerte Prostata	**Acidum picrinicum D12** 2-mal tägl. 5 Glob. Seite 243

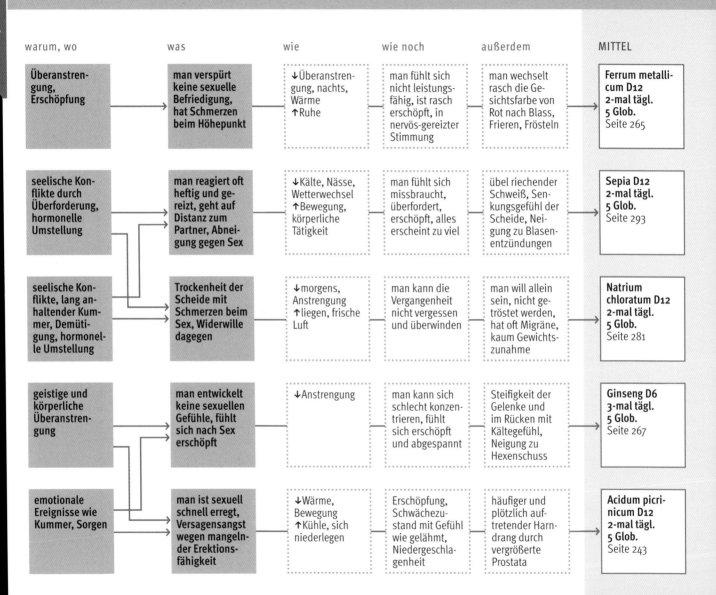

warum, wo	was	wie	wie noch	außerdem	MITTEL
seelische Überforderung, Kummer, Sorgen	man ist übersensibel, hat ausgeprägten Gerechtigkeitssinn, ist wie gelähmt vor Kummer	↓ Kälte, Zugluft, Dunkelheit, vor/ während der Periodenblutung ↑ Wärme	melancholische Stimmung, man nimmt das Leid der Mitmenschen intensiv wahr	lähmende Müdigkeit und Schwäche, man muss sich immer wieder antreiben	Causticum Hahnemanni D12 2-mal tägl. 5 Glob. Seite 256
Kränkung, Kummer, seelischer »Müllschlucker«	man fühlt sich im Inneren verletzt, ist sehr empfindsam, nachtragend	↓ nachts, Kälte, emotionale Zuwendung ↑ Ruhe	man ist leicht gekränkt, die angestaute Wut entlädt sich später explosionsartig	Emotionales ruft Bauchweh und Unterleibsbeschwerden hervor	Staphisagria D12 2-mal tägl. 5 Glob. Seite 296
akute Konfliktsituation: Trennung, Todesnachricht	häufiges Seufzen, zu Tränen gerührt, Kloßgefühl, Hals wie zugeschnürt	↓ Berührung, Genussmittel, Emotionen ↑ Essen	Lachen und Weinen, körperliche und seelische Beschwerden wechseln sich ab	nervös bedingte Herzbeschwerden, Kopfschmerzen, krampfende Magenbeschwerden	Ignatia D12 2-mal tägl. 5 Glob. Seite 272
seelische Konflikte, lang anhaltender Kummer, Demütigung, Ärger	man kann die Vergangenheit nicht loslassen, Schmerz, Enttäuschung nicht überwinden	↓ morgens, Sonne, Anstrengung ↑ liegen, frische Luft	man will allein sein, nicht getröstet werden, innerer Rückzug	körperliche Beschwerden als Zeichen der Mutlosigkeit, man nimmt trotz Appetit nicht zu	Natrium chloratum D12 2-mal tägl. 5 Glob. Seite 281
Überanstrengung, durchgemachte Erkrankung, (Liebes-)Kummer	man fühlt sich wie ausgelaugt, hat großes Ruhe- und Schlafbedürfnis, fühlt sich »fertig«	↓ Anstrengung, Lärm, Kälte ↑ Wärme	man kann sich nicht konzentrieren, ist wie benommen, Schwindel, Kopfdruck	Gefühl, als sei alles zu viel, kein sexuelles Interesse	Acidum phosphoricum D12 2-mal tägl. 5 Glob. Seite 242

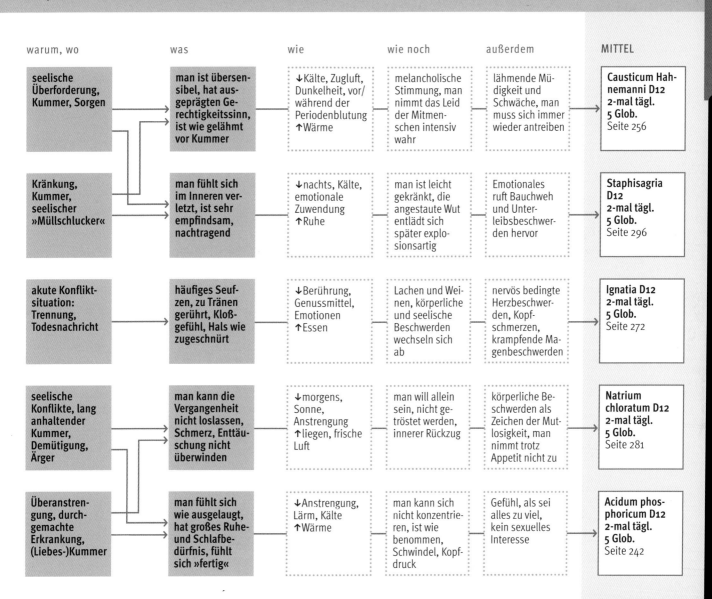

Psyche: Überanstrengung/Überforderung

warum, wo	was	wie	wie noch	außerdem	MITTEL
emotionale Ereignisse, bevorstehende Ereignisse, geistige Überarbeitung	kurz zuvor Gelesenes kann nicht behalten werden, schlechtes Namensgedächtnis	↓Emotionen, Überanstrengung ↑nachmittags, abends, durch Essen	man ist aufbrausend auch aus nichtigem Anlass, oft sehr ungerecht, unentschlossen	Unwohlsein, das sich durch hastiges Essen bessert, anschließend Übelkeit, Völlegefühl	**Anacardium D12** 2-mal tägl. 5 Glob. Seite 246
ungesunde Ernährungs- und Lebensweise, Stress, sitzende Tätigkeit	gehetzte Lebensweise, innere Anspannung, man wirkt überarbeitet und gestresst	↓morgens, Kälte, Bewegung ↑Wärme, warme Anwendungen	man liebt Genussmittel trotz Magenbeschwerden, morgendlicher Brechreiz, Verstopfung	schmerzhafte Muskelverspannungen im gesamten Nacken-Schulter- und Rückenbereich	**Nux vomica D12** 2-mal tägl. 5 Glob. Seite 282
Schlafmangel, Jetlag, Schichtarbeit, Überanstrengung	nervöse Erschöpfung und Reizbarkeit, man reagiert überempfindlich auf Geräusche	↓Bewegung, nach dem Schlaf ↑Ruhephasen	Schwindel bei der geringsten Bewegung, Schweißausbrüche bei Anstrengung	gestörter Schlaf-Wach-Rhythmus, tagsüber müde, gähnt ständig, kann nicht einschlafen	**Cocculus D12** 2-mal tägl. 5 Glob. Seite 259
Überanstrengung, Erschöpfung	Ängste, die Aufgaben nicht zu bewältigen, man ist vergesslich, unkonzentriert	↓morgens, Anstrengung, Aufregung, Föhn ↑Ruhe, Wärme	ohne Kraft, geringste Anstrengung löst Schwitzen aus, Kopfschmerzen nach geistiger Arbeit	bewährt beim Schulkopfschmerz, bei Konzentrationsschwäche durch ADHS	**Kalium phosphoricum D12** 2-mal tägl. 5 Glob. Seite 274
Kränkung, Demütigung, Unsicherheit	man lehnt Veränderungen und Neues ab, gibt den Druck »nach unten« weiter	↓spätnachmittags, Wärme, Schwüle ↑an frischer Luft, Kühle	mangelnde Konzentration, man ist vergesslich, macht viele Schreibfehler	starke Blähungen, man bevorzugt süße und warme Speisen, erträgt keine enge Kleidung	**Lycopodium D12** 2-mal tägl. 5 Glob. Seite 277

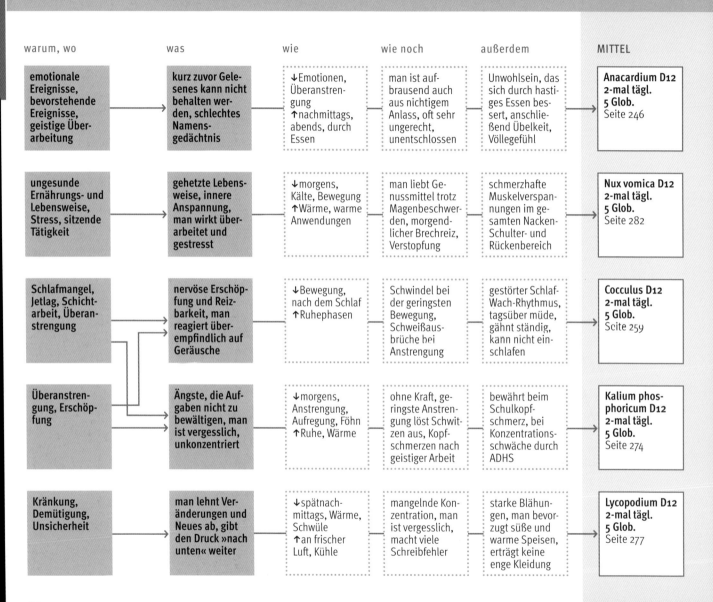

Psyche: Wutanfälle/Aggressionen

warum, wo	was	wie	wie noch	außerdem	MITTEL
Stimmungsschwankungen, seelische Konflikte	heftige emotionale Reaktionen wie Eifersucht, Misstrauen; sehr mitteilsam, kann lautstark werden	↓morgens, nach dem Schlaf, Wärme ↑kalte Anwendungen	man verträgt am Hals und am Körper nichts Enges; erhöhter Blutdruck, Hitzewallungen	Schweißausbrüche im Wechsel mit Frieren; körperliche Beschwerden oft linksseitig	**Lachesis D12** 2-mal tägl. 5 Glob. Seite 275
Ängste, Stress, Überforderung	schnelle Reizbarkeit, man wird rasch wütend, kann sehr »ätzend« reagieren	↓abends, nachts ↑warmes Zudecken	allgemeine Schwäche, Angst um die Gesundheit, gehäuft Erkältungen	schlecht heilende Entzündungen am Haut-Schleimhaut-Übergang, Risse im Mundwinkel	**Acidum nitricum D12** 2-mal tägl. 5 Glob. Seite 242
Aufregung, Ärger, Stress, Wetterwechsel	gereizte Stimmung, man will seine Ruhe haben, denkt ständig an Beruf und Aufgaben	↓Bewegung, Berührung, Wetterumschwung ↑Schweißausbruch, kalte Anwendungen	stechendes Kopfweh, rheumatische Schmerzen, Verstopfung, großes Durstgefühl	bei Aufregungen verkrampft sich die Rückenmuskulatur, man vermeidet jegliche Bewegung	**Bryonia D12** 2-mal tägl. 5 Glob. Seite 252
negative Erlebnisse, Ängste	heftigste Wut- und Zornausbrüche, man wird tätlich, zerstört Gegenstände	↓Dunkelheit ↑in Gesellschaft, durch Licht	man beißt, spuckt, schlägt in blinder Wut, reagiert emotional unangemessen	man entwickelt bei Nacht, in der Dunkelheit Ängste, glaubt bestohlen zu werden	**Stramonium D12** 2-mal tägl. 5 Glob. Seite 296
ungesunde Ernährungs- und Lebensweise, Stress, sitzende Tätigkeit	gehetzte Lebensweise, innere Anspannung, man wirkt überarbeitet und gestresst	↓morgens, Kälte, Bewegung ↑Wärme, warme Anwendungen	man liebt Genussmittel trotz Magenbeschwerden, morgendlicher Brechreiz, Verstopfung	schmerzhafte Muskelverspannungen im gesamten Nacken-Schulter- und Rückenbereich	**Nux vomica D12** 2-mal tägl. 5 Glob. Seite 282

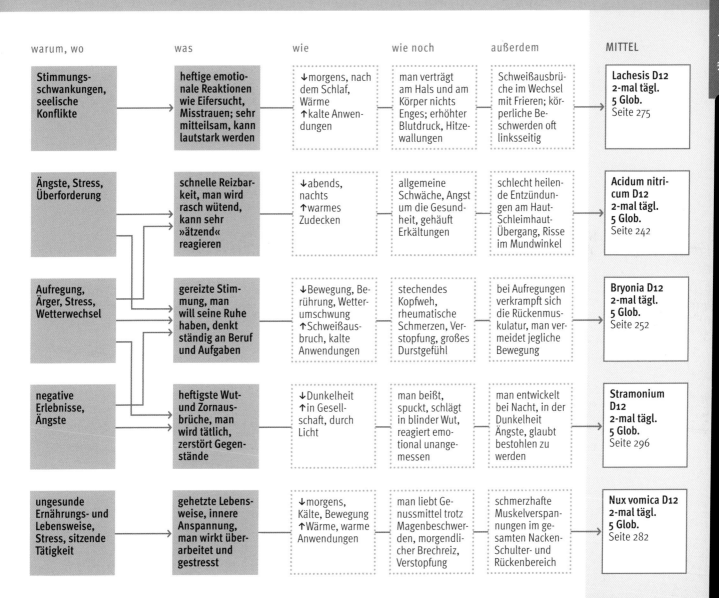

69

Immunsystem: Erkältungen, akute/fieberhafter Infekt

warum, wo	was	wie	wie noch	außerdem	MITTEL
Kälte, Nässe	Frösteln, Frieren, kalte Schauer laufen über den Rücken, eiskalte Hände und Füße	↓Kälte ↑Wärme, Ruhe	gehäuftes Niesen, beginnender Fließschnupfen oder verlegte Nasenatmung; Kopfweh	bewährt, um die Erstverschlimmerung eines anderen Mittels abzuschwächen (= Antidot)	**Camphora D3** 3-mal alle 15 Min. 5 Tropfen (nicht für Kleinkinder!) Seite 254
Kälte, kalte (Zug-)Luft, seelische Ereignisse (Schock, Schreck)	man »brütet etwas aus«: Schüttelfrost, rasch ansteigendes Fieber, ist unruhig, ängstlich	↓abends, nachts, Berührung, Kälte ↑Schweißausbruch	plötzlicher Krankheitsbeginn, anfänglich trocken-blasse, später rote, heiße Haut	bewährt beim fieberhaften Infekt im Anfangsstadium, auch bei (Klein-) Kindern	**Aconitum D6** stündl.[1] 5 Glob. Seite 243
feuchtkalte (Zug-)Luft; Überhitzung, Sonnenbestrahlung	hochrotes, heißes Gesicht, rasch ansteigendes Fieber, Fantasieren, Schwitzen	↓Berührung, Geräusche, Licht ↑Ruhe	klopfende Kopf- und Ohrenschmerzen, heftige Schluckschmerzen, brennt wie Feuer	häufig Folgemittel von Aconitum, bei Fieber und Entzündungen (Kinder)	**Belladonna D6** stündl.[1] 5 Glob. Seite 250
feuchtkaltes Wetter, Wind	starke Glieder- und Knochenschmerzen, Schüttelfrost, Fieber, Schnupfen, Halsweh	↓Bewegung, Kälte ↑Ruhe, kalte Getränke	schmerzhafter Husten mit wenig Schleimauswurf, Kopfschmerzen	gleichzeitig oder später auftretende Übelkeit, galliges Erbrechen, auch Durchfall	**Eupatorium perfoliatum D6** stündl.[1] 5 Glob. Seite 264
feuchtwarmes Wetter (Sommergrippe), Föhn, Virusinfektion, Schreck, Stress	zumeist langsamer Fieberanstieg, man ist wie betäubt, gelähmt, hat dunkelrotes Gesicht	↓abends, warme Räume, Wärme ↑frische Luft	Energiemangel, rasches Schwitzen, inneres Zittern bei der geringsten Tätigkeit	bewährt zur Ausleitung bei Virusinfekten mit verzögerter Gesundung	**Gelsemium D6** stündl.[1] 5 Glob. Seite 266

[1] Akutdosierung: 1. Tag stündlich, am 2. Tag alle 2 Stunden, ab 3. Tag 3-mal tägl. einnehmen

Immunsystem: Erkältungen, wiederkehrende/Stabilisierung der Abwehrkräfte

warum, wo	was	wie	wie noch	außerdem	MITTEL
Nase, Nasennebenhöhlen, Ohren	dünnflüssiger, übel riechender Rachen- und Nasenschleim; erschwertes Hören	↓Kälte, Winterzeit, Periodenblutung ↑Wärme, warme Anwendungen, Zuwendung	übel riechender, saurer Schweiß am Kopf, eiskalte, schweißige Füße, Fußpilz	allgemeine Schwäche und Erschöpfung, sehr kälteempfindlich, oft schlanke Statur	**Silicea D12** 2-mal tägl. 5 Glob. Seite 294
Nase, Ohren	gehäuft Mittelohrentzündungen, oft mit Fließschnupfen beginnend	↓nachts, Bewegung ↑kalte Anwendungen	schneller Puls, wechselnde Gesichtsfarbe: rot/blass; geschwollene Lymphknoten	nervöse Erschöpfung, beim akuten Infekt kaum beeinträchtigtes Allgemeinbefinden	**Ferrum phosphoricum D12**[1] 2-mal tägl. 5 Glob. Seite 265
Nase, Nasennebenhöhlen, Bronchien, Harnwege	gelb-grünlicher Schleimauswurf aus Nase und Bronchien, Polypenbildung in der Nase	↓Gewitter, Sturm, Nässe, Nebel ↑Wärme	kalte Hände und Füße, unreine Haut mit Warzen, Gebärmutter- und Darmpolypen	man ist ständig in Eile, hastig, hat viele Ideen, Angst um die Zukunft, fürchtet den Misserfolg	**Thuja occidentalis D12** 2-mal tägl. 5 Glob. Seite 299
Nase, Ohren, Bronchien, Harnwege	weißlich gelber Schleim aus Nase, Ohr, beim Abhusten; gelblicher Scheidenausfluss	↓nachts, warme Zimmerluft, fettes Essen, Periodenblutung ↑frische Luft	ständiger Wechsel der seelischen und körperlichen Beschwerden	stark wechselnde, oft weinerliche Stimmung, man möchte nicht allein sein	**Pulsatilla D12** 2-mal tägl. 5 Glob. Seite 288
Mandeln, Ohren, Bronchien	anhaltender, dick-zäher Schleim aus Nase, Rachen und Bronchien; häufige Erkältungen	↓Anstrengung, Kälte, Nässe ↑Wärme, trockenes Wetter	schmerzhafte Lymphknotenschwellung am Hals, sauer riechende Schweiße am Kopf	Verlangen nach Eiern, Süßigkeiten, Neigung zu Übergewicht, mangelnde Leistungsfähigkeit	**Calcium carbonicum D12** 2-mal tägl. 5 Glob. Seite 252

[1] Akutdosierung: Ferrum phosphoricum D6, bis zu 5-mal tägl. 1 Tabl.

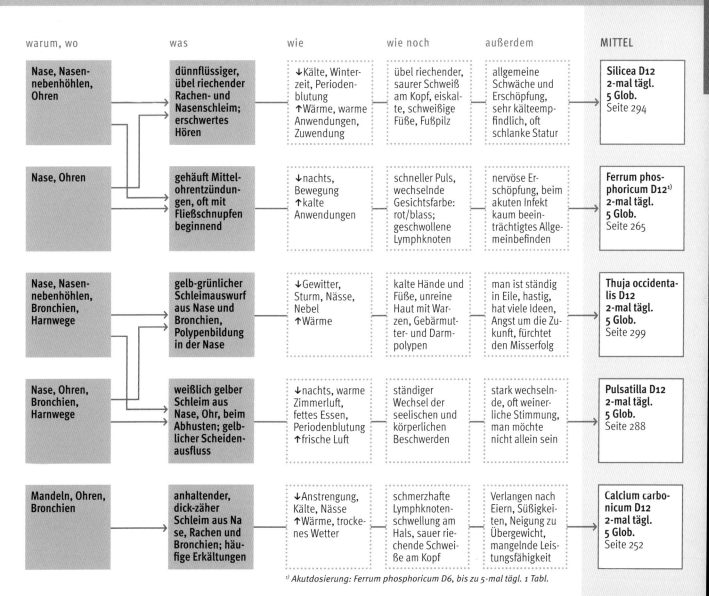

Immunsystem: Erkrankungen und ihre Folgen/Genesung/Kräfteaufbau

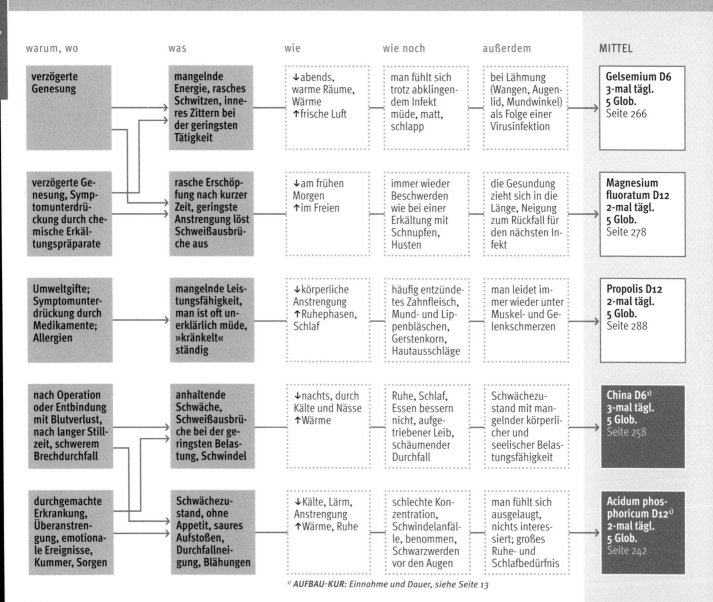

warum, wo	was	wie	wie noch	außerdem	MITTEL
verzögerte Genesung	mangelnde Energie, rasches Schwitzen, inneres Zittern bei der geringsten Tätigkeit	↓abends, warme Räume, Wärme ↑frische Luft	man fühlt sich trotz abklingendem Infekt müde, matt, schlapp	bei Lähmung (Wangen, Augenlid, Mundwinkel) als Folge einer Virusinfektion	**Gelsemium D6** **3-mal tägl.** **5 Glob.** Seite 266
verzögerte Genesung, Symptomunterdrückung durch chemische Erkältungspräparate	rasche Erschöpfung nach kurzer Zeit, geringste Anstrengung löst Schweißausbrüche aus	↓am frühen Morgen ↑im Freien	immer wieder Beschwerden wie bei einer Erkältung mit Schnupfen, Husten	die Gesundung zieht sich in die Länge, Neigung zum Rückfall für den nächsten Infekt	**Magnesium fluoratum D12** **2-mal tägl.** **5 Glob.** Seite 278
Umweltgifte; Symptomunterdrückung durch Medikamente; Allergien	mangelnde Leistungsfähigkeit, man ist oft unerklärlich müde, »kränkelt« ständig	↓körperliche Anstrengung ↑Ruhephasen, Schlaf	häufig entzündetes Zahnfleisch, Mund- und Lippenbläschen, Gerstenkorn, Hautausschläge	man leidet immer wieder unter Muskel- und Gelenkschmerzen	**Propolis D12** **2-mal tägl.** **5 Glob.** Seite 288
nach Operation oder Entbindung mit Blutverlust, nach langer Stillzeit, schwerem Brechdurchfall	anhaltende Schwäche, Schweißausbrüche bei der geringsten Belastung, Schwindel	↓nachts, durch Kälte und Nässe ↑Wärme	Ruhe, Schlaf, Essen bessern nicht, aufgetriebener Leib, schäumender Durchfall	Schwächezustand mit mangelnder körperlicher und seelischer Belastungsfähigkeit	**China D6[1]** **3-mal tägl.** **5 Glob.** Seite 258
durchgemachte Erkrankung, Überanstrengung, emotionale Ereignisse, Kummer, Sorgen	Schwächezustand, ohne Appetit, saures Aufstoßen, Durchfallneigung, Blähungen	↓Kälte, Lärm, Anstrengung ↑Wärme, Ruhe	schlechte Konzentration, Schwindelanfälle, benommen, Schwarzwerden vor den Augen	man fühlt sich ausgelaugt, nichts interessiert; großes Ruhe- und Schlafbedürfnis	**Acidum phosphoricum D12[1]** **2-mal tägl.** **5 Glob.** Seite 242

[1] *AUFBAU-KUR: Einnahme und Dauer, siehe Seite 13*

Allergien: Heuschnupfen/Hausstaubmilbenallergie

warum, wo	was	wie	wie noch	außerdem	MITTEL[1]
Augen	gerötete, brennende Augen, anfangs trockener, später scharfer Tränenfluss	↓abends, Wärme, langes Lesen ↑Kälte, Dunkelheit	entzündete Lidränder, lichtempfindlich; wässrig-schleimiges Nasensekret, Niesreiz	bei ständig wiederkehrender Bindehautentzündung, auch durch Erkältungen	**Euphrasia D6** **3-mal tägl.** **5 Glob.** Seite 264
Augen, Nase	heftige Niesanfälle, Kitzeln in der Nase, Fließschnupfen, später zähes Sekret	↓morgens, Kälte ↑Wärme	extrem geruchsempfindlich; tränende Augen, migräneartige Stirnkopfschmerzen	bewährt bei chronischem Schnupfen, auch durch Hausstaubmilben verursacht	**Sabadilla D6** **3-mal tägl.** **5 Glob.** Seite 291
Augen, Nase, Rachen	heftigster Juckreiz von Nase, Augen und Rachenraum, man will sich ständig kratzen	↓Wärme	Juckreiz im Gehörgang und im Ohrbereich, Verlust des Geruchssinns, Fließschnupfen	Neigung zu trockenem, juckendem Hautausschlag, oft an Ohr, Hals, Brust, Armen	**Arundo D6** **3-mal tägl.** **5 Glob.** Seite 249
Augen, Nase, Bronchien	Tränenfluss; Fließschnupfen mit anhaltendem Niesen, erschwertes Atmen	↓Wärme, Schwitzen	Neigung zu allergischem Asthma und Hautausschlägen	ca. 6 Wochen vor Eintritt akuter Beschwerden: Galphimia glauca D12, 1-mal tägl. 5 Glob.	**Galphimia glauca D6** **3-mal tägl.** **5 Glob.** Seite 266
Nase, Bronchien	Borken in der Nase, zäher Schleim, erschwertes Nasenatmen, Hüsteln, Räuspern	↓trockene (Zimmer-)Luft ↑im Freien	Abgeschlagenheitsgefühl; unregelmäßiger Stuhlgang, Verstopfung, Durchfall, Blähungen	im Winterhalbjahr oft Nebenhöhlenentzündungen, im Frühjahr Allergien	**Luffa operculata D6**[2] **3-mal tägl.** **5 Glob.** Seite 277

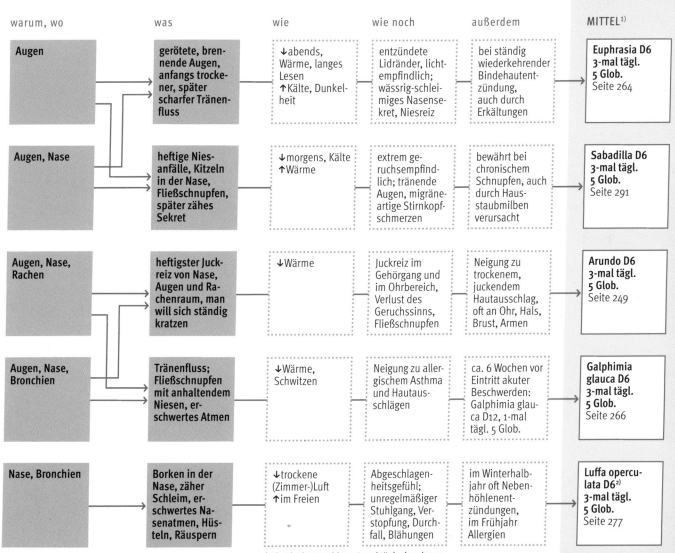

[1] Akutdosierung: bis zu 5-mal tägl. einnehmen
[2] Luffa D6 als Nasentropfen: 3-mal tägl. 2 Sprühstöße

Allergien: Tierhaarallergie (Hunde, Katzen, Pferde)

warum, wo	was	wie	wie noch	außerdem	MITTEL
Augen, Bronchien, Haut	rasche Schwellung der Augenlider mit Brennen und Jucken, Tränenfluss, Hustenreiz	↓Wärme, Berührung ↑kalte Auflagen, an frischer Luft	Haut ist rot, heiß, teigig geschwollen, große Quaddeln, stechende Schmerzen	auffallende Ruhelosigkeit, Bewegungsdrang, Durstlosigkeit	**Apis mellifica D6**[1] 3-mal tägl. 5 Glob. Seite 247
Augen, Nase, Haut	Augenjucken, Fließschnupfen, stark juckende Hautquaddeln	↓Wärme ↑Abkühlung	trockenes oder nässendes Ekzem mit heftigem Juckreiz, Neigung zu Heuschnupfen	ausgeprägte Allergiebereitschaft, auch auf Nahrungsmittel	**Cardiospermum D3**[1] 3-mal tägl. 5 Glob. Seite 255
Augen, Nase, Bronchien, Haut	Fließschnupfen, Juckreiz der Augen, erschwertes Atmen, juckende Hautentzündung	↓Kälte, Bewegung ↑Wärme, Ruhe	trocken-juckender Hautausschlag, oft im Wechsel mit Asthma	Ausleitungs- und Entgiftungsmittel, zur Umstimmung bei chronischen Entzündungen	**Acidum formicicum D12** 2-mal tägl. 5 Glob. Seite 242
Bronchien, Nase	Niesanfälle; Reizhusten mit Atemnot, man muss aufrecht sitzen	↓abends, im Liegen ↑Wärme	Trockenheit im Mund- und Rachenraum, nächtliche Schweiße	Asthmaneigung, verstärkt bei Pollenflug, durch Tierhaare	**Aralia racemosa D6**[1] 3-mal tägl. 5 Glob. Seite 248
Nase, Bronchien	laufende Nase, dünnflüssiger Schleim, Stirnkopfschmerz	↓trockene (Zimmer)-Luft ↑im Freien	Brennen im Hals, Mundtrockenheit, Hüsteln; auffallende Müdigkeit	gehäuft Erkältungen im Wechsel mit allergischen Reaktionen der Atemwege	**Luffa operculata D12** 2-mal tägl. 5 Glob. Seite 277

[1] *Akutdosierung: bis zu 5-mal tägl. einnehmen*

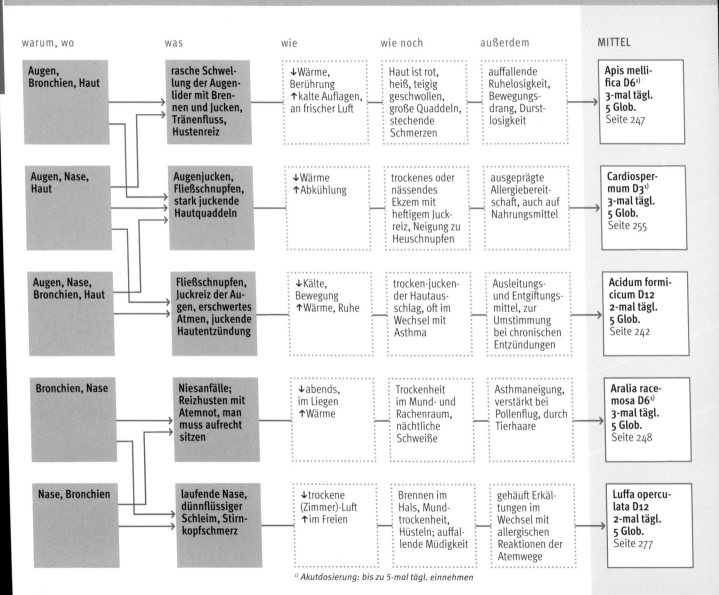

Nahrungsmittelunverträglichkeit: Histaminintoleranz/Fruktose- und Laktoseunverträglichkeit

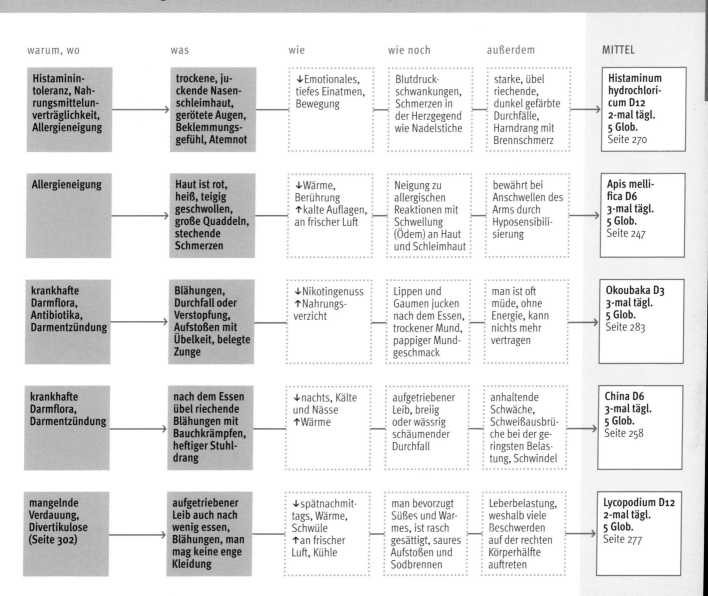

warum, wo	was	wie	wie noch	außerdem	MITTEL
Histaminin-toleranz, Nah-rungsmittelun-verträglichkeit, Allergieneigung	trockene, ju-ckende Nasen-schleimhaut, gerötete Augen, Beklemmungs-gefühl, Atemnot	↓Emotionales, tiefes Einatmen, Bewegung	Blutdruck-schwankungen, Schmerzen in der Herzgegend wie Nadelstiche	starke, übel riechende, dunkel gefärbte Durchfälle, Harndrang mit Brennschmerz	**Histaminum hydrochlori-cum D12** 2-mal tägl. 5 Glob. Seite 270
Allergieneigung	Haut ist rot, heiß, teigig geschwollen, große Quaddeln, stechende Schmerzen	↓Wärme, Berührung ↑kalte Auflagen, an frischer Luft	Neigung zu allergischen Reaktionen mit Schwellung (Ödem) an Haut und Schleimhaut	bewährt bei Anschwellen des Arms durch Hyposensibili-sierung	**Apis melli-fica D6** 3-mal tägl. 5 Glob. Seite 247
krankhafte Darmflora, Antibiotika, Darmentzündung	Blähungen, Durchfall oder Verstopfung, Aufstoßen mit Übelkeit, belegte Zunge	↓Nikotingenuss ↑Nahrungs-verzicht	Lippen und Gaumen jucken nach dem Essen, trockener Mund, pappiger Mund-geschmack	man ist oft müde, ohne Energie, kann nichts mehr vertragen	**Okoubaka D3** 3-mal tägl. 5 Glob. Seite 283
krankhafte Darmflora, Darmentzündung	nach dem Essen übel riechende Blähungen mit Bauchkrämpfen, heftiger Stuhl-drang	↓nachts, Kälte und Nässe ↑Wärme	aufgetriebener Leib, breiig oder wässrig schäumender Durchfall	anhaltende Schwäche, Schweißausbrü-che bei der ge-ringsten Belas-tung, Schwindel	**China D6** 3-mal tägl. 5 Glob. Seite 258
mangelnde Verdauung, Divertikulose (Seite 302)	aufgetriebener Leib auch nach wenig essen, Blähungen, man mag keine enge Kleidung	↓spätnachmit-tags, Wärme, Schwüle ↑an frischer Luft, Kühle	man bevorzugt Süßes und War-mes, ist rasch gesättigt, saures Aufstoßen und Sodbrennen	Leberbelastung, weshalb viele Beschwerden auf der rechten Körperhälfte auftreten	**Lycopodium D12** 2-mal tägl. 5 Glob. Seite 277

Krebserkrankung: vor und nach der Operation

warum, wo	was	wie	wie noch	außerdem	MITTEL
Angstzustände: Aufregung, Schock, Panikattacken, Engegefühl	**starkes Angstgefühl, körperliche Unruhe, erhöhter Blutdruck mit Herzjagen**	↓abends, nachts, durch Berührung, Kälte ↑Schweißausbruch	Angst vor engen Räumen, medizinischen Geräten (»Röhre«: CT) oder panische Angst	bewährt zur nervlichen Beruhigung vor Untersuchungen oder Operationen	**Aconitum D12** 2-mal tägl. 5 Glob. Seite 243
zum Ausleiten von Narkose-, Schmerzmitteln	**verwirrtes, auch aggressives Verhalten, Übelkeit, Würgen, Kopfschmerzen**	↓Kälte, morgens ↑Wärme	Magenbeschwerden, saures Erbrechen, Verstopfung, Rückenschmerzen durch Liegen	auch bewährt bei Nebenwirkungen der Chemotherapie	**Nux vomica D6[1]** 3-mal tägl. 5 Glob. Seite 282
Operationswunde durch Schnitt	**zur optimalen Verheilung von Operationsschnittwunden, Vermeidung von Entzündungen**	↓nachts, Kälte, emotionale Ereignisse ↑Ruhe	Schmerzen und Berührungsempfindlichkeit im Wundbereich	auch bewährt bei Entzündungen durch Harnblasenkatheter	**Staphisagria D6[1]** 3-mal tägl. 5 Glob. Seite 296
Operationswunde	**Bluterguss, Schmerzen, Schwellung: zur Anregung der Wundheilung**	↓Bewegung, Erschütterung ↑in Ruhe, beim Alleinsein	das Ereignis ist in die Glieder gefahren, man verharmlost Beschwerden und Schmerzen	Schock, Schreck durch Operation und Verletzung: man ist ruhelos, wehrt jegliche Hilfe ab	**Arnica montana D6[1]** 3-mal tägl. 5 Glob. Seite 248
nach Operation mit Blutverlust	**anhaltende Schwäche, Schweißausbrüche bei der geringsten Belastung, Schwindel**	↓nachts, Kälte und Nässe ↑Wärme	Ruhe, Schlaf, Essen bessern nicht, aufgetriebener Leib, schäumender Durchfall	Schwächezustand mit mangelnder körperlicher und seelischer Belastungsfähigkeit	**China D6** 3-mal tägl. 5 Glob. Seite 258

[1] *Akutdosierung: bis zu 5-mal tägl. einnehmen*

Krebserkrankung: während der Bestrahlungstherapie

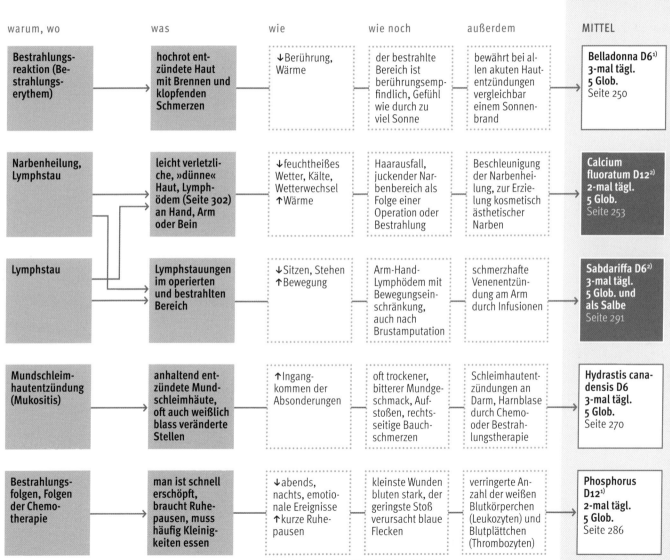

warum, wo	was	wie	wie noch	außerdem	MITTEL
Bestrahlungs-reaktion (Be-strahlungs-erythem)	hochrot ent-zündete Haut mit Brennen und klopfenden Schmerzen	↓Berührung, Wärme	der bestrahlte Bereich ist berührungsemp-findlich, Gefühl wie durch zu viel Sonne	bewährt bei al-len akuten Haut-entzündungen vergleichbar einem Sonnen-brand	Belladonna D6[1] 3-mal tägl. 5 Glob. Seite 250
Narbenheilung, Lymphstau	leicht verletzli-che, »dünne« Haut, Lymph-ödem (Seite 302) an Hand, Arm oder Bein	↓feuchtheißes Wetter, Kälte, Wetterwechsel ↑Wärme	Haarausfall, juckender Nar-benbereich als Folge einer Operation oder Bestrahlung	Beschleunigung der Narbenhei-lung, zur Erzie-lung kosmetisch ästhetischer Narben	Calcium fluoratum D12[2] 2-mal tägl. 5 Glob. Seite 253
Lymphstau	Lymphstauungen im operierten und bestrahlten Bereich	↓Sitzen, Stehen ↑Bewegung	Arm-Hand-Lymphödem mit Bewegungsein-schränkung, auch nach Brustamputation	schmerzhafte Venenentzün-dung am Arm durch Infusionen	Sabdariffa D6[2] 3-mal tägl. 5 Glob. und als Salbe Seite 291
Mundschleim-hautentzündung (Mukositis)	anhaltend ent-zündete Mund-schleimhäute, oft auch weißlich blass veränderte Stellen	↑Ingang-kommen der Absonderungen	oft trockener, bitterer Mundge-schmack, Auf-stoßen, rechts-seitige Bauch-schmerzen	Schleimhautent-zündungen an Darm, Harnblase durch Chemo- oder Bestrah-lungstherapie	Hydrastis cana-densis D6 3-mal tägl. 5 Glob. Seite 270
Bestrahlungs-folgen, Folgen der Chemo-therapie	man ist schnell erschöpft, braucht Ruhe-pausen, muss häufig Kleinig-keiten essen	↓abends, nachts, emotio-nale Ereignisse ↑kurze Ruhe-pausen	kleinste Wunden bluten stark, der geringste Stoß verursacht blaue Flecken	verringerte An-zahl der weißen Blutkörperchen (Leukozyten) und Blutplättchen (Thrombozyten)	Phosphorus D12[1] 2-mal tägl. 5 Glob. Seite 286

[1] Akutdosierung: bis zu 5-mal tägl. einnehmen
[2] LYMPH-KUR: Einnahme und Dauer, siehe Seite 13

Krebserkrankung: während der Chemotherapie

warum, wo	was	wie	wie noch	außerdem	MITTEL[1)
Magen	**anhaltende Übelkeit mit ständigem Würgen und Erbrechen, Mundtrockenheit**	↓Kälte, morgens ↑Wärme	berührungs- empfindlicher Magen, Ver- stopfung; Rückenschmer- zen durch Liegen	innere Anspan- nung, auch aggressives Ver- halten als Folge der Narkose-, Schmerzmittel	**Nux vomica D6[1)** **3-mal tägl.** **5 Glob.** Seite 282
Magen, Darm	**extreme, »tief sitzende« Übel- keit, nach dem Erbrechen un- verändert an- haltend**	↓nachts, Bewe- gung, Wärme ↑Ruhe, an frischer Luft	man kann kaum noch etwas essen oder trin- ken; starke Speichelbildung	man würgt ständig Schleim heraus, was Brechreiz hervorruft	**Ipecacuanha D6[1)** **3-mal tägl.** **5 Glob.** Seite 272
	Durst auf warme Getränke trotz starker Übelkeit, wässrige Durch- fälle	↓um Mitter- nacht, Kälte ↑Wärme, warme Getränke	dunkles Er- brechen nach geringster Nahrungszufuhr, Brennschmerzen am After	Schwäche, Ruhelosigkeit, körperlicher Abbau, Haar- ausfall	**Arsenicum album D12[1)** **2-mal tägl.** **5 Glob.** Seite 249
	Übelkeit, man will Kaltes trinken, danach Erbrechen; innerliches Hitzegefühl	↓abends, nachts, emotio- nale Ereignisse ↑kurze Ruhe- pausen	man ist schnell erschöpft, braucht Ruhe- pausen, muss häufig Kleinig- keiten essen	bei verminderter Zahl weißer Blutkörperchen (Leukozyten) und Blutplättchen (Thrombozyten)	**Phosphorus D12[1)** **2-mal tägl.** **5 Glob.** Seite 286
Leber	**mangelnde Leis- tungsfähigkeit, ohne Appetit; Druckgefühl im Oberbauch, Verstopfung**	↓körperliche Belastung ↑Ruhe	trocken-rissige Hautausschläge, allgemein trockene Haut mit Juckreiz	während und nach einer Chemotherapie zur Leber- stabilisierung	**Picrorhiza D6** **3-mal tägl.** **5 Glob.** Seite 287

[1) Akutdosierung: bis zu 5-mal tägl. einnehmen

Krebserkrankung: während der Hormontherapie/Nachsorge

warum, wo	was	wie	wie noch	außerdem	MITTEL
Drüsen (Brust, Schilddrüse, Prostata, Lymphdrüsen)	Stabilisierung der Organfunktion (Drüsen), vor allem bei Lymphknotenbefall	↓Kälte; nachts, morgens ↑Wärme, essen	Schwächegefühl in Armen und Beinen, verlangsamte Bewegung	man zieht sich immer mehr zurück, ist teilnahmslos, ohne jegliches Interesse	Conium maculatum D6 3-mal tägl. 5 Glob. Seite 261
weibliche Brustdrüsen	ziehende, stechende Schmerzen an der behandelten Brust	↓Hitze, feuchte Kälte, Bewegung ↑weinen	in Arm oder Finger ausstrahlende Schmerzen, auch Bewegungseinschränkung	zur begleitenden Nachbehandlung von Brustdrüsenkrebs, Lymphknotenbefall	Asterias rubens D6 3-mal tägl. 5 Glob. Seite 250
Hormontherapie bei der Frau	anhaltend starkes Schwitzen, auch im Wechsel mit Frieren, Hitzewallungen	↓morgens, nach dem Schlaf, durch Wärme ↑kalte Anwendungen	man verträgt am Hals und am Körper nichts Enges, Blutdruck ist erhöht	heftige emotionale Reaktionen wie Eifersucht und Misstrauen, man ist sehr mitteilsam	Lachesis D12 2-mal tägl. 5 Glob. Seite 275
Hormontherapie bei der Frau, beim Mann	kalte, säuerlich riechende Schweiße, anfallsartig auftretend, auch mit Hitzegefühl	↓morgens, Kälte, Nässe ↑Wärme	ungeduldiges, hektisches Verhalten, man ist auch überfordert und geschwächt	bei Beschwerden in den Wechseljahren mit Hitzewallungen bei Frau und Mann	Acidum sulfuricum D12 2-mal tägl. 5 Glob. Seite 243
Knochenschmerzen	starke Schmerzen in der Wirbelsäule, in den Gelenken, Bewegungseinschränkung	↓Anstrengung, Kälte ↑in frischer Luft, Wärme	gedrückte Stimmung, oft erhöhter Blutdruck; Mittel bei Arteriosklerose	bewährt bei rheumaähnlichen Schmerzen durch Osteoporose	Strontium carbonicum D12 2-mal tägl. 5 Glob. Seite 296

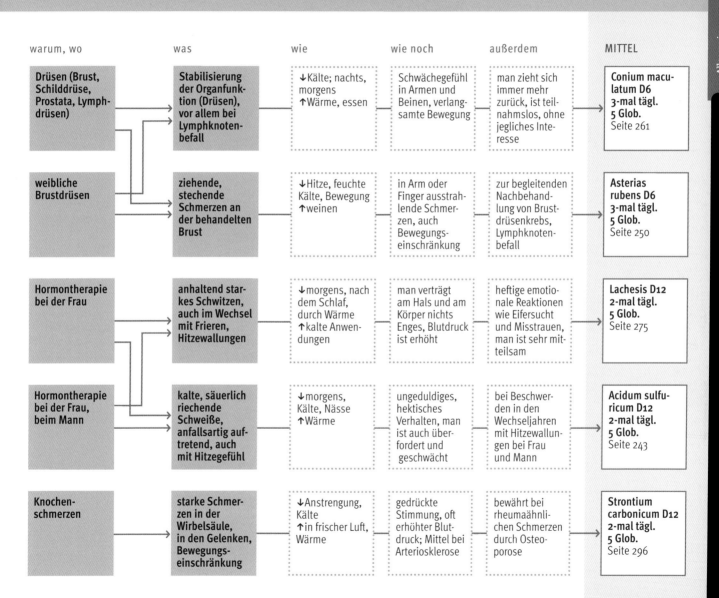

Kopf/Hals

Das Kapitel umfasst Beschwerden und Erkrankungen im Bereich des Kopfes und Halses. Zum schnellen Auffinden der zutreffenden Diagramm-Tafeln dient die Untergliederung in Kopf mit Nerven und die Sinnesorgane, den Mundraum und Hals. Wie in der Homöopathie üblich, sind die besprochenen Bereiche von oben nach unten sortiert.

Kopf und Nerven

Der Beschwerdenbereich **Kopf** beschreibt die verschiedenen Kopf- und Nervenschmerzen, Migräne sowie Schwindelanfälle. Vor allem bei der Behandlung von Schmerzen – und das gilt für jede Art – kann die Homöopathie bei der Langzeitbehandlung punkten. Das bedeutet, dass längerfristig die Häufigkeit und Schwere der Schmerzen zurückgehen und damit die schulmedizinischen Medikamente eingespart oder zumindest in der Dosierung reduziert werden können. Bei der Behandlung akuter Schmerzen bewährt es sich, möglichst bei den ersten Anzeichen mit der Akutdosierung zu beginnen.

Augen, Ohren, Nase, Mund, Hals

Bei Erkrankungen am **Auge** ist unbedingt ärztliche Hilfe notwendig. Nach der Diagnosestellung können Sie je nach Art der Erkrankung das angezeigte Mittel zusätzlich einnehmen, um den Heilungsprozess zu unterstützen. Insbesondere auch chronische Beschwerden an den Augen, wie zum Beispiel eine wiederkehrende Bindehautentzündung, lassen sich »von innen«, durch Anregung der Selbstheilungskräfte, bessern. Das gilt auch für die Sehschwäche und das Schielen sowie für häufig auftretende Beschwerden wie trockene oder tränende Augen.

Bei den **Ohren** stehen Entzündungen und Schmerzen im Vordergrund. Das gilt vor allem für Kinder. Auch hier sollten Sie möglichst bei den ersten Anzeichen mit der Anwendung der Homöopathie beginnen und nicht so lange warten, bis die Schmerzen und die Entzündung immer stärker werden. Ohrgeräusche können die Lebensqualität erheblich beeinträchtigen. Nehmen Sie Ihr Mittel längerfristig und kurmäßig ein – auch zusätzlich zur ärztlichen Behandlung. Haben Sie jedoch Geduld, denn auch die Homöopathie kann die Beschwerden nicht sofort lösen.

Bei akuten Beschwerden der **Nase und Nasenneben-höhlen** empfiehlt sich ebenfalls eine frühzeitige und konsequente Behandlung. Bedenken Sie bitte, dass gerade die Heilung einer Entzündung der Nasennebenhöhlen ihre Zeit benötigt. Sollten Sie daran immer wieder erkranken, ist eine homöopathische Behandlung der Infektanfälligkeit ratsam (Seite 47, 71).

Im Bereich des **Mundes** können Lippen, Zunge und Schleimhäute betroffen sein. Sowohl bei akuten Beschwerden wie Entzündungen als auch bei wiederkehrenden Beschwerden wie Zungenbrennen lassen sich homöopathische Mittel einsetzen.

Im **Hals- und Rachenraum** zeigen sich hauptsächlich Erkältungssymptome wie Halsschmerzen, aber auch seelische Probleme können dort Beschwerden verursachen. Mit den homöopathischen Mitteln lassen sie sich beheben oder lindern.

Zu empfehlen ist die begleitende homöopathische Behandlung bei allen **Zahnproblemen** – ob Nachbehandlung eines zahnärztlichen Eingriffes, Entzündungen, Karies oder nächtliches Zähneknirschen.

Schilddrüse

Im Halsbereich liegt auch die Schilddrüse. Viele Menschen leiden unter Störungen dieser Drüse. Doch bevor Sie homöopathische Mittel anwenden, sollten Sie die Störung von einem Arzt diagnostizieren lassen. Es überrascht immer wieder, dass sich durch die Anregung der Selbstheilungskräfte auch Schilddrüsenprobleme behandeln lassen.

Kopf/Hals

Kopf und Nerven: Kopfschmerzen, Akutbehandlung

warum, wo	was	wie	wie noch	außerdem	MITTEL[1]
seelische Ereignisse (Anspannung, Stress), ungesunde Lebensweise, Zähneknirschen	Spannungskopfschmerzen, Nacken und Kiefergelenke schmerzen beim Aufwachen	↓Kälte, morgens ↑Wärme	völlig überarbeitet, ausgeprägtes Konkurrenzdenken, Arbeitswut, innerliche Anspannung	Übelkeit und Erbrechen auch als Reaktion auf »verkorksten Magen« und Medikamente	**Nux vomica D6** stündl. 5 Glob. Seite 282
emotionaler Druck: Aufregung, Ärger, Stress, Wetterwechsel	stechende Kopfschmerzen, geringste Bewegung schmerzt	↓Bewegung, Berührung, Wetterumschwung ↑Schweißausbruch, kalte Anwendungen	gereizte Stimmung, man will seine Ruhe haben, denkt ständig an Beruf und Aufgaben	die gesamte Rückenmuskulatur verkrampft sich; Verstopfung, großes Durstgefühl	**Bryonia D6** stündl. 5 Glob. Seite 252
feuchtwarmes Wetter, Virusinfektion, Schreck, Stress, Überforderung	an Halswirbelsäule und Nacken beginnender, über den Kopf ziehender Schmerz	↓abends, warme Räume, Wärme ↑frische Luft	oft dunkelrotes Gesicht, zittrige Schwäche, man ist apathisch, friert, hat keinen Durst	Kopfschmerzen bei seelischen Belastungen, nach Virusinfekten; verzögerte Genesung	**Gelsemium D6** stündl. 5 Glob. Seite 266
Überanstrengung, Wetterwechsel, Erkältung	blitzartige, krampfende Kopf- und Gesichtsschmerzen, periodisch auftretend	↓Temperaturwechsel, Bewegung ↑Wärme, Ruhe	Schmerzen, die bis ins Ohr, in den Gehörgang und die Kiefergelenke ausstrahlen	bewährt bei anhaltender Trigeminusneuralgie nach Erkältungen	**Verbascum D6** stündl. 5 Glob. Seite 300
Überhitzung, Sonnenbestrahlung, feuchtkalte (Zug-)Luft	plötzlich auftretender klopfender, hämmernder Kopfschmerz, häufig rechtsseitig	↓Berührung, Geräusche, Licht ↑Ruhe	hochrotes, heißes Gesicht, gerötete Augen, Brennschmerz der Haut	bewährt bei akuten Schmerzen, die kolikartig kommen und gehen	**Belladonna D6** stündl. 5 Glob. Seite 250

[1] *bei den ersten Anzeichen mit der Einnahme beginnen: 3-mal im Abstand von ca. 15 Min., danach stündl., ggf. am 2. Tag 4- bis 5-mal tägl. 5 Glob.*

Kopf und Nerven: Kopfschmerzen, vorbeugende Behandlung

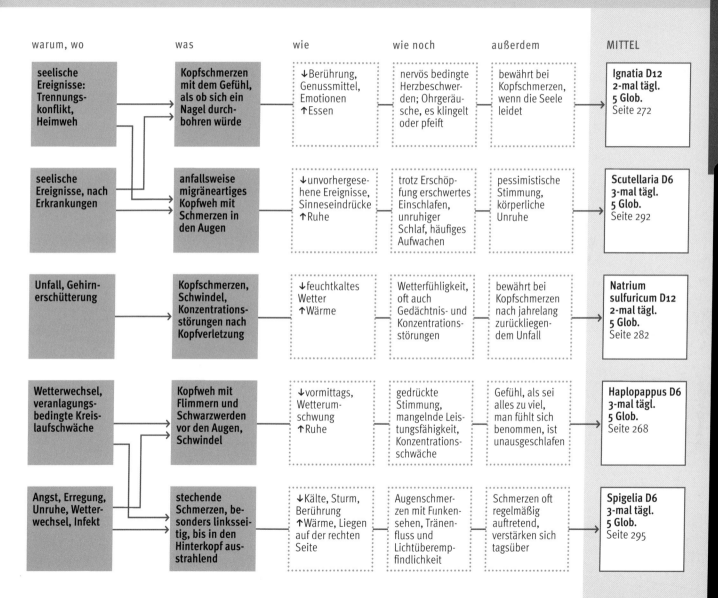

warum, wo	was	wie	wie noch	außerdem	MITTEL
seelische Ereignisse: Trennungskonflikt, Heimweh	Kopfschmerzen mit dem Gefühl, als ob sich ein Nagel durchbohren würde	↓Berührung, Genussmittel, Emotionen ↑Essen	nervös bedingte Herzbeschwerden; Ohrgeräusche, es klingelt oder pfeift	bewährt bei Kopfschmerzen, wenn die Seele leidet	**Ignatia D12** 2-mal tägl. **5 Glob.** Seite 272
seelische Ereignisse, nach Erkrankungen	anfallsweise migräneartiges Kopfweh mit Schmerzen in den Augen	↓unvorhergesehene Ereignisse, Sinneseindrücke ↑Ruhe	trotz Erschöpfung erschwertes Einschlafen, unruhiger Schlaf, häufiges Aufwachen	pessimistische Stimmung, körperliche Unruhe	**Scutellaria D6** 3-mal tägl. **5 Glob.** Seite 292
Unfall, Gehirnerschütterung	Kopfschmerzen, Schwindel, Konzentrationsstörungen nach Kopfverletzung	↓feuchtkaltes Wetter ↑Wärme	Wetterfühligkeit, oft auch Gedächtnis- und Konzentrationsstörungen	bewährt bei Kopfschmerzen nach jahrelang zurückliegendem Unfall	**Natrium sulfuricum D12** 2-mal tägl. **5 Glob.** Seite 282
Wetterwechsel, veranlagungsbedingte Kreislaufschwäche	Kopfweh mit Flimmern und Schwarzwerden vor den Augen, Schwindel	↓vormittags, Wetterumschwung ↑Ruhe	gedrückte Stimmung, mangelnde Leistungsfähigkeit, Konzentrationsschwäche	Gefühl, als sei alles zu viel, man fühlt sich benommen, ist unausgeschlafen	**Haplopappus D6** 3-mal tägl. **5 Glob.** Seite 268
Angst, Erregung, Unruhe, Wetterwechsel, Infekt	stechende Schmerzen, besonders linksseitig, bis in den Hinterkopf ausstrahlend	↓Kälte, Sturm, Berührung ↑Wärme, Liegen auf der rechten Seite	Augenschmerzen mit Funkensehen, Tränenfluss und Lichtüberempfindlichkeit	Schmerzen oft regelmäßig auftretend, verstärken sich tagsüber	**Spigelia D6** 3-mal tägl. **5 Glob.** Seite 295

Kopf/Hals

83

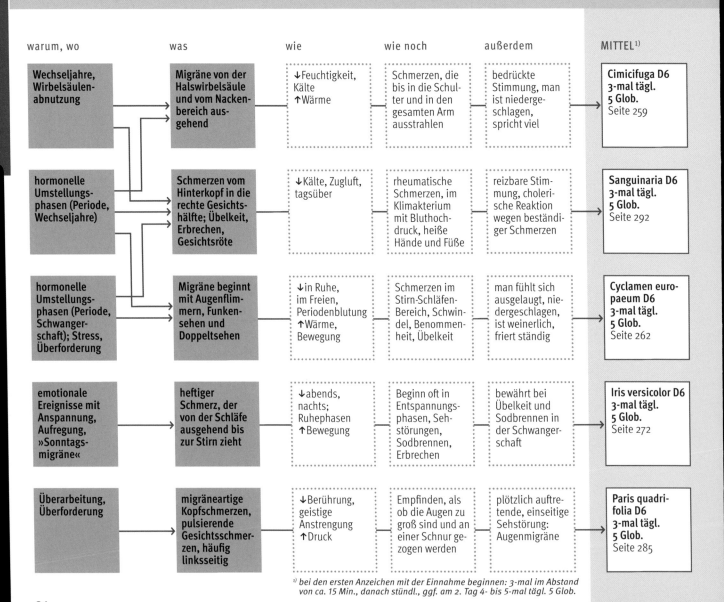

warum, wo	was	wie	wie noch	außerdem	MITTEL[1]
Wechseljahre, Wirbelsäulenabnutzung	Migräne von der Halswirbelsäule und vom Nackenbereich ausgehend	↓Feuchtigkeit, Kälte ↑Wärme	Schmerzen, die bis in die Schulter und in den gesamten Arm ausstrahlen	bedrückte Stimmung, man ist niedergeschlagen, spricht viel	**Cimicifuga D6** 3-mal tägl. 5 Glob. Seite 259
hormonelle Umstellungsphasen (Periode, Wechseljahre)	Schmerzen vom Hinterkopf in die rechte Gesichtshälfte; Übelkeit, Erbrechen, Gesichtsröte	↓Kälte, Zugluft, tagsüber	rheumatische Schmerzen, im Klimakterium mit Bluthochdruck, heiße Hände und Füße	reizbare Stimmung, cholerische Reaktion wegen beständiger Schmerzen	**Sanguinaria D6** 3-mal tägl. 5 Glob. Seite 292
hormonelle Umstellungsphasen (Periode, Schwangerschaft); Stress, Überforderung	Migräne beginnt mit Augenflimmern, Funkensehen und Doppeltsehen	↓in Ruhe, im Freien, Periodenblutung ↑Wärme, Bewegung	Schmerzen im Stirn-Schläfen-Bereich, Schwindel, Benommenheit, Übelkeit	man fühlt sich ausgelaugt, niedergeschlagen, ist weinerlich, friert ständig	**Cyclamen europaeum D6** 3-mal tägl. 5 Glob. Seite 262
emotionale Ereignisse mit Anspannung, Aufregung, »Sonntagsmigräne«	heftiger Schmerz, der von der Schläfe ausgehend bis zur Stirn zieht	↓abends, nachts; Ruhephasen ↑Bewegung	Beginn oft in Entspannungsphasen, Sehstörungen, Sodbrennen, Erbrechen	bewährt bei Übelkeit und Sodbrennen in der Schwangerschaft	**Iris versicolor D6** 3-mal tägl. 5 Glob. Seite 272
Überarbeitung, Überforderung	migräneartige Kopfschmerzen, pulsierende Gesichtsschmerzen, häufig linksseitig	↓Berührung, geistige Anstrengung ↑Druck	Empfinden, als ob die Augen zu groß sind und an einer Schnur gezogen werden	plötzlich auftretende, einseitige Sehstörung: Augenmigräne	**Paris quadrifolia D6** 3-mal tägl. 5 Glob. Seite 285

Kopf/Hals

[1] *bei den ersten Anzeichen mit der Einnahme beginnen: 3-mal im Abstand von ca. 15 Min., danach stündl., ggf. am 2. Tag 4- bis 5-mal tägl. 5 Glob.*

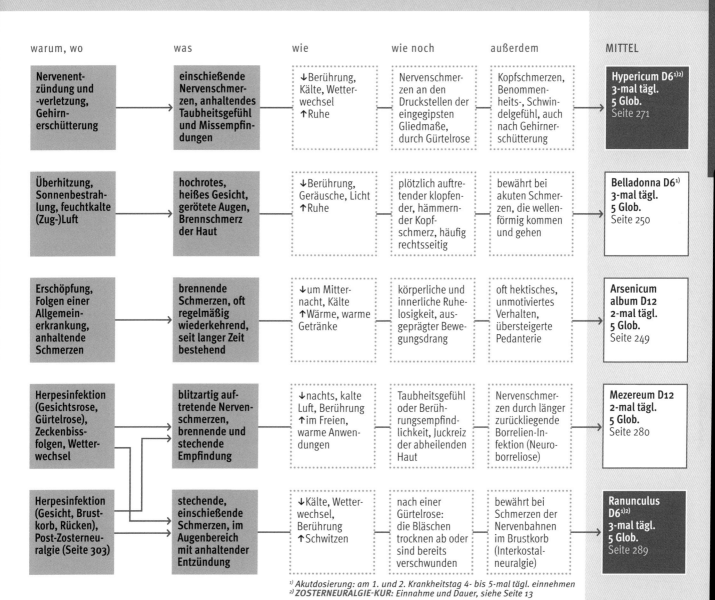

warum, wo	was	wie	wie noch	außerdem	MITTEL
Nervenentzündung und -verletzung, Gehirnerschütterung	einschießende Nervenschmerzen, anhaltendes Taubheitsgefühl und Missempfindungen	↓Berührung, Kälte, Wetterwechsel ↑Ruhe	Nervenschmerzen an den Druckstellen der eingegipsten Gliedmaße, durch Gürtelrose	Kopfschmerzen, Benommenheits-, Schwindelgefühl, auch nach Gehirnerschütterung	**Hypericum D6**[1][2] **3-mal tägl. 5 Glob.** Seite 271
Überhitzung, Sonnenbestrahlung, feuchtkalte (Zug-)Luft	hochrotes, heißes Gesicht, gerötete Augen, Brennschmerz der Haut	↓Berührung, Geräusche, Licht ↑Ruhe	plötzlich auftretender klopfender, hämmernder Kopfschmerz, häufig rechtsseitig	bewährt bei akuten Schmerzen, die wellenförmig kommen und gehen	**Belladonna D6**[1] **3-mal tägl. 5 Glob.** Seite 250
Erschöpfung, Folgen einer Allgemeinerkrankung, anhaltende Schmerzen	brennende Schmerzen, oft regelmäßig wiederkehrend, seit langer Zeit bestehend	↓um Mitternacht, Kälte ↑Wärme, warme Getränke	körperliche und innerliche Ruhelosigkeit, ausgeprägter Bewegungsdrang	oft hektisches, unmotiviertes Verhalten, übersteigerte Pedanterie	**Arsenicum album D12 2-mal tägl. 5 Glob.** Seite 249
Herpesinfektion (Gesichtsrose, Gürtelrose), Zeckenbissfolgen, Wetterwechsel	blitzartig auftretende Nervenschmerzen, brennende und stechende Empfindung	↓nachts, kalte Luft, Berührung ↑im Freien, warme Anwendungen	Taubheitsgefühl oder Berührungsempfindlichkeit, Juckreiz der abheilenden Haut	Nervenschmerzen durch länger zurückliegende Borrelien-Infektion (Neuroborreliose)	**Mezereum D12 2-mal tägl. 5 Glob.** Seite 280
Herpesinfektion (Gesicht, Brustkorb, Rücken), Post-Zosterneuralgie (Seite 303)	stechende, einschießende Schmerzen, im Augenbereich mit anhaltender Entzündung	↓Kälte, Wetterwechsel, Berührung ↑Schwitzen	nach einer Gürtelrose: die Bläschen trocknen ab oder sind bereits verschwunden	bewährt bei Schmerzen der Nervenbahnen im Brustkorb (Interkostalneuralgie)	**Ranunculus D6**[1][2] **3-mal tägl. 5 Glob.** Seite 289

[1] *Akutdosierung: am 1. und 2. Krankheitstag 4- bis 5-mal tägl. einnehmen*
[2] *ZOSTERNEURALGIE-KUR: Einnahme und Dauer, siehe Seite 13*

Kopf/Hals

Kopf/Hals

warum, wo	was	wie	wie noch	außerdem	MITTEL
Innenohrstörung, Schlafmangel, Jetlag, Schichtarbeit, Überanstrengung	Schwindel bei der geringsten Bewegung, auch mit Übelkeit, Brechreiz, Erbrechen	↓Bewegung, nach dem Schlaf ↑Ruhephasen	Ohrgeräusche, ausgeprägte Geräuschempfindlichkeit, oft Kopf- und Nackenschmerzen	bewährt bei anhaltendem Schwindel und Menière-Krankheit	**Cocculus D6** 3-mal alle 15 Min. 5 Glob., danach 3-mal tägl. 5 Glob. Seite 259
Innenohrstörung, emotionale Ereignisse, Überanstrengung, Kreislaufschwäche, Ohnmacht	Schwindelanfälle mit extremer Übelkeit, Schwäche	↓geringste Bewegung ↑frische Luft, Ruhe	Sehstörungen, Ohrensausen, Zittern, Eiseskälte, ängstliche Unruhe	bewährt bei Reiseübelkeit, Nikotinunverträglichkeit und Durchblutungsstörungen	**Tabacum D6** 3-mal alle 15 Min. 3 Glob., danach 3-mal tägl. 5 Glob. Seite 298
emotionale Erlebnisse, bevorstehende Ereignisse, Höhenangst	Schwindel und Angst in der Höhe (Gebirge, Brücke, Turm)	↓Wärme; nachts; in engen Räumen ↑Kühle; im Freien	hält sich fest, um nicht das Gleichgewicht zu verlieren, Ängstlichkeit, hektisches Verhalten	Schwindel als emotionale Reaktion auf bevorstehende Ereignisse (Lampenfieber)	**Argentum nitricum D12** 2-mal tägl. 5 Glob. Seite 248
Überanstrengung, durchgemachte Erkrankung, (Liebes-) Kummer	Schwarzwerden vor den Augen, Schwindel, Kopfdruck, Gefühl wie benommen	↓Anstrengung, Lärm, Kälte ↑Ruhe, Wärme	man kann sich nicht konzentrieren, hat großes Ruhe- und Schlafbedürfnis	Schweißausbrüche bei der geringsten Anstrengung, man fühlt sich ausgelaugt	**Acidum phosphoricum D12** 2-mal tägl. 5 Glob. Seite 242
Durchblutungsstörungen, altersbedingte Hormonumstellung	Drehschwindel bei Bewegung, anfallsweiser Schwindel, ausgeprägtes Gliederzittern	↓Kälte, nachts, morgens ↑Wärme	Schwächegefühl, man kann Gegenstände nicht mehr halten, läuft unsicher, »tapsig«	bewährt bei Drüsenerkrankungen (Brust, Schilddrüse, Prostata, Lymphdrüsen)	**Conium maculatum D12** 2-mal tägl. 5 Glob. Seite 261

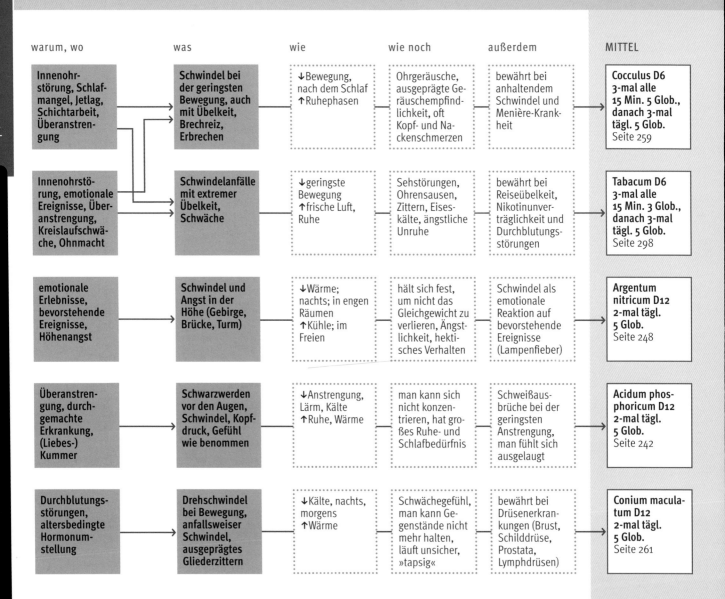

Kopf/Hals

warum, wo	was	wie	wie noch	außerdem	MITTEL[1]
Nervenschmerzen (Neuralgie) durch Wetterwechsel, Erkältung	blitzartige, krampfende Gesichtsschmerzen, wie gequetscht, periodisch auftretend	↓Temperaturwechsel, Bewegung ↑Wärme, Ruhe	blitzartige Schmerzen bis ins Ohr, in den Gehörgang, in die Kiefergelenke ausstrahlend	bewährt bei anhaltender Trigeminusneuralgie nach Erkältungen	**Verbascum D6** **3-mal tägl.** **5 Glob.** Seite 300
Erkältung, Temperaturextreme, Zugluft; emotionale Ereignisse (Schock, Schreck, Angst)	plötzlich einschießende Gesichtsschmerzen, Taubheitsgefühl und Kribbeln	↓abends, nachts durch Berührung, Kälte ↑Schweißausbruch	Schmerzen werden als unerträglich empfunden, Hautfarbe ist blass oder rot, Haut ist heiß	Ängstlichkeit, innere Unruhe, großer Durst auf Kaltes	**Aconitum D6** **3-mal tägl.** **5 Glob.** Seite 243
Erkältung, gereizte Zahnnerven	oft periodisch auftretende, einschießende Schmerzen, die von der Schläfe ausgehen	↓nachts; vor Gewitter ↑Ruhe	von Schläfe zu Schläfe springend, in die Augen und den Nasenflügel einstrahlend	Schmerzempfindung wie Hitze und Brennen, oft mit heißem Tränenfluss	**Cedron D6** **3-mal tägl.** **5 Glob.** Seite 257
Angst, Erregung, Unruhe, Wetterwechsel, Infekt	meist regelmäßig auftretende, stechende Gesichtsschmerzen, oft linksseitig	↓Kälte, Sturm, Berührung ↑Wärme, Liegen auf der rechten Seite	Augenschmerzen mit Sehen von Funken, Tränenfluss und Lichtüberempfindlichkeit	migräneartiger Kopfschmerz, der oft bis in den Hinterkopf ausstrahlt	**Spigelia D6** **3-mal tägl.** **5 Glob.** Seite 295
Überarbeitung, Überforderung	pulsierende Gesichtsschmerzen, plötzlich auftretende, einseitige Sehstörung	↓Berührung, geistige Anstrengung ↑Druck	Empfinden, als ob die Augen zu groß sind und an einer Schnur gezogen werden	bewährt zur unterstützenden Therapie des Glaukoms (grüner Star): **zum Arzt!**	**Paris quadrifolia D6** **3-mal tägl.** **5 Glob.** Seite 285

[1] *Akutdosierung: am 1. und 2. Krankheitstag 4- bis 5-mal tägl. einnehmen*

Augen: Augenbindehautentzündung

warum, wo	was	wie	wie noch	außerdem	MITTEL[1]
intensive Sonnenbestrahlung, Hitzeeinwirkung, Zugluft, Infektion, Erkältung	trocken-heiße, brennende Schmerzen in den hochroten Bindehäuten	↓Berührung, Geräusche, Licht ↑Ruhe	man muss die Augenlider zusammenkneifen, plötzlich klopfender Kopfschmerz	Hautentzündungen wie beim Sonnenbrand, bei brennenden Schleimhautentzündungen	**Belladonna D6** 3-mal tägl. 5 Glob. Seite 250
allergische Reaktion, Überanstrengung, Infektion, Erkältung	gerötete, brennende, schmerzende Augen, trocken, später scharfer Tränenfluss	↓abends, Wärme, langes Lesen ↑Kälte, Dunkelheit	sehr lichtempfindlich, entzündete Lidränder; wässrig-schleimiges Nasensekret; Niesreiz	bei immer wiederkehrenden Bindehautentzündungen, auch allergisch bedingt	**Euphrasia D6** 3-mal tägl. 5 Glob. Seite 264
Überanstrengung (Bildschirmarbeit, schlechte Beleuchtung); Verletzung wie Stoß	Brennen der Augen, unscharfes Sehen, Kopfschmerzen durch angestrengtes Lesen	↓Kälte, Nässe ↑vorsichtige Bewegung	schmerzhafte Verspannungen im Schulter-Nacken-Bereich	bewährt bei Augenfehlstellung (Schielen) und nach Augenverletzungen: **zum Arzt!**	**Ruta D6** 3-mal tägl. 5 Glob. Seite 291
allergische Reaktion, Quincke-Ödem (Seite 303)	stark gereizte, rote Bindehaut, angeschwollene Augenlider, Jucken und Brennen	↓Wärme, Berührung ↑kalte Auflagen, an frischer Luft	Tränenfluss, Gesicht wie aufgequollen, auch mit Anschwellung der Wangen	Neigung zu allergischen Reaktionen wird abgebaut	**Apis mellifica D6** 3-mal tägl. 5 Glob. Seite 247
Infektion, Erkältung	gelblich weißer, zäher Schleim im Augeninnenwinkel, Augen wie verklebt	↑frische Luft, Wärme	anhaltende Kopfschmerzen, gelblich weißer, zäher Schleim aus Nase und Bronchien	bewährt bei akuter Nasennebenhöhlenentzündung (Sinusitis)	**Kalium bichromicum D6** 3-mal tägl. 5 Glob. Seite 273

[1] *Akutdosierung: am 1. und 2. Krankheitstag 4- bis 5-mal tägl. einnehmen*

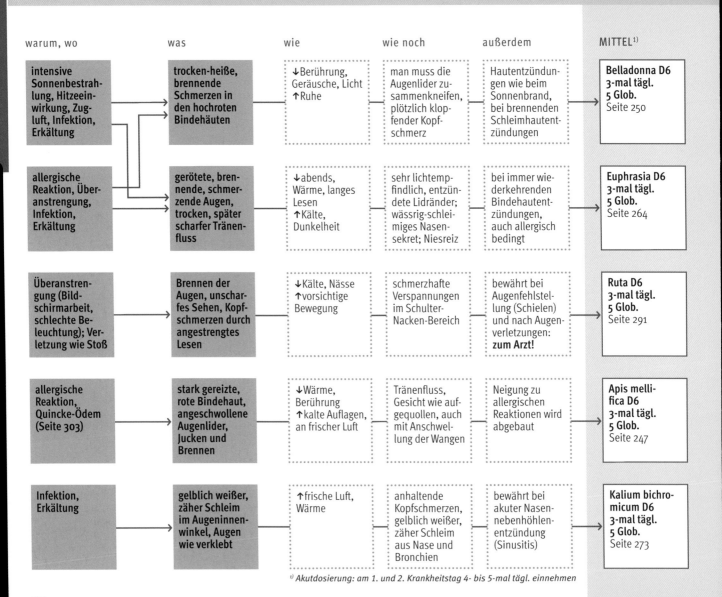

Augen: Gerstenkorn/Lidrandentzündung

warum, wo	was	wie	wie noch	außerdem	MITTEL
intensive Sonnenbestrahlung, Hitzeeinwirkung, Zugluft, Infektion, Erkältung	**rasch zunehmende, schmerzhafte Entzündung am Augenlid, Brennen, Hitzegefühl**	↓Berührung, Geräusche, Licht ↑Ruhe	man muss die Augen zusammenkneifen; trocken heiße, hochrote Bindehäute	bewährt bei beginnenden Entzündungen an Haut und Schleimhaut	**Belladonna D6[1]** 3-mal tägl. **5 Glob.** Seite 250
Infekt, Kälte, Zugluft; eitrige Entzündung	**eitrige Entzündung am Lidrand, stechende, splitterartige Schmerzen**	↓Berührung, kalte Luft ↑Wärme	aus der eitrigen Stelle entleert sich ein gelbgrünliches, auch blutiges Sekret	hartnäckige, wiederkehrende Pusteln an den Lidrändern, man ist berührungsempfindlich	**Hepar sulfuris D6[1]** 3-mal tägl. **1 Tabl.** Seite 270
seelische Konflikte, wiederkehrende Entzündungen	**entzündliche, rote Verhärtung der Augenlider, Druckgefühl, Berührungsempfindlichkeit**	↓nachts, Kälte, emotionale Ereignisse ↑Ruhe	häufige Entzündungen der Lidränder, auch nach chirurgischer Behandlung	Neigung zu narbenbildenden Schnittwunden	**Staphisagria D6[1]** 3-mal tägl. **5 Glob.** Seite 296
übermäßiger Genussmittelkonsum, Pubertät	**Entzündung am Lidrand kapselt sich ab, Lid kann nur unvollständig geschlossen werden**	↓Wärme ↑frische Luft	unreine Haut, Entzündungen heilen langsam, Pickel bleiben lange Zeit eitrig	zur längerfristigen Einnahme, auch beim Hagelkorn (Knoten an Oberseite des Augenlids)	**Sulfur jodatum D12** 2-mal tägl. **5 Glob.** Seite 297
Ärger, Schreck, Abwehrschwäche, Erschöpfung, kaltes Wetter (Winterhalbjahr)	**Lider rissig, trocken, entzündet, Entzündung der Bindehäute**	↓Kälte, Winter ↑Wärme, trockenes Wetter	blutig-schrundiger, nässender, übel riechender Ausschlag an Nase, Mund, After	tiefe Hauteinrisse an Fingern, Füßen, Ferse, vor allem durch Kälte	**Petroleum D12** 2-mal tägl. **5 Glob.** Seite 285

[1] Akutdosierung: am 1. und 2. Krankheitstag 4- bis 5-mal tägl. einnehmen

Augen: Grauer Star (Katarakt)/grüner Star (Glaukom)/Makuladegeneration

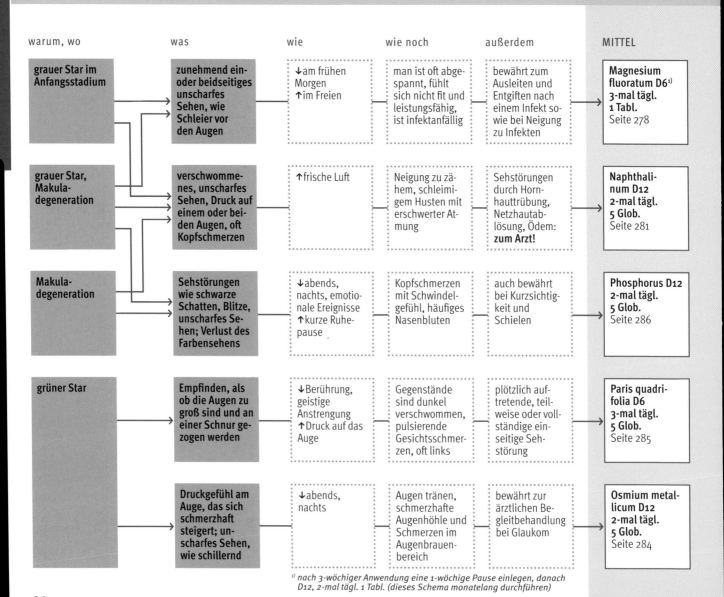

warum, wo	was	wie	wie noch	außerdem	MITTEL
grauer Star im Anfangsstadium	zunehmend ein- oder beidseitiges unscharfes Sehen, wie Schleier vor den Augen	↓am frühen Morgen ↑im Freien	man ist oft abgespannt, fühlt sich nicht fit und leistungsfähig, ist infektanfällig	bewährt zum Ausleiten und Entgiften nach einem Infekt sowie bei Neigung zu Infekten	**Magnesium fluoratum D6[1)** **3-mal tägl.** **1 Tabl.** Seite 278
grauer Star, Makuladegeneration	verschwommenes, unscharfes Sehen, Druck auf einem oder beiden Augen, oft Kopfschmerzen	↑frische Luft	Neigung zu zähem, schleimigem Husten mit erschwerter Atmung	Sehstörungen durch Hornhauttrübung, Netzhautablösung, Ödem: **zum Arzt!**	**Naphthalinum D12** **2-mal tägl.** **5 Glob.** Seite 281
Makuladegeneration	Sehstörungen wie schwarze Schatten, Blitze, unscharfes Sehen; Verlust des Farbensehens	↓abends, nachts, emotionale Ereignisse ↑kurze Ruhepause	Kopfschmerzen mit Schwindelgefühl, häufiges Nasenbluten	auch bewährt bei Kurzsichtigkeit und Schielen	**Phosphorus D12** **2-mal tägl.** **5 Glob.** Seite 286
grüner Star	Empfinden, als ob die Augen zu groß sind und an einer Schnur gezogen werden	↓Berührung, geistige Anstrengung ↑Druck auf das Auge	Gegenstände sind dunkel verschwommen, pulsierende Gesichtsschmerzen, oft links	plötzlich auftretende, teilweise oder vollständige einseitige Sehstörung	**Paris quadrifolia D6** **3-mal tägl.** **5 Glob.** Seite 285
	Druckgefühl am Auge, das sich schmerzhaft steigert; unscharfes Sehen, wie schillernd	↓abends, nachts	Augen tränen, schmerzhafte Augenhöhle und Schmerzen im Augenbrauenbereich	bewährt zur ärztlichen Begleitbehandlung bei Glaukom	**Osmium metallicum D12** **2-mal tägl.** **5 Glob.** Seite 284

[1)] nach 3-wöchiger Anwendung eine 1-wöchige Pause einlegen, danach D12, 2-mal tägl. 1 Tabl. (dieses Schema monatelang durchführen)

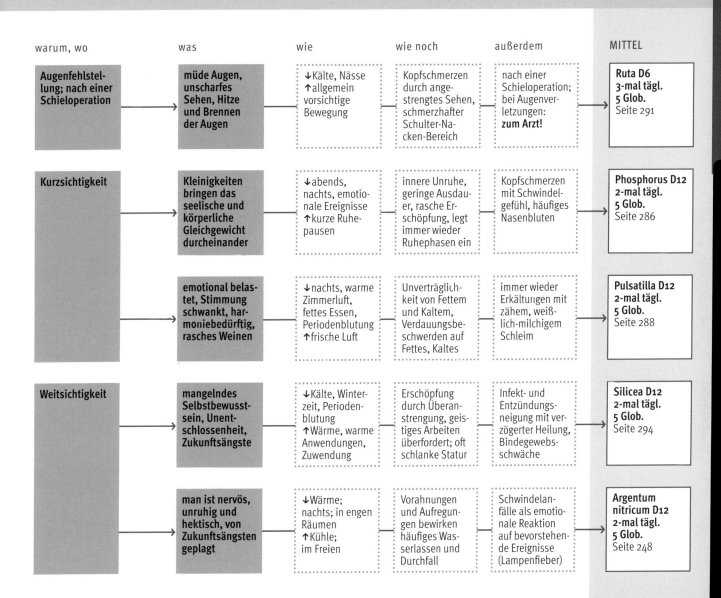

warum, wo	was	wie	wie noch	außerdem	MITTEL
Augenfehlstellung; nach einer Schieloperation	**müde Augen, unscharfes Sehen, Hitze und Brennen der Augen**	↓Kälte, Nässe ↑allgemein vorsichtige Bewegung	Kopfschmerzen durch angestrengtes Sehen, schmerzhafter Schulter-Nacken-Bereich	nach einer Schieloperation; bei Augenverletzungen: **zum Arzt!**	**Ruta D6** **3-mal tägl.** **5 Glob.** Seite 291
Kurzsichtigkeit	**Kleinigkeiten bringen das seelische und körperliche Gleichgewicht durcheinander**	↓abends, nachts, emotionale Ereignisse ↑kurze Ruhepausen	innere Unruhe, geringe Ausdauer, rasche Erschöpfung, legt immer wieder Ruhephasen ein	Kopfschmerzen mit Schwindelgefühl, häufiges Nasenbluten	**Phosphorus D12** **2-mal tägl.** **5 Glob.** Seite 286
	emotional belastet, Stimmung schwankt, harmoniebedürftig, rasches Weinen	↓nachts, warme Zimmerluft, fettes Essen, Periodenblutung ↑frische Luft	Unverträglichkeit von Fettem und Kaltem, Verdauungsbeschwerden auf Fettes, Kaltes	immer wieder Erkältungen mit zähem, weißlich-milchigem Schleim	**Pulsatilla D12** **2-mal tägl.** **5 Glob.** Seite 288
Weitsichtigkeit	**mangelndes Selbstbewusstsein, Unentschlossenheit, Zukunftsängste**	↓Kälte, Winterzeit, Periodenblutung ↑Wärme, warme Anwendungen, Zuwendung	Erschöpfung durch Überanstrengung, geistiges Arbeiten überfordert; oft schlanke Statur	Infekt- und Entzündungsneigung mit verzögerter Heilung, Bindegewebsschwäche	**Silicea D12** **2-mal tägl.** **5 Glob.** Seite 294
	man ist nervös, unruhig und hektisch, von Zukunftsängsten geplagt	↓Wärme; nachts; in engen Räumen ↑Kühle; im Freien	Vorahnungen und Aufregungen bewirken häufiges Wasserlassen und Durchfall	Schwindelanfälle als emotionale Reaktion auf bevorstehende Ereignisse (Lampenfieber)	**Argentum nitricum D12** **2-mal tägl.** **5 Glob.** Seite 248

Kopf/Hals

Kopf/Hals

warum, wo	was	wie	wie noch	außerdem	MITTEL
Überforderung, Genussmittel (Nikotin, Alkohol)	Zuckungen des Augenlids, anhaltendes Lidflattern, oft innere Unruhe	↓nachts, morgens, Kälte; Genussmittel; seelische Ereignisse ↑Bewegung im Freien	man kann sich nicht konzentrieren und nichts merken, fühlt sich rasch überfordert	bewährt bei ADHS (Aufmerksamkeitsdefizit-Syndrom); sprunghaftes Verhalten	**Agaricus D12** 2-mal tägl. 5 Glob. Seite 245
Überanstrengung (Bildschirm, schlechte Beleuchtung); Verletzung wie Stoß, Sturz	Hitze und Brennen der müden Augen, unscharfes Sehen, Kopfschmerzen	↓Kälte, Nässe ↑allgemein vorsichtige Bewegung	schlechte Haltung, dadurch schmerzhafte Verspannungen im Schulter-Nacken-Bereich	nach einer Schieloperation, bei Augenverletzungen: **zum Arzt!**	**Ruta D6** 3-mal tägl. 5 Glob. Seite 291
individuelle Veranlagung, Hormonumstellung im Alter; Medikamente	trockene Augen, mangelnde Tränenflüssigkeit, Fremdkörpergefühl im Auge mit Kratzen	↓morgens, nach dem Essen ↑Wärme, frische Luft	erschwertes Schlucken bei Mundtrockenheit; harter Stuhl, Verstopfung	Neigung zu trockener Haut und trocken-rissigem Hautausschlag	**Alumina D12** 2-mal tägl. 5 Glob. Seite 245
Hormonstörung, Stimmungsschwankungen, chronischer Reizzustand	ständig wässrige Augen, anhaltender Tränenfluss, auch gerötete Augen	↓nachts, warme Zimmerluft, fettes Essen, Periodenblutung ↑frische Luft	weißlich-milchiger Schleim aus Nase und Augen, man ist immer wieder erkältet	spontanes Weinen: Pulsatilla C30, 1-mal 5 Glob.; emotional belastet, harmoniebedürftig	**Pulsatilla D12** 2-mal tägl. 5 Glob. Seite 288
Infektion, chronische Entzündung, längerfristige Anwendung cortisonhaltiger Augentropfen	heftig juckende, stark gerötete Augenlider, Lichtscheu, Augentränen	↓morgens, Waschen, (Bett-)Wärme ↑Abkühlung	um die Augen trockene, stark schuppende Haut, Hitzegefühl	hartnäckige Hautausschläge, übel riechendes Schwitzen; Fettstoffwechselerkrankung	**Sulfur D12**[1] 1-mal tägl. 5 Glob. Seite 297

[1] *Erstverschlimmerung möglich, siehe Seite 11*

Ohren: Mittelohrentzündung/Paukenerguss

warum, wo	was	wie	wie noch	außerdem	MITTEL
Infektion, Erkältung, Zugluft, intensive Sonnenbestrahlung, Hitze	sich schnell entwickelnde, klopfende Ohrenschmerzen, große Schmerzhaftigkeit	↓Berührung, Geräusche, Licht ↑Ruhe	plötzlicher Fieberanstieg, hochrotes, schweißiges Gesicht, Beine oft kalt, kein Durst	bewährt bei beginnender Mittelohrentzündung vor allem auch bei (Klein-)Kindern	**Belladonna D6**[1] 3-mal tägl. 5 Glob. Seite 250
Infektion, Erkältung, wiederkehrende Mittelohrentzündung	meistens Fließschnupfen, danach Ohrenschmerzen, langsam steigendes Fieber	↓nachts, Bewegung ↑kalte Anwendungen	schneller Puls, wechselnde Gesichtsfarbe von Rot nach Blass	trotz Infekt ist Allgemeinbefinden kaum beeinträchtigt, geschwollene Lymphknoten	**Ferrum phosphoricum D6**[1] 3-mal tägl. 1 Tabl. Seite 265
Infektion, Erkältung, Feuchtigkeit, Kälte, Nässe	dicklicher, weißlich-gelblicher Schleim aus Nase und Ohr sowie beim Abhusten	↓nachts, warme Zimmerluft, fettes Essen ↑frische Luft	man weint vor Schmerzen, die stechend sind, will getröstet werden	weinerliche, launische Stimmung, man möchte nicht allein sein	**Pulsatilla D6**[1] 3-mal tägl. 5 Glob. Seite 288
Tubenkatarrh (Seite 303), Paukenerguss (Seite 303)	Druckgefühl auf den Ohren, Knacken, schlechtes Hören, man reagiert nicht auf Ansprechen	↓Wärme, Berührung ↑kalte Auflagen, an frischer Luft	man ist oft sehr ruhelos mit Bewegungsdrang, auffallend wenig Durst	bewährt zur Schleimlösung aus dem Mittelohr	**Apis mellifica D6**[1][2] 3-mal tägl. 5 Glob. Seite 247
	erschwertes Hören, oft auch Geräusche, schmerzhafter Druck auf den Ohren	nicht bekannt	erschwertes Atmen bei zäh fließendem oder stockendem Nasensekret	bewährt als Folgemittel nach Apis zur längerfristigen Anwendung	**Mater perlarum D6**[2] 3-mal tägl. 1 Tabl. Seite 279

[1] *Akutdosierung: 1. Tag stündliche Einnahme, 2. Tag alle 2 Stunden, ab 3. Tag 3-mal tägl.*
[2] *KUR BEI PAUKENERGUSS: Einnahme und Dauer, siehe Seite 13*

Ohren: Ohrenschmerzen/Gehörgangentzündung

Kopf/Hals

warum, wo	was	wie	wie noch	außerdem	MITTEL
Erkältung, Temperaturextreme, Zugluft, emotionale Ereignisse (Schock, Schreck, Angst)	plötzlich einschießende Gesichtsschmerzen, Taubheitsgefühl und Kribbeln	↓abends, nachts durch Berührung, Kälte ↑Schweißausbruch	Schmerzen werden als unerträglich empfunden, Hautfarbe ist blass oder rot, Haut ist heiß	Ängstlichkeit, innere Unruhe, großer Durst auf Kaltes	**Aconitum D6**[1] **3-mal tägl. 5 Glob.** Seite 243
Wetterwechsel, Erkältung	blitzartige, krampfende Schmerzen im gesamten Ohrbereich, oft am ganzen Kopf	↓Temperaturwechsel, Bewegung ↑Wärme, Ruhe, Einhüllen	Gesichtsschmerzen mit Empfinden wie gequetscht, oft periodisch auftretend	bewährt bei Trigeminusneuralgie infolge einer Erkältung	**Verbascum D6**[1] **3-mal tägl. 5 Glob.** Seite 300
Kälte, Nässe (Schwimmen, Tauchen)	juckende Entzündung mit Zuschwellen des Gehörgangs, schmerzende Ohrmuschel	↓Kälte, Nässe ↑Wärme	durch Kälte ausgelöster Nesselausschlag, Quaddelbildung der Haut, Juckreiz	oft Beschwerden im Wechsel von Durchfall mit Rheuma, Asthma mit Hautausschlag	**Dulcamara D6**[1] **3-mal tägl. 5 Glob.** Seite 263
Entzündung, Infektion mit Herpes-Viren (Gesichtsrose); an Ohrmuschel, im Gehörgang	Bläschen und Pusteln, die platzen, Bildung von Krusten	↓Berührung, Kratzen ↑leichtes Reiben	starker Juckreiz der geröteten Haut, unwiderstehliches Verlangen zu kratzen	bewährt bei Ekzem im Ohrbereich und im Gehörgang	**Croton tiglium D6**[1] **3-mal tägl. 5 Glob.** Seite 262
Infektion, chronische Entzündung, Anwendung cortisonhaltiger Ohrenpräparate	anhaltend entzündeter Gehörgang, schuppende Haut, unerträglicher Juckreiz	↓morgens, Waschen, (Bett-)Wärme ↑Abkühlung	Verdauungsstörungen mit stinkenden Durchfällen wechseln mit Verstopfung ab	hartnäckige Hautausschläge, Fettstoffwechselerkrankung, Hämorrhoiden, Krampfadern	**Sulfur D12**[2] **1-mal tägl. 5 Glob.** Seite 297

[1] Akutdosierung: am 1. und 2. Krankheitstag 4- bis 5-mal tägl. einnehmen
[2] Erstverschlimmerung möglich, siehe Seite 11

Ohren: Ohrgeräusche (Tinnitus)

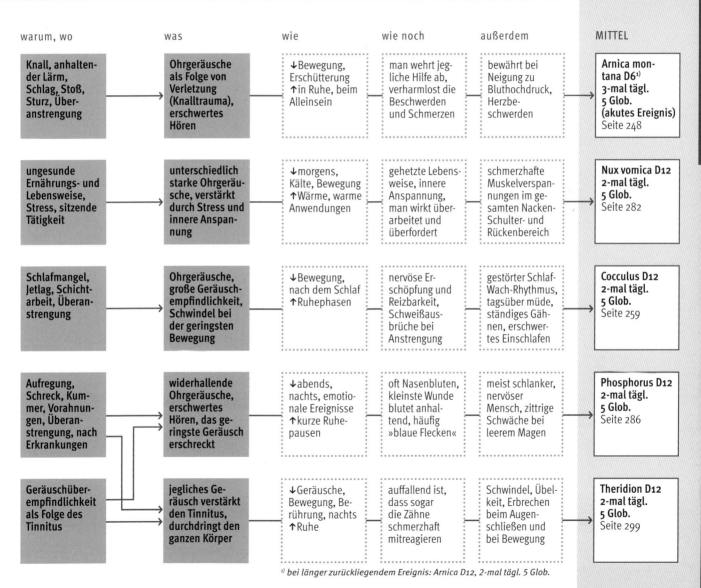

warum, wo	was	wie	wie noch	außerdem	MITTEL
Knall, anhaltender Lärm, Schlag, Stoß, Sturz, Überanstrengung	Ohrgeräusche als Folge von Verletzung (Knalltrauma), erschwertes Hören	↓Bewegung, Erschütterung ↑in Ruhe, beim Alleinsein	man wehrt jegliche Hilfe ab, verharmlost die Beschwerden und Schmerzen	bewährt bei Neigung zu Bluthochdruck, Herzbeschwerden	**Arnica montana D6**[1] **3-mal tägl. 5 Glob.** (akutes Ereignis) Seite 248
ungesunde Ernährungs- und Lebensweise, Stress, sitzende Tätigkeit	unterschiedlich starke Ohrgeräusche, verstärkt durch Stress und innere Anspannung	↓morgens, Kälte, Bewegung ↑Wärme, warme Anwendungen	gehetzte Lebensweise, innere Anspannung, man wirkt überarbeitet und überfordert	schmerzhafte Muskelverspannungen im gesamten Nacken-Schulter- und Rückenbereich	**Nux vomica D12 2-mal tägl. 5 Glob.** Seite 282
Schlafmangel, Jetlag, Schichtarbeit, Überanstrengung	Ohrgeräusche, große Geräuschempfindlichkeit, Schwindel bei der geringsten Bewegung	↓Bewegung, nach dem Schlaf ↑Ruhephasen	nervöse Erschöpfung und Reizbarkeit, Schweißausbrüche bei Anstrengung	gestörter Schlaf-Wach-Rhythmus, tagsüber müde, ständiges Gähnen, erschwertes Einschlafen	**Cocculus D12 2-mal tägl. 5 Glob.** Seite 259
Aufregung, Schreck, Kummer, Vorahnungen, Überanstrengung, nach Erkrankungen	widerhallende Ohrgeräusche, erschwertes Hören, das geringste Geräusch erschreckt	↓abends, nachts, emotionale Ereignisse ↑kurze Ruhepausen	oft Nasenbluten, kleinste Wunde blutet anhaltend, häufig »blaue Flecken«	meist schlanker, nervöser Mensch, zittrige Schwäche bei leerem Magen	**Phosphorus D12 2-mal tägl. 5 Glob.** Seite 286
Geräuschüberempfindlichkeit als Folge des Tinnitus	jegliches Geräusch verstärkt den Tinnitus, durchdringt den ganzen Körper	↓Geräusche, Bewegung, Berührung, nachts ↑Ruhe	auffallend ist, dass sogar die Zähne schmerzhaft mitreagieren	Schwindel, Übelkeit, Erbrechen beim Augenschließen und bei Bewegung	**Theridion D12 2-mal tägl. 5 Glob.** Seite 299

[1] bei länger zurückliegendem Ereignis: Arnica D12, 2-mal tägl. 5 Glob.

Kopf/Hals

95

Kopf/Hals

warum, wo	was	wie	wie noch	außerdem	MITTEL
Kälte, Nässe	gehäuftes Niesen, beginnender Fließschnupfen oder verlegte Nasenatmung; Kopfweh	↓Kälte ↑Wärme, Ruhe	Frösteln, Frieren, kalte Schauer laufen über den Rücken; eiskalte Hände und Füße	schwächt die Erstverschlimmerung eines anderen Mittels ab (Antidot, Seite 302)	**Camphora D3** 3-mal alle 15 Min. 5 Tropfen (nicht für Kleinkinder!) Seite 254
Kälteempfindlichkeit; Anspannung, Stress; ungesunde Ernährungs- und Lebensweise	Fließschnupfen mit wechselseitig verlegter Nasenatmung	↓morgens, Kälte, Bewegung ↑Wärme, warme Anwendungen	immer wieder Magen-Darm-Beschwerden, dennoch Verlangen nach Genussmitteln	gehetzte Lebensweise, innere Anspannung, man wirkt überarbeitet und gestresst	**Nux vomica D6**[1] 3-mal tägl. 5 Glob. Seite 282
Erkältung infolge Feuchtigkeit	tropfende Nase, wässriger, brennender Nasenschleim, wunde Nasenlöcher	↑frische Luft, Kühle	tränende Augen, raue Stimme, Hüsteln	bewährt auch bei Heuschnupfen	**Allium cepa D6**[1] 3-mal tägl. 5 Glob. Seite 245
Erkältung infolge Zugluft	wässrig-schleimiges Nasensekret; Niesreiz, entzündete Lidränder, Lichtempfindlichkeit	↓abends, Wärme, langes Lesen ↑Kälte, Dunkelheit	gerötete, brennende Augen, anfangs trockener, später scharfer Tränenfluss	bei ständig wiederkehrender Bindehautentzündung, auch durch Erkältungen	**Euphrasia D6** 3-mal tägl. 5 Glob. Seite 264
Erkältung, allergische Reaktion	dünnflüssiger Nasenschleim, Niesanfälle; oft auch verstopfte Nase	↓trockene (Zimmer-)Luft ↑im Freien	Brenngefühl im Rachen, Mundtrockenheit; immer wieder Stirnkopfschmerzen	anfallsweise auftretender Fließschnupfen, Pollen- und Tierhaarallergie	**Luffa operculata D12** 2-mal tägl. 5 Glob. Seite 277

[1] *Akutdosierung: am 1. und 2. Krankheitstag 4- bis 5-mal tägl. einnehmen*

Nase: Nasennebenhöhlenentzündung (Sinusitis)

warum, wo	was	wie	wie noch	außerdem	MITTEL[1]
Erkältung infolge Infekt: akute Entzündung der Stirnhöhlen und Nasennebenhöhlen	Stirnkopfschmerzen, Druck über der Nasenwurzel, zäher Schleim, auch im Rachen	↓nachts ↑Flüssigkeitszufuhr	in die Augen einschießende Schmerzen, auch unter den Augen, ein- oder beidseitig	Neigung zu anhaltendem und wiederkehrendem Schnupfen mit schwer löslichem Schleim	**Cinnabaris D6** 3-mal tägl. 1 Tabl. Seite 259
Erkältung infolge Infekt: akute Entzündung der Nasennebenhöhlen	grün-gelblicher, auch weißer, zäher Schleim aus Nase und Bronchien, im Rachen	↑frische Luft, Wärme	klopfende Gesichtsschmerzen über den Wangenknochen, allgemeines Krankheitsgefühl	häufige Nebenhöhlenentzündungen; Verdauungsstörungen mit Magenbeschwerden	**Kalium bichromicum D6** 3-mal tägl. 5 Glob. Seite 273
Infekt, Kälte, Zugluft, anhaltende, auch chronische Nebenhöhlenentzündung	zäher, dick gelblicher, schwer löslicher Schleim, auch im Rachen, mit Räuspern	↓Berührung, kalte Luft ↑Wärme	trockener oder zäh schleimiger Husten, auch anfallsweise, oft stechendes Kopfweh	Neigung zu Pusteln und Akne, zu schlecht heilenden, ständig entzündeten Wunden	**Hepar sulfuris D6** 3-mal tägl. 1 Tabl. Seite 270
abklingende Entzündung, trockene Nasenschleimhäute	anhaltend zäher Schleim, erschwertes Nasenatmen, auch trockene Schleimhäute	↓trockene (Zimmer-)Luft ↑im Freien	Brennen im Hals, Mundtrockenheit, weißlich gelb belegte Zunge, Hüsteln, Räuspern	oft unregelmäßiger Stuhlgang mit Verstopfung, Durchfall, Blähungen	**Luffa operculata D6[2]** 3-mal tägl. 5 Glob. Seite 277
Erkältung, in die Bronchien absteigender Infekt	anfangs wässriger, dann zäher, gelblicher Schnupfen, Schleim im Rachen	↓nachts, durch Kälte ↑aufsetzen; frische Luft	Schluckbeschwerden, Stirnkopfschmerzen; oft auch borkiger Nasenschleim	anfangs bellender Husten, danach schleimiger Husten, oft lange Zeit anhaltend	**Sticta D6** 3-mal tägl. 5 Glob. Seite 296

[1] *Akutdosierung: am 1. und 2. Krankheitstag 4- bis 5-mal tägl. einnehmen*
[2] *Luffa D6 als Nasentropfen: 3-mal tägl. 2 Sprühstöße*

Kopf/Hals

warum, wo	was	wie	wie noch	außerdem	MITTEL
Infekt; Hormon-umstellung im Alter, Medikamente	trockene Nasen- und Mund-schleimhäute, erschwertes Schlucken, häu-figes Räuspern	↓morgens, nach dem Essen ↑Wärme, frische Luft	auch wässriger oder zäher grün-gelblicher, übel riechender Schleim	trockene Augen, mangelnde Tränenflüssig-keit, Fremd-körpergefühl mit Kratzen	**Alumina D12** 2-mal tägl. 5 Glob. Seite 245
trockene Schleimhäute, Geruchsstörung	Geruchsstörun-gen, einge-schränktes Riechvermögen; trockene Nasen-schleimhaut	↓trockene (Zimmer-)Luft ↑im Freien	anhaltend zäher Schleim, ver-stopfte Nase mit Borken, Räuspern und Hüsteln	oft unregelmä-ßiger Stuhlgang mit Verstopfung, Durchfall, Blähungen	**Luffa opercu-lata D6** 3-mal tägl. 5 Glob. Seite 277
Geruchsstörung	heftigste Niesan-fälle, Geruchs-empfindlichkeit vor allem gegen Blumendüfte und Parfum	↓morgens, Kälte ↑Wärme	Brennen, Jucken und Kitzeln in Nase und Ra-chen, Fließ-schnupfen, dann zäher Schleim	tränende Augen; migräneartige Stirnkopf-schmerzen; bei allergischem Schnupfen	**Sabadilla D6** 3-mal tägl. 5 Glob. Seite 291
Nasenpolypen, vergrößerte Mandeln	Nasenpolypen, vergrößerte Mandeln im Gaumen und im Rachen, Atmung durch den Mund	↓Wärme ↑kühle Luft	verschleimt klin-gende Sprache, Mundgeruch, geschwollene Lynıphknoten	immer wieder Erkältungen im Hals-Nasen-Oh-renbereich sowie in den Atem-wegen	**Calcium jodatum D6**[1] 3-mal tägl. 5 Glob. Seite 253
Polypen, anhal-tende Nasen-schleimhautent-zündung	Nasenpolypen, man ist ständig verschleimt, übel riechender Schleim, auch im Rachen	↓Feuchtigkeit, Nebel ↑Wärme	Schleim löst Hustenreiz aus, häufiges Räuspern, raue Stimme	nach operativer Entfernung von Polypen, zur Vermeidung von erneuter Poly-penbildung	**Marum verum D6**[1] 3-mal tägl. 5 Glob. Seite 279

[1] *KUR BEI POLYPEN: Einnahme und Dauer, siehe Seite 13*
[2] *Luffa D6 als Nasentropfen: 3-mal tägl. 2 Sprühstöße*

warum, wo	was	wie	wie noch	außerdem	MITTEL
Aufenthalt am Meer, im Gebirge, intensive Sonneneinstrahlung; Stress, Kummer	rissige, spröde, aufgesprungene Lippen, auch Riss in der Unterlippe	↓morgens, durch Anstrengung ↑Liegen, frische Luft	Ekzem um den Mund, Mundtrockenheit, salziger Geschmack, großes Durstgefühl	Neigung zu Sonnenallergie, Hautausschlägen mit fettiger Haut im Nasen-Kinn-Bereich	**Natrium chloratum D12** 2-mal tägl. 5 Glob. Seite 281
Infektion, chronische Entzündung; längerfristige Anwendung cortisonhaltiger Arzneimittel	brennende, heiße, stark gerötete Lippen, auch Ausschlag im Gesicht, Hitzegefühl	↓morgens, Waschen, (Bett-)Wärme ↑Abkühlung	juckende, stark gerötete Augenlider, um die Augen trockene, schuppende Haut	hartnäckige Hautausschläge, übel riechendes Schwitzen, Fettstoffwechselerkrankung	**Sulfur D12[1]** 1-mal tägl. 5 Glob. Seite 297
Abwehrschwäche, Stress, Überforderung, Schwermetallbelastung	Mundschleimhaut und Zunge mit Empfinden wie rohes Fleisch, stechende Schmerzen	↓abends, nachts, Wetterwechsel ↑warmes Zudecken	rissige Lippen, anhaltend entzündete Mundwinkel mit mangelnder Heilungstendenz	scharfer, übel schmeckender Speichelfluss, entzündetes Zahnfleisch, Mundbläschen	**Acidum nitricum D12** 2-mal tägl. 5 Glob. Seite 242
Erkältung, Feuchtigkeit; seelische Reaktion (Heimweh, Trennungskonflikt)	Zungenbrennen, Brennschmerzen an der Mundschleimhaut, raue Lippen, Sodbrennen	↓Kälte, Zugluft, Berührung ↑Wärme, Bewegung	Wangen sind auffallend gerötet, schlechte Stimmung verdirbt den Appetit	seelische Konflikte können sich mit einer Ohren- und Mandelentzündung zeigen	**Capsicum D6** 3-mal tägl. 5 Glob. Seite 255
Angstzustände, nach einer erschöpfenden Erkrankung	Zungenbrennen, periodisch auftretend, sich verstärkend, intensive Zungenrötung	↓um Mitternacht, Kälte ↑Wärme, warme Getränke	Durstgefühl nach warmen Getränken, oft wässrige Durchfälle	innere Unruhe mit Angstgefühl, auch um die Gesundheit, körperlicher Abbau, Haarausfall	**Arsenicum album D12** 2-mal tägl. 5 Glob. Seite 249

[1] *Erstverschlimmerung möglich, siehe Seite 11*

Kopf/Hals

Kopf/Hals

warum, wo	was	wie	wie noch	außerdem	MITTEL
Infekt, Ernährungsfehler, Hormonumstellung im Alter, Medikamente	trockene Mund- und Nasenschleimhäute, Mundgeruch, häufiges Räuspern	↓morgens, nach dem Essen ↑Wärme, frische Luft	auch wässriger oder zäher grün-gelblicher, übel riechender Schleim im Rachen	trockene Augen, mangelnde Tränenflüssigkeit, Fremdkörpergefühl mit Kratzen	**Alumina D12** 2-mal tägl. 5 Glob. Seite 245
Medikamente, Überforderung, Schwermetallbelastung	trockener Mund, starker Mundgeruch, oft anhaltende Übelkeit, Würgen und Erbrechen	↓durch Kälte, morgens ↑durch Wärme	berührungsempfindlicher Magen, Verstopfung; Rückenschmerzen durch Liegen	innere Anspannung, auch aggressives Verhalten durch Narkose, Schmerzmittel	**Nux vomica D6** 3-mal tägl. 5 Glob. Seite 282
Abwehrschwäche, Stress, Überforderung; Schwermetallbelastung	strenger Mundgeruch, saures Aufstoßen, starker, wund machender Speichelfluss	↓abends, nachts, Wetterwechsel ↑warmes Zudecken	rissige Mundwinkel, »splitterartige« Magenkrämpfe, vor allem nach dem Essen	allgemeine Schwäche, Angst um die Gesundheit, man kann sehr »ätzend« reagieren	**Acidum nitricum D12** 2-mal tägl. 5 Glob. Seite 242
verstärkter Speichelfluss, hochakute Entzündung der Mundschleimhaut	übel riechender Mundgeruch, starker Speichelfluss, metallischer Geschmack	↓nachts ↑kalte Getränke	oft süßlich riechender, klebriger, öliger Schweiß, der die Wäsche gelb verfärbt	Neigung zu schmerzhafter, mit vielen Bläschen durchsetzter Mundschleimhaut	**Mercurius sublimatus corrosivus D12** 2-mal tägl. 5 Glob. Seite 279
Mundgeruch, verstärkter Speichelfluss, Karies	unangenehmer Mundgeruch, starke Speichelbildung, Zahnfleisch bläulich, schwammig	↓Kälte, nach der Periodenblutung ↑Wärme	dunkle Verfärbung der Zähne, die bröckeln und regelrecht zerfallen	fest sitzende Zahnspange, bei der keine optimale Reinigung durchführbar ist	**Kreosotum D6** 3-mal tägl. 5 Glob. Seite 274

Mund: Mundschleimhautentzündung/Mundbläschen/Soor

warum, wo	was	wie	wie noch	außerdem	MITTEL
Mundschleimhautentzündung (Mukositis)	anhaltend entzündete Mundschleimhäute, oft auch weißlich blass veränderte Stellen	↓Kälte, Wind ↑Ingangkommen der Absonderungen	oft trockener, bitterer Mundgeschmack, Aufstoßen, rechtsseitige Bauchschmerzen	Schleimhautentzündungen durch Chemo- oder Bestrahlungstherapie	**Hydrastis canadensis D6** 3-mal tägl. 5 Glob. Seite 270
Infekt, Bläschen (Aphthen), Pilzinfektion	auf der Mundschleimhaut Bläschen (Aphthen) und weißliche Flecken (Soor)	↓morgens, Kälte, Nässe, nach der Periode ↑im Freien	juckende, trockene, schuppende Haut, die schlecht heilt, Eiterungstendenz	geschwächte Mundschleimhaut durch Chemotherapie oder Cortison	**Borax D6** 3-mal tägl. 5 Glob. Seite 251
verstärkter Speichelfluss, hochakute Entzündung der Mundschleimhaut, Abwehrschwäche	schmerzhafte, mit vielen Bläschen durchsetzte Mundschleimhaut, »Mundfäule«	↓nachts ↑kalte Getränke	übel riechender Mundgeruch, starker Speichelfluss, metallischer Geschmack	bei stark entzündetem Zahnfleisch mit Bluten, auch in der Schwangerschaft	**Mercurius sublimatus corrosivus D12** 2-mal tägl. 5 Glob. Seite 279
wiederkehrende Entzündungen, geschwächtes Immunsystem, Darmpilzbesiedelung	trockener Mund, pappiger Geschmack; Zunge weiß-gelblich, gräulich belegt	↓Zucker, Weißmehl ↑Trinken von Wasser	Aufstoßen, aufgetriebener Bauch, Völlegefühl; wechselnder Stuhlgang	bewährt zur Darmsanierung, auch zusätzlich zum verordneten Pilzmittel (Antimykotikum)	**Ichthyolum D6[1]** 3-mal tägl. 5 Glob. Seite 272
geschwächtes Immunsystem, krankhafte Darmflora, Antibiotika	Lippen und Gaumen jucken nach dem Essen, trockener Mund, pappiger Mundgeschmack	↓Nikotingenuss ↑Nahrungsverzicht	Blähungen, Durchfall oder Verstopfung, Aufstoßen mit Übelkeit, belegte Zunge	man ist oft müde, ohne Energie, kann nichts mehr vertragen	**Okoubaka D3[1]** 3-mal tägl. 5 Glob. Seite 283

[1] *KUR ZUR DARMSANIERUNG: Einnahme und Dauer, siehe Seite 13*

Kopf/Hals

warum, wo	was	wie	wie noch	außerdem	MITTEL
Infektion, Erkältung, anhaltende Entzündung	Halsweh und Schluckbeschwerden, dunkelroter Rachen, Zerschlagenheitsgefühl	↓Berührung, Bewegung ↑Ruhe, Trinken von Kaltem, lokale Wärme	vom Hals bis in die Ohren ausstrahlende Schmerzen, geschwollene Halslymphknoten	bei Seitenstrangangina, Pfeifferschem Drüsenfieber, Mumps	**Phytolacca D6**[1] 3-mal tägl. 5 Glob. Seite 286
Infektion, Erkältung, rasche Abkühlung, Zugluft, intensive Sonnenbestrahlung	brennend heiße Schmerzen, tomatenroter Rachen, oft himbeerfarbene Zunge	↓Berührung, Geräusche, Licht ↑Ruhe	plötzlicher Fieberanstieg, hochrotes, heißes Gesicht, Schwitzen, Beine oft kühl	bewährt bei klopfenden Ohrenschmerzen, bei beginnender Mittelohrentzündung	**Belladonna D6**[1] 3-mal tägl. 5 Glob. Seite 250
Infekt, allergische Reaktion	stechende Schmerzen beim Schlucken, blassroter Gaumen, Zäpfchen angeschwollen	↓Wärme, Berührung ↑kalte Auflagen, an frischer Luft	stark gereizte, rote Bindehaut, angeschwollene Augenlider, Jucken und Brennen der Augen	Ruhelosigkeit, Bewegungsdrang, Durstlosigkeit, Hitzegefühl der Haut	**Apis mellifica D6**[1] 3-mal tägl. 5 Glob. Seite 247
Infektion, starke Entzündung	starke Halsschmerzen, übler Mundgeruch, belegte Mandeln, Verschleimung im Rachen	↓Wärme, feuchtes Wetter, Berührung ↑Gegendruck auf Brustkorb	zunehmend Verschleimung und Husten, dieser oft auch schmerzhaft	übel riechende Schweiße, Auswurf schlecht schmeckend	**Guaiacum D6**[1] 3-mal tägl. 5 Glob. Seite 268
Erkältung, Feuchtigkeit; seelische Reaktion (Heimweh, Trennungskonflikt)	brennende Halsschmerzen und Schluckbeschwerden, stechende Ohrenschmerzen	↓Kälte, Zugluft, Berührung ↑Wärme, Bewegung	oft raue Lippen, Brennschmerzen an der Mundschleimhaut, Zungenbrennen	seelische Konflikte können sich mit einer Ohren- und Mandelentzündung zeigen	**Capsicum D6** 3-mal tägl. 5 Glob. Seite 255

[1] *Akutdosierung: am 1. und 2. Krankheitstag 4- bis 5-mal tägl. einnehmen*

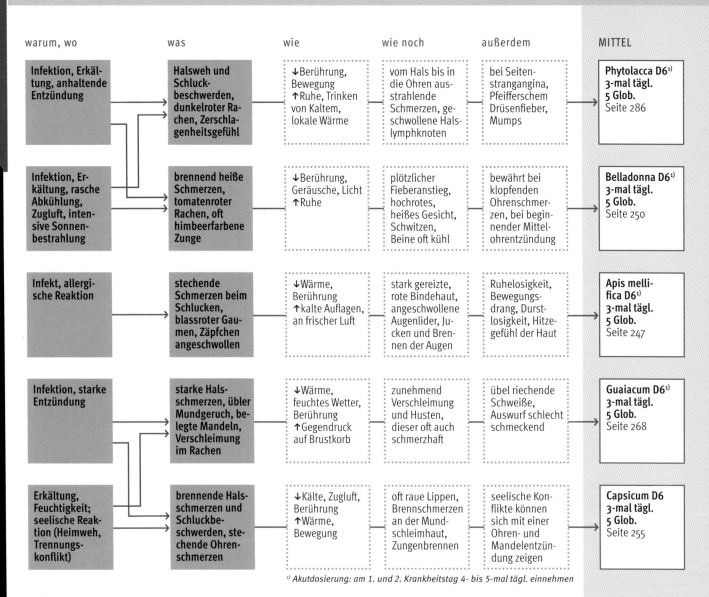

Hals und Rachen: Heiserkeit/Kehlkopfentzündung

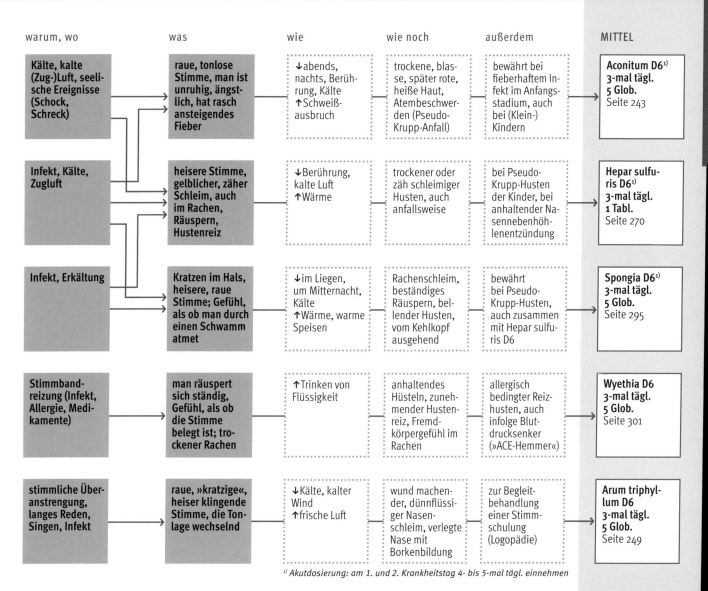

warum, wo	was	wie	wie noch	außerdem	MITTEL
Kälte, kalte (Zug-)Luft, seelische Ereignisse (Schock, Schreck)	raue, tonlose Stimme, man ist unruhig, ängstlich, hat rasch ansteigendes Fieber	↓abends, nachts, Berührung, Kälte ↑Schweißausbruch	trockene, blasse, später rote, heiße Haut, Atembeschwerden (Pseudo-Krupp-Anfall)	bewährt bei fieberhaftem Infekt im Anfangsstadium, auch bei (Klein-)Kindern	**Aconitum D6**[1] 3-mal tägl. 5 Glob. Seite 243
Infekt, Kälte, Zugluft	heisere Stimme, gelblicher, zäher Schleim, auch im Rachen, Räuspern, Hustenreiz	↓Berührung, kalte Luft ↑Wärme	trockener oder zäh schleimiger Husten, auch anfallsweise	bei Pseudo-Krupp-Husten der Kinder, bei anhaltender Nasennebenhöhlenentzündung	**Hepar sulfuris D6**[1] 3-mal tägl. 1 Tabl. Seite 270
Infekt, Erkältung	Kratzen im Hals, heisere, raue Stimme; Gefühl, als ob man durch einen Schwamm atmet	↓im Liegen, um Mitternacht, Kälte ↑Wärme, warme Speisen	Rachenschleim, beständiges Räuspern, bellender Husten, vom Kehlkopf ausgehend	bewährt bei Pseudo-Krupp-Husten, auch zusammen mit Hepar sulfuris D6	**Spongia D6**[1] 3-mal tägl. 5 Glob. Seite 295
Stimmbandreizung (Infekt, Allergie, Medikamente)	man räuspert sich ständig, Gefühl, als ob die Stimme belegt ist; trockener Rachen	↑Trinken von Flüssigkeit	anhaltendes Hüsteln, zunehmender Hustenreiz, Fremdkörpergefühl im Rachen	allergisch bedingter Reizhusten, auch infolge Blutdrucksenker (»ACE-Hemmer«)	**Wyethia D6** 3-mal tägl. 5 Glob. Seite 301
stimmliche Überanstrengung, langes Reden, Singen, Infekt	raue, »kratzige«, heiser klingende Stimme, die Tonlage wechselnd	↓Kälte, kalter Wind ↑frische Luft	wund machender, dünnflüssiger Nasenschleim, verlegte Nase mit Borkenbildung	zur Begleitbehandlung einer Stimmschulung (Logopädie)	**Arum triphyllum D6** 3-mal tägl. 5 Glob. Seite 249

[1] *Akutdosierung: am 1. und 2. Krankheitstag 4- bis 5-mal tägl. einnehmen*

Zähne: Beschwerden nach Zahnbehandlung, durch Implantate

warum, wo	was	wie	wie noch	außerdem	MITTEL
Bluterguss	Wunde blutet nach, Blutspuren im Speichel	↓Berührung, Bewegung ↑Ruhe	zunehmende Schmerzen und Schwellung des verletzten Bereichs	Schmerzen durch Abschleifen der Zähne (Schleiftrauma), nach Setzen eines Implantats	**Arnica montana D6**[1] 3-mal tägl. 5 Glob. Seite 248
Nervenschädigung	einschießende Nervenschmerzen, anhaltendes Taubheitsgefühl und Missempfindungen	↓Berührung, Kälte, Wetterwechsel ↑Ruhe	empfindliche Zahnhälse, Schmerzempfinden beim Kauen, auf Kaltes	Nervenschmerzen und -entzündungen durch Verletzung, Operation oder Herpes	**Hypericum D6**[1] 3-mal tägl. 5 Glob. Seite 271
Schwellung	Wangen- und Gesichtsbereich anhaltend geschwollen, sieht aus wie ein »Säckchen«	↓Wärme, Berührung ↑kalte Auflagen, an frischer Luft	Hitzegefühl im betroffenen Bereich, kein Durstgefühl, oft innere Unruhe	Neigung zu allergischen Reaktionen, auch auf Medikamente (Schmerzmittel, Narkose)	**Apis mellifica D6**[1] 3-mal tägl. 5 Glob. Seite 247
Schmerzen	Anregung der Knochenheilung, Linderung von Schmerzen, Schwellung	↑Ruhigstellung	anhaltende Schmerzen beim Kauen, durch Kaltes	bewährt bei ständigen Beschwerden nach Zahnwurzelbehandlung	**Symphytum D6**[1][2] 3-mal tägl. 5 Glob. Seite 297
verzögerte Heilung	verhindert Entzündungen, unterstützt die Heilung nach Setzen eines Zahnimplantats	↓körperliche Belastung ↑im Liegen, Ruhe	nachlassende Knochendichte, Kieferknochenzysten durch chemische Arzneimittel	Gesichtsschmerzen nach Ziehen eines Zahnes, durch Zahnwurzelbehandlung	**Hekla lava D6**[2] 3-mal tägl. 1 Tabl. Seite 269

[1] Akutdosierung: am 1. und 2. Krankheitstag 4- bis 5-mal tägl. einnehmen
[2] KUR BEI ZAHNIMPLANTAT: Einnahme und Dauer, siehe Seite 13

Zähne: Erkrankungen der Zähne und Zahnsubstanz/Kariesprophylaxe

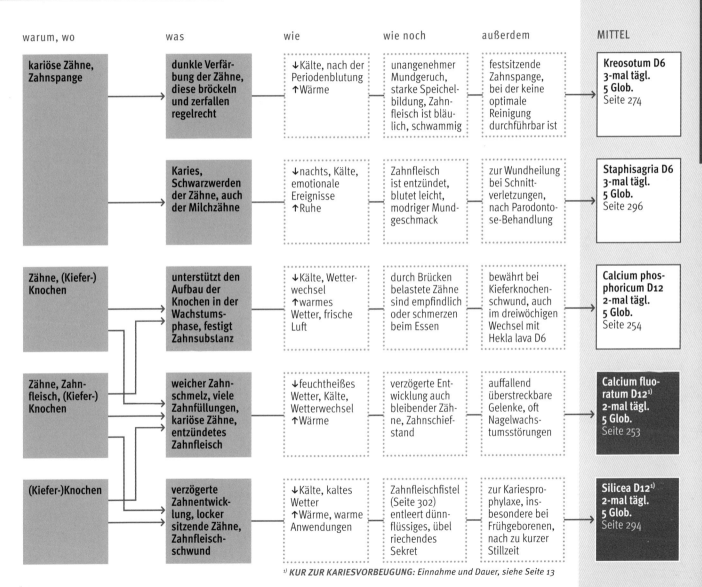

warum, wo	was	wie	wie noch	außerdem	MITTEL
kariöse Zähne, Zahnspange	dunkle Verfärbung der Zähne, diese bröckeln und zerfallen regelrecht	↓Kälte, nach der Periodenblutung ↑Wärme	unangenehmer Mundgeruch, starke Speichelbildung, Zahnfleisch ist bläulich, schwammig	festsitzende Zahnspange, bei der keine optimale Reinigung durchführbar ist	**Kreosotum D6** 3-mal tägl. **5 Glob.** Seite 274
	Karies, Schwarzwerden der Zähne, auch der Milchzähne	↓nachts, Kälte, emotionale Ereignisse ↑Ruhe	Zahnfleisch ist entzündet, blutet leicht, modriger Mundgeschmack	zur Wundheilung bei Schnittverletzungen, nach Parodontose-Behandlung	**Staphisagria D6** 3-mal tägl. **5 Glob.** Seite 296
Zähne, (Kiefer-) Knochen	**unterstützt den Aufbau der Knochen in der Wachstumsphase, festigt Zahnsubstanz**	↓Kälte, Wetterwechsel ↑warmes Wetter, frische Luft	durch Brücken belastete Zähne sind empfindlich oder schmerzen beim Essen	bewährt bei Kieferknochenschwund, auch im dreiwöchigen Wechsel mit Hekla lava D6	**Calcium phosphoricum D12** 2-mal tägl. **5 Glob.** Seite 254
Zähne, Zahnfleisch, (Kiefer-) Knochen	**weicher Zahnschmelz, viele Zahnfüllungen, kariöse Zähne, entzündetes Zahnfleisch**	↓feuchtheißes Wetter, Kälte, Wetterwechsel ↑Wärme	verzögerte Entwicklung auch bleibender Zähne, Zahnschiefstand	auffallend überstreckbare Gelenke, oft Nagelwachstumsstörungen	**Calcium fluoratum D12[1]** 2-mal tägl. **5 Glob.** Seite 253
(Kiefer-)Knochen	**verzögerte Zahnentwicklung, locker sitzende Zähne, Zahnfleischschwund**	↓Kälte, kaltes Wetter ↑Wärme, warme Anwendungen	Zahnfleischfistel (Seite 302) entleert dünnflüssiges, übel riechendes Sekret	zur Kariesprophylaxe, insbesondere bei Frühgeborenen, nach zu kurzer Stillzeit	**Silicea D12[1]** 2-mal tägl. **5 Glob.** Seite 294

[1] *KUR ZUR KARIESVORBEUGUNG: Einnahme und Dauer, siehe Seite 13*

Zähne: Parodontose/Zahnfleischentzündung/Zahnfleischbluten

Kopf/Hals

warum, wo	was	wie	wie noch	außerdem	MITTEL
Blutungsneigung, Einsatz von blutverdünnenden Medikamenten	anhaltendes Zahnfleischbluten, auch ohne unmittelbare Verletzung	↓abends, nachts, emotionale Ereignisse ↑kurze Ruhepausen	häufiges Nasenbluten, der geringste Stoß verursacht blaue Flecken	auch kleinste Wunden bluten stark und lang anhaltend	**Phosphorus D12[1]** 2-mal tägl. 5 Glob. Seite 286
Erkältung, Infektion, geschwächtes Immunsystem, Schwangerschaft	stark entzündetes Zahnfleisch, bei der geringsten Berührung sofort blutend	↓nachts ↑kalte Getränke	übel riechender Mundgeruch, starker Speichelfluss, Zahneindrücke am Zungenrand	begleitend während einer Parodontose-Behandlung	**Mercurius sublimatus corrosivus D12** 2-mal tägl. 5 Glob. Seite 279
anhaltende Entzündung	dunkelrotes, geschwollenes Zahnfleisch; Schmerzen, Bluten bei der Zahnreinigung	↓Berührung, Bewegung ↑Ruhe, Kälte, Trinken von Kaltem	oft Entzündungen der Mundschleimhaut sowie der Mandeln mit Schluckbeschwerden	vom Hals bis in die Ohren ausstrahlende Schmerzen, geschwollene Halslymphknoten	**Phytolacca D6[2]** 3-mal tägl. 5 Glob. Seite 286
Zahnfleischentzündung, Zahnfleischtaschen	Zahnfleischbluten bei der Zahnreinigung; schmerzende Zähne insbesondere auf Kaltes	↓Kälte, kaltes Wetter ↑Wärme, warme Anwendungen	Zahnfleisch ist anhaltend entzündet, zieht sich zurück, schlechter Mundgeschmack	Gefühl von kaltem Schleimfluss im Rachen	**Silicea D12[2]** 2-mal tägl. 5 Glob. Seite 294
Immunsystem, krankhafte Darmflora, Antibiotika	belegte Zunge, Mundgeruch, oft blutendes Zahnfleisch, wechselnder Stuhlgang	↓Nikotingenuss, Fast Food ↑Nahrungsverzicht	Lippen und Gaumen jucken nach dem Essen, trockener Mund, pappiger Mundgeschmack	man ist oft müde, ohne Energie, kann nichts mehr vertragen	**Okoubaka D3** 3-mal tägl. 5 Glob. Seite 283

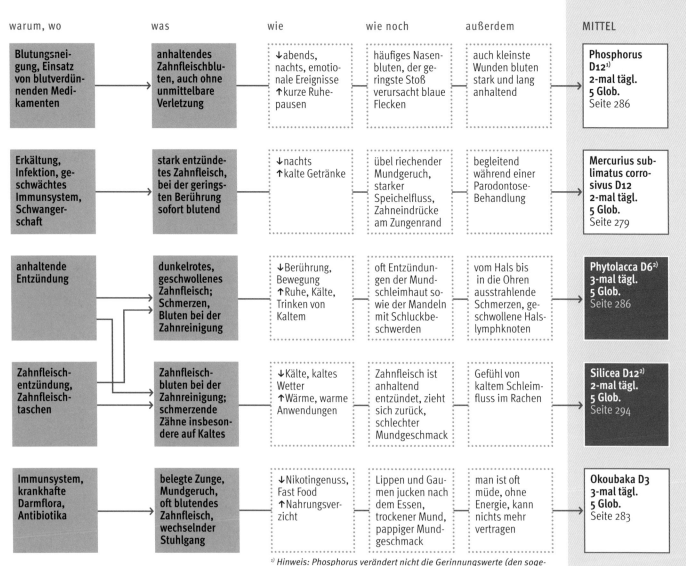

[1] Hinweis: Phosphorus verändert nicht die Gerinnungswerte (den sogenannten Quick-Wert)
[2] KUR ZUR ZAHNFLEISCHSTÄRKUNG: Einnahme und Dauer, siehe Seite 13

Zähne: Zähneknirschen/Zahnhälse, empfindliche/Zahnschmerzen/ Kiefergelenkbeschwerden

warum, wo	was	wie	wie noch	außerdem	MITTEL
innere Anspannung, Stress	Würgereiz beim Zähneputzen, Kaltes löst Zahnschmerzen aus, Zähneknirschen	↓durch Kälte, morgens ↑Wärme	morgendliche Kopfschmerzen, Gesichtsmuskulatur ist schmerzhaft verspannt	gehetzte Lebensweise, überarbeitet, morgens Brechreiz, Erbrechen, Verstopfung	Nux vomica D12 2-mal tägl. 5 Glob. Seite 282
Muskelverspannungen, Stress	nächtliches Zähneknirschen, morgens schmerzhafte Kiefergelenke. Kopfschmerzen	↓durch Aufregung, nachts, vor der Periodenblutung	Neigung zu Muskelkrämpfen und nächtlichen Wadenkrämpfen	bewährt bei krampfartigem Husten mit meist wenig Schleimauswurf	Cuprum metallicum D6 3-mal tägl. 1 Tabl. Seite 262
wurzelbehandelter Zahn, entzündete Gesichtsnerven	Zahnschmerz bessert sich spürbar beim Kauen, oft mit vermehrtem Speichelfluss	↓Berührung ↑Kauen	stechender Schmerz mit Gesichtsschwellung und ins Gesicht ausstrahlend	oft spontaner Tränenfluss oder Fließschnupfen	Plantago major D3 3-mal tägl. 5 Glob. Seite 287
schmerzende Weisheitszähne	anhaltende Schmerzen des Weisheitszahns, beim Durchbruch oder nach dem Ziehen	↓nachts ↑Ruhe	Schmerzen im Kieferwinkel, der ganze Kopf schmerzt; auch Herzbeschwerden	verlegte Nase oder Fließschnupfen als Folge des gereizten Trigeminusnervs	Cheiranthus cheiri D6 3-mal tägl. 5 Glob. Seite 258
Zahnen, Zahnschmerzen, empfindliche Zahnhälse	ausgeprägte Schmerzempfindlichkeit, man kann die Schmerzen nicht mehr ertragen	↓Kaffee, Wärme, bei Nacht	schmerzende Gesichtshälfte oft rot und heiß, ärgerliche, gereizte Stimmung	beim zahnenden Kind, bei schmerzenden Druckstellen durch eine Prothese	Chamomilla D12 2-mal tägl. 5 Glob. Seite 257

Zähne: Amalgambelastung, Ausleitung[1]

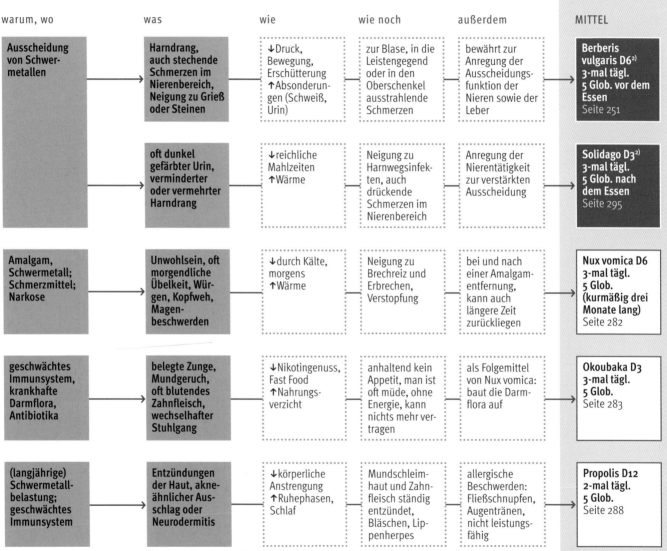

warum, wo	was	wie	wie noch	außerdem	MITTEL
Ausscheidung von Schwermetallen	Harndrang, auch stechende Schmerzen im Nierenbereich, Neigung zu Grieß oder Steinen	↓Druck, Bewegung, Erschütterung ↑Absonderungen (Schweiß, Urin)	zur Blase, in die Leistengegend oder in den Oberschenkel ausstrahlende Schmerzen	bewährt zur Anregung der Ausscheidungsfunktion der Nieren sowie der Leber	**Berberis vulgaris D6**[2] **3-mal tägl. 5 Glob. vor dem Essen** Seite 251
	oft dunkel gefärbter Urin, verminderter oder vermehrter Harndrang	↓reichliche Mahlzeiten ↑Wärme	Neigung zu Harnwegsinfekten, auch drückende Schmerzen im Nierenbereich	Anregung der Nierentätigkeit zur verstärkten Ausscheidung	**Solidago D3**[2] **3-mal tägl. 5 Glob. nach dem Essen** Seite 295
Amalgam, Schwermetall; Schmerzmittel; Narkose	Unwohlsein, oft morgendliche Übelkeit, Würgen, Kopfweh, Magenbeschwerden	↓durch Kälte, morgens ↑Wärme	Neigung zu Brechreiz und Erbrechen, Verstopfung	bei und nach einer Amalgamentfernung, kann auch längere Zeit zurückliegen	**Nux vomica D6 3-mal tägl. 5 Glob. (kurmäßig drei Monate lang)** Seite 282
geschwächtes Immunsystem, krankhafte Darmflora, Antibiotika	belegte Zunge, Mundgeruch, oft blutendes Zahnfleisch, wechselhafter Stuhlgang	↓Nikotingenuss, Fast Food ↑Nahrungsverzicht	anhaltend kein Appetit, man ist oft müde, ohne Energie, kann nichts mehr vertragen	als Folgemittel von Nux vomica: baut die Darmflora auf	**Okoubaka D3 3-mal tägl. 5 Glob.** Seite 283
(langjährige) Schwermetallbelastung; geschwächtes Immunsystem	Entzündungen der Haut, akneähnlicher Ausschlag oder Neurodermitis	↓körperliche Anstrengung ↑Ruhephasen, Schlaf	Mundschleimhaut und Zahnfleisch ständig entzündet, Bläschen, Lippenherpes	allergische Beschwerden: Fließschnupfen, Augentränen, nicht leistungsfähig	**Propolis D12 2-mal tägl. 5 Glob.** Seite 288

[1] *Begleitbehandlung nach Amalgamentfernung: Amalgam-Nosode D30, 1-mal wöchentl. 5 Tropfen in die Armbeuge massieren*
[2] *KUR ZUR AMALGAMAUSSCHEIDUNG: Einnahme und Dauer, siehe Seite 13*

Schilddrüsenentzündung (Thyreoiditis)/Schilddrüsenvergrößerung (Kropf, Zyste)

Kopf/Hals

warum, wo	was	wie	wie noch	außerdem	MITTEL
Schilddrüsenentzündung als Folge einer Impfung, von Umweltgiften	mangelnde Leistungsfähigkeit, oft unerklärlich müde, anfällig gegen Infekte	↓körperliche Anstrengung ↑Ruhephasen, Schlaf	Leberschwäche mit Verdauungsstörungen, auch Blutzucker- und Stoffwechselstörung	entzündetes Zahnfleisch, Mund- und Lippenbläschen, Gerstenkorn	**Propolis D12** **2-mal tägl.** **5 Glob.** Seite 288
geschwächtes Immunsystem, krankhafte Darmflora, Antibiotika	man ist oft müde, ohne Energie, manche Nahrungsmittel werden nicht mehr vertragen	↓Nikotingenuss ↑Nahrungsverzicht	Blähungen, Durchfall oder Verstopfung, Aufstoßen mit Übelkeit, belegte Zunge	Lippen und Gaumen jucken nach dem Essen, trockener Mund, pappiger Mundgeschmack	**Okoubaka D3** **3-mal tägl.** **5 Glob.** Seite 283
Kropf, Zyste, Schilddrüsenunterfunktion	leichtes Druckgefühl am Hals, vergrößerte Schilddrüse: beim Berühren Wundheitsgefühl	↓Kälte, Bewegung ↑Wärme	Zysten in der Schilddrüse; oft geschwollene Mandeln und Lymphknoten	bewährt bei Kropf, wenn gleichzeitig eine Schilddrüsenunterfunktion besteht	**Badiaga D6** **3-mal tägl.** **5 Glob.** Seite 250
vergrößerte Schilddrüse, oft Überfunktion	vergrößerte Schilddrüse ist druckempfindlich; Gefühl, dass »etwas nicht stimmt«	↓Wärme ↑kühle Luft	allgemeines Unwohlsein, man ist rasch genervt, oft wie »überdreht«	bewährt in der Pubertät, Neigung zu vergrößerten Mandeln	**Calcium jodatum D12** **2-mal tägl.** **5 Glob.** Seite 253
Kropf, Zyste, auch bei normalen Werten	sichtbare und tastbare Vergrößerung, oft auch nur an einzelne Stellen	↓Berührung	Halsbereich ist druckempfindlich, auch vergrößerte Halslymphknoten	bewährt bei Myom in der Gebärmutter, gutartige Knötchen in der Brustdrüse	**Lapis albus D6** **3-mal tägl.** **1 Tabl.** Seite 275

Schilddrüsenüberfunktion

warum, wo	was	wie	wie noch	außerdem	MITTEL
Überfunktion, auch bei Entzündung	innerliche Anspannung, man kommt nicht zur Ruhe, auch Herzjagen, Schweißausbrüche	↓Anstrengung ↑Bewegung	Engegefühl und Druckgefühl am Hals, subjektives Empfinden von Schluckbeschwerden	oft Bauchweh, auch Sodbrennen, gelblich gefärbter, weicher, häufiger Stuhlgang	**Flor de Piedra D12** 2-mal tägl. 5 Glob. Seite 266
Überfunktion, auch mit Augenentzündung	deutlich hervortretende Augen, die brennen und entzündet sind	↓nachts, Wärme, Ruhe ↑Bewegung	Druckgefühl an der Schilddrüse, oft vergrößert; wechselnde Gesichtsfarbe	bewährt zur Begleitbehandlung bei Morbus Basedow: **zum Arzt!**	**Ferrum jodatum D12** 2-mal tägl. 5 Glob. Seite 265
Überfunktion mit nervöser Unruhe	Druckgefühl an der Schilddrüse; man nimmt trotz üppigem Essen kaum an Gewicht zu	↓feuchtheißes Wetter, Kälte, Wetterwechsel ↑Wärme	hektisches, »hitziges« Verhalten, immer schwitzig, unangenehmer Geruch	Neigung zu Bindegewebsschwäche; rissige, spröde Nägel; dünner Haarwuchs	**Calcium fluoratum D12** 2-mal tägl. 5 Glob. Seite 253
Überfunktion mit Herzbeschwerden	anfallsweise Herzstolpern, heftiges Herzjagen, Druckgefühl in Brust und Hals	↑Ruhe	aufgetriebener Leib, Blähungen, Neigung zu Durchfall, Bauchkrämpfe	Herzbeschwerden im Zusammenhang mit Aufstoßen, Völlegefühl (Roemheld-Syndrom)	**Leonorus cardiaca D6** 3-mal tägl. 5 Glob. Seite 276
Überfunktion mit gestörtem Allgemeinbefinden	vermehrtes Herzklopfen bei der geringsten Anstrengung, gereizte Stimmung	↓fahren, nachts ↑an der frischen Luft	Angstgefühle, schwitzige Haut, oft auch leichtes Zittern der Hände	man kann das Geringste (Geräusche, Menschenansammlung) nicht mehr ertragen	**Thyreoidinum D12[1]** 1- bis 2-mal wöchentl. 5 Glob. Seite 299

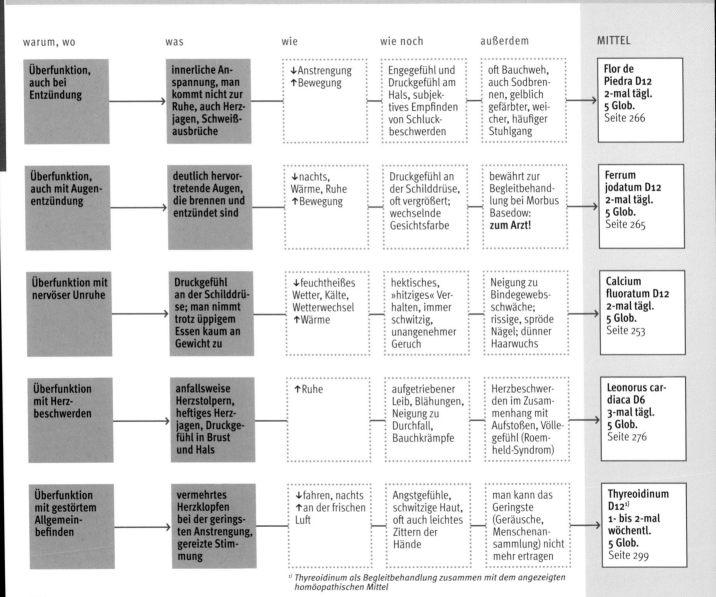

[1] Thyreoidinum als Begleitbehandlung zusammen mit dem angezeigten homöopathischen Mittel

Schilddrüsenunterfunktion

warum, wo	was	wie	wie noch	außerdem	MITTEL
Unterfunktion, auch bei Entzündung	mangelnde Leistungsfähigkeit, ausgeprägte Müdigkeit, auch vergrößerte Schilddrüse	↓Anstrengung ↑Bewegung	Kropfbildung; Engegefühl und Druckgefühl am Hals, Schluckbeschwerden	häufiges Bauchweh, auch Sodbrennen, gelblich gefärbter, oft harter Stuhl	**Flor de Piedra D6** 3-mal tägl. 5 Glob. Seite 266
Unterfunktion, verlangsamter Stoffwechsel	Heißhunger, ausgeprägter Appetit, Verdauungsschwäche, übel riechende Blähungen	↓nach dem Schlaf, morgens, Periodenblutung ↑frische Luft	hartnäckige Verstopfung mit knotigem Stuhl, gestörter Blutzucker- und Fettstoffwechsel	wenig Ausdauer; alltägliche Arbeit geht nur langsam voran, gedrückte Stimmung	**Graphites D12** 2-mal tägl. 5 Glob. Seite 267
Unterfunktion, Gewichtszunahme	anhaltendes Hungergefühl, deutliches Übergewicht, Neigung zu hartnäckiger Verstopfung	↓Kälte	häufige Kopfschmerzen mit Gefühl, die Stirn wird durch einen Ring zusammengeschnürt	vergrößerte Schilddrüse, auch druckempfindlich; Kropfbildung	**Fucus vesiculosus D4** 3-mal tägl. 5 Glob. Seite 266
Unterfunktion, Schilddrüsenoperation	Spannungsgefühl an der Schilddrüse, Enge und Ziehen am Hals	↓nachts, morgens ↑Bewegung in der frischen Luft	häufiges Hungergefühl, oft Übelkeit	nach operativer Entfernung der Schilddrüse ergänzend zur Hormoneinnahme	**Hedera helix D6** 3-mal tägl. 5 Glob. Seite 269
Unterfunktion, Kropf	leichtes Druckgefühl am Hals; vergrößerte Schilddrüse, beim Berühren Wundheitsgefühl	↓Kälte; Bewegung ↑Wärme	Zysten in der Schilddrüse; oft geschwollene Mandeln und Lymphknoten	bewährt bei Kropf, wenn gleichzeitig eine Schilddrüsenunterfunktion besteht	**Badiaga D6** 3-mal tägl. 5 Glob. Seite 250

Brustbereich

Das Kapitel enthält Beschwerdenbilder, die sich im Brustbereich äußern können. In erster Linie sind die unteren Atemwege, also Lunge und Bronchien, betroffen. Das zweite große Thema sind das Herz und der Kreislauf. Da die Blutgefäße Teil des Kreislaufsystems sind, werden hier auch die Arterien und Venen behandelt.

Untere Atemwege

An Lunge und Bronchien können sich verschiedenste akute und immer wiederkehrende Beschwerden zeigen. Sehr häufig ist der akute Husten, auch als Bronchitis bezeichnet. Am ehesten sind Viren die Ursache dafür, wenn sich eine akute Erkältung auf die Bronchien legt. Je nach Schwere und Dauer ist ärztliche Hilfe notwendig. Bei der Auswahl des Mittels sollten Sie darauf achten, ob Sie kaum bzw. keinen Schleim abhusten, was als **trockener Husten** bezeichnet wird, oder ob Sie verschleimt sind. Der **schleimige Husten** erfordert andere Mittel als der trockene Husten. Natürlich gibt es auch Mischformen. Fragen Sie sich dann, welche Beschwerden im Vordergrund stehen.

Bei **chronischen Atemwegsbeschwerden**, die heute als COPD (Seite 302) bezeichnet werden, bringt die Homöopathie oft eine spürbare Erleichterung. Im Lauf der längerfristigen Einnahme des Mittels bes-

sern sich sowohl das Gefühl, zu wenig Luft zu bekommen, als auch der immer wieder auftretende Husten und die oft zähe Schleimbildung. Während der Einnahme kann es möglich sein, dass sich die Leitsymptome mit der Zeit ändern, dann ist ein anderes Mittel erforderlich. Überprüfen Sie deshalb von Zeit zu Zeit, ob das Mittel noch passt.

Herz und Kreislauf

Beschwerden im Herz-Kreislauf-System bedürfen selbstverständlich der ärztlichen Therapie. Doch mit homöopathischen Mitteln können Sie die Behandlung unterstützen und insbesondere die Lebensqualität verbessern. Begleitend homöopathisch behandeln lassen sich zum Beispiel **Bluthochdruck** oder Erkrankungen des Blutes. Gerade **Blutarmut** und **Eisenmangel** schwächen den Menschen. Trotz entsprechender Medikamente bessert sich der Zustand nur allmählich. Mit Ihrem passenden Mittel fühlen Sie sich nach und nach immer besser, und Sie werden wieder leistungsfähiger.

Die Leistungsfähigkeit zu verbessern ist auch ein wesentlicher Aspekt in der Nachsorge eines **Herzinfarkts** oder **Schlaganfalls**. Setzen Sie deshalb Ihr Mittel nicht nur in der Reha-Phase, sondern auch in der Zeit danach zur Stabilisierung zusätzlich ein.

Solches gilt auch für **Erkrankungen der Herzkranzgefäße**, für **Herzrhythmusstörungen** oder **Durchblutungsstörungen**. Letztere können sich auch durch häufige Wadenkrämpfe äußern. Einmal mehr sei betont, dass bei solchen langwierigen Erkrankungen die Homöopathie nicht als Alternative, sondern als eine das Allgemeinbefinden unterstützende und damit ergänzende Behandlung zu verstehen ist. Nehmen Sie unbedingt die vom Arzt verordneten Medikamente weiter ein – und das passende homöopathische Mittel zusätzlich. Sie brauchen keine Bedenken zu haben, denn es gibt keinerlei Wechselwirkungen. Auch die Wirkung des Blutverdünners wird durch die homöopathischen Mittel nicht beeinträchtigt.

Beschwerden an den Venen werden oft nicht ernst genommen. Doch eine Venenentzündung oder eine Thrombose (Gerinnsel in den Venen) können gefährliche Komplikationen zur Folge haben. Und die bläulich geschlängelten Krampfadern behindern den Blutabfluss in den Venen. Lassen Sie es nicht so weit kommen, setzen Sie homöopathische Mittel so früh wie möglich ein. Besonders gut bewährt hat sich die homöopathische Venenkur (Seite 125).

Brustbereich

Untere Atemwege: Asthma bronchiale

warum, wo	was	wie	wie noch	außerdem	MITTEL
Überanstrengung, Schwäche, Infekt	Atemnot mit stark verschleimtem Husten, pfeifender Atem, schaumiger Auswurf	↓nachts; im Liegen ↑durch Aufsitzen	oft auch schnarchende Atmung, nächtliche Atemaussetzer	bewährt bei schleimigem Husten und COPD	**Grindelia D6[1)2)] 3-mal tägl. 5 Glob.** Seite 268
Überanstrengung, Infekt	krampfartige Hustenanfälle steigern sich, führen zu Atemnot, Husten mit wenig Schleim	↓morgens, im Liegen, körperliche Anstrengung ↑Trinken von Wasser	angestrengtes Atmen führt zu Übelkeit; blasses Aussehen, kalter Schweißausbruch	bewährt bei Asthma ohne viel Schleimbildung	**Lobelia D6[1)] 3-mal tägl. 5 Glob.** Seite 276
Atembeschwerden mit Kreislaufschwäche	erschwertes Atmen, hörbares Ausatmen, Husten mit zähem Schleim, bläuliche Lippen	↓nach dem Essen ↑frische Luft, Hochlagern des Körpers	Atemnot bei leichter Anstrengung; man will im Bett aufrecht liegen bei offenem Fenster	blasses Aussehen, Schwindel, Kältegefühl, besonders am Kopf	**Carbo vegetabilis D6[1)] 3-mal tägl. 1 Tabl.** Seite 255
Feuchtigkeit, Herbstwetter	trockener oder gelblich-schleimiger Husten mit starken Atembeschwerden	↓feucht-kaltes Wetter ↑Wärme	hörbares Pfeifen und Rasseln	Wassereinlagerungen, wie aufgeschwemmt mit Tränensäckchen, geschwollene Beine	**Natrium sulfuricum D12 2-mal tägl. 5 Glob.** Seite 282
verkrampfte Atemmuskulatur	krampfartige Hustenanfälle, zäher Schleim, Druckgefühl im Brustbereich	↓Aufregung, nachts, vor der Periodenblutung ↑Trinken von Kaltem	man hat Angst, keine Luft mehr zu bekommen; bläuliche Lippen, blasse Gesichtsfarbe	bewährt bei schmerzhaften Muskelverkrampfungen, Wadenkrämpfen	**Cuprum metallicum D6[1)2)] 3-mal tägl. 1 Tabl.** Seite 262

[1)] *Akutdosierung: am 1. und 2. Krankheitstag 4- bis 5-mal tägl. einnehmen*
[2)] *KUR BEI ASTHMA: Einnahme und Dauer, siehe Seite 13*

Untere Atemwege: Schleimiger Husten/chronische Atemwegsbeschwerden (COPD)/Mukoviszidose

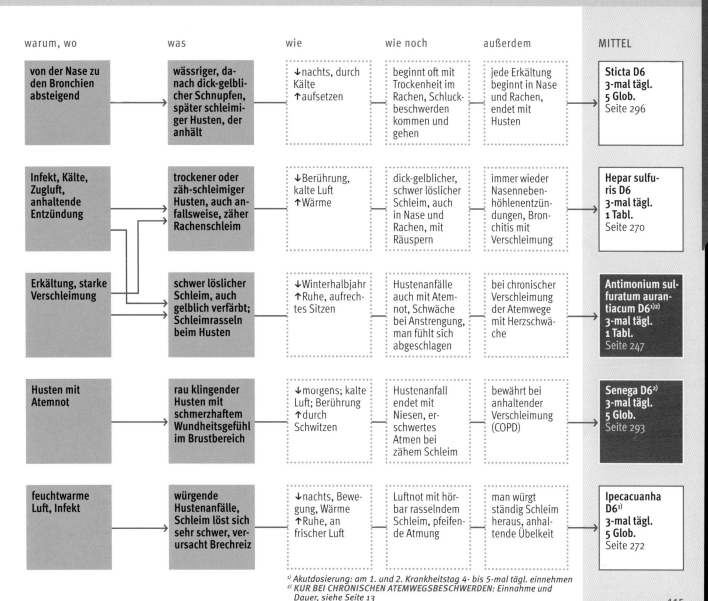

warum, wo	was	wie	wie noch	außerdem	MITTEL
von der Nase zu den Bronchien absteigend	wässriger, danach dick-gelblicher Schnupfen, später schleimiger Husten, der anhält	↓nachts, durch Kälte ↑aufsetzen	beginnt oft mit Trockenheit im Rachen, Schluckbeschwerden kommen und gehen	jede Erkältung beginnt in Nase und Rachen, endet mit Husten	**Sticta D6** **3-mal tägl.** **5 Glob.** Seite 296
Infekt, Kälte, Zugluft, anhaltende Entzündung	trockener oder zäh-schleimiger Husten, auch anfallsweise, zäher Rachenschleim	↓Berührung, kalte Luft ↑Wärme	dick-gelblicher, schwer löslicher Schleim, auch in Nase und Rachen, mit Räuspern	immer wieder Nasennebenhöhlenentzündungen, Bronchitis mit Verschleimung	**Hepar sulfuris D6** **3-mal tägl.** **1 Tabl.** Seite 270
Erkältung, starke Verschleimung	schwer löslicher Schleim, auch gelblich verfärbt; Schleimrasseln beim Husten	↓Winterhalbjahr ↑Ruhe, aufrechtes Sitzen	Hustenanfälle auch mit Atemnot, Schwäche bei Anstrengung, man fühlt sich abgeschlagen	bei chronischer Verschleimung der Atemwege mit Herzschwäche	**Antimonium sulfuratum aurantiacum D6[1][2]** **3-mal tägl.** **1 Tabl.** Seite 247
Husten mit Atemnot	rau klingender Husten mit schmerzhaftem Wundheitsgefühl im Brustbereich	↓morgens; kalte Luft; Berührung ↑durch Schwitzen	Hustenanfall endet mit Niesen, erschwertes Atmen bei zähem Schleim	bewährt bei anhaltender Verschleimung (COPD)	**Senega D6[2]** **3-mal tägl.** **5 Glob.** Seite 293
feuchtwarme Luft, Infekt	würgende Hustenanfälle, Schleim löst sich sehr schwer, verursacht Brechreiz	↓nachts, Bewegung, Wärme ↑Ruhe, an frischer Luft	Luftnot mit hörbar rasselndem Schleim, pfeifende Atmung	man würgt ständig Schleim heraus, anhaltende Übelkeit	**Ipecacuanha D6[1]** **3-mal tägl.** **5 Glob.** Seite 272

Brustbereich

[1] *Akutdosierung: am 1. und 2. Krankheitstag 4- bis 5-mal tägl. einnehmen*
[2] *KUR BEI CHRONISCHEN ATEMWEGSBESCHWERDEN: Einnahme und Dauer, siehe Seite 13*

Untere Atemwege: Trockener Husten/Bronchitis/Lungenentzündung

Brustbereich

warum, wo	was	wie	wie noch	außerdem	MITTEL
Husten, auch mit Fieber, »Grippehusten«; Ärger, Stress, Wetterwechsel	stechende Schmerzen bei jedem Hustenstoß, der ganze Brustkorb schmerzt	↓Bewegung, Berührung, Wetterumschwung ↑Ruhe, Trinken von Kaltem, Schwitzen	stechende Kopfschmerzen, fiebrig heiß, auch Erbrechen, großer Durst auf Kaltes	Schmerzen an Muskeln, Sehnen, Bändern, Gelenken, Rippen, auch durch Prellung	**Bryonia D6[1])** **3-mal tägl.** **5 Glob.** Seite 252
Infekt, Lungenentzündung, allgemeine Erschöpfung, nach Erkrankungen	trockener Reizhusten, »wie Feuer« brennende Schmerzen, man wirkt sehr erschöpft	↓abends, nachts, emotionale Ereignisse ↑kurze Ruhepausen	raue, heiser klingende Stimme, Hustenstöße lösen Nasenbluten aus, man will Kaltes trinken	bei Lungenentzündung als unterstützendes Mittel; **zum Arzt!**	**Phosphorus D12[1])** **2-mal tägl.** **5 Glob.** Seite 286
Kehlkopfhusten, Infekt, Erkältung	bellender Husten, vom Kehlkopf ausgehend, Rachenschleim, man räuspert sich häufig	↓im Liegen, um Mitternacht, Kälte ↑Wärme, warme Speisen	Kratzen im Hals, heisere, raue Stimme, Gefühl wie durch einen Schwamm zu atmen	bewährt bei Pseudo-Krupp-Husten, bei Asthma bronchiale mit »schwerem Atmen«	**Spongia D6[1])** **3-mal tägl.** **5 Glob.** Seite 295
Reizhusten, Infekt, Erkältung	trockener, anhaltender Kitzelhusten hinter dem Brustbein, wie von einer Feder gekitzelt	↓kalte Luft, tieferes Einatmen ↑Wärme	geringster Luftzug, Kälte oder Einatmen durch den Mund verursachen Hustenreiz	auffallende Empfindlichkeit gegen Kälte	**Rumex D6** **3-mal tägl.** **5 Glob.** Seite 290
Infekt, emotionale Reaktion (Eifersucht, Misstrauen)	im Liegen zumeist trockener Husten, kaum Schleim, man kommt nicht zur Ruhe	↓nachts, im Liegen ↑im Sitzen	beim Husten auch Abgang von Harn oder Stuhl	emotional bedingtes Räuspern, Hüsteln, Hustenreiz (z. B. eifersüchtiges Kind)	**Hyoscyamus D6 abends und nachts bei Bedarf 5 Glob.** Seite 271

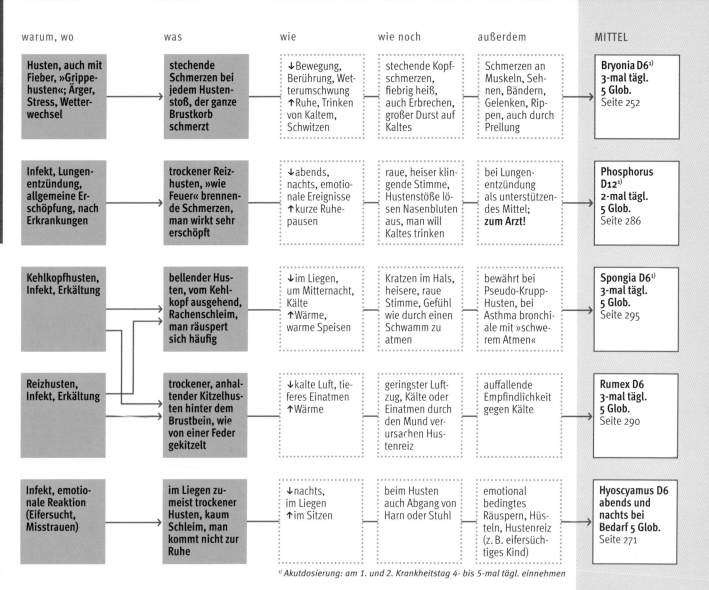

[1]) *Akutdosierung: am 1. und 2. Krankheitstag 4- bis 5-mal tägl. einnehmen*

warum, wo	was	wie	wie noch	außerdem	MITTEL
Bluthochdruck	Kopfdruck, auch mit Schwindelgefühl; Hitzewallungen, oft mit Schweißausbrüchen	↓Wärme ↑Kühle, frische Luft	Neigung zu Erschöpfung, auch verbunden mit bedrückter Stimmung	bewährt als Begleitbehandlung zu blutdrucksenkenden Medikamenten	**Rauwolfia D3** **3-mal tägl.** **5 Glob.** Seite 289
körperliche Überanstrengung, familiärer Bluthochdruck	rötliches Gesicht mit sichtbar bläulichen Blutgefäßen, Gesicht und Körper wie aufgedunsen	↓Berührung, Bewegung ↑Ruhe	Blutandrang zum Kopf mit Hitzegefühl, Kopfschmerzen, Schwindel, Ohrgeräusche	erschwertes Sprechen und Lähmungserscheinungen nach Schlaganfall oder Unfall	**Arnica montana D12** **2-mal tägl.** **5 Glob.** Seite 248
Wechseljahre, Hormontherapie	Beklemmungsgefühl in der Brust, Herzklopfen, Kopfweh	↓nach dem Schlaf, Wärme ↑Abkühlung	überempfindlich gegen Berührung; Beengungsgefühl am Hals und am Körper	Hitzewallungen mit starken Schweißausbrüchen, man ist sehr mitteilsam, spricht viel	**Lachesis D12** **2-mal tägl.** **5 Glob.** Seite 275
verengte Blutgefäße, Ablagerungen (Plaques)	klopfende, hämmernde Kopfschmerzen, Schwindel, Ohrensausen	↓Kälte, Sturm; Liegen auf der linken Seite ↑im Freien	oft Schmerzen im Brustbereich, unregelmäßiger Herzschlag, man wirkt verwirrt	Schlaflosigkeit, Gelenk- und Muskelschmerzen, Unruhe in den Beinen	**Viscum album D6** **3-mal tägl.** **5 Glob.** Seite 301
verengte Blutgefäße, Ablagerungen (Plaques), mangelnde Durchblutung	Schwindel, Kopfschmerzen, gedrückte Stimmung, ängstliche Verwirrtheit	↓nachts, Bewegung ↑fester Druck auf Muskel	Muskelverkrampfungen mit Zittern und Zucken an Armen und Beinen	besonders bewährt bei erhöhtem unterem Blutdruckwert (diastolischer Wert)	**Plumbum metallicum D12** **2-mal tägl.** **5 Glob.** Seite 287

Brustbereich

Brustbereich

warum, wo	was	wie	wie noch	außerdem	MITTEL
Kreislauf-schwäche, Ohnmacht durch Infekte, emotionalen Ereignissen	akute Kreis-laufschwäche, blasses Gesicht, kalte Schweiße, starker Schwindel	↓Anstrengung, Aufregung ↑Trinken von Kaltem	Kältegefühl am ganzen Kör-per, Erbrechen, wässrige Durch-fälle, Bauch-krämpfe	bewährt bei Brechdurchfall und schmerzhaf-ter Periodenblu-tung mit Kreis-laufschwäche	Veratrum album D6 alle paar Min. 5 Glob. auf die Zunge Seite 300
veranlagungs-bedingte Kreis-laufschwäche, Wetterfühligkeit	Kopfdruck, Sehstörungen, Schwindel, Schwarzwerden vor den Augen	↓vormittags, durch Wetter-umschwung ↑Ruhe	mangelnde Leis-tungsfähigkeit, Konzentrations-schwäche, gedrückte Stimmung	man fühlt sich wie benommen, ist müde und unausgeschlafen	Haplopappus D6 3-mal tägl. 5 Glob. Seite 268
Überanstren-gung, durch-gemachte Erkrankung; (Liebes-)Kummer	man fühlt sich wie ausgelaugt, hat großes Ruhe- und Schlafbedürfnis	↓Anstrengung, Lärm, Kälte ↑Ruhe, Wärme	man kann sich nicht konzentrie-ren, Schwindel, Kopfdruck	Gefühl, als sei alles zu viel; kein Interesse an Sex	Acidum phos-phoricum D12 2-mal tägl. 5 Glob. Seite 242
Überanstren-gung, Erschöp-fung, rasches Wachstum, starke Perioden-blutung	man fühlt sich nicht leis-tungsfähig, ist rasch erschöpft, fröstelt; ist ner-vös-gereizt	↓Überanstren-gung, nachts, durch Wärme ↑Ruhe	rasch wechseln-de Gesichtsfarbe von Rot nach Blass, kaum Appetit, Frieren	häufiges Was-serlassen, Ge-fühl der vollen Harnblase (Reiz-blase), Blasen-schwäche	Ferrum metalli-cum D12 2-mal tägl. 5 Glob. Seite 265
Erschöpfung, Operation, Ent-bindung, starke Periodenblutung	mangelnde seelische und körperliche Be-lastungsfähig-keit, man kommt nicht zu Kräften	↓nachts, durch Kälte und Nässe ↑Wärme	nach dem Essen übel riechende Blähungen mit Bauchkrämpfen, wässriger Durchfall	bewährt bei Schwäche-zuständen nach Durchfall	China D6 3-mal tägl. 5 Glob. Seite 258

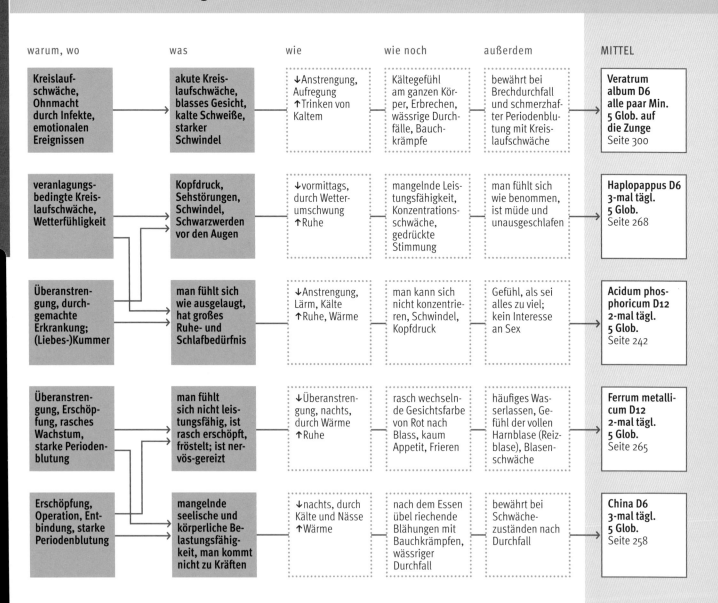

Herz und Kreislauf: Herzinfarkt und die Folgen

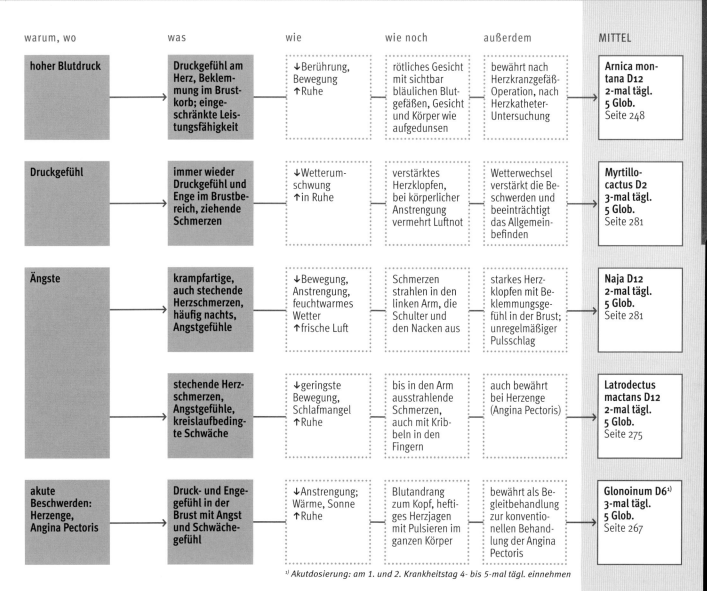

warum, wo	was	wie	wie noch	außerdem	MITTEL
hoher Blutdruck	Druckgefühl am Herz, Beklemmung im Brustkorb; eingeschränkte Leistungsfähigkeit	↓Berührung, Bewegung ↑Ruhe	rötliches Gesicht mit sichtbar bläulichen Blutgefäßen, Gesicht und Körper wie aufgedunsen	bewährt nach Herzkranzgefäß-Operation, nach Herzkatheter-Untersuchung	**Arnica montana D12** 2-mal tägl. 5 Glob. Seite 248
Druckgefühl	immer wieder Druckgefühl und Enge im Brustbereich, ziehende Schmerzen	↓Wetterumschwung ↑in Ruhe	verstärktes Herzklopfen, bei körperlicher Anstrengung vermehrt Luftnot	Wetterwechsel verstärkt die Beschwerden und beeinträchtigt das Allgemeinbefinden	**Myrtillocactus D2** 3-mal tägl. 5 Glob. Seite 281
Ängste	krampfartige, auch stechende Herzschmerzen, häufig nachts, Angstgefühle	↓Bewegung, Anstrengung, feuchtwarmes Wetter ↑frische Luft	Schmerzen strahlen in den linken Arm, die Schulter und den Nacken aus	starkes Herzklopfen mit Beklemmungsgefühl in der Brust; unregelmäßiger Pulsschlag	**Naja D12** 2-mal tägl. 5 Glob. Seite 281
	stechende Herzschmerzen, Angstgefühle, kreislaufbedingte Schwäche	↓geringste Bewegung, Schlafmangel ↑Ruhe	bis in den Arm ausstrahlende Schmerzen, auch mit Kribbeln in den Fingern	auch bewährt bei Herzenge (Angina Pectoris)	**Latrodectus mactans D12** 2-mal tägl. 5 Glob. Seite 275
akute Beschwerden: Herzenge, Angina Pectoris	Druck- und Engegefühl in der Brust mit Angst und Schwächegefühl	↓Anstrengung; Wärme, Sonne ↑Ruhe	Blutandrang zum Kopf, heftiges Herzjagen mit Pulsieren im ganzen Körper	bewährt als Begleitbehandlung zur konventionellen Behandlung der Angina Pectoris	**Glonoinum D6[1]** 3-mal tägl. 5 Glob. Seite 267

[1] Akutdosierung: am 1. und 2. Krankheitstag 4- bis 5-mal tägl. einnehmen

Brustbereich

Brustbereich

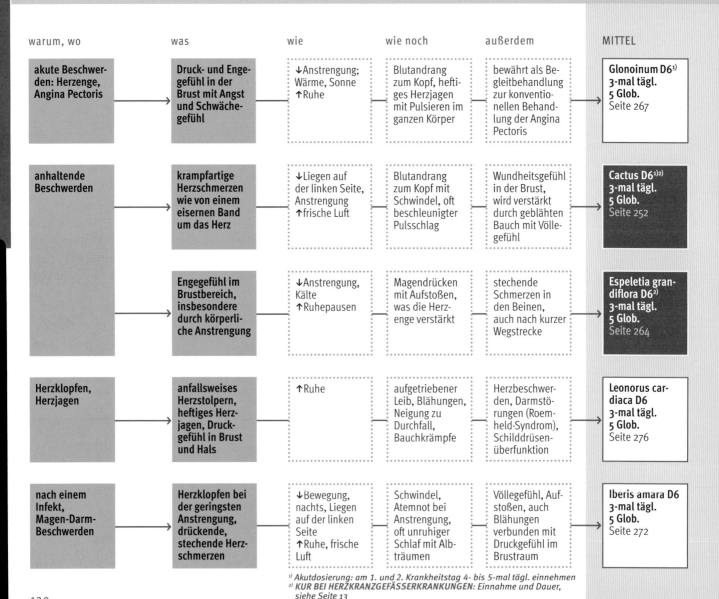

warum, wo	was	wie	wie noch	außerdem	MITTEL
akute Beschwerden: Herzenge, Angina Pectoris	**Druck- und Engegefühl in der Brust mit Angst und Schwächegefühl**	↓Anstrengung; Wärme, Sonne ↑Ruhe	Blutandrang zum Kopf, heftiges Herzjagen mit Pulsieren im ganzen Körper	bewährt als Begleitbehandlung zur konventionellen Behandlung der Angina Pectoris	**Glonoinum D6[1] 3-mal tägl. 5 Glob.** Seite 267
anhaltende Beschwerden	**krampfartige Herzschmerzen wie von einem eisernen Band um das Herz**	↓Liegen auf der linken Seite, Anstrengung ↑frische Luft	Blutandrang zum Kopf mit Schwindel, oft beschleunigter Pulsschlag	Wundheitsgefühl in der Brust, wird verstärkt durch geblähten Bauch mit Völlegefühl	**Cactus D6[1][2] 3-mal tägl. 5 Glob.** Seite 252
	Engegefühl im Brustbereich, insbesondere durch körperliche Anstrengung	↓Anstrengung, Kälte ↑Ruhepausen	Magendrücken mit Aufstoßen, was die Herzenge verstärkt	stechende Schmerzen in den Beinen, auch nach kurzer Wegstrecke	**Espeletia grandiflora D6[2] 3-mal tägl. 5 Glob.** Seite 264
Herzklopfen, Herzjagen	**anfallsweises Herzstolpern, heftiges Herzjagen, Druckgefühl in Brust und Hals**	↑Ruhe	aufgetriebener Leib, Blähungen, Neigung zu Durchfall, Bauchkrämpfe	Herzbeschwerden, Darmstörungen (Roemheld-Syndrom), Schilddrüsenüberfunktion	**Leonorus cardiaca D6 3-mal tägl. 5 Glob.** Seite 276
nach einem Infekt, Magen-Darm-Beschwerden	**Herzklopfen bei der geringsten Anstrengung, drückende, stechende Herzschmerzen**	↓Bewegung, nachts, Liegen auf der linken Seite ↑Ruhe, frische Luft	Schwindel, Atemnot bei Anstrengung, oft unruhiger Schlaf mit Albträumen	Völlegefühl, Aufstoßen, auch Blähungen verbunden mit Druckgefühl im Brustraum	**Iberis amara D6 3-mal tägl. 5 Glob.** Seite 272

[1] *Akutdosierung: am 1. und 2. Krankheitstag 4- bis 5-mal tägl. einnehmen*
[2] *KUR BEI HERZKRANZGEFÄSSERKRANKUNGEN: Einnahme und Dauer, siehe Seite 13*

Herz und Kreislauf: Herzrhythmusstörungen/Herzschwäche

warum, wo	was	wie	wie noch	außerdem	MITTEL
Aufregung, Schock, Panikattacken, Herzenge, nach Infekt	plötzlich große Angst, körperliche Unruhe, erhöhter Blutdruck, Herzjagen	↓abends, nachts durch Berührung, Kälte ↑Schweißausbruch	Beschwerden schaukeln sich auf, negative Erlebnisse tauchen ständig auf	Angst vor engen Räumen: Flugzeug, medizinischen Geräten (»Röhre«), Tunnel	**Aconitum D12** 2-mal tägl. 5 Glob. (und bei Bedarf) Seite 243
Entzündungsfolgen	drückende, stechende Herzschmerzen, in den linken Arm bis zur Hand ausstrahlend	↓Liegen auf der linken Seite, Bewegung, Bücken ↑Ruhe, Wärme	Beklemmungsgefühl in der Brust mit ängstlicher Stimmung; allgemeine Schwäche	bewährt zur Nachbehandlung und Ausheilung nach einer Entzündung am Herzen	**Kalmia latifolia D6** 3-mal tägl. 5 Glob. Seite 274
Rhythmusstörungen, auch bei Herzschwäche	unregelmäßiger Herzschlag, verlangsamt oder beschleunigt, oft nicht spürbar	↓Bewegung, nachts ↑Ruhe, frische Luft	gehäuftes nächtliches Wasserlassen; rasches Ermüden	oft Druckgefühl auf der Brust, erschwertes Atmen mit stechenden Herzschmerzen	**Spartium scoparium D3** 3-mal tägl. 5 Glob. Seite 295
nach einem Infekt, Magen-Darm-Beschwerden	Herzklopfen bei der geringsten Anstrengung, drückende, stechende Herzschmerzen	↓Bewegung, nachts, Liegen auf der linken Seite ↑Ruhe, frische Luft	Schwindel, Atemnot bei Anstrengung, oft unruhiger Schlaf mit Albträumen	Völlegefühl, Aufstoßen, auch Blähungen verbunden mit Druckgefühl im Brustraum	**Iberis amara D6** 3-mal tägl. 5 Glob. Seite 272
nachlassende Herzleistung (Schwäche), unregelmäßiger Puls	rasches Ermüden, oft mit Luftnot, Herzjagen, Schwitzen bei geringster Belastung	↓nachts zwischen 3 und 5 Uhr; Kälte ↑Wärme	angeschwollene Beine (Ödeme), ausgeprägte »Tränensäckchen«	bewährt als Begleitbehandlung zu Herzmedikamenten	**Kalium carbonicum D12** 2-mal tägl. 5 Glob. Seite 273

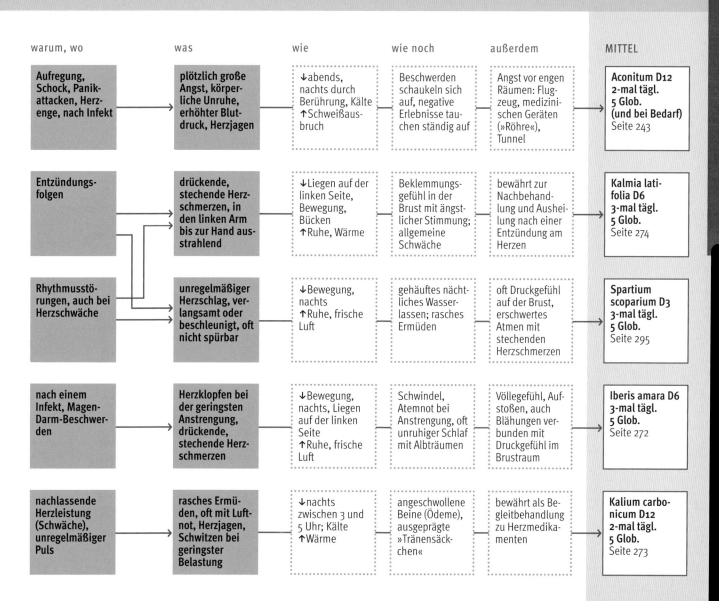

Brustbereich

warum, wo	was	wie	wie noch	außerdem	MITTEL
emotionale Ereignisse, Überanstrengung, Kreislaufschwäche, Tabakkonsum	Kribbeln, schmerzhafte Muskelkrämpfe, Kältegefühl, lähmungsartige Schwäche	↓geringste Bewegung ↑frische Luft, Ruhe	Schwindel mit extremer Übelkeit, Sehstörungen, Ohrensausen, Schwäche	bewährt bei Reiseübelkeit, Nikotinunverträglichkeit; Menière-Krankheit	**Tabacum D6** 3-mal tägl. 5 Glob. Seite 298
verengte Blutgefäße, Ablagerungen (Plaques) in Halsschlagader	kann sich oft nicht orientieren, wirkt verwirrt, Schwindel, Ohrensausen	↓Kälte, Sturm; Liegen auf der linken Seite ↑im Freien	oft Schmerzen im Brustbereich, unregelmäßiger Herzschlag	Schlaflosigkeit, Unruhe in den Beinen, Gelenk- und Muskelschmerzen	**Viscum album D6** 3-mal tägl. 5 Glob. Seite 301
verengte Blutgefäße in Beinen, Herzkranzgefäße	stechende Schmerzen in den Beinen, auch nach kurzer Wegstrecke	↓Anstrengung, Kälte ↑Ruhepausen	Kribbeln, Muskelkrämpfe in den Waden und Beinen	Engegefühl im Brustbereich, insbesondere durch körperliche Anstrengung	**Espeletia grandiflora D6[1]** 3-mal tägl. 5 Glob. Seite 264
verengte Blutgefäße, Ablagerungen (Plaques) in Armen, Beinen	Brennen, Muskelkrämpfe, schmerzhaftes Empfinden: wie von Nadeln gestochen	↓Bewegung, Berührung ↑Ruhe	weiß-bläuliche Verfärbung der Haut, Kribbeln in den Händen (Raynaud-Syndrom)	bei Missempfindungen und Schmerzen durch Wirbelkanalverengung	**Secale cornutum D6[1]** 3-mal tägl. 5 Glob. Seite 293
Gewebszerstörung, Zuckerkrankheit (Diabetes mellitus)	nicht heilende offene Wunde, geschwürige Hautveränderung	↓Kälte, nach der Periodenblutung ↑Wärme	extrem übel riechende, brennend-scharfe Absonderungen, oft wässrigblutig	bewährt bei »offenem Bein«, »schwarzer Zehe«: **zum Arzt!**	**Kreosotum D6** 3-mal tägl. 5 Glob. Seite 274

[1] KUR BEI DURCHBLUTUNGSSTÖRUNGEN: Einnahme und Dauer, siehe Seite 13

Herz und Kreislauf: Schlaganfall und die Folgen

warum, wo	was	wie	wie noch	außerdem	MITTEL[1]
unmittelbar nach einem Schlaganfall (Notfall!), in der Rehabilitationsphase	undeutliches Sprechen, Lähmungserscheinungen im Gesicht, an Armen, an Beinen	↓Berührung, Bewegung ↑Ruhe	rötliches Gesicht mit sichtbar bläulichen Blutgefäßen, Gesicht und Körper wie aufgedunsen	Druckgefühl am Herz, auch Beklemmung im Brustkorb, Ohrensausen	**Arnica montana D12** 2-mal tägl. 5 Glob. Seite 248
beeinträchtigtes Sprechen	Sprachstörungen, man findet oft die Worte nicht, Erinnerungsvermögen ist beeinträchtigt	↓am Abend, morgens ↑Ruhe	unregelmäßiger Puls und Engegefühl in der Brust	weinerliche Stimmung, man ist depressiv, wirkt apathisch	**Crotalus horridus D12** 2-mal tägl. 5 Glob. Seite 261
beeinträchtigtes Sprechen, Lähmung	Aussprache und Sprachfluss sind behindert, oft heisere, geschwächt klingende Stimme	↓Kälte, Zugluft, Dunkelheit ↑Wärme	lähmungsartige Schwäche mit Taubheitsgefühl, Entleerungsstörungen der Harnblase	gedrückte, melancholische Stimmung, man reagiert emotional übersensibel	**Causticum Hahnemanni D12** 2-mal tägl. 5 Glob. Seite 256
(Gesichts-) Lähmung, Sehstörungen	von der Lähmung betroffen: Mundwinkel, Wangen, Augenlid, Sehstörungen (Doppelbilder)	↓abends, warme Räume, Wärme ↑frische Luft	zittrige Schwäche, rasches Schwitzen, man ist energielos, schwindelig	Lähmungserscheinungen an Arm oder Bein mit Bewegungsschwäche	**Gelsemium D12** 2-mal tägl. 5 Glob. Seite 266
Lähmung	schlaff oder stark angespannte Muskulatur auf einer Körperseite, Muskelzucken	↓Kälte, Berührung, Anstrengung, Alkohol ↑abends, durch Essen, Bewegung	an Händen und Füßen oft starkes Schwitzen, Schweiß riecht säuerlich	leicht gereizte Stimmung, man ist aber auch unzufrieden, bedrückt, schweigsam	**Zincum metallicum D12** 2-mal tägl. 5 Glob. Seite 301

[1] statt 5 Globuli kann auch 1 Tablette gelutscht werden

Brustbereich

warum, wo	was	wie	wie noch	außerdem	MITTEL
hochakute Entzündung	linksseitige, dunkelbläuliche Verfärbung der entzündeten Vene	↓nach dem Schlaf, Wärme ↑Abkühlung	auch Fieber mit Schüttelfrost, ausgeprägtes Krankheitsgefühl	man möchte nichts Enges, kann keine Stützstrümpfe tragen	**Lachesis D12[1]** 2-mal tägl. 5 Glob. Seite 275 **zum Arzt!**
	rechtsseitig Vene gespannt, als ob sie platzen wollte, dunkle Verfärbung	↓Berührung, Druck, Herunterhängen lassen der Beine ↑hochlagern	allgemeines Krankheitsgefühl, Lymphknoten angeschwollen (Achsel, Leiste)	Kreislaufbeschwerden mit ängstlicher Unruhe, kühle Haut mit kaltem Schweiß	**Vipera berus D12[1]** 2-mal tägl. 5 Glob. Seite 301 **zum Arzt!**
Verletzung wie Stoß, Schlag, Sturz; Infusion	verletzungsbedingte Entzündung: blaurot gestaute, schmerzhafte Vene	↓Berührung, Bewegung ↑Ruhe	ausgeprägte Krampfadern mit Neigung zu Beingeschwüren (»offenem Bein«)	man verharmlost die Beschwerden und Schmerzen	**Arnica montana D6[1]** 3-mal tägl. 5 Glob. Seite 248
körperliche Belastung, Schwangerschaft, Infusion	Wundheits- und Zerschlagenheitsgefühl, dunkelbläuliche, schmerzhafte Vene	↓Berührung, Druck, feuchte Wärme	Lymphstau (Ödem) im Knöchelbereich, Neigung zu Venenentzündungen	bewährt bei Thromboserisiko durch langes Sitzen oder Stehen	**Hamamelis D6[1]** 3-mal tägl. 5 Glob. Seite 268
Operation, abklingende Entzündung, frühere Verletzung mit Narbenbildung, Venenstripping	wiederkehrende Venenentzündung, die nur langsam abklingt	↓Kälte, Winterzeit, Periodenblutung ↑Wärme, warme Anwendungen, Zuwendung	nach einer Venenoperation: verzögerte Narbenheilung, Narben gehen wieder auf	auffallende Kälteempfindlichkeit und Infektneigung	**Silicea D12** 2-mal tägl. 5 Glob. Seite 294

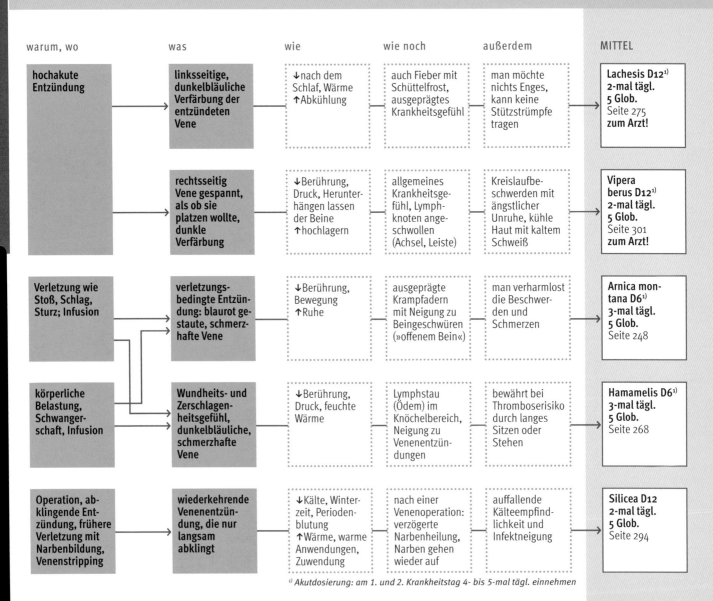

[1] *Akutdosierung: am 1. und 2. Krankheitstag 4- bis 5-mal tägl. einnehmen*

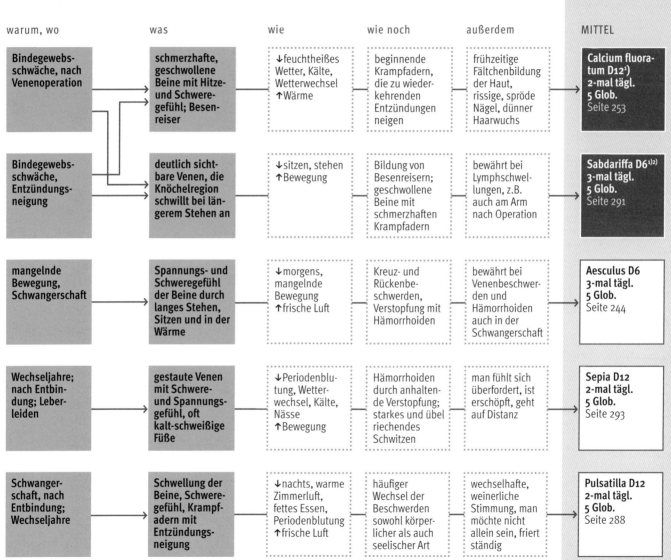

warum, wo	was	wie	wie noch	außerdem	MITTEL
Bindegewebsschwäche, nach Venenoperation	schmerzhafte, geschwollene Beine mit Hitze- und Schweregefühl; Besenreiser	↓feuchtheißes Wetter, Kälte, Wetterwechsel ↑Wärme	beginnende Krampfadern, die zu wiederkehrenden Entzündungen neigen	frühzeitige Fältchenbildung der Haut, rissige, spröde Nägel, dünner Haarwuchs	**Calcium fluoratum D12[1])** 2-mal tägl. 5 Glob. Seite 253
Bindegewebsschwäche, Entzündungsneigung	deutlich sichtbare Venen, die Knöchelregion schwillt bei längerem Stehen an	↓sitzen, stehen ↑Bewegung	Bildung von Besenreisern; geschwollene Beine mit schmerzhaften Krampfadern	bewährt bei Lymphschwellungen, z.B. auch am Arm nach Operation	**Sabdariffa D6[1)2)]** 3-mal tägl. 5 Glob. Seite 291
mangelnde Bewegung, Schwangerschaft	Spannungs- und Schweregefühl der Beine durch langes Stehen, Sitzen und in der Wärme	↓morgens, mangelnde Bewegung ↑frische Luft	Kreuz- und Rückenbeschwerden, Verstopfung mit Hämorrhoiden	bewährt bei Venenbeschwerden und Hämorrhoiden auch in der Schwangerschaft	**Aesculus D6** 3-mal tägl. 5 Glob. Seite 244
Wechseljahre; nach Entbindung; Leberleiden	gestaute Venen mit Schwere- und Spannungsgefühl, oft kalt-schweißige Füße	↓Periodenblutung, Wetterwechsel, Kälte, Nässe ↑Bewegung	Hämorrhoiden durch anhaltende Verstopfung; starkes und übel riechendes Schwitzen	man fühlt sich überfordert, ist erschöpft, geht auf Distanz	**Sepia D12** 2-mal tägl. 5 Glob. Seite 293
Schwangerschaft, nach Entbindung; Wechseljahre	Schwellung der Beine, Schweregefühl, Krampfadern mit Entzündungsneigung	↓nachts, warme Zimmerluft, fettes Essen, Periodenblutung ↑frische Luft	häufiger Wechsel der Beschwerden sowohl körperlicher als auch seelischer Art	wechselhafte, weinerliche Stimmung, man möchte nicht allein sein, friert ständig	**Pulsatilla D12** 2-mal tägl. 5 Glob. Seite 288

[1]) *KUR BEI VENENSCHWÄCHE: Einnahme und Dauer, siehe Seite 13*
[2]) *äußerliche Behandlung: Sabdariffa-Salbe 2-mal tägl. einmassieren, siehe Seite 13*

Brustbereich

Bauch/Unterleib

Im Bauchraum liegen die verschiedenen Organe des Verdauungsapparates, im Unterleib die Harnwege und die Geschlechtsorgane. Daran orientiert sich der Aufbau dieses umfassenden Kapitels. Um Ihnen den Zugriff zu den richtigen Diagramm-Tafeln zu erleichtern, sind die beiden Hauptbereiche noch einmal in Organgruppen unterteilt.

Speiseröhre, Magen, Zwölffingerdarm

Was wir essen und trinken, nimmt seinen Weg durch **Speiseröhre, Magen und Zwölffingerdarm**. Erkrankungen dieser Organe können den Menschen regelrecht quälen. Doch nicht nur eine Magenverstimmung mit Erbrechen und Übelkeit oder eine Magenentzündung, sondern auch lästige Säurebeschwerden können mit der Homöopathie erfolgreich behandelt werden.

Darmtrakt

Beschwerden mit dem Darm sind häufig. Doch Blähungen oder Völlegefühl, Reiz-Darm-Syndrom oder unregelmäßiger Stuhlgang lassen sich mithilfe der Homöopathie regulieren, längerfristig und mithilfe einer Ernährungsumstellung. Bemerkenswert ist, dass bereits vor mehr als 200 Jahren Dr. Samuel Hahnemann, der Begründer der Homöopathie, sei-

ne Patienten auf die wichtige Rolle der Ernährung hinwies, um Erkrankungen der Verdauungsorgane gezielt behandeln zu können. Bei chronisch entzündlichen Darmerkrankungen wie Colitis ulcerosa und Morbus Crohn kann ich aus langjähriger ärztlicher Erfahrung empfehlen, homöopathische Mittel unterstützend einzunehmen, um die Gefahr von akuten Schüben zu reduzieren.

Aufbau der Darmflora und **Darmsanierung** sind effektive Ansätze zur Behandlung wiederkehrender Erkrankungen und Entzündungen. Im Darm befindet sich ein wichtiger Teil des Immunsystems, weshalb er eine besondere Rolle für die Selbstheilungskräfte spielt. Eine krankhafte Darmflora führt zu erheblichen Störungen des Immunsystems. Selbst unsere Leistungsfähigkeit und Stimmung können dadurch negativ beeinflusst sein. An diesem Beispiel kann der Leitspruch »Homöopathie behandelt den ganzen Menschen« gut nachvollzogen werden.

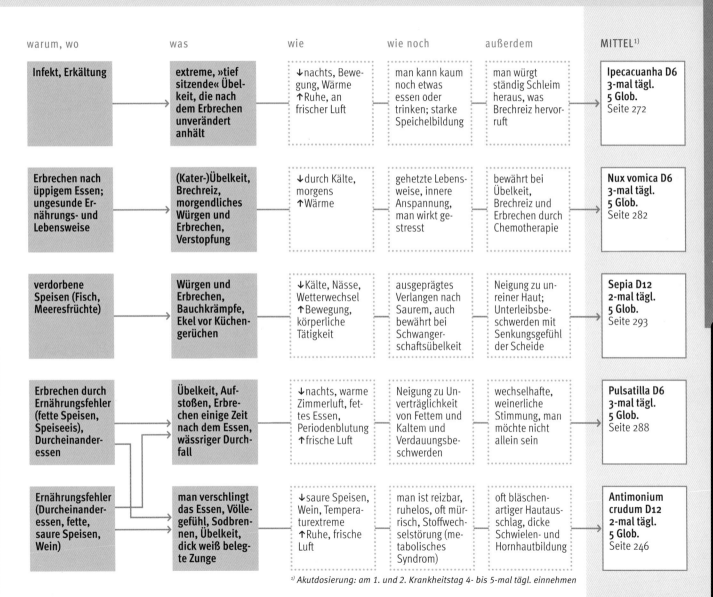

warum, wo	was	wie	wie noch	außerdem	MITTEL[1]
Infekt, Erkältung	extreme, »tief sitzende« Übelkeit, die nach dem Erbrechen unverändert anhält	↓ nachts, Bewegung, Wärme ↑ Ruhe, an frischer Luft	man kann kaum noch etwas essen oder trinken; starke Speichelbildung	man würgt ständig Schleim heraus, was Brechreiz hervorruft	**Ipecacuanha D6** **3-mal tägl.** **5 Glob.** Seite 272
Erbrechen nach üppigem Essen; ungesunde Ernährungs- und Lebensweise	(Kater-)Übelkeit, Brechreiz, morgendliches Würgen und Erbrechen, Verstopfung	↓ durch Kälte, morgens ↑ Wärme	gehetzte Lebensweise, innere Anspannung, man wirkt gestresst	bewährt bei Übelkeit, Brechreiz und Erbrechen durch Chemotherapie	**Nux vomica D6** **3-mal tägl.** **5 Glob.** Seite 282
verdorbene Speisen (Fisch, Meeresfrüchte)	Würgen und Erbrechen, Bauchkrämpfe, Ekel vor Küchengerüchen	↓ Kälte, Nässe, Wetterwechsel ↑ Bewegung, körperliche Tätigkeit	ausgeprägtes Verlangen nach Saurem, auch bewährt bei Schwangerschaftsübelkeit	Neigung zu unreiner Haut; Unterleibsbeschwerden mit Senkungsgefühl der Scheide	**Sepia D12** **2-mal tägl.** **5 Glob.** Seite 293
Erbrechen durch Ernährungsfehler (fette Speisen, Speiseeis), Durcheinanderessen	Übelkeit, Aufstoßen, Erbrechen einige Zeit nach dem Essen, wässriger Durchfall	↓ nachts, warme Zimmerluft, fettes Essen, Periodenblutung ↑ frische Luft	Neigung zu Unverträglichkeit von Fettem und Kaltem und Verdauungsbeschwerden	wechselhafte, weinerliche Stimmung, man möchte nicht allein sein	**Pulsatilla D6** **3-mal tägl.** **5 Glob.** Seite 288
Ernährungsfehler (Durcheinanderessen, fette, saure Speisen, Wein)	man verschlingt das Essen, Völlegefühl, Sodbrennen, Übelkeit, dick weiß belegte Zunge	↓ saure Speisen, Wein, Temperaturextreme ↑ Ruhe, frische Luft	man ist reizbar, ruhelos, oft mürrisch, Stoffwechselstörung (metabolisches Syndrom)	oft bläschenartiger Hautausschlag, dicke Schwielen- und Hornhautbildung	**Antimonium crudum D12** **2-mal tägl.** **5 Glob.** Seite 246

[1] *Akutdosierung: am 1. und 2. Krankheitstag 4- bis 5-mal tägl. einnehmen*

Bauch/ Unterleib

Speiseröhre, Magen, Zwölffingerdarm: Magenschleimhautentzündung/Magen- und Zwölffingerdarmgeschwür/Magenkeim-Befall

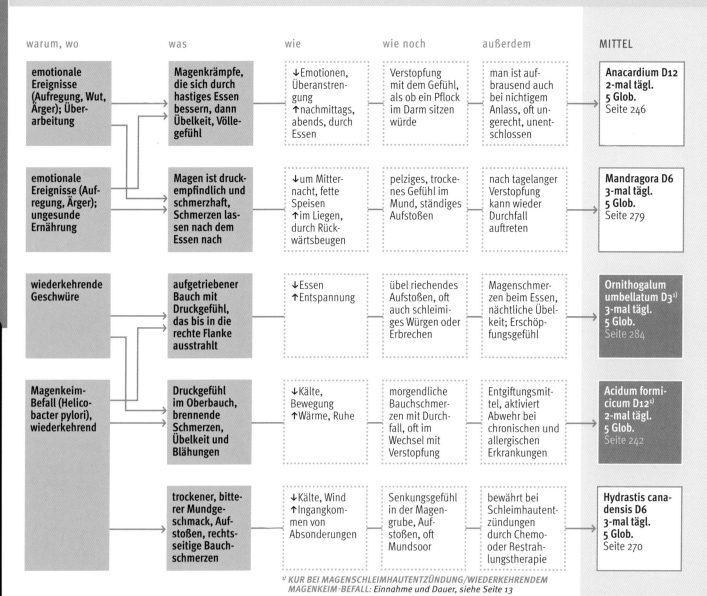

warum, wo	was	wie	wie noch	außerdem	MITTEL
emotionale Ereignisse (Aufregung, Wut, Ärger); Überarbeitung	Magenkrämpfe, die sich durch hastiges Essen bessern, dann Übelkeit, Völlegefühl	↓Emotionen, Überanstrengung ↑nachmittags, abends, durch Essen	Verstopfung mit dem Gefühl, als ob ein Pflock im Darm sitzen würde	man ist aufbrausend auch bei nichtigem Anlass, oft ungerecht, unentschlossen	**Anacardium D12** 2-mal tägl. 5 Glob. Seite 246
emotionale Ereignisse (Aufregung, Ärger); ungesunde Ernährung	Magen ist druckempfindlich und schmerzhaft, Schmerzen lassen nach dem Essen nach	↓um Mitternacht, fette Speisen ↑im Liegen, durch Rückwärtsbeugen	pelziges, trockenes Gefühl im Mund, ständiges Aufstoßen	nach tagelanger Verstopfung kann wieder Durchfall auftreten	**Mandragora D6** 3-mal tägl. 5 Glob. Seite 279
wiederkehrende Geschwüre	aufgetriebener Bauch mit Druckgefühl, das bis in die rechte Flanke ausstrahlt	↓Essen ↑Entspannung	übel riechendes Aufstoßen, oft auch schleimiges Würgen oder Erbrechen	Magenschmerzen beim Essen, nächtliche Übelkeit; Erschöpfungsgefühl	**Ornithogalum umbellatum D3**[1] 3-mal tägl. 5 Glob. Seite 284
Magenkeim-Befall (Helicobacter pylori), wiederkehrend	Druckgefühl im Oberbauch, brennende Schmerzen, Übelkeit und Blähungen	↓Kälte, Bewegung ↑Wärme, Ruhe	morgendliche Bauchschmerzen mit Durchfall, oft im Wechsel mit Verstopfung	Entgiftungsmittel, aktiviert Abwehr bei chronischen und allergischen Erkrankungen	**Acidum formicicum D12**[1] 2-mal tägl. 5 Glob. Seite 242
	trockener, bitterer Mundgeschmack, Aufstoßen, rechtsseitige Bauchschmerzen	↓Kälte, Wind ↑Ingangkommen von Absonderungen	Senkungsgefühl in der Magengrube, Aufstoßen, oft Mundsoor	bewährt bei Schleimhautentzündungen durch Chemo- oder Bestrahlungstherapie	**Hydrastis canadensis D6** 3-mal tägl. 5 Glob. Seite 270

[1] *KUR BEI MAGENSCHLEIMHAUTENTZÜNDUNG/WIEDERKEHRENDEM MAGENKEIM-BEFALL: Einnahme und Dauer, siehe Seite 13*

Bauch/ Unterleib

Speiseröhre, Magen, Zwölffingerdarm: Speiseröhrenentzündung (Refluxkrankheit)/Reizmagen-Syndrom

warum, wo	was	wie	wie noch	außerdem	MITTEL
Reizmittel (Nikotin), ungesunde Ernährung, Schwangerschaft	saures Aufstoßen mit Magensäure im Mund, Zähne wie stumpf, Sodbrennen	↓Essen, fette Speisen	Magenschmerzen strahlen oft bis zu den Schulterblättern aus; Stuhl riecht säuerlich	der ganze Mensch fühlt sich sauer; bewährt bei Sodbrennen in der Schwangerschaft	**Robinia pseudacacia D6** 3-mal tägl. 5 Glob. Seite 290
ungesunde, hektische Ernährungs- und Lebensweise, Stress, sitzende Tätigkeit	gehetzte Lebensweise, innere Anspannung, man wirkt überarbeitet und gestresst	↓morgens, Kälte, Bewegung ↑Wärme, warme Anwendungen	man liebt Genussmittel trotz Magenbeschwerden, morgendlicher Brechreiz, Verstopfung	schmerzhafte Muskelverspannungen im gesamten Nacken-Schulter- und Rückenbereich	**Nux vomica D12** 2-mal tägl. 5 Glob. Seite 282
wiederkehrende Magengeschwüre, Magenkeim-Befall (Helicobacter pylori)	Gefühl, als ob die Nahrung nicht durch die Speiseröhre ginge	↓üppiges Essen	brennende Schmerzen in Speiseröhre und Magen	Aufstoßen, Übelkeit, auch Brechreiz und Erbrechen, oft auch mangelnder Appetit	**Condurango D6** 3-mal tägl. 5 Glob. Seite 261
emotionale Ereignisse, bevorstehende Ereignisse	hastiges Essen, aufgetriebener Leib, wird verstärkt durch Essen von Süßem und Weißmehl	↓nachts, morgens, durch Wärme, in engen Räumen ↑im Freien, kühle Luft	nervös bedingter Durchfall, häufiges Wasserlassen, Magenschmerzen, Aufstoßen	das »nervöse Hemd«, der Zappelphilipp; Angst vor großer Höhe	**Argentum nitricum D12** 2-mal tägl. 5 Glob. Seite 248
Ärger, Aufregung, Wut, Zorn	ärgerliche, gereizte Stimmung, jede Kleinigkeit führt zu einem heftigen Wutausbruch	↓Aufregung, Kälte ↑morgens, warme Anwendungen, Zusammenkrümmen	seelische Konflikte äußern sich in krampfartigen Magen- und Bauchschmerzen	anfallsweise auftretende Nervenschmerzen, Ischiasschmerz, Trigeminusneuralgie	**Colocynthis D12** 2-mal tägl. 5 Glob. Seite 260

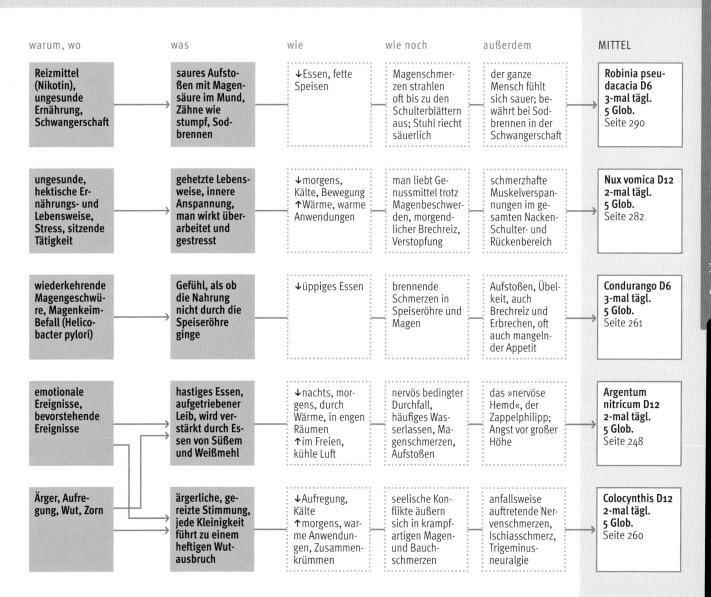

Bauch/Unterleib

131

Darmtrakt: Blähungen/Völlegefühl/Reizdarm-Syndrom

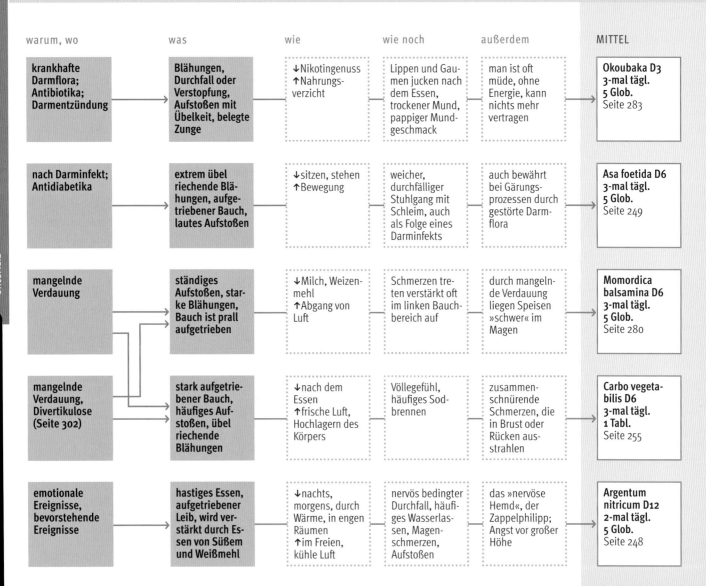

warum, wo	was	wie	wie noch	außerdem	MITTEL
krankhafte Darmflora; Antibiotika; Darmentzündung	Blähungen, Durchfall oder Verstopfung, Aufstoßen mit Übelkeit, belegte Zunge	↓Nikotingenuss ↑Nahrungsverzicht	Lippen und Gaumen jucken nach dem Essen, trockener Mund, pappiger Mundgeschmack	man ist oft müde, ohne Energie, kann nichts mehr vertragen	**Okoubaka D3** 3-mal tägl. 5 Glob. Seite 283
nach Darminfekt; Antidiabetika	extrem übel riechende Blähungen, aufgetriebener Bauch, lautes Aufstoßen	↓sitzen, stehen ↑Bewegung	weicher, durchfälliger Stuhlgang mit Schleim, auch als Folge eines Darminfekts	auch bewährt bei Gärungsprozessen durch gestörte Darmflora	**Asa foetida D6** 3-mal tägl. 5 Glob. Seite 249
mangelnde Verdauung	ständiges Aufstoßen, starke Blähungen, Bauch ist prall aufgetrieben	↓Milch, Weizenmehl ↑Abgang von Luft	Schmerzen treten verstärkt oft im linken Bauchbereich auf	durch mangelnde Verdauung liegen Speisen »schwer« im Magen	**Momordica balsamina D6** 3-mal tägl. 5 Glob. Seite 280
mangelnde Verdauung, Divertikulose (Seite 302)	stark aufgetriebener Bauch, häufiges Aufstoßen, übel riechende Blähungen	↓nach dem Essen ↑frische Luft, Hochlagern des Körpers	Völlegefühl, häufiges Sodbrennen	zusammenschnürende Schmerzen, die in Brust oder Rücken ausstrahlen	**Carbo vegetabilis D6** 3-mal tägl. 1 Tabl. Seite 255
emotionale Ereignisse, bevorstehende Ereignisse	hastiges Essen, aufgetriebener Leib, wird verstärkt durch Essen von Süßem und Weißmehl	↓nachts, morgens, durch Wärme, in engen Räumen ↑im Freien, kühle Luft	nervös bedingter Durchfall, häufiges Wasserlassen, Magenschmerzen, Aufstoßen	das »nervöse Hemd«, der Zappelphilipp; Angst vor großer Höhe	**Argentum nitricum D12** 2-mal tägl. 5 Glob. Seite 248

Bauch/Unterleib

Darmtrakt: Darmentzündung (Colitis ulcerosa, Morbus Crohn)

warum, wo	was	wie	wie noch	außerdem	MITTEL
hochakute Entzündung zum Arzt!	starke Bauchkrämpfe, übel riechende Durchfälle, auch mit Schleim und Blut	↓nachts ↑kalte Getränke, Ruhe	Schwäche, ausgeprägtes Krankheitsgefühl, erhöhte Temperatur	süßlich riechender, klebriger Schweiß, der die Wäsche gelb färbt, besonders nachts	**Mercurius sublimatus corrosivus D12[1]** 2-mal tägl. 5 Glob. Seite 279
krankhafte Darmflora, Darmentzündung, Nahrungsmittelunverträglichkeit	nach dem Essen übel riechende Blähungen mit Bauchkrämpfen, heftiger Stuhldrang	↓nachts, durch Kälte und Nässe ↑Wärme	aufgetriebener Leib, breiig oder wässrig schäumender Durchfall	anhaltende Schwäche, Schweißausbrüche bei der geringsten Belastung, Schwindel	**China D6** 3-mal tägl. 5 Glob. Seite 258
Darmentzündung, krankhafte Darmflora	morgendliches Erwachen mit heftigem Rumoren und Gluckern, starker Stuhldrang	↓morgens, nach dem Essen ↑abends, Wärmeanwendungen	explosionsartiger, wässriger, übel riechender Durchfall mit Unverdautem	oft vermengt mit Schleim und Blut, auch mehrfach am Morgen; man fühlt sich geschwächt	**Podophyllum D6** 3-mal tägl. 5 Glob. Seite 288
krankhafte Darmflora, Antibiotika, Darmentzündung	Blähungen, Durchfall oder Verstopfung, Aufstoßen mit Übelkeit, belegte Zunge	↓Nikotingenuss ↑Nahrungsverzicht	Lippen und Gaumen jucken nach dem Essen, trockener Mund, pappiger Mundgeschmack	man ist oft müde, ohne Energie, kann nichts mehr vertragen	**Okoubaka D3[2]** 3-mal tägl. 5 Glob. Seite 283
anhaltende Darmentzündung	mehrfach täglich breiiger Stuhl, auch dünnflüssig	↓emotionale Ereignisse ↑Entspannung, Ruhe	Stuhlgang oft mit Schleimfetzen und Blutspuren, krampfartige Bauchschmerzen	trotz Stuhldrang entleert sich oft nur Luft und Schleim	**Aethiops antimonialis D12[2]** 2-mal tägl. 5 Glob. Seite 244

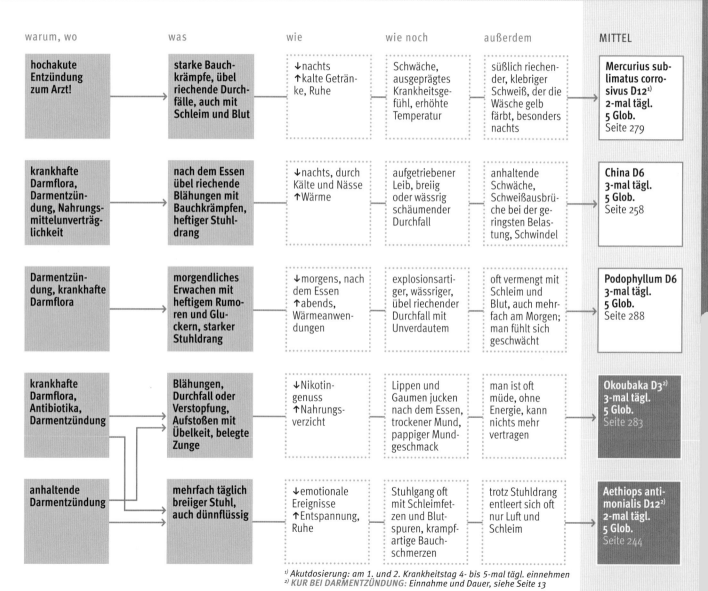

[1] *Akutdosierung: am 1. und 2. Krankheitstag 4- bis 5-mal tägl. einnehmen*
[2] *KUR BEI DARMENTZÜNDUNG: Einnahme und Dauer, siehe Seite 13*

Darmtrakt: Darmflora-Aufbau/Darmsanierung

warum, wo	was	wie	wie noch	außerdem	MITTEL
krankhafte Darmflora, Darmentzündung	nach dem Essen übel riechende Blähungen mit Bauchkrämpfen, heftiger Stuhldrang	↓nachts, durch Kälte und Nässe ↑Wärme	aufgetriebener Leib, breiig oder wässrig schäumender Durchfall	anhaltende Schwäche, Schweißausbrüche bei der geringsten Belastung, Schwindel	**China D6** 3-mal tägl. 5 Glob. Seite 258
Darmpilzbesiedelung	aufgetriebener Leib, Völlegefühl, Aufstoßen, trockener Mund, pappiger Geschmack	↓Zucker, Weißmehl ↑Trinken von Wasser	Zunge weiß-gelblich, gräulich belegt; wechselnder Stuhlgang	bewährt zur Darmsanierung, auch zusätzlich zum Pilzmittel (Antimykotikum)	**Ichthyolum D6[1]** 3-mal tägl. 5 Glob. Seite 272
Antibiotika	akuter Durchfall oder Verstopfung, danach Blähungen, Übelkeit; Scheidenpilzinfektion	↓Nikotingenuss ↑Nahrungsverzicht	anhaltende Appetitlosigkeit, Müdigkeit, allgemeine Leistungsschwäche	baut die Darmflora auf: während und nach einer Antibiotikatherapie einnehmen	**Okoubaka D3[1]** 3-mal tägl. 5 Glob. Seite 283
Cortison (innerlich und äußerlich); Stoffwechselstörung (metabolisches Syndrom)	immer wieder anhaltende, übel riechende Durchfälle, Brennen und Jucken am After	↓morgens, Waschen, (Bett-)Wärme ↑Abkühlung	starkes, übel riechendes Schwitzen, penetranter Uringeruch	schlecht heilende, eitrige Hautentzündungen, unreine, großporige Haut, Juckreiz	**Sulfur D12[2]** 1-mal tägl. 5 Glob. Seite 297
mangelnde Verdauung, Divertikulose (Seite 302)	nach wenig Essen aufgetriebener Leib, starke Blähungen, man mag keine enge Kleidung	↓spätnachmittags, Wärme, Schwüle ↑an frischer Luft, Kühle	man bevorzugt Süßes und Warmes, ist rasch gesättigt, saures Aufstoßen und Sodbrennen	Leberbelastung, weshalb viele Beschwerden auf der rechten Körperhälfte auftreten	**Lycopodium D12** 2-mal tägl. 5 Glob. Seite 277

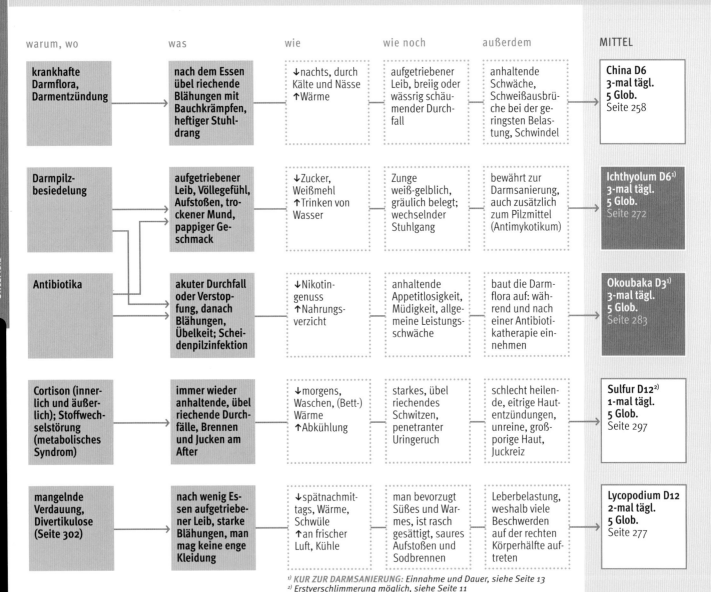

[1] *KUR ZUR DARMSANIERUNG: Einnahme und Dauer, siehe Seite 13*
[2] *Erstverschlimmerung möglich, siehe Seite 11*

Darmtrakt: Darmträgheit/Verstopfung

warum, wo	was	wie	wie noch	außerdem	MITTEL
Verstopfung	**kein Stuhldrang, drückende Magenschmerzen, oft morgendliche Übelkeit**	↓durch Kälte, morgens ↑Wärme	Rückenschmerzen durch mangelnde Bewegung oder Bettlägerigkeit	Hämorrhoiden mit Stuhlverstopfung oder zu häufiger Gebrauch von Abführmitteln	**Nux vomica D6** **3-mal tägl.** **5 Glob.** Seite 282
Verstopfung durch Schmerzmittel (Opiate)	**tagelang kein Stuhlgang, aufgetriebener Leib, krampfartige Leibschmerzen**	↓nach dem Schlaf, Wärme ↑Abkühlung	Darmträgheit, verstärkt durch emotionale Einflüsse wie Schreck und Scham	bewährt bei den Folgen eines Schlaganfalls oder einer Gehirnerschütterung	**Opium D12** **2-mal tägl.** **5 Glob.** Seite 283
emotionale Ereignisse (Aufregung, Ärger), ungesunde Ernährung	**krampfartige Schmerzen, hartnäckige Verstopfung, danach wieder Durchfall**	↓um Mitternacht, fette Speisen ↑im Liegen, durch Rückwärtsbeugen	geblähter Bauch mit Völlegefühl, schmerzhafter Stuhlgang, auch wegen Hämorrhoiden	Magen ist druckempfindlich und schmerzhaft, nach dem Essen nachlassend	**Mandragora D6** **3-mal tägl.** **5 Glob.** Seite 279
Ernährungsfehler, mangelnde Flüssigkeitszufuhr (»der ältere Mensch«), Medikamente	**trockener, harter, schwer gehender Stuhlgang ohne Drang**	↓morgens, nach dem Essen ↑Wärme, frische Luft	Schmerzen am After, auch durch kleine Einrisse	trockene Mundschleimhäute, Heißhunger, Magendrücken, rissige Haut, Ekzeme	**Alumina D12** **2-mal tägl.** **5 Glob.** Seite 245
Leberleiden, Milch-Eiweiß-Unverträglichkeit, Ernährungsfehler	**heller, oft gelblicher Stuhl, hart, bröckelig, mit Schleim**	↓Genussmittel, kalte Getränke ↑Bewegung, Druck auf den Bauch	Blähungen, Bauchkrämpfe, auch Sodbrennen, Übelkeit	oft verdrießliches und missgelauntes Verhalten	**Magnesium chloratum D12** **2-mal tägl.** **5 Glob.** Seite 278

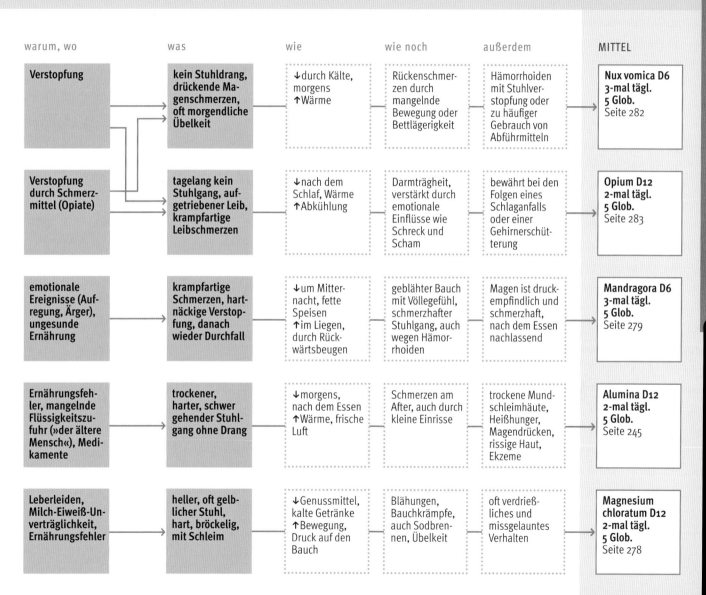

Bauch/Unterleib

Bauch/Unterleib

warum, wo	was	wie	wie noch	außerdem	MITTEL
hochakute Entzündung zum Arzt!	starke Bauchkrämpfe, übel riechende Durchfälle, oft mit Schleim und Blut	↓nachts ↑kalte Getränke, Ruhe	ausgeprägtes Krankheitsgefühl, auch Fieber	süßlich riechender, klebriger Schweiß, der die Wäsche gelb färbt, besonders nachts	**Mercurius sublimatus corrosivus D12[1)]** 2-mal tägl. 5 Glob. Seite 279
wiederkehrende Entzündung (Divertikulitis), Antibiotika, krankhafte Darmflora	Blähungen, Durchfall oder Verstopfung, Aufstoßen mit Übelkeit, belegte Zunge	↓Nikotingenuss ↑Nahrungsverzicht	Lippen und Gaumen jucken nach dem Essen, trockener Mund, pappiger Mundgeschmack	anhaltende Appetitlosigkeit, Müdigkeit, allgemeine Leistungsschwäche	**Okoubaka D3** 3-mal tägl. 5 Glob. Seite 283
anhaltende Entzündung (Divertikulitis), Bindegewebsschwäche, Divertikulose	Verdauungsbeschwerden wie Magendrücken, Aufstoßen, Blähungen, häufige Verstopfung	↓Kälte, kaltes Wetter ↑Wärme, warme Anwendungen	anhaltend entzündetes Zahnfleisch, es zieht sich zurück, schlechter Mundgeschmack	Neigung zu Infekten und Entzündungen mit verzögerter Heilung	**Silicea D12[2)]** 2-mal tägl. 5 Glob. Seite 294
Divertikulose, wiederkehrende Entzündung (Divertikulitis), mangelnde Verdauung	nach wenig Essen aufgetriebener Leib, starke Blähungen, man mag keine enge Kleidung	↓spätnachmittags, Wärme, Schwüle ↑an frischer Luft, Kühle	man bevorzugt Süßes und Warmes, ist rasch gesättigt, saures Aufstoßen und Sodbrennen	Leberbelastung, weshalb viele Beschwerden auf der rechten Körperhälfte auftreten	**Lycopodium D12[2)]** 2-mal tägl. 5 Glob. Seite 277
mangelnde Verdauung, Divertikulose	stark aufgetriebener Bauch, häufiges Aufstoßen, übel riechende Blähungen	↓nach dem Essen ↑frische Luft, Hochlagern des Körpers	Völlegefühl, häufiges Sodbrennen	zusammenschnürende Schmerzen, die in die Brust oder zum Rücken ausstrahlen	**Carbo vegetabilis D6** 3-mal tägl. 1 Tabl. Seite 255

[1)] *Akutdosierung: 1.Tag 4-mal tägl., 2. Tag 3-mal tägl., ab 3. Tag 2-mal tägl. 5 Glob.*
[2)] *KUR BEI DIVERTIKULOSE: Einnahme und Dauer, siehe Seite 13*

Darmtrakt: Durchfallerkrankung/Magen-Darm-Infekt

warum, wo	was	wie	wie noch	außerdem	MITTEL[1]
Infekt, geschwächtes Immunsystem	wässriger Durchfall mit Unverdautem, Übelkeit mit heftigem Erbrechen	↓Überanstrengung, nachts, durch Wärme ↑Ruhe	man friert rasch, wechselt oft die Gesichtsfarbe von Rot nach Blass, wirkt »durchsichtig«	man wird rasch nervös, reagiert gereizt, hat wenig Ausdauer	**Ferrum metallicum D6** 3-mal tägl. 5 Glob. Seite 265
Infekt, Ernährungsfehler, Schwangerschaft	schleimiger, heftiger Durchfall, auch Blutspuren, Gluckern und Gurgeln im Bauch	↓Aufregung, Anstrengung, Nässe, Kälte ↑Wärme, Ruhe	krampfartige Bauchschmerzen, sie zwingen zum Zusammenkrümmen	man kann kein Essen riechen, wellenartige Übelkeit, Brechreiz bei Bewegung, Erbrechen	**Colchicum D12** 2-mal tägl. 5 Glob. Seite 260
Infekt, verdorbene Speisen, emotionale Ereignisse, Periodenschmerzen	wässrige Durchfälle, Bauchkrämpfe, Erbrechen; Kältegefühl am ganzen Körper	↓Anstrengung, Aufregung ↑Trinken von Kaltem	akute Kreislaufschwäche, blasses Gesicht, kalte Schweiße, starker Schwindel	bei schmerzhafter Periodenblutung mit Brechdurchfall und Kreislaufschwäche	**Veratrum album D6** alle paar Min. 5 Glob., dann 3-mal tägl. 5 Glob. Seite 300
Durchfall auf verdorbene Speisen (Fisch, Fleisch)	Durchfälle wie Wasser, extreme Brennschmerzen am After, man fühlt sich sterbenselend	↓um Mitternacht, Kälte ↑Wärme, warme Getränke	starkes Durstgefühl, Speisengerüche rufen Ekel hervor, Erbrechen	innere Unruhe mit Angstgefühl, auch um die Gesundheit, Neigung zu Gewichtsabnahme	**Arsenicum album D12** 2-mal tägl. 5 Glob. Seite 249
Durchfall auf Reisen, auf ungewohnte Ernährung; Antibiotikatherapie	akuter Durchfall, danach Blähungen und Verstopfung, Aufstoßen mit Übelkeit	↓Nikotingenuss ↑Nahrungsverzicht	anhaltende Appetitlosigkeit, Müdigkeit, allgemeine Leistungsschwäche	bewährt bei Reisedurchfall, zur Vorbeugung bei Reisen, Sanierung der Darmflora	**Okoubaka D3** 3-mal tägl. 5 Glob. Seite 283

[1] *Akutdosierung: am 1. und 2. Krankheitstag 4- bis 5-mal tägl. einnehmen*

Bauch/Unterleib

Darmtrakt: Hämorrhoiden/Beschwerden am Enddarm

Bauch/Unterleib

warum, wo	was	wie	wie noch	außerdem	MITTEL[1]
Entzündung innerer und äußerer Hämorrhoiden	schmerzhafte, tastbar hervortretende Hämorrhoiden, oft hellrot blutend	↓sitzen, harter Stuhl	oft harter Stuhl, Schmerzen im After, gestörte Darmflora	immer wiederkehrende Mundschleimhaut- und Zahnfleischentzündungen	**Myrrhis odorata D4** 3-mal tägl. 5 Glob. Seite 280
mangelnde Bewegung, Bindegewebsschwäche, Schwangerschaft	Hämorrhoiden mit Gefühl wie von einem Fremdkörper im After, oft Verstopfung	↓morgens, mangelnde Bewegung ↑frische Luft	splitterartige Schmerzen im Enddarmbereich, die bis in den Rücken ausstrahlen	bewährt bei Venenbeschwerden und Hämorrhoiden auch in der Schwangerschaft	**Aesculus D6** 3-mal tägl. 5 Glob. Seite 244
Entzündung, anhaltende Verstopfung, Analfissur	schmerzhafte, leicht blutende Hämorrhoiden, Wundschmerz am After	↓Berührung, feuchte Wärme	Hämorrhoiden entzündlich gereizt, Riss am After, anhaltende Verstopfung	zur Ausheilung nach chirurgischer Hämorrhoidenbehandlung	**Hamamelis D6** 3-mal tägl. 5 Glob. Seite 268
Hautentzündung am After, Analfissur	Juckreiz und Nässen am After, auch Hautausschlag	↓Stuhlgang, Analhygiene (Berührung)	entzündete Hämorrhoiden, Brennschmerz während und nach dem Stuhlgang	oft bräunlicher, breiiger Stuhl, übel riechend, mit Schwächegefühl im Bauchraum	**Paeonia D6** 3-mal tägl. 5 Glob. Seite 284
Hautentzündung, Darmschleimhautentzündung (Hämorrhoiden, Analfissur)	harter Stuhlgang, danach lang anhaltende Schmerzen, auch mit leichtem Bluten	↓abends, nachts, Wetterwechsel ↑warmes Zudecken	strenger Mundgeruch, saures Aufstoßen, scharfer Speichelfluss, rissige Mundwinkel	schmerzhafte Magenkrämpfe, »splitterartige« Schmerzen vor allem nach dem Essen	**Acidum nitricum D12** 2-mal tägl. 5 Glob. Seite 242

[1] *Akutdosierung: am 1. und 2. Krankheitstag 4- bis 5-mal tägl. einnehmen*

Leber und Gallenblase: Gallenblasenbeschwerden/Gallenkolik/Gallenblasenentzündung

warum, wo	was	wie	wie noch	außerdem	MITTEL
seelische Ereignisse (Ärger, Aufregung), »die Galle läuft über«, Kolik	galliges Erbrechen, jegliche Bewegung verstärkt die stechenden Bauchschmerzen	↓Bewegung, Berührung ↑Ruhe, Trinken von Kaltem	man möchte in Ruhe gelassen werden, bei Ärger »läuft die Galle über«	oft stechende Kopf- und Muskelschmerzen	**Bryonia D6**[1] 3-mal tägl. 5 Glob. Seite 252
Schilddrüsenstörung, Stoffwechselstörung	krampfartige Schmerzen im rechten Oberbauch, von Magen und Gallenblase ausgehend	↓nachts, morgens ↑Bewegung in der frischen Luft	Hungergefühl oder kein Appetit, Übelkeit, Erbrechen, massiger Stuhlgang	oft Zusammenhang mit Über- oder Unterfunktion der Schilddrüse	**Hedera helix D6** 3-mal tägl. 5 Glob. Seite 269
Gallenblasenentfernung, Fettunverträglichkeit	übel riechende Durchfälle, rechtsseitige Schmerzen, in den Rücken ausstrahlend	↓kalte Getränke, liegen auf der rechten Seite ↑Bauchlage	Schmerzempfindlichkeit gegen Berührung am Bauch; oft gelb belegte Zunge	Verdauungsbeschwerden durch Leber-Galle- und Bauchspeicheldrüsenstörung	**Leptandra D6** 3-mal tägl. 5 Glob. Seite 276
wiederkehrende Entzündung (Gallenblase), Gallensteine, Leberbelastung, Divertikulose	nach wenig Essen aufgetriebener Leib, starke Blähungen, man mag keine enge Kleidung	↓spätnachmittags, Wärme, Schwüle ↑an frischer Luft, Kühle	man bevorzugt Süßes und Warmes, ist rasch gesättigt, saures Aufstoßen und Sodbrennen	Leber- und Gallenstörung: viele Beschwerden sind auf der rechten Körperhälfte	**Lycopodium D12** 2-mal tägl. 5 Glob. Seite 277
emotionale Ereignisse (Aufregung, Ärger), ungesunde Ernährung	krampfartige Schmerzen, hartnäckige Verstopfung, danach wieder Durchfall	↓um Mitternacht, fette Speisen ↑im Liegen, durch Rückwärtsbeugen	geblähter Bauch mit Völlegefühl, schmerzhafter Stuhlgang, auch wegen Hämorrhoiden	Oberbauch druckempfindlich und schmerzhaft, nach dem Essen nachlassend	**Mandragora D6** 3-mal tägl. 5 Glob. Seite 279

[1] *Akutdosierung: am 1. und 2. Krankheitstag 4- bis 5-mal tägl. einnehmen*

Bauch/Unterleib

139

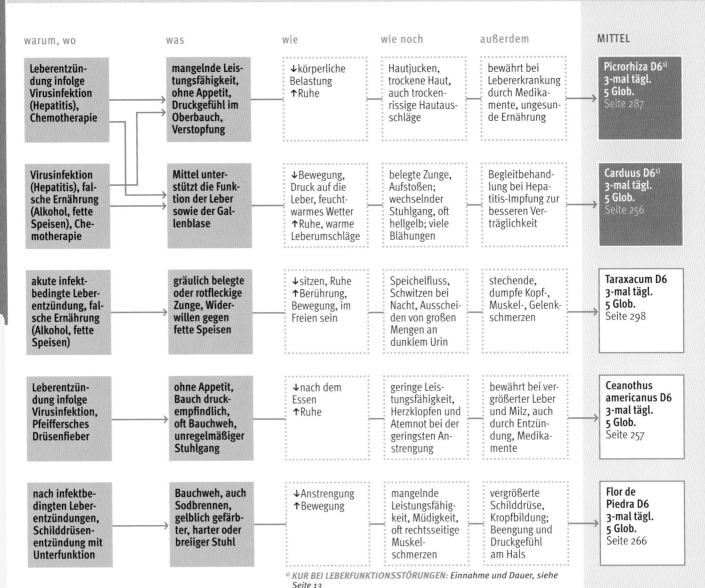

warum, wo	was	wie	wie noch	außerdem	MITTEL
Leberentzündung infolge Virusinfektion (Hepatitis), Chemotherapie	mangelnde Leistungsfähigkeit, ohne Appetit, Druckgefühl im Oberbauch, Verstopfung	↓körperliche Belastung ↑Ruhe	Hautjucken, trockene Haut, auch trockenrissige Hautausschläge	bewährt bei Lebererkrankung durch Medikamente, ungesunde Ernährung	Picrorhiza D6[1] 3-mal tägl. 5 Glob. Seite 287
Virusinfektion (Hepatitis), falsche Ernährung (Alkohol, fette Speisen), Chemotherapie	Mittel unterstützt die Funktion der Leber sowie der Gallenblase	↓Bewegung, Druck auf die Leber, feuchtwarmes Wetter ↑Ruhe, warme Leberumschläge	belegte Zunge, Aufstoßen; wechselnder Stuhlgang, oft hellgelb; viele Blähungen	Begleitbehandlung bei Hepatitis-Impfung zur besseren Verträglichkeit	Carduus D6[1] 3-mal tägl. 5 Glob. Seite 256
akute infektbedingte Leberentzündung, falsche Ernährung (Alkohol, fette Speisen)	gräulich belegte oder rotfleckige Zunge, Widerwillen gegen fette Speisen	↓sitzen, Ruhe ↑Berührung, Bewegung, im Freien sein	Speichelfluss, Schwitzen bei Nacht, Ausscheiden von großen Mengen an dunklem Urin	stechende, dumpfe Kopf-, Muskel-, Gelenkschmerzen	Taraxacum D6 3-mal tägl. 5 Glob. Seite 298
Leberentzündung infolge Virusinfektion, Pfeiffersches Drüsenfieber	ohne Appetit, Bauch druckempfindlich, oft Bauchweh, unregelmäßiger Stuhlgang	↓nach dem Essen ↑Ruhe	geringe Leistungsfähigkeit, Herzklopfen und Atemnot bei der geringsten Anstrengung	bewährt bei vergrößerter Leber und Milz, auch durch Entzündung, Medikamente	Ceanothus americanus D6 3-mal tägl. 5 Glob. Seite 257
nach infektbedingten Leberentzündungen, Schilddrüsenentzündung mit Unterfunktion	Bauchweh, auch Sodbrennen, gelblich gefärbter, harter oder breiiger Stuhl	↓Anstrengung ↑Bewegung	mangelnde Leistungsfähigkeit, Müdigkeit, oft rechtsseitige Muskelschmerzen	vergrößerte Schilddrüse, Kropfbildung; Beengung und Druckgefühl am Hals	Flor de Piedra D6 3-mal tägl. 5 Glob. Seite 266

[1] *KUR BEI LEBERFUNKTIONSSTÖRUNGEN: Einnahme und Dauer, siehe Seite 13*

Bauch/Unterleib

Stoffwechselstörungen: Bauchspeicheldrüsenstörung

warum, wo	was	wie	wie noch	außerdem	MITTEL
wiederkehrende Entzündung	Völlegefühl, Übelkeit; wechselnder Stuhl, oft fettig glänzend	↓schwer verdauliches Essen ↑nach Stuhlgang	immer wieder Druckgefühl und krampfende Schmerzen im Bauchraum	auch bewährt bei Verdauungsbeschwerden in Folge einer Gallenblasenentfernung	**Eichhornia crassipes D3** 3-mal tägl. 5 Glob. Seite 263
chronische Entzündung, Leberfunktionsstörung bei Fettleber	Brennen im Magen, man muss häufig etwas essen; wässrige, nicht schmerzende Durchfälle	↓abends, nachts, emotionale Ereignisse ↑kurze Ruhepausen	Schwächegefühl, man ist schnell erschöpft, braucht Ruhepausen	eher schlanker, nervöser Mensch, inneres Zittern und Unruhe	**Phosphorus D12** 2-mal tägl. 5 Glob. Seite 286
anhaltende Entzündung	lehmfarbener, weicher, übel riechender Stuhl oder Verstopfung; Bauchkrämpfe	↓Bewegung, bücken ↑Ruhe, Wärme	trockener Mund, dick gelblich belegte Zunge, kein Appetit, immer wieder Übelkeit	migräneartige Kopfschmerzen, oft bei Leberleiden oder während der Periodenblutung	**Chionanthus D4** 3-mal tägl. 1 Tabl. Seite 258
emotionale Ereignisse mit Anspannung, fettes Essen	Übelkeit, Erbrechen; fettig glänzender Stuhl, oft mit Unverdautem	↓abends, nachts, Ruhephasen ↑Bewegung	Sodbrennen, saures Aufstoßen; heftiger Migräneschmerz, von der Schläfe ausgehend	bewährt bei Übelkeit und Sodbrennen in der Schwangerschaft	**Iris versicolor D6** 3-mal tägl. 5 Glob. Seite 272
emotionale Ereignisse (Aufregung, Ärger), ungesunde Ernährung	geblähter Bauch mit Völlegefühl, weicher, glänzender Stuhl	↓um Mitternacht, fette Speisen ↑im Liegen, durch Rückwärtsbeugen	druckempfindlicher, schmerzhafter Oberbauch, Schmerz lässt nach dem Essen nach	pelziges, trockenes Gefühl im Mund	**Mandragora D6** 3-mal tägl. 5 Glob. Seite 279

Bauch/Unterleib

141

Stoffwechselstörungen: Diabetes mellitus (Zuckerkrankheit)

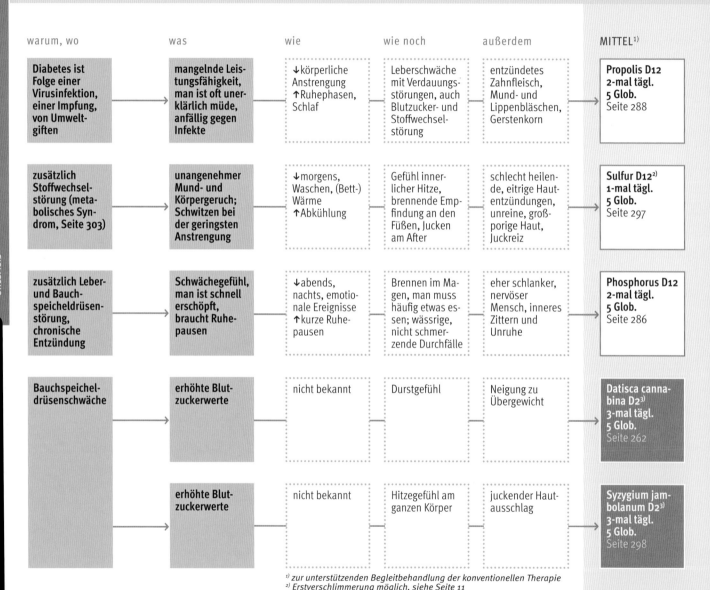

warum, wo	was	wie	wie noch	außerdem	MITTEL[1]
Diabetes ist Folge einer Virusinfektion, einer Impfung, von Umweltgiften	mangelnde Leistungsfähigkeit, man ist oft unerklärlich müde, anfällig gegen Infekte	↓körperliche Anstrengung ↑Ruhephasen, Schlaf	Leberschwäche mit Verdauungsstörungen, auch Blutzucker- und Stoffwechselstörung	entzündetes Zahnfleisch, Mund- und Lippenbläschen, Gerstenkorn	**Propolis D12** 2-mal tägl. 5 Glob. Seite 288
zusätzlich Stoffwechselstörung (metabolisches Syndrom, Seite 303)	unangenehmer Mund- und Körpergeruch; Schwitzen bei der geringsten Anstrengung	↓morgens, Waschen, (Bett-)Wärme ↑Abkühlung	Gefühl innerlicher Hitze, brennende Empfindung an den Füßen, Jucken am After	schlecht heilende, eitrige Hautentzündungen, unreine, großporige Haut, Juckreiz	**Sulfur D12[2]** 1-mal tägl. 5 Glob. Seite 297
zusätzlich Leber- und Bauchspeicheldrüsenstörung, chronische Entzündung	Schwächegefühl, man ist schnell erschöpft, braucht Ruhepausen	↓abends, nachts, emotionale Ereignisse ↑kurze Ruhepausen	Brennen im Magen, man muss häufig etwas essen; wässrige, nicht schmerzende Durchfälle	eher schlanker, nervöser Mensch, inneres Zittern und Unruhe	**Phosphorus D12** 2-mal tägl. 5 Glob. Seite 286
Bauchspeicheldrüsenschwäche	erhöhte Blutzuckerwerte	nicht bekannt	Durstgefühl	Neigung zu Übergewicht	**Datisca cannabina D2[3]** 3-mal tägl. 5 Glob. Seite 262
	erhöhte Blutzuckerwerte	nicht bekannt	Hitzegefühl am ganzen Körper	juckender Hautausschlag	**Syzygium jambolanum D2[3]** 3-mal tägl. 5 Glob. Seite 298

Bauch/Unterleib

[1] zur unterstützenden Begleitbehandlung der konventionellen Therapie
[2] Erstverschlimmerung möglich, siehe Seite 11
[3] KUR ZUR UNTERSTÜTZENDEN DIABETES-BEHANDLUNG: Einnahme und Dauer, siehe Seite 13

Stoffwechselstörungen: Fettstoffwechselstörung/Cholesterinerhöhung

warum, wo	was	wie	wie noch	außerdem	MITTEL
Blutfette, Harnsäure im Blut	erhöhte Cholesterin- und Leberwerte	nicht bekannt	weißlich belegte Zunge, Völlegefühl, Blähungen	stechende Gelenkschmerzen bei erhöhter Harnsäure	**Adlumia fungosa D3**[1] 3-mal tägl. 5 Glob. Seite 244
Blutfette, Harnsäure im Blut, Stoffwechselstörung	Neigung zu Übergewicht; krankhafte Stoffwechselwerte	↓saure Speisen, Wein, Temperaturextreme ↑Ruhe, frische Luft	man verschlingt das Essen, Völlegefühl, Sodbrennen, Übelkeit, dick weiß belegte Zunge	man ist reizbar, ruhelos, hat abweisendes Verhalten	**Antimonium crudum D12** 2-mal tägl. 5 Glob. Seite 246
Blutfette	erhöhte Cholesterin- und Fettstoffwechselwerte	↓Erschütterung ↑in Ruhe	Aufstoßen und Übelkeit; Gefühl von Brennen unterhalb des rechten Rippenbogens	als Basismittel, auch zusammen mit einem der anderen Mittel	**Cholesterinum D12**[1] 2-mal tägl. 5 Glob. Seite 259
	erhöhte Cholesterinwerte	nicht bekannt	Blähungen, Verstopfung	Müdigkeit nach dem Essen	**Natrium choleinicum D4** 3-mal tägl. 1 Tabl. Seite 282
Muskelschmerzen durch Cholesterinsenker (»Statine«)	Empfindung wie Muskelkater, Schmerzen und Schwächegefühl	↓Bewegung, Berührung ↑in Ruhe	oft Sodbrennen mit saurem Aufstoßen, Magendrücken, Blähungen	auch bewährt bei Muskelschmerzen durch sportliche Überanstrengung	**Acidum sarcolacticum D12** 2-mal tägl. 5 Glob. Seite 243

[1] *KUR BEI FETTSTOFFWECHSELSTÖRUNG: Einnahme und Dauer, siehe Seite 13*

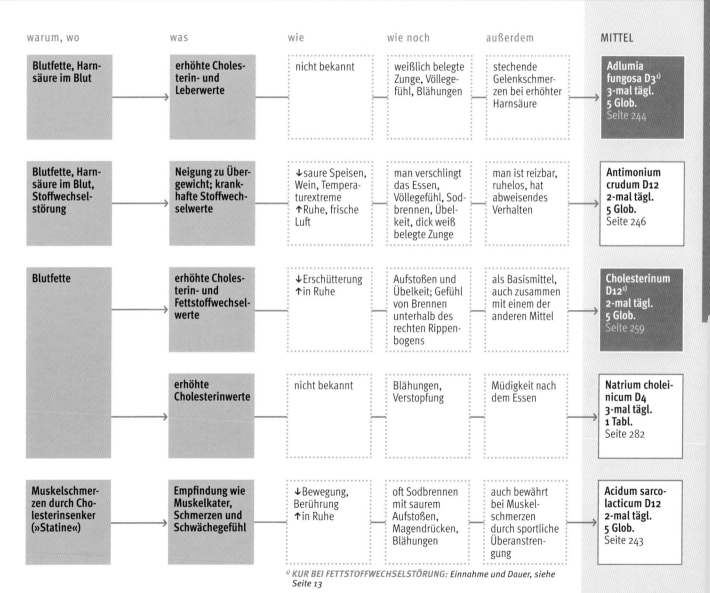

Stoffwechselstörungen: Gicht/Harnsäureerhöhung

warum, wo	was	wie	wie noch	außerdem	MITTEL
Gichtanfall	Gelenkschwellung mit Hitzegefühl und Verlangen nach Abkühlung	↓Wärme, Bewegung ↑kalte Anwendungen	brennendes Gefühl der Hände und Füße, erhöhte Harnsäure, Gichtknoten	auch bewährt bei borreliosebedingten Gelenkschmerzen	**Ledum D6**[1] 3-mal tägl. 5 Glob. Seite 276
	starke Schmerzen im Großzehengrundgelenk, es ist gerötet, man kann nicht auftreten	↓Aufregung, Anstrengung, Nässe, Kälte ↑Wärme, Ruhe	Muskel- und Gelenkschmerzen bei Wetterwechsel und im Herbst	bei (Schwangerschafts-)Übelkeit und Brechdurchfall mit Ekel vor Fleisch, Fisch	**Colchicum D12**[1] 3-mal tägl. 5 Glob. Seite 260
Harnsäure im Blut, Blutfette	stechende Gelenkschmerzen bei erhöhter Harnsäure	nicht bekannt	weißlich belegte Zunge, Völlegefühl, Blähungen	oft auch erhöhte Cholesterin- und Leberwerte	**Adlumia fungosa D3** 3-mal tägl. 5 Glob. Seite 244
Nieren	erhöhte Harnsäurewerte	nicht bekannt	Neigung zu Gichtanfällen	immer wieder Gelenkschmerzen	**Perilla ocymoides D3**[2] 3-mal tägl. 5 Glob. Seite 285
	erhöhte Harnsäurewerte mit Nierenstein- oder -grießbildung	↓Druck, Bewegung, Erschütterung ↑Absonderungen (Schweiß, Urin)	Muskelschmerzen im Lendenbereich, Gefühl von Steifigkeit	bewährt zur Ausschwemmung von Nierengrieß sowie zur Ausleitung von Giftstoffen	**Berberis vulgaris D6**[2] 3-mal tägl. 5 Glob. Seite 251

[1] *Akutdosierung: am 1. und 2. Krankheitstag 4- bis 5-mal tägl. einnehmen*
[2] *KUR BEI HARNSÄUREERHÖHUNG: Einnahme und Dauer, siehe Seite 13*

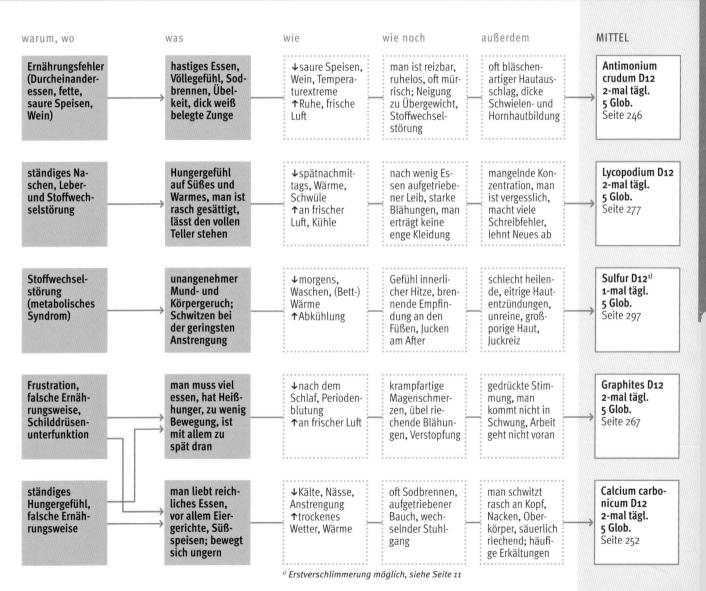

warum, wo	was	wie	wie noch	außerdem	MITTEL
Ernährungsfehler (Durcheinander-essen, fette, saure Speisen, Wein)	hastiges Essen, Völlegefühl, Sodbrennen, Übelkeit, dick weiß belegte Zunge	↓saure Speisen, Wein, Temperaturextreme ↑Ruhe, frische Luft	man ist reizbar, ruhelos, oft mürrisch; Neigung zu Übergewicht, Stoffwechselstörung	oft bläschenartiger Hautausschlag, dicke Schwielen- und Hornhautbildung	**Antimonium crudum D12** 2-mal tägl. 5 Glob. Seite 246
ständiges Naschen, Leber- und Stoffwechselstörung	Hungergefühl auf Süßes und Warmes, man ist rasch gesättigt, lässt den vollen Teller stehen	↓spätnachmittags, Wärme, Schwüle ↑an frischer Luft, Kühle	nach wenig Essen aufgetriebener Leib, starke Blähungen, man erträgt keine enge Kleidung	mangelnde Konzentration, man ist vergesslich, macht viele Schreibfehler, lehnt Neues ab	**Lycopodium D12** 2-mal tägl. 5 Glob. Seite 277
Stoffwechselstörung (metabolisches Syndrom)	unangenehmer Mund- und Körpergeruch; Schwitzen bei der geringsten Anstrengung	↓morgens, Waschen, (Bett-)Wärme ↑Abkühlung	Gefühl innerlicher Hitze, brennende Empfindung an den Füßen, Jucken am After	schlecht heilende, eitrige Hautentzündungen, unreine, großporige Haut, Juckreiz	**Sulfur D12**[1] 1-mal tägl. 5 Glob. Seite 297
Frustration, falsche Ernährungsweise, Schilddrüsenunterfunktion	man muss viel essen, hat Heißhunger, zu wenig Bewegung, ist mit allem zu spät dran	↓nach dem Schlaf, Periodenblutung ↑an frischer Luft	krampfartige Magenschmerzen, übel riechende Blähungen, Verstopfung	gedrückte Stimmung, man kommt nicht in Schwung, Arbeit geht nicht voran	**Graphites D12** 2-mal tägl. 5 Glob. Seite 267
ständiges Hungergefühl, falsche Ernährungsweise	man liebt reichliches Essen, vor allem Eiergerichte, Süßspeisen; bewegt sich ungern	↓Kälte, Nässe, Anstrengung ↑trockenes Wetter, Wärme	oft Sodbrennen, aufgetriebener Bauch, wechselnder Stuhlgang	man schwitzt rasch an Kopf, Nacken, Oberkörper, säuerlich riechend; häufige Erkältungen	**Calcium carbonicum D12** 2-mal tägl. 5 Glob. Seite 252

[1] Erstverschlimmerung möglich, siehe Seite 11

Bauch/Unterleib

Nieren und Harnwege: Harnwegsentzündung, akute

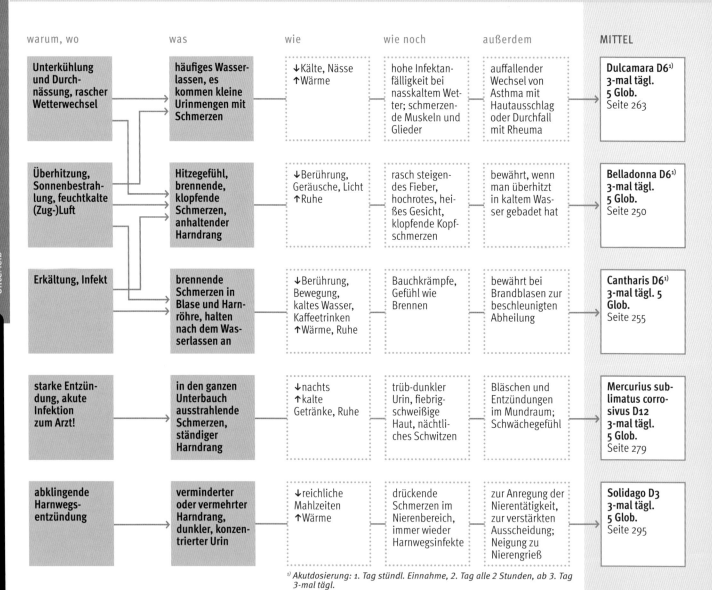

warum, wo	was	wie	wie noch	außerdem	MITTEL
Unterkühlung und Durchnässung, rascher Wetterwechsel	häufiges Wasserlassen, es kommen kleine Urinmengen mit Schmerzen	↓Kälte, Nässe ↑Wärme	hohe Infektanfälligkeit bei nasskaltem Wetter; schmerzende Muskeln und Glieder	auffallender Wechsel von Asthma mit Hautausschlag oder Durchfall mit Rheuma	**Dulcamara D6**[1] **3-mal tägl. 5 Glob.** Seite 263
Überhitzung, Sonnenbestrahlung, feuchtkalte (Zug-)Luft	Hitzegefühl, brennende, klopfende Schmerzen, anhaltender Harndrang	↓Berührung, Geräusche, Licht ↑Ruhe	rasch steigendes Fieber, hochrotes, heißes Gesicht, klopfende Kopfschmerzen	bewährt, wenn man überhitzt in kaltem Wasser gebadet hat	**Belladonna D6**[1] **3-mal tägl. 5 Glob.** Seite 250
Erkältung, Infekt	brennende Schmerzen in Blase und Harnröhre, halten nach dem Wasserlassen an	↓Berührung, Bewegung, kaltes Wasser, Kaffeetrinken ↑Wärme, Ruhe	Bauchkrämpfe, Gefühl wie Brennen	bewährt bei Brandblasen zur beschleunigten Abheilung	**Cantharis D6**[1] **3-mal tägl. 5 Glob.** Seite 255
starke Entzündung, akute Infektion zum Arzt!	in den ganzen Unterbauch ausstrahlende Schmerzen, ständiger Harndrang	↓nachts ↑kalte Getränke, Ruhe	trüb-dunkler Urin, fiebrigschweißige Haut, nächtliches Schwitzen	Bläschen und Entzündungen im Mundraum; Schwächegefühl	**Mercurius sublimatus corrosivus D12 3-mal tägl. 5 Glob.** Seite 279
abklingende Harnwegsentzündung	verminderter oder vermehrter Harndrang, dunkler, konzentrierter Urin	↓reichliche Mahlzeiten ↑Wärme	drückende Schmerzen im Nierenbereich, immer wieder Harnwegsinfekte	zur Anregung der Nierentätigkeit, zur verstärkten Ausscheidung; Neigung zu Nierengrieß	**Solidago D3 3-mal tägl. 5 Glob.** Seite 295

[1] *Akutdosierung: 1. Tag stündl. Einnahme, 2. Tag alle 2 Stunden, ab 3. Tag 3-mal tägl.*

Bauch/Unterleib

warum, wo	was	wie	wie noch	außerdem	MITTEL
abklingender Harnwegsinfekt, Infektneigung, Prostatabeschwerden	häufiger Harndrang, Wasserlassen oft nur im Stehen möglich	↓feuchtes Wetter, Sitzen auf kalter Unterlage ↑Wärme	Urin mit schleimiger Beimengung, anhaltender krankhafter Urinbefund	bewährt zur Nachbehandlung von immer wieder mit Antibiotika behandelten Infekten	**Chimaphila umbellata D3** 3-mal tägl. 5 Glob. Seite 258
wiederkehrende Entzündungen	brennende, stechende oder splitterartige Schmerzen, Wundheitsgefühl	↓Kälte ↑Wärmeanwendung	Urin dunkel, übel riechend, auch blutig	oft drückende Schmerzen in der Genital- und Nierengegend	**Fabiana imbricata D6** 3-mal tägl. 5 Glob. Seite 264
	brennende Schmerzen beim Wasserlassen, ziehende Schmerzen im Nierenbereich	↓Kälte ↑Wärme	Geruch des Urins oft wie Veilchen, Spuren von Blut und Eiweiß im Urin	häufig unregelmäßiger Stuhlgang mit geblähtem Bauch, glänzend rote Zunge	**Terebinthina D6** 3-mal tägl. 5 Glob. Seite 298
Hormonstörungen, Infekte, Schleimhautschwäche (Atemwege, Harnwege)	häufiger Harndrang, unwillkürlicher Urinabgang beim Husten, Niesen oder Lachen	↓nachts, warme Zimmerluft, fettes Essen, Periodenblutung ↑frische Luft	weißlich-gelblicher Scheidenausfluss, oft unregelmäßige Periode; gehäuft Erkältungen	stark wechselnde, oft weinerliche Stimmung, man möchte nicht allein sein	**Pulsatilla D12** 2-mal tägl. 5 Glob. Seite 288
Infekte, Schleimhautschwäche (Atemwege, Harnwege)	ständiger Harndrang, Gefühl, als ob Urintropfen in der Harnröhre bleiben	↓Gewitter, Sturm, Nässe, Nebel ↑Wärme	Neigung zu anhaltenden Entzündungen der Geschlechtsorgane	kalte Hände und Füße, unreine Haut mit Warzen, Gebärmutter- und Darmpolypen	**Thuja occidentalis D12** 2-mal tägl. 5 Glob. Seite 299

Bauch/Unterleib

Bauch/
Unterleib

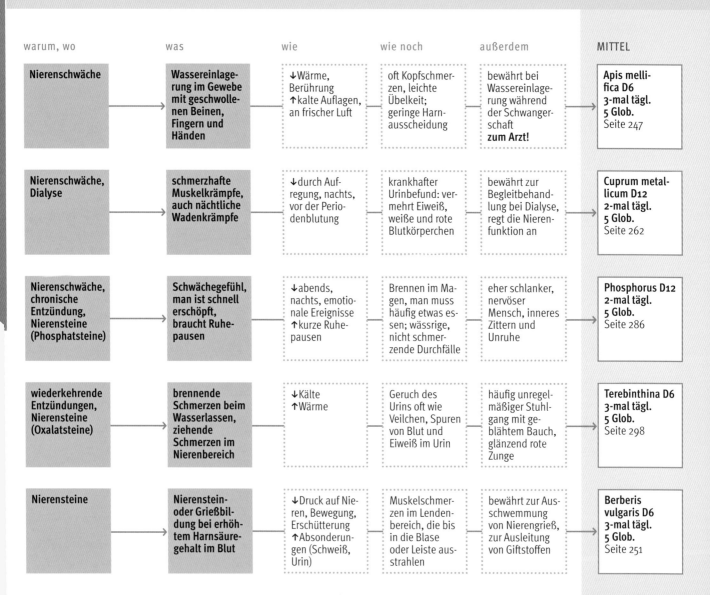

warum, wo	was	wie	wie noch	außerdem	MITTEL
Nierenschwäche	Wassereinlagerung im Gewebe mit geschwollenen Beinen, Fingern und Händen	↓Wärme, Berührung ↑kalte Auflagen, an frischer Luft	oft Kopfschmerzen, leichte Übelkeit; geringe Harnausscheidung	bewährt bei Wassereinlagerung während der Schwangerschaft **zum Arzt!**	**Apis mellifica D6** 3-mal tägl. 5 Glob. Seite 247
Nierenschwäche, Dialyse	schmerzhafte Muskelkrämpfe, auch nächtliche Wadenkrämpfe	↓durch Aufregung, nachts, vor der Periodenblutung	krankhafter Urinbefund: vermehrt Eiweiß, weiße und rote Blutkörperchen	bewährt zur Begleitbehandlung bei Dialyse, regt die Nierenfunktion an	**Cuprum metallicum D12** 2-mal tägl. 5 Glob. Seite 262
Nierenschwäche, chronische Entzündung, Nierensteine (Phosphatsteine)	Schwächegefühl, man ist schnell erschöpft, braucht Ruhepausen	↓abends, nachts, emotionale Ereignisse ↑kurze Ruhepausen	Brennen im Magen, man muss häufig etwas essen; wässrige, nicht schmerzende Durchfälle	eher schlanker, nervöser Mensch, inneres Zittern und Unruhe	**Phosphorus D12** 2-mal tägl. 5 Glob. Seite 286
wiederkehrende Entzündungen, Nierensteine (Oxalatsteine)	brennende Schmerzen beim Wasserlassen, ziehende Schmerzen im Nierenbereich	↓Kälte ↑Wärme	Geruch des Urins oft wie Veilchen, Spuren von Blut und Eiweiß im Urin	häufig unregelmäßiger Stuhlgang mit geblähtem Bauch, glänzend rote Zunge	**Terebinthina D6** 3-mal tägl. 5 Glob. Seite 298
Nierensteine	Nierenstein- oder Grießbildung bei erhöhtem Harnsäuregehalt im Blut	↓Druck auf Nieren, Bewegung, Erschütterung ↑Absonderungen (Schweiß, Urin)	Muskelschmerzen im Lendenbereich, die bis in die Blase oder Leiste ausstrahlen	bewährt zur Ausschwemmung von Nierengrieß, zur Ausleitung von Giftstoffen	**Berberis vulgaris D6** 3-mal tägl. 5 Glob. Seite 251

warum, wo	was	wie	wie noch	außerdem	MITTEL
emotionale Ereignisse, bevorstehende Ereignisse	gehäuftes Wasserlassen, es kommen nur kleine Urinmengen, oft auch Durchfall	↓ nachts, morgens, durch Wärme, in engen Räumen ↑ im Freien, kühle Luft	starkes Schwitzen, Magenschmerzen, Aufstoßen, aufgetriebener Leib, hastiges Essen	das »nervöse Hemd«, der Zappelphilipp, Vorahnungen, Angst vor großen Höhen	**Argentum nitricum D12** 2-mal tägl. 5 Glob. Seite 248
Reizblase	plötzlich einsetzender Harndrang, man kann oft den Urin kaum mehr halten	↓ nachts ↑ Wärme	gehäuft Harndrang mit Brennen beim Wasserlassen, »gereizte Blase«	bei Blasenschwäche nach Gebärmutteroperation oder Entbindung	**Petroselinum D6** 3-mal tägl. 5 Glob. Seite 285
Prostatavergrößerung, Prostataoperation	Harnstrahl schwach und unterbrochen, häufiges nächtliches Wasserlassen	↓ Kälte; nachts, morgens ↑ Wärme, essen	Nachträufeln, auch spontaner Urinabgang	bewährt vor allem bei Inkontinenz des Mannes	**Conium maculatum D6** 3-mal tägl. 5 Glob. Seite 261
Blasenschwäche, Schließmuskellähmung, seelische Überforderung	Urinabgang beim Husten, Niesen, Springen, verstärkt durch seelische Ereignisse	↓ Kälte, Zugluft, Dunkelheit ↑ Wärme	niedergeschlagene, melancholische Stimmung, lähmende Müdigkeit	Blasenschwäche nach Operation und Entbindung; bei nächtlichem Einnässen	**Causticum Hahnemanni D12** 2-mal tägl. 5 Glob. Seite 256
Hormonstörungen, Infekte, Schleimhautschwäche (Atemwege, Harnwege)	häufiger Harndrang, unwillkürlicher Urinabgang beim Husten, Niesen oder Lachen	↓ nachts, warme Zimmerluft, fettes Essen, Periodenblutung ↑ frische Luft	weißlich-gelblicher Scheidenausfluss, oft unregelmäßige Periode; gehäuft Erkältungen	stark wechselnde, oft weinerliche Stimmung, man möchte nicht allein sein	**Pulsatilla D12** 2-mal tägl. 5 Glob. Seite 288

Bauch/Unterleib

Bauch/ Unterleib

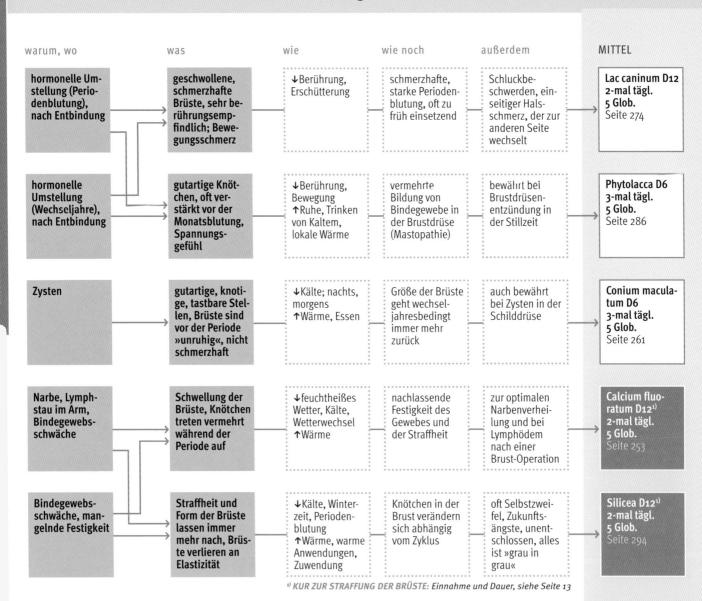

warum, wo	was	wie	wie noch	außerdem	MITTEL
hormonelle Umstellung (Periodenblutung), nach Entbindung	geschwollene, schmerzhafte Brüste, sehr berührungsempfindlich; Bewegungsschmerz	↓Berührung, Erschütterung	schmerzhafte, starke Periodenblutung, oft zu früh einsetzend	Schluckbeschwerden, einseitiger Halsschmerz, der zur anderen Seite wechselt	Lac caninum D12 2-mal tägl. 5 Glob. Seite 274
hormonelle Umstellung (Wechseljahre), nach Entbindung	gutartige Knötchen, oft verstärkt vor der Monatsblutung, Spannungsgefühl	↓Berührung, Bewegung ↑Ruhe, Trinken von Kaltem, lokale Wärme	vermehrte Bildung von Bindegewebe in der Brustdrüse (Mastopathie)	bewährt bei Brustdrüsenentzündung in der Stillzeit	Phytolacca D6 3-mal tägl. 5 Glob. Seite 286
Zysten	gutartige, knotige, tastbare Stellen, Brüste sind vor der Periode »unruhig«, nicht schmerzhaft	↓Kälte; nachts, morgens ↑Wärme, Essen	Größe der Brüste geht wechseljahresbedingt immer mehr zurück	auch bewährt bei Zysten in der Schilddrüse	Conium maculatum D6 3-mal tägl. 5 Glob. Seite 261
Narbe, Lymphstau im Arm, Bindegewebsschwäche	Schwellung der Brüste, Knötchen treten vermehrt während der Periode auf	↓feuchtheißes Wetter, Kälte, Wetterwechsel ↑Wärme	nachlassende Festigkeit des Gewebes und der Straffheit	zur optimalen Narbenverheilung und bei Lymphödem nach einer Brust-Operation	Calcium fluoratum D12[1] 2-mal tägl. 5 Glob. Seite 253
Bindegewebsschwäche, mangelnde Festigkeit	Straffheit und Form der Brüste lassen immer mehr nach, Brüste verlieren an Elastizität	↓Kälte, Winterzeit, Periodenblutung ↑Wärme, warme Anwendungen, Zuwendung	Knötchen in der Brust verändern sich abhängig vom Zyklus	oft Selbstzweifel, Zukunftsängste, unentschlossen, alles ist »grau in grau«	Silicea D12[1] 2-mal tägl. 5 Glob. Seite 294

[1] *KUR ZUR STRAFFUNG DER BRÜSTE: Einnahme und Dauer, siehe Seite 13*

Weibliche Geschlechtsorgane: Eierstock- und Gebärmutterbeschwerden/Myom

warum, wo	was	wie	wie noch	außerdem	MITTEL
Eierstockzyste	ziehende, auch stechende Schmerzen, oft rechtsseitig am Eierstock	↓Wärme, Berührung ↑kalte Auflagen, an frischer Luft	Brennen beim Wasserlassen, es kommt oft wenig Urin, geschwollene Beine	schmerzhafte Periode, als ob alles nach unten zieht, Schmerzen in den Eierstöcken	**Apis mellifica D6** 3-mal tägl. 5 Glob. Seite 247
Eierstockzyste, Ausfluss, Entzündung am Eierstock	ziehende Schmerzen, oft mehr linksseitig, gelb-grünlicher Ausfluss	↓Gewitter, Sturm, Nässe ↑Wärme	unreine, fettige Haut, Neigung zu Entzündungen im Unterleib, Infektanfälligkeit	zur Vermeidung erneut auftretender Polypen an der Gebärmutter	**Thuja occidentalis D12** 2-mal tägl. 5 Glob. Seite 299
Gebärmutterhalsentzündung (durch PAP-Abstrich bestätigt)	immer wieder gelb-grünlicher Ausfluss durch entzündete Schleimhaut der Gebärmutter	↓Kälte, Wind ↑Ingangkommen der Absonderungen	Neigung zu Erkältungen mit Nebenhöhlenentzündung, gelb-grünes Nasensekret	bewährt bei Schleimhautentzündungen auch durch Chemo- oder Bestrahlungstherapie	**Hydrastis canadensis D6** 3-mal tägl. 5 Glob. Seite 270
Myom	Myome in der Gebärmutter	↓Berührung der Schilddrüse	gutartige bindegewebige Wucherungen und Zysten in der Brustdrüse	Neigung zu vergrößerter Schilddrüse	**Lapis albus D6[1]** 3-mal tägl. 1 Tabl. Seite 275
	Senkungsbeschwerden der Gebärmutter, Schmerzen bei der starken Monatsblutung	↓Kälte, nachts ↑im Freien	Neigung zu Unterleibsentzündungen und Ausfluss; unreine Haut	auch bewährt zur Verkleinerung von Eierstockzysten	**Aurum chloratum natronatum D6[1]** 3-mal tägl. 1 Tabl. Seite 250

[1] KUR BEI MYOM: Einnahme und Dauer, siehe Seite 13

Weibliche Geschlechtsorgane: Monatsblutung, ausbleibende/Kinderwunsch

Bauch/Unterleib

warum, wo	was	wie	wie noch	außerdem	MITTEL
durchgemachte Erkrankung, Überanstrengung, emotionale Ereignisse, Kummer, Sorgen	ausbleibende Regelblutung, man fühlt sich wie ausgelaugt, nichts interessiert	↓Kälte, Lärm; Anstrengung ↑Wärme, Ruhe	schlechte Konzentration, man hat großes Ruhe- und Schlafbedürfnis, Schwindelanfälle	oft brennende Schmerzen vom Rücken auf die Bauchseite in Höhe des Unterleibs	Acidum phosphoricum D12 2-mal tägl. 5 Glob. Seite 242
hormonelle Störungen, Klimakterium, seelische Konflikte	verspätete oder ausbleibende Blutung, Schmerzen klingen bei Blutung ab	↓morgens, nach dem Schlaf, durch Wärme ↑kalte Anwendungen	man verträgt am Hals und am Körper nichts Enges; erhöhter Blutdruck, Hitzewallungen	heftige emotionale Reaktion wie Eifersucht und Misstrauen; man ist sehr redefreudig	Lachesis D12 2-mal tägl. 5 Glob. Seite 275
Überforderung, ausbleibende Blutung in der Pillenpause, Klimakterium, Leberleiden	verspätete oder ausbleibende Blutung, man muss vor Schmerzen die Beine kreuzen	↓Kälte, Nässe, Wetterwechsel ↑Bewegung, körperliche Tätigkeit	heftige, gereizte Reaktion, man geht auf Distanz zum Partner, hat Abneigung gegen Sex	übel riechender Schweiß, Senkungsgefühl der Gebärmutter, Blasenentzündungen	Sepia D12 2-mal tägl. 5 Glob. Seite 293
ausbleibende Blutung in der Pillenpause, nach Erkältung, Durchnässung, Trennungsängste	ausbleibende Blutung, zu kurzer oder zu langer Zyklus, Brustschmerzen, milchiger Fluor	↓nachts, warme Zimmerluft, fettes Essen, kalte Füße, Periodenblutung ↑Wärme	man kann nicht loslassen, hat schwankende, weinerliche Stimmung, will getröstet werden	auffallender Wechsel der Beschwerden sowohl körperlicher als auch seelischer Art	Pulsatilla D12 2-mal tägl. 5 Glob. Seite 288
Schilddrüsenunterfunktion, Ernährungsfehler, mangelnde Bewegung	verspätete, schwache oder ausbleibende Blutung, wund machender Ausfluss	↓nach dem Schlaf, morgens, Periodenblutung ↑frische Luft	hartnäckige Verstopfung, oft gestörter Blutzucker- und Fettstoffwechsel	wenig Ausdauer; alltägliche Arbeit geht nur langsam voran, gedrückte Stimmung	Graphites D12 2-mal tägl. 1 Tabl. Seite 267

Weibliche Geschlechtsorgane: Monatsblutung, schmerzhafte (Dysmenorrhoe)

warum, wo	was	wie	wie noch	außerdem	MITTEL
Kreislaufbeschwerden	starke Unterleibsschmerzen mit akuter Kreislaufschwäche, starker Schwindel	↓Anstrengung, Aufregung ↑Trinken von Kaltem	blass, kalter Schweißausbruch, Erbrechen, Krämpfe mit wässrigen Durchfällen	Erschöpfung, Kältegefühl am ganzen Körper	**Veratrum album D6** ½-stündl.[1] **5 Glob.** Seite 300
Neigung zu Muskelverkrampfungen	oft vor der Periode beginnend: plötzlich einschießende, krampfartige Schmerzen	↓Kaltes ↑Wärme, warme Auflagen	Nervenschmerzen, Trigeminusneuralgie, Muskelkrämpfe	bewährt bei schmerzempfindlichen Zahnhälsen	**Magnesium phosphoricum D6** ½-stündl.[1] **1 Tabl.** Seite 278
vor der Periode beginnende Schmerzen	krampfartige, vom Rücken bis zu den Oberschenkeln ausstrahlende Schmerzen	↓Wärme ↑Bewegung, im Freien	oft verspätet einsetzende, kurze Blutung, klumpig; Durchfall und Übelkeit	bewährt bei Endometriose (Seite 302)	**Viburnum opulus D3** ½-stündl.[1] **5 Glob.** Seite 300
Bauchkrämpfe, emotionale Ereignisse (Aufregung, Entrüstung, Demütigung)	kolikartige Schmerzen, man muss sich zusammenkrümmen und die Beine anziehen	↓nachmittags, nachts, essen, trinken ↑Wärme, zusammenkrümmen	selbst Kleinigkeiten bringen einen aus der Fassung, man reagiert mit Wutanfall	bewährt bei Endometriose, krampfartigen Schmerzen an Gallenblase, Darm, Nieren	**Colocynthis D6** ½-stündl.[1] **5 Glob.** Seite 260
emotionale Ereignisse (Ärger, Aufregung)	ärgerliche, gereizte Stimmung, man »fährt aus der Haut« wegen Kleinigkeiten	↓Aufregung, Kaffee, Wärme, bei Nacht ↑lokale Wärme	Blutung setzt mit starken wehenartigen Schmerzen ein, große Schmerzempfindlichkeit	aufgetriebener Bauch, stinkende Blähungen, oft grünlicher Durchfall	**Chamomilla D12** 4-mal tägl. **5 Glob.** Seite 257

[1] *Einnahme bei den ersten Anzeichen der Blutung bzw. der beginnenden Schmerzen, nach Besserung alle 2 Stunden*

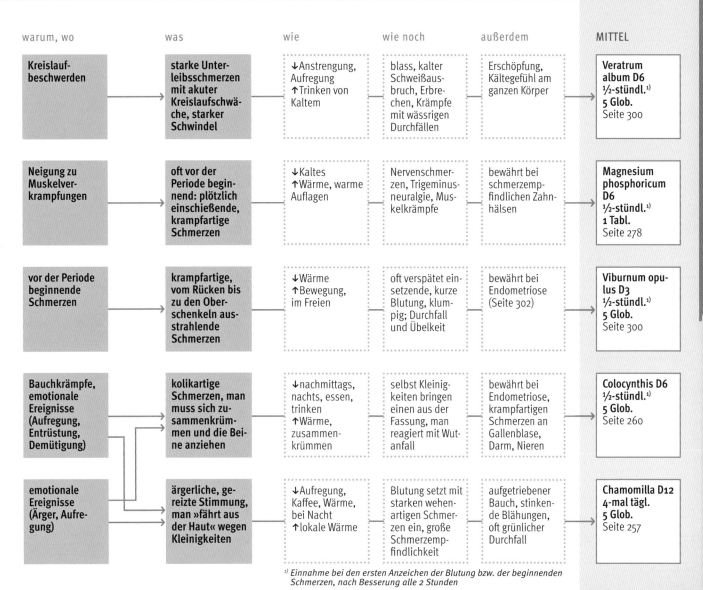

153

Bauch/Unterleib

warum, wo	was	wie	wie noch	außerdem	MITTEL
verkürzter Zyklus	zu frühe, lang anhaltende, dunkle Blutung, meist übel riechend, oft mit Kreuzschmerzen	↓nachts zwischen 3 und 5 Uhr, Kälte, Luftzug ↑Wärme	Schweiße schwächen, Harnabgang beim Niesen	man ist überempfindlich gegen Lärm, Geruch, hat ausgeprägtes Wärmeverlangen	**Kalium carbonicum D12** 2-mal tägl. 5 Glob. Seite 273
	zu früh einsetzende, starke Blutung, meist dunkel, klumpig	↓Kälte, Nässe, Anstrengung ↑trockenes Wetter, Wärme	man schwitzt rasch an Kopf, Nacken, Oberkörper, säuerlich riechend; häufige Erkältungen	Neigung zu Übergewicht, mangelnde Leistungsfähigkeit, mangelndes Selbstvertrauen	**Calcium carbonicum D12** 2-mal tägl. 5 Glob. Seite 252
hormonelle Störungen, nach Erkältung und Durchnässung, Trennungsängste	zu kurzer oder zu langer Zyklus, Brustschmerzen, milchiger Ausfluss	↓nachts, warme Zimmerluft, fettes Essen, kalte Füße, Periodenblutung ↑Wärme	man kann nicht loslassen, hat schwankende, weinerliche Stimmung, will getröstet werden	auffallender Wechsel der Beschwerden sowohl körperlicher als auch seelischer Art	**Pulsatilla D12** 2-mal tägl. 5 Glob. Seite 288
seelische Konflikte, lang anhaltender Kummer, Wechseljahre	verspätete, schwache oder zu frühe starke Blutung	↓morgens, durch Anstrengung ↑liegen, frische Luft	Trockenheit der Scheide mit Schmerzen beim Sex, Widerwille dagegen	Grübeln über Vergangenes; oft Migräne, Hautausschläge; kaum Gewichtzunahme	**Natrium chloratum D12** 2-mal tägl. 5 Glob. Seite 281
emotionale Ereignisse, Schwächezustand	zu frühe, hellrote Blutung, lang anhaltend	↓abends, nachts, emotionale Ereignisse ↑kurze Ruhepausen	häufiges Nasenbluten, der geringste Stoß verursacht blaue Flecken	man ist schnell erschöpft, braucht Ruhepausen, muss häufig Kleinigkeiten essen	**Phosphorus D12** 2-mal tägl. 5 Glob. Seite 286

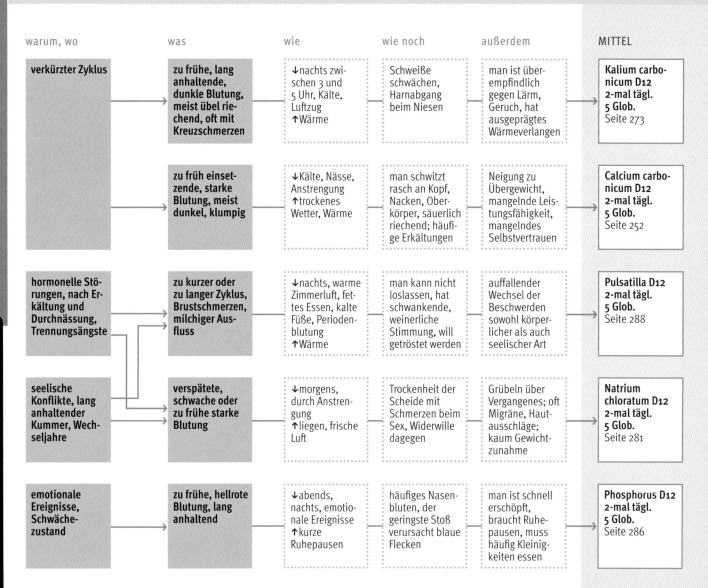

Weibliche Geschlechtsorgane: Monatsblutung, verstärkte, verlängerte/ Zwischenblutung

warum, wo	was	wie	wie noch	außerdem	MITTEL
Zwischen-blutung, Mittelschmerz (Eisprung)	dunkelrote Blutung, lang dauernder, star-ker Blutfluss	↓Berührung generell, feuchte Wärme	Periodenschmer-zen in Becken und Kreuz ausstrahlend, Schmerzen beim Eisprung	Neigung zu Krampfadern, Venenentzün-dungen, Hämorrhoiden	**Hamamelis D6** **3-mal tägl.** **5 Glob.** Seite 268
Anstrengung	schwärzliche Blutung, be-sonders nachts, morgens, schmerzhaft	↓morgens, vor und während der Perioden-blutung, durch Wärme	Durchfall wäh-rend der Perio-denblutung, Kreuzschmerzen mit Senkungs-gefühl	akneartiger Hautausschlag, Herpes, Schweiß riecht nach Zwiebeln	**Bovista D6** **3-mal tägl.** **5 Glob.** Seite 252
körperliche und seelische Über-anstrengung	dunkelrote, klumpige Blutung, stoß-weise	↓nachts, durch Kälte und Nässe ↑Wärme	Ruhe, Schlaf, Essen bringen keine Besse-rung, oft über-empfindlich gegen Gerüche	mangelnde seelische und körperliche Belastungs-fähigkeit	**China D6** **3-mal tägl.** **5 Glob.** Seite 258
	hellrote, lang dauernde Blu-tung, stoßweise	↓morgens, durch Anstren-gung	oft unruhiger Schlaf mit Angst-träumen, An-triebsschwäche, man fühlt sich geschwächt	häufig Kopf-schmerzen, Sodbrennen	**Erigeron cana-densis D6** **3-mal tägl.** **5 Glob.** Seite 264
Hormonstörung, Zwischen-blutung, Blutung nach Sex	Blutung ist hell-rot, lang anhal-tend oder dunkel geronnen	↓körperliche Anstrengung	Hitzegefühl am Rücken wie heißes Wasser	Frühzeichen der Wechseljahre mit Hitzewallun-gen, Stimmungs-wechsel	**Ustilago maydis D6** **3-mal tägl.** **5 Glob.** Seite 299

Bauch/Unterleib

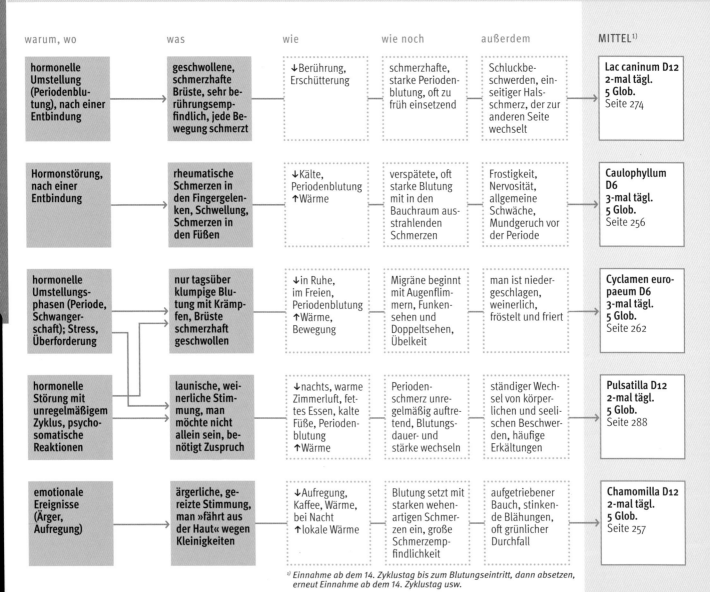

warum, wo	was	wie	wie noch	außerdem	MITTEL[1]
hormonelle Umstellung (Periodenblutung), nach einer Entbindung	geschwollene, schmerzhafte Brüste, sehr berührungsempfindlich, jede Bewegung schmerzt	↓Berührung, Erschütterung	schmerzhafte, starke Periodenblutung, oft zu früh einsetzend	Schluckbeschwerden, einseitiger Halsschmerz, der zur anderen Seite wechselt	**Lac caninum D12** **2-mal tägl.** **5 Glob.** Seite 274
Hormonstörung, nach einer Entbindung	rheumatische Schmerzen in den Fingergelenken, Schwellung, Schmerzen in den Füßen	↓Kälte, Periodenblutung ↑Wärme	verspätete, oft starke Blutung mit in den Bauchraum ausstrahlenden Schmerzen	Frostigkeit, Nervosität, allgemeine Schwäche, Mundgeruch vor der Periode	**Caulophyllum** **D6** **3-mal tägl.** **5 Glob.** Seite 256
hormonelle Umstellungsphasen (Periode, Schwangerschaft); Stress, Überforderung	nur tagsüber klumpige Blutung mit Krämpfen, Brüste schmerzhaft geschwollen	↓in Ruhe, im Freien, Periodenblutung ↑Wärme, Bewegung	Migräne beginnt mit Augenflimmern, Funkensehen und Doppeltsehen, Übelkeit	man ist niedergeschlagen, weinerlich, fröstelt und friert	**Cyclamen europaeum D6** **3-mal tägl.** **5 Glob.** Seite 262
hormonelle Störung mit unregelmäßigem Zyklus, psychosomatische Reaktionen	launische, weinerliche Stimmung, man möchte nicht allein sein, benötigt Zuspruch	↓nachts, warme Zimmerluft, fettes Essen, kalte Füße, Periodenblutung ↑Wärme	Periodenschmerz unregelmäßig auftretend, Blutungsdauer- und stärke wechseln	ständiger Wechsel von körperlichen und seelischen Beschwerden, häufige Erkältungen	**Pulsatilla D12** **2-mal tägl.** **5 Glob.** Seite 288
emotionale Ereignisse (Ärger, Aufregung)	ärgerliche, gereizte Stimmung, man »fährt aus der Haut« wegen Kleinigkeiten	↓Aufregung, Kaffee, Wärme, bei Nacht ↑lokale Wärme	Blutung setzt mit starken wehenartigen Schmerzen ein, große Schmerzempfindlichkeit	aufgetriebener Bauch, stinkende Blähungen, oft grünlicher Durchfall	**Chamomilla D12** **2-mal tägl.** **5 Glob.** Seite 257

[1] *Einnahme ab dem 14. Zyklustag bis zum Blutungseintritt, dann absetzen, erneut Einnahme ab dem 14. Zyklustag usw.*

Weibliche Geschlechtsorgane: Scheidenausfluss/Scheidenpilzinfektion

warum, wo	was	wie	wie noch	außerdem	MITTEL
hochakute Entzündung, Infektion, Erkältung	**trocken-heiße, brennende Scheide, pulsierende Schmerzen**	↓Berührung, Geräusche, Licht ↑Ruhe	man muss die Augenlider zusammenkneifen, plötzlich klopfender Kopfschmerz	Hautentzündungen wie beim Sonnenbrand, bei brennenden Schleimhautentzündungen	**Belladonna D6[1]** **3-mal tägl.** **5 Glob.** Seite 250
Hormonstörung, Infektion (insbesondere durch Trichomonaden, Seite 303)	**unangenehm riechender, gelb-grünlicher Ausfluss, starker Juckreiz**	↓abends; in warmen Räumen ↑im Freien, Bewegung	Senkungsgefühl der Scheide, Brustschmerzen bei oft schmerzhafter, unregelmäßiger Periode	Herzstolpern mit Angstgefühlen in den Wechseljahren, anfallsweiser beschleunigter Herzschlag	**Lilium tigrinum D6** **3-mal tägl.** **5 Glob.** Seite 276
Hormonstörung, Abwehrschwäche	**extrem übel riechender, brennend-scharfer Ausfluss, Schmerzen im Genitalbereich**	↓Kälte, nach der Periodenblutung ↑Wärme	Periodenblutung tritt oft zu früh ein, hält lange an, dunkles Blut	unangenehmer Mundgeruch, starke Speichelbildung, Zahnfleisch bläulich, schwammig	**Kreosotum D6** **3-mal tägl.** **5 Glob.** Seite 274
Ausfluss infolge Pilzinfektion (Candidapilz)	**Ausfluss zäh, klebrig, wie Kleister, weißliche Beläge auf der Scheidenschleimhaut**	↓morgens, Kälte, Nässe, nach der Periode ↑im Freien	schmerzhafte Monatsblutung mit Abgang von klumpigem, dunkelrotem Blut	weißliche Flecken auf der Mundschleimhaut (Soor) und Bläschen (Aphthen)	**Borax D6** **3-mal tägl.** **5 Glob.** Seite 251
wiederkehrende Infektion	**Ausfluss hell oder gelblich verfärbt, Juckreiz in der Scheide**	↓Monatsblutung	Brennen in der Scheide, Schmerzen beim Sex	Neigung zu Pilzinfektionen in der Scheide	**Allium sativum D2** **abends 2 Tabl.** **in die Scheide einführen** Seite 245

[1] Akutdosierung: am 1. und 2. Krankheitstag 4- bis 5-mal tägl. einnehmen

Bauch/Unterleib

Weibliche Geschlechtsorgane: Senkungsbeschwerden (Scheide, Gebärmutter)

Bauch/Unterleib

warum, wo	was	wie	wie noch	außerdem	MITTEL
Erschöpfung durch Überanstrengung	immer wieder Unterleibsschmerzen, keine Lustgefühle, Schmerzen beim Sex	↓daran denken ↑Ablenkung	man ist überlastet und überarbeitet, hat keine Kraft mehr, ist wie ausgelaugt	die erschöpfte Frau, stellt an sich selbst zu hohe Ansprüche: »Wie schaffe ich alles?«	**Helonias dioica D6** 3-mal tägl. 5 Glob. Seite 270
seelische Konflikte durch Überforderung; Wechseljahre	Urinabgang bei körperlicher Belastung (Tragen, Husten, Lachen, Joggen)	↓Kälte, Nässe, Wetterwechsel ↑Bewegung, körperliche Tätigkeit	Neigung zu Blasenentzündungen, übel riechender Schweiß	man reagiert heftig und gereizt, geht auf Distanz zum Partner, Abneigung gegen Sex	**Sepia D12** 2-mal tägl. 5 Glob. Seite 293
Entbindung, Wechseljahre	Druckgefühl im Unterbauch, in die Oberschenkel einstrahlende Schmerzen	↓nachmittags, nachts ↑Schonung	tief sitzende Rückenschmerzen, als ob das Kreuz brechen würde	Neigung zu klopfenden Schmerzen im Hinterkopf, als sei eine heiße Stelle am Kopf	**Fraxinus americanus D6** 3-mal tägl. 5 Glob. Seite 266
Entbindung, Bindegewebsschwäche, Verstopfung	Druckgefühl im Unterleib, man kann bei voller Blase den Urin halten	↓heben, tragen	starke und schmerzhafte Monatsblutung, weißlicher, fadenziehender Ausfluss	man fühlt sich oft nicht leistungsfähig, ist müde	**Aletris farinosa D6[1]** 3-mal tägl. 5 Glob. Seite 245
Bindegewebsschwäche, Entbindung	Gefühl, als ob die Scheide oder die Blase nach unten gezogen werden	↓feuchtheißes Wetter, Kälte, Wetterwechsel ↑Wärme	schmerzhafte, geschwollene Beine mit Hitze- und Schweregefühl, Besenreiser	frühzeitige Fältchenbildung der Haut, rissige, spröde Nägel, dünner Haarwuchs	**Calcium fluoratum D12[1]** 2-mal tägl. 5 Glob. Seite 253

[1] *KUR BEI SENKUNGSBESCHWERDEN: Einnahme und Dauer, siehe Seite 13*

Weibliche Geschlechtsorgane: Wechseljahresbeschwerden (Klimakterium)

→ Osteoporose (Seite 168)

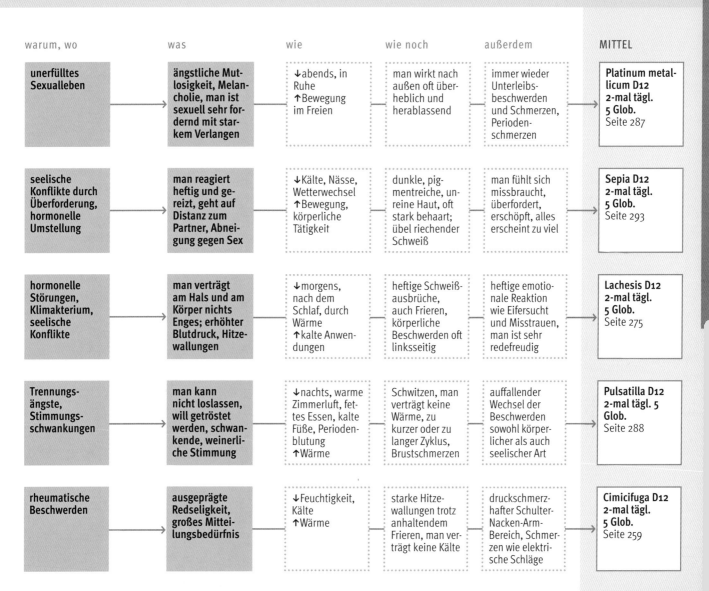

warum, wo	was	wie	wie noch	außerdem	MITTEL
unerfülltes Sexualleben	ängstliche Mutlosigkeit, Melancholie, man ist sexuell sehr fordernd mit starkem Verlangen	↓abends, in Ruhe ↑Bewegung im Freien	man wirkt nach außen oft überheblich und herablassend	immer wieder Unterleibsbeschwerden und Schmerzen, Periodenschmerzen	**Platinum metallicum D12** 2-mal tägl. **5 Glob.** Seite 287
seelische Konflikte durch Überforderung, hormonelle Umstellung	**man reagiert heftig und gereizt, geht auf Distanz zum Partner, Abneigung gegen Sex**	↓Kälte, Nässe, Wetterwechsel ↑Bewegung, körperliche Tätigkeit	dunkle, pigmentreiche, unreine Haut, oft stark behaart; übel riechender Schweiß	man fühlt sich missbraucht, überfordert, erschöpft, alles erscheint zu viel	**Sepia D12** 2-mal tägl. **5 Glob.** Seite 293
hormonelle Störungen, Klimakterium, seelische Konflikte	**man verträgt am Hals und am Körper nichts Enges; erhöhter Blutdruck, Hitzewallungen**	↓morgens, nach dem Schlaf, durch Wärme ↑kalte Anwendungen	heftige Schweißausbrüche, auch Frieren, körperliche Beschwerden oft linksseitig	heftige emotionale Reaktion wie Eifersucht und Misstrauen, man ist sehr redefreudig	**Lachesis D12** 2-mal tägl. **5 Glob.** Seite 275
Trennungsängste, Stimmungsschwankungen	**man kann nicht loslassen, will getröstet werden, schwankende, weinerliche Stimmung**	↓nachts, warme Zimmerluft, fettes Essen, kalte Füße, Periodenblutung ↑Wärme	Schwitzen, man verträgt keine Wärme, zu kurzer oder zu langer Zyklus, Brustschmerzen	auffallender Wechsel der Beschwerden sowohl körperlicher als auch seelischer Art	**Pulsatilla D12** 2-mal tägl. 5 **Glob.** Seite 288
rheumatische Beschwerden	**ausgeprägte Redseligkeit, großes Mitteilungsbedürfnis**	↓Feuchtigkeit, Kälte ↑Wärme	starke Hitzewallungen trotz anhaltendem Frieren, man verträgt keine Kälte	druckschmerzhafter Schulter-Nacken-Arm-Bereich, Schmerzen wie elektrische Schläge	**Cimicifuga D12** 2-mal tägl. **5 Glob.** Seite 259

Bauch/Unterleib

Bauch/Unterleib

warum, wo	was	wie	wie noch	außerdem	MITTEL
Infekt, Hoden-, Prostata- und Harnwegs-entzündung	plötzlicher Harndrang mit erschwertem Wasserlassen und Schmerzen	↓nachts ↑sich krümmen	dunkler Urin, kolikartige Schmerzen im Unterbauch, Nachträufeln	zusätzlich zur Antibiotikathera-pie, um wieder-kehrende Ent-zündungen zu vermeiden	**Pareira brava D6** 3-mal tägl. 5 Glob. Seite 284
wiederkehrende Entzündungen	brennende, stechende oder splitterartige Schmerzen, Wundheitsgefühl	↓Kälte ↑Wärme-anwendung	Urin dunkel, übel riechend, blutig, drücken-de Schmerzen in der Genital- und Nierengegend	neigt zu chro-nifizierenden Harnwegsent-zündungen mit Steinbildung	**Fabiana imbri-cata D6** 3-mal tägl. 5 Glob. Seite 264
Entzündung, vergrößerter Hoden (Hydrocele), Pendelhoden (Seite 303)	anhaltende Schwellung und Schmerzen in Hoden und Nebenhoden	↓nachts, Wetterum-schwung ↑Bewegung, warme Anwen-dungen	Schmerzen wie gequetscht, oft bis in den Bauch ausstrahlend	bewährt bei Flüssigkeitsan-sammlung im Hodensack und Pendelhoden linksseitig	**Rhododen-dron D6** 3-mal tägl. 5 Glob. Seite 289
Pendelhoden, vergrößerter Hoden (Hydrocele)	ziehende, auch stechende Schmerzen, oft rechtsseitig am Hoden	↓Wärme, Berührung ↑kalte Auflagen, an frischer Luft	vergrößerter Hoden durch Lymphflüssigkeit im Hodensack	Pendelhoden meist rechts-seitig, schlüpft immer wieder zurück	**Apis melli-fica D6** 3-mal tägl. 5 Glob. Seite 247
Venenbeschwer-den am Hoden (Varicozele)	Krampfadern am Hoden, sichtbar hervortretend und schmerzhaft	↓Berührung, Druck, feuchte Wärme	schmerzhafte, leicht blutende Hämorrhoiden, Wundschmerz am After	Lymphstau (Ödem) im Knöchelbereich, Neigung zu Venenentzün-dungen	**Hamamelis D6** 3-mal tägl. 5 Glob. Seite 268

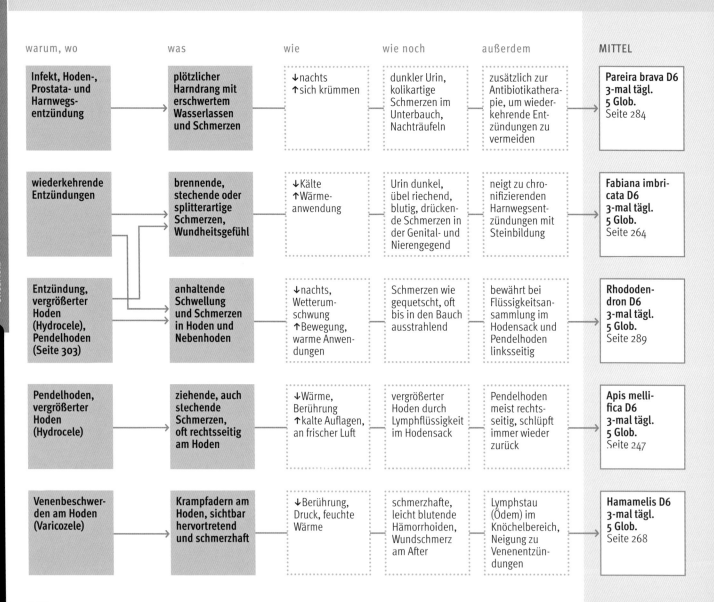

Männliche Geschlechtsorgane: Prostataentzündung/ Prostatavergrößerung

→ Reizblase/Harninkontinenz *(Seite 149)*

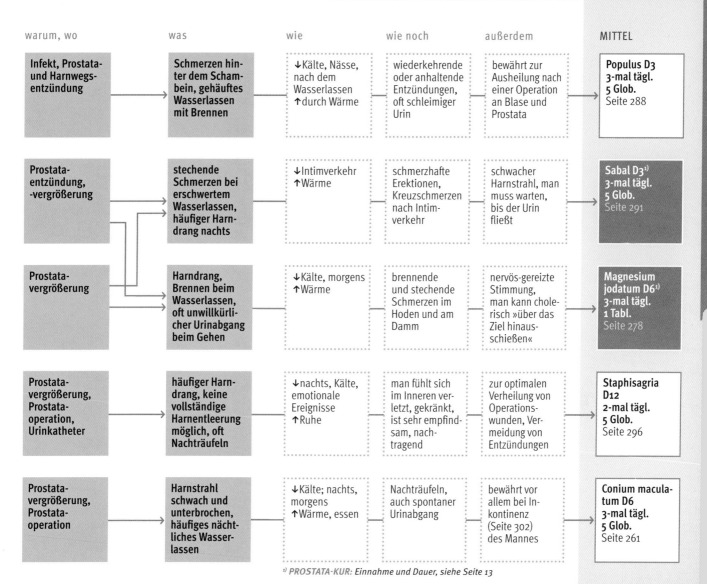

warum, wo	was	wie	wie noch	außerdem	MITTEL
Infekt, Prostata- und Harnwegs- entzündung	Schmerzen hinter dem Schambein, gehäuftes Wasserlassen mit Brennen	↓Kälte, Nässe, nach dem Wasserlassen ↑durch Wärme	wiederkehrende oder anhaltende Entzündungen, oft schleimiger Urin	bewährt zur Ausheilung nach einer Operation an Blase und Prostata	**Populus D3** 3-mal tägl. 5 Glob. Seite 288
Prostata- entzündung, -vergrößerung	stechende Schmerzen bei erschwertem Wasserlassen, häufiger Harn- drang nachts	↓Intimverkehr ↑Wärme	schmerzhafte Erektionen, Kreuzschmerzen nach Intim- verkehr	schwacher Harnstrahl, man muss warten, bis der Urin fließt	**Sabal D3[1]** 3-mal tägl. 5 Glob. Seite 291
Prostata- vergrößerung	Harndrang, Brennen beim Wasserlassen, oft unwillkürli- cher Urinabgang beim Gehen	↓Kälte, morgens ↑Wärme	brennende und stechende Schmerzen im Hoden und am Damm	nervös-gereizte Stimmung, man kann chole- risch »über das Ziel hinaus- schießen«	**Magnesium jodatum D6[1]** 3-mal tägl. 1 Tabl. Seite 278
Prostata- vergrößerung, Prostata- operation, Urinkatheter	häufiger Harn- drang, keine vollständige Harnentleerung möglich, oft Nachträufeln	↓nachts, Kälte, emotionale Ereignisse ↑Ruhe	man fühlt sich im Inneren ver- letzt, gekränkt, ist sehr empfind- sam, nach- tragend	zur optimalen Verheilung von Operations- wunden, Ver- meidung von Entzündungen	**Staphisagria D12** 2-mal tägl. 5 Glob. Seite 296
Prostata- vergrößerung, Prostata- operation	Harnstrahl schwach und unterbrochen, häufiges nächt- liches Wasser- lassen	↓Kälte; nachts, morgens ↑Wärme, essen	Nachträufeln, auch spontaner Urinabgang	bewährt vor allem bei In- kontinenz (Seite 302) des Mannes	**Conium macula- tum D6** 3-mal tägl. 5 Glob. Seite 261

[1] *PROSTATA-KUR: Einnahme und Dauer, siehe Seite 13*

Bauch/ Unterleib

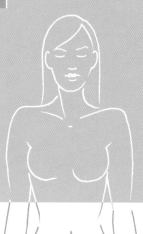

Bewegungsapparat

In diesem Kapitel werden alle Teile des Körpers behandelt, die an der Bewegung und Beweglichkeit beteiligt sind, also Gelenke und Wirbelsäule, Muskeln, Sehnen, Bänder und Schleimbeutel sowie die Nerven. In aller Regel sollte das ausgewählte Mittel längere Zeit eingenommen werden, um eine Erleichterung zu verspüren.

Gelenke

Gelenke können sich entzünden. Zur Behandlung dieser sogenannten **rheumatoiden Arthritis** ist ärztliche Hilfe unbedingt notwendig, da die Erkrankung die Gelenkbeweglichkeit immer weiter einschränkt und mit starken Schmerzen verbunden ist. Nehmen Sie jedoch zusätzlich die Homöopathie zu Hilfe, um die Entzündung zu behandeln und um die Gelenkbeweglichkeit so weit wie möglich zu erhalten. Die unterstützende Behandlung steigert auch die Verträglichkeit der chemischen Medikamente. Gerade bei entzündlichen Gelenkerkrankungen kommt diesem Aspekt eine besondere Bedeutung zu, da sich deren Nebenwirkungen oftmals mit Beschwerden im Magen-Darm-Bereich zeigen. Stehen solche Beschwerden im Vordergrund, dann sollten Sie auch dort nachschauen (Seite 128–137). Eine große Bedeutung hat die Homöopathie bei der Behandlung der **Arthrose**, die auch als **Gelenkver-**schleiß bekannt ist. Hierbei kommt es ebenfalls zu einer schmerzhaften Bewegungseinschränkung. Beachten Sie unbedingt die homöopathische Gelenkkur, die oftmals die Beweglichkeit der Gelenke wiederherstellen kann, unabhängig davon, welches Gelenk betroffen ist. Mit einer solchen Kur lassen sich häufig auch Schmerzmedikamente einsparen.

Rücken und Wirbelsäule, Knochen

Hier zeigen sich ebenfalls unterschiedliche Beschwerdenbilder, die recht schmerzhaft sind. Nach einem **Bandscheibenvorfall** sollten Sie unbedingt die Homöopathie unterstützend anwenden; Gleiches gilt für **Wirbelsäulenerkrankungen** wie Morbus Bechterew und Morbus Scheuermann, um das Voranschreiten der Erkrankung aufzuhalten. Die Homöopathie bringt auch bei **Osteoporose**, bei der die Knochenmasse verringert und die Knochenstruktur verändert ist, Linderung. Nehmen Sie zusätzlich zu den verordneten schulmedizinischen Medikamenten die Globuli ein. Auch gibt es zur Behandlung eine homöopathische Osteoporose-Kur, die Sie langfristig durchführen sollten. Sie werden spüren, dass die Schmerzen nachlassen und die Beweglichkeit wieder zunimmt.

In der letzten Zeit tritt ein Krankheitsbild immer häufiger auf: die **Wirbelkanalverengung**. Dabei kommt es zu Schmerzen im Rücken und Missempfindungen, oft in den Beinen oder Armen.

Muskeln, Sehnen, Bänder, Schleimbeutel

Anhaltende Schmerzen in diesen Bereichen gehen meist auf eine Entzündung zurück. In jedem Fall sollten Sie ärztlichen Rat einholen. Zu den meisten Problemen gibt es auch ein homöopathisches Mittel, das Ihnen helfen wird. Allerdings sollte die Einnahme längere Zeit erfolgen. Beschwerden wie **Muskelkater** und **Wadenkrämpfe** sprechen erfahrungsgemäß sehr gut auf die Homöopathie an, hierbei genügt meist eine kurzfristige Anwendung.

Nerven

Entzündungen der Nervenbahnen können sich in **Ischiasschmerzen** oder **unruhigen Beinen** äußern. Lassen Sie die Beschwerden ärztlich abklären, um die Ursache der Schmerzen genau zu kennen. Dann können Sie in diesem Kapitel gezielt nach Ihrem homöopathischen Mittel suchen.

Bewegungs-apparat

Gelenke: Gelenkentzündung (Arthritis)

warum, wo	was	wie	wie noch	außerdem	MITTEL[1]
meist sind mehrere Gelenke betroffen	stechende Schmerzen, jegliche Bewegung wird vermieden, kaum geschwollene Gelenke	↓geringste Bewegung, Berührung, Wetterumschwung ↑Schweißausbruch, Kälte	Neigung zu stechenden Kopfschmerzen, Verstopfung, großes Durstgefühl	man reagiert auf Schmerzen mit gereizter Stimmung	**Bryonia D6** 3-mal tägl. 5 Glob. Seite 252
	starke Bewegungsschmerzen, schmerzhaft angeschwollene Gelenke, gerötet und heiß	↓Wärme ↑Abkühlung	man ist schnell ermüdet; Neigung zu Allergien, auch zu Nahrungsmittelunverträglichkeiten	bewährt bei allergischen Hautreaktionen auf chemische Schmerzmittel	**Cardiospermum D3** 3-mal tägl. 5 Glob. Seite 255
meist sind einzelne Gelenke betroffen, oft Hand- und Kniegelenk; Borreliose	Haut über dem Gelenk ist wie aufgequollen, blassrot, Hitzegefühl, stechende Schmerzen	↓Wärme, Berührung ↑kalte Auflagen, an frischer Luft	bewährt nach Gelenkpunktion wegen Gelenkerguss	Begleitbehandlung bei Cortison-bedingter Gesichtsschwellung	**Apis mellifica D6** 3-mal tägl. 5 Glob. Seite 247
meist sind einzelne Gelenke betroffen; Borreliose, Gichtanfall	Gelenkschwellung mit Hitzegefühl und Verlangen nach Abkühlung	↓Wärme, Bewegung ↑kalte Anwendungen	brennendes Gefühl der Hände und Füße, erhöhte Harnsäure, Gichtknoten	auch bewährt bei Borreliose-bedingten Gelenkschmerzen	**Ledum D6** 3-mal tägl. 5 Glob. Seite 276
meist sind einzelne Gelenke betroffen; Gichtanfall	vibrierende, reißende Schmerzen mit rötlicher Schwellung, schmerzhafte Bewegung	↓Bewegung, Berührung, Kälte, Wetterumschwung ↑an frischer Luft	reißender Schmerz von der oberen Zahnreihe über das Gesicht bis zur Schläfe	Müdigkeit nach geringster Anstrengung	**Actaea spicata D6** 3-mal tägl. 5 Glob. Seite 244

[1] *Akutdosierung: am 1. und 2. Krankheitstag 4- bis 5-mal tägl. einnehmen*

Gelenke: Gelenkverschleiß (Arthrose)

warum, wo	was	wie	wie noch	außerdem	MITTEL
Hormonstörung: nach einer Entbindung, Wechseljahre	schmerzhafte Knötchen an den Mittel- und Endgelenken der Finger	↓Kälte, Periodenblutung ↑Wärme	Knacken und Krachen der Gelenke bei Bewegung, Schmerzen in den Zehen	Frostigkeit, Nervosität, allgemeine Schwäche, Mundgeruch vor der Periode	**Caulophyllum D6[1] 3-mal tägl. 5 Glob.** Seite 256
Wechseljahre; Gelenkabnutzung	schmerzhafte Hand- und Fingergelenke, sind wie steif und geschwollen	↓Feuchtigkeit, Kälte ↑Wärme	druckschmerzhafter Schulter-Nacken-Arm-Bereich, Schmerzen wie elektrische Schläge	starke Hitzewallungen trotz anhaltendem Frieren, man verträgt keine Kälte	**Cimicifuga D12 2-mal tägl. 5 Glob.** Seite 259
Gelenkabnutzung; Wetterwechsel	schmerzhafte Gelenke, vermehrt Schmerzen beim Tragen, Heben und Bewegen	↓körperliche Belastung ↑im Liegen, Ruhe	Schmerzen im Rückenbereich, man muss sich immer wieder setzen oder hinlegen	bewährt beim Fersensporn, bei nachlassender Knochendichte	**Hekla lava D6[1] 3-mal tägl. 1 Tabl.** Seite 269
	krampfartige, reißende oder ziehende Schmerzen in den Hüft- und Kniegelenken	↓Wetterumschwung, Feuchtigkeit ↑Ruhe, im Liegen	Rückenschmerzen und Muskelverspannungen durch einseitigen Gang	anhaltende Schmerzen nach einer (Knie-)Gelenkverletzung oder Operation	**Harpagophytum D6 3-mal tägl. 5 Glob.** Seite 269
Wetterwechsel	ziehende Schmerzen in den Finger- und Zehengelenken, Nervenschmerzen	↓nachts, Wetterumschwung ↑Bewegung, warme Anwendungen	Kribbeln und Ameisenlaufen der Beine, Knochenschmerzen	jeder Wetterumschwung ist mit vermehrten Schmerzen fühlbar: »Barometerschmerz«	**Rhododendron D6 3-mal tägl. 5 Glob.** Seite 289

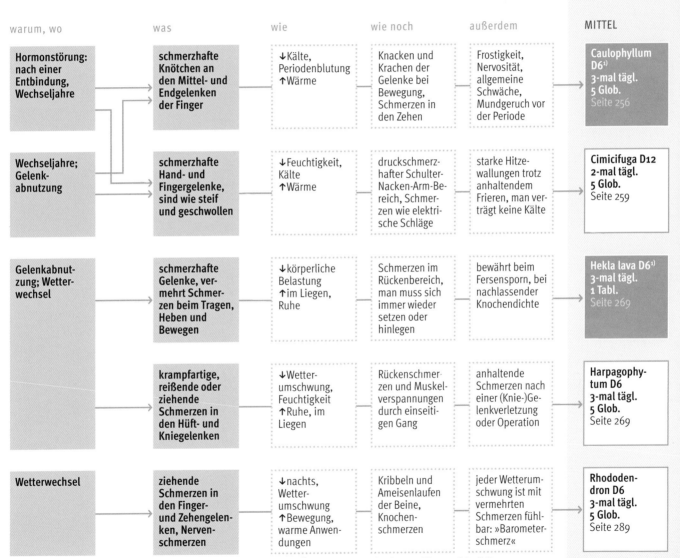

[1] *KUR FÜR DIE GELENKE: Einnahme und Dauer, siehe Seite 13*

Bewegungsapparat

Bewegungs-apparat

warum, wo	was	wie	wie noch	außerdem	MITTEL
Überanstrengung	Rückenschmerzen nach Bandscheibenvorfall mit Schmerzen im Arm oder Bein	↓feuchtkaltes Wetter, Ruhe ↑Wärme, fortgesetzte Bewegung	ziehende Schmerzen bei Bewegungsbeginn, wie steif, allmählich nachlassend	Bandscheibenvorfall durch schweres Heben und Tragen, ungeschickte Bewegung	**Rhus toxicodendron D12**[1] **2-mal tägl. 5 Glob.** Seite 290
Nervenentzündung und -verletzung, Gehirnerschütterung	einschießende Nervenschmerzen, anhaltendes Taubheitsgefühl und Kribbeln	↓Berührung, Kälte, Wetterwechsel ↑Ruhe	Schwächegefühl in den Armen oder Beinen mit Gangunsicherheit, Ameisenlaufen	Kopfschmerzen, Benommenheitsgefühl, Schwindelgefühl nach Gehirnerschütterung	**Hypericum D6**[1] **3-mal tägl. 5 Glob.** Seite 271
Abnutzung	Muskel-, Gelenk- und Wirbelsäulenschmerzen, steifer Rücken, auch nach Bandscheibenvorfall	↓feuchtheißes Wetter, Kälte, Wetterwechsel ↑Wärme	zunehmende Faltenbildung, würfelartige Falten unter den Augenlidern	Bindegewebe schlaff werdend, auch die Brüste; spröde Nägel, dünner Haarwuchs	**Calcium fluoratum D12**[2] **2-mal tägl. 5 Glob.** Seite 253
	verspannter Rücken; Bewegung von Rücken und Gelenken ist schmerzhaft eingeschränkt	↓abends, längeres Stehen ↑Wärme	Nervenschmerzen in den Armen und Beinen, schmerzhafte Muskelverhärtungen	Gelenkverschleiß (Arthrose) mit bewegungsabhängigen Schmerzen	**Paloondo D6**[2] **3-mal tägl. 5 Glob.** Seite 284
	Schmerzen in der Wirbelsäule mit Schwäche und Unsicherheit	↓Kälte, im Winter, durch Sinneseindrücke ↑Wärme, Zuwendung	Rückenmuskulatur ist verspannt; kalte, schweißige Hände und Füße, man friert ständig	Neigung zu Infekten und Entzündungen mit verzögerter Heilung, Bindegewebsschwäche	**Silicea D12 2-mal tägl. 5 Glob.** Seite 294

[1] KUR NACH BANDSCHEIBENVORFALL: Einnahme und Dauer, siehe Seite 13
[2] KUR FÜR DIE BANDSCHEIBEN: Einnahme und Dauer, siehe Seite 13

warum, wo	was	wie	wie noch	außerdem	MITTEL
hochakuter Schmerz und Entzündung	stechende Schmerzen, jegliche Bewegung wird vermieden, Muskulatur ist wie steif	↓geringste Bewegung, Berührung, Wetterumschwung ↑Schweißausbruch, Kälte	Neigung zu stechenden Kopfschmerzen, Verstopfung, großes Durstgefühl	man reagiert auf Schmerzen mit gereizter Stimmung	**Bryonia D6**[1] **3-mal tägl. 5 Glob.** Seite 252
Schmerzen durch Unterkühlung, Durchnässung, Jahreszeitenwechsel	schmerzende Rückenmuskulatur, wie verhärtet, Gliedersteife	↓Kälte, Nässe ↑Wärme	rheumatische Schmerzen im Wechsel mit Durchfall oder asthmatischen Beschwerden	hohe Infektanfälligkeit bei nasskaltem Wetter, Infekte der Atemwege und Harnwege	**Dulcamara D6**[1] **3-mal tägl. 5 Glob.** Seite 263
chronische Entzündung; Wachstumsstörung	Schmerzen in der Wirbelsäule mit Schwäche und Unsicherheit	↓Kälte, im Winter, Sinneseindrücke ↑Wärme, Zuwendung	Rückenmuskulatur ist verspannt; kalte, schweißige Hände und Füße, man friert ständig	Neigung zu Infekten und Entzündungen mit verzögerter Heilung, Bindegewebsschwäche	**Silicea D12 2-mal tägl. 5 Glob.** Seite 294
	Rückenschmerzen und Muskelverspannungen durch einseitigen Gang	↓Wetterumschwung, Feuchtigkeit ↑Ruhe, im Liegen	krampfartige, reißende oder ziehende Schmerzen in den Hüft- und Kniegelenken	bewährt zur Begleitbehandlung bei Morbus Bechterew	**Harpagophytum D6**[2] **3-mal tägl. 5 Glob.** Seite 269
Wachstumsstörung, Knochen- und Bindegewebsschwäche	Schmerzen entlang der Wirbelsäule; schmerzhaft verspannte Rückenmuskulatur	↓Kälte, Wetterwechsel ↑warmes Wetter, frische Luft	Ausbildung einer Wirbelsäulenverkrümmung (Skoliose), Schmerzen beim Gehen	unterstützt den Aufbau der Knochen in der Wachstumsphase, festigt Zahnsubstanz	**Calcium phosphoricum D12**[2] **2-mal tägl. 5 Glob.** Seite 254

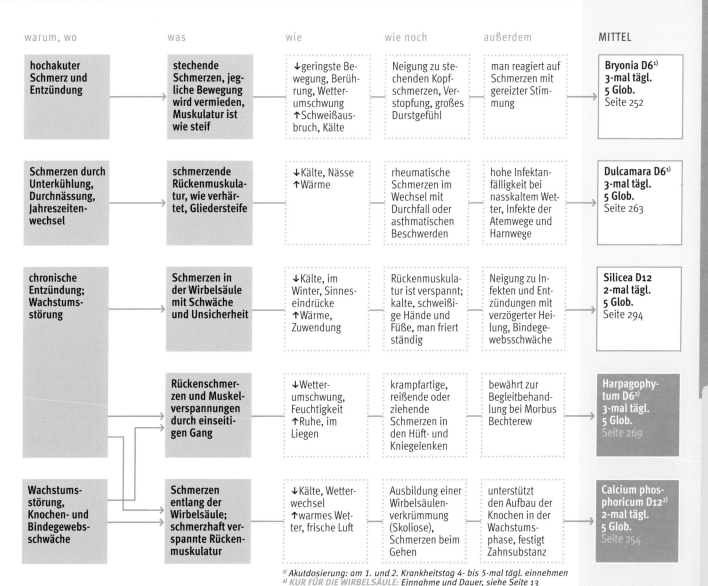

[1] *Akutdosierung: am 1. und 2. Krankheitstag 4- bis 5-mal tägl. einnehmen*
[2] *KUR FÜR DIE WIRBELSÄULE: Einnahme und Dauer, siehe Seite 13*

Bewegungsapparat

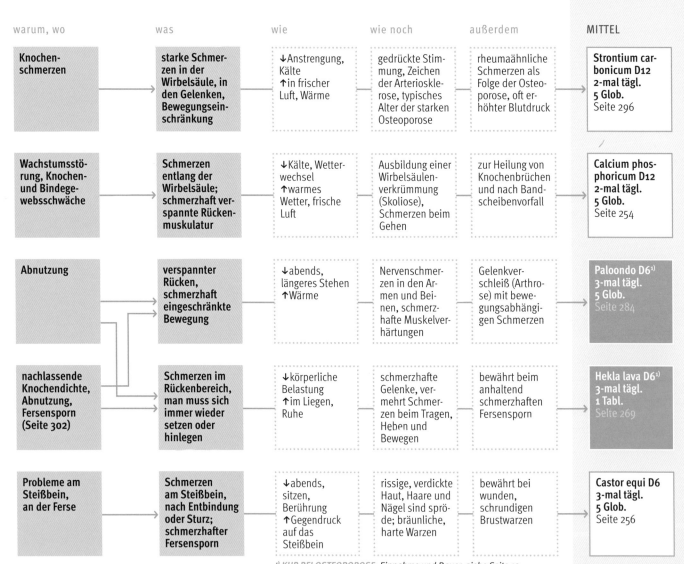

warum, wo	was	wie	wie noch	außerdem	MITTEL
Knochenschmerzen	starke Schmerzen in der Wirbelsäule, in den Gelenken, Bewegungseinschränkung	↓Anstrengung, Kälte ↑in frischer Luft, Wärme	gedrückte Stimmung, Zeichen der Arteriosklerose, typisches Alter der starken Osteoporose	rheumaähnliche Schmerzen als Folge der Osteoporose, oft erhöhter Blutdruck	**Strontium carbonicum D12** 2-mal tägl. 5 Glob. Seite 296
Wachstumsstörung, Knochen- und Bindegewebsschwäche	Schmerzen entlang der Wirbelsäule; schmerzhaft verspannte Rückenmuskulatur	↓Kälte, Wetterwechsel ↑warmes Wetter, frische Luft	Ausbildung einer Wirbelsäulenverkrümmung (Skoliose), Schmerzen beim Gehen	zur Heilung von Knochenbrüchen und nach Bandscheibenvorfall	**Calcium phosphoricum D12** 2-mal tägl. 5 Glob. Seite 254
Abnutzung	verspannter Rücken, schmerzhaft eingeschränkte Bewegung	↓abends, längeres Stehen ↑Wärme	Nervenschmerzen in den Armen und Beinen, schmerzhafte Muskelverhärtungen	Gelenkverschleiß (Arthrose) mit bewegungsabhängigen Schmerzen	**Paloondo D6[1]** 3-mal tägl. 5 Glob. Seite 284
nachlassende Knochendichte, Abnutzung, Fersensporn (Seite 302)	Schmerzen im Rückenbereich, man muss sich immer wieder setzen oder hinlegen	↓körperliche Belastung ↑im Liegen, Ruhe	schmerzhafte Gelenke, vermehrt Schmerzen beim Tragen, Heben und Bewegen	bewährt beim anhaltend schmerzhaften Fersensporn	**Hekla lava D6[1]** 3-mal tägl. 1 Tabl. Seite 269
Probleme am Steißbein, an der Ferse	Schmerzen am Steißbein, nach Entbindung oder Sturz; schmerzhafter Fersensporn	↓abends, sitzen, Berührung ↑Gegendruck auf das Steißbein	rissige, verdickte Haut, Haare und Nägel sind spröde; bräunliche, harte Warzen	bewährt bei wunden, schrundigen Brustwarzen	**Castor equi D6** 3-mal tägl. 5 Glob. Seite 256

[1] *KUR BEI OSTEOPOROSE: Einnahme und Dauer, siehe Seite 13*

Bewegungsapparat

Rücken und Wirbelsäule, Knochen: Rückenschmerzen/Hexenschuss

warum, wo	was	wie	wie noch	außerdem	MITTEL
ungesunde Ernährungs- und Lebensweise, häufige Schmerzmitteleinnahme	Muskelverhärtungen, man kann sich im Bett vor Schmerzen nicht umdrehen	↓durch Kälte, morgens ↑Wärme	morgendliche Kopfschmerzen, Gesichtsmuskulatur ist schmerzhaft verspannt	gehetzte Lebensweise, man ist überarbeitet, morgens Brechreiz, Erbrechen, Verstopfung	**Nux vomica D6**[1] **3-mal tägl.** **5 Glob.** Seite 282
emotionale Ereignisse wie Ärger, Stress, Wetterwechsel	stechende Schmerzen, jegliche Bewegung wird vermieden, Muskulatur ist wie steif	↓geringste Bewegung, Berührung, Wetterumschwung ↑Schweißausbruch, Kälte	oft stechende Kopfschmerzen, Verstopfung, großes Durstgefühl	gereizte, ärgerliche Stimmung, man will seine Ruhe haben	**Bryonia D6**[1] **3-mal tägl.** **5 Glob.** Seite 252
Überanstrengung, Überforderung	Rückenschmerzen nach Bandscheibenvorfall mit Schmerzen im Arm oder Bein	↓feuchtkaltes Wetter, Ruhe ↑Wärme, fortgesetzte Bewegung	ziehende Schmerzen bei Bewegungsbeginn, wie steif, allmählich nachlassend	Schmerzen durch Wirbelkanalverengung; einseitiger Gang, Gehen ist eingeschränkt	**Rhus toxicodendron D12** **2-mal tägl.** **5 Glob.** Seite 290
Nackenschmerzen, steifer Hals	Nacken-Schulter-Schmerzen, auch entlang der Halswirbelsäule	↓Bewegung, Kälte ↑Wärme	Schmerzen strahlen bis in die Finger aus, Nervenschmerzen, empfindliche Kopfhaut	Kopfschmerzen, Migräne durch Wirbelsäulenbeschwerden, Gefühl wie verrenkt und verspannt	**Lachnanthes D6** **3-mal tägl.** **5 Glob.** Seite 275
mangelnde Bewegung, Schwangerschaft	anhaltende Schmerzen in der Lendenwirbelsäule, in die Beine ausstrahlend	↓morgens, mangelnde Bewegung ↑frische Luft	Schmerzen im Kreuz-Darmbein-Gelenk (Ileo-Sacral-Gelenk), eingeschränkte Bewegung	Krampfadern und Hämorrhoiden, auch in der Schwangerschaft	**Aesculus D6** **3-mal tägl.** **5 Glob.** Seite 244

[1] *Akutdosierung: am 1. und 2. Krankheitstag 4- bis 5-mal tägl. einnehmen*

Bewegungsapparat

Bewegungs-apparat

warum, wo	was	wie	wie noch	außerdem	MITTEL
verengte Blutgefäße: Beine, Herzkranzgefäße	stechende Schmerzen in den Beinen, auch nach kurzer Wegstrecke	↓Anstrengung, Kälte ↑Ruhepausen	Kribbeln, Muskelkrämpfe in den Waden und Beinen	Engegefühl im Brustbereich insbesondere durch körperliche Anstrengung	**Espeletia grandiflora D6[1]** 3-mal tägl. 5 Glob. Seite 264
verengte Blutgefäße, Ablagerungen (Plaques): Arme, Beine	Brennen, Muskelkrämpfe, schmerzhaftes Empfinden »wie von Nadeln gestochen«	↓Bewegung, Berührung ↑Ruhe	weiß-bläuliche Verfärbung der Haut, Kribbeln in den Händen (Raynaud-Syndrom)	Missempfindungen und Schmerzen durch Karpaltunnel-Syndrom	**Secale cornutum D6[1]** 3-mal tägl. 5 Glob. Seite 293
Nervenentzündung und -verletzung, Gehirnerschütterung	einschießende Nervenschmerzen, anhaltendes Taubheitsgefühl und Kribbeln	↓Berührung, Kälte, Wetterwechsel ↑Ruhe	Schwächegefühl in den Armen oder Beinen mit Gangunsicherheit, Ameisenlaufen	bewährt beim Karpaltunnel-Syndrom mit Kribbeln in den Fingern	**Hypericum D6** 3-mal tägl. 5 Glob. Seite 271
Ischiasnerv	schneidende Schmerzen über dem Gesäß, in das Bein bis zum Fußrücken ausstrahlend	↓Bewegung, feuchte Kälte ↑im Sitzen, angewinkelte Beine	Ameisenlaufen, Kribbeln, Taubheitsgefühl, Muskelverspannungen und Wadenkrämpfe	bewährt bei anhaltenden Schmerzen im Bereich des Ischiasnervs	**Gnaphalium D6** 3-mal tägl. 5 Glob. Seite 267
Überanstrengung, Überforderung	ziehende Schmerzen, bei Bewegungsbeginn wie steif, allmählich nachlassend	↓feuchtkaltes Wetter, Ruhe ↑Wärme, fortgesetzte Bewegung	starker Bewegungsdrang, einseitiger Gang, Gehen ist schmerzhaft eingeschränkt	Rückenschmerzen nach Bandscheibenvorfall mit Schmerzen im Arm oder Bein	**Rhus toxicodendron D12** 2-mal tägl. 5 Glob. Seite 290

[1] *KUR BEI WIRBELKANALVERENGUNG: Einnahme und Dauer, siehe Seite 13*

Muskeln, Sehnen, Bänder, Schleimbeutel: Fibromyalgie

warum, wo	was	wie	wie noch	außerdem	MITTEL
Wechseljahre	schmerzhafte Sehnen, Muskeln, Hand- und Fingergelenke wie steif und geschwollen	↓Feuchtigkeit, Kälte ↑Wärme	druckschmerzhafter Schulter-Nacken-Arm-Bereich, Schmerzen wie elektrische Schläge	starke Hitzewallungen trotz anhaltendem Frieren, man verträgt keine Kälte	**Cimicifuga D12** 2-mal tägl. **5 Glob.** Seite 259
Hormonstörung: nach Entbindung, Wechseljahre	Schmerzen in Sehnen, Bändern, schmerzhafte Knötchen an den Fingergelenken	↓Kälte, Periodenblutung ↑Wärme	Knacken und Krachen der Gelenke bei Bewegung, Schmerzen in den Zehen	Frostigkeit, Nervosität, allgemeine Schwäche, Mundgeruch vor der Periode	**Caulophyllum D6** 3-mal tägl. **5 Glob.** Seite 256
Überanstrengung, Überforderung	ziehende Schmerzen bei Bewegungsbeginn, wie steif, allmählich nachlassend	↓feuchtkaltes Wetter, Ruhe ↑Wärme, fortgesetzte Bewegung	Sehnenansätze druckschmerzhaft; Greifen und Bewegung anfangs schmerzhaft	innerliche Unruhe und Getriebenheit, man will sich trotz Schmerzen bewegen	**Rhus toxicodendron D12** 2-mal tägl. **5 Glob.** Seite 290
Überanstrengung	Schmerzen und Schwächegefühl, Empfindung wie Muskelkater	↓Bewegung, Berührung ↑in Ruhe	man fühlt sich allgemein zerschlagen und schlapp	Sodbrennen mit saurem Aufstoßen, Magendrücken, Blähungen	**Acidum sarcolacticum D12** 2-mal tägl. **5 Glob.** Seite 243
ungesunde Ernährungs- und Lebensweise, häufige Schmerzmitteleinnahme	Muskelverhärtungen, man kann sich im Bett vor Schmerzen nicht umdrehen	↓durch Kälte, morgens ↑Wärme	morgendliche Kopfschmerzen, schmerzhaft verspannte Gesichtsmuskulatur	gehetzte Lebensweise, überarbeitet, morgens Brechreiz, Erbrechen, Verstopfung	**Nux vomica D6** 3-mal tägl. **5 Glob.** Seite 282

Bewegungs-

Bewegungs-apparat

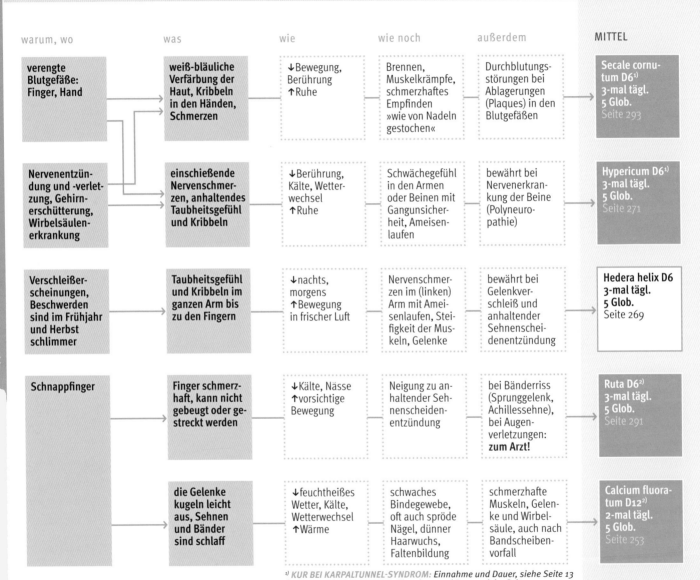

warum, wo	was	wie	wie noch	außerdem	MITTEL
verengte Blutgefäße: Finger, Hand	weiß-bläuliche Verfärbung der Haut, Kribbeln in den Händen, Schmerzen	↓Bewegung, Berührung ↑Ruhe	Brennen, Muskelkrämpfe, schmerzhaftes Empfinden »wie von Nadeln gestochen«	Durchblutungs-störungen bei Ablagerungen (Plaques) in den Blutgefäßen	**Secale cornutum D6[1]** 3-mal tägl. 5 Glob. Seite 293
Nervenentzündung und -verletzung, Gehirnerschütterung, Wirbelsäulenerkrankung	einschießende Nervenschmerzen, anhaltendes Taubheitsgefühl und Kribbeln	↓Berührung, Kälte, Wetterwechsel ↑Ruhe	Schwächegefühl in den Armen oder Beinen mit Gangunsicherheit, Ameisenlaufen	bewährt bei Nervenerkrankung der Beine (Polyneuropathie)	**Hypericum D6[1]** 3-mal tägl. 5 Glob. Seite 271
Verschleißerscheinungen, Beschwerden sind im Frühjahr und Herbst schlimmer	Taubheitsgefühl und Kribbeln im ganzen Arm bis zu den Fingern	↓nachts, morgens ↑Bewegung in frischer Luft	Nervenschmerzen im (linken) Arm mit Ameisenlaufen, Steifigkeit der Muskeln, Gelenke	bewährt bei Gelenkverschleiß und anhaltender Sehnenscheidenentzündung	**Hedera helix D6** 3-mal tägl. 5 Glob. Seite 269
Schnappfinger	Finger schmerzhaft, kann nicht gebeugt oder gestreckt werden	↓Kälte, Nässe ↑vorsichtige Bewegung	Neigung zu anhaltender Sehnenscheidenentzündung	bei Bänderriss (Sprunggelenk, Achillessehne), bei Augenverletzungen: **zum Arzt!**	**Ruta D6[2]** 3-mal tägl. 5 Glob. Seite 291
	die Gelenke kugeln leicht aus, Sehnen und Bänder sind schlaff	↓feuchtheißes Wetter, Kälte, Wetterwechsel ↑Wärme	schwaches Bindegewebe, oft auch spröde Nägel, dünner Haarwuchs, Faltenbildung	schmerzhafte Muskeln, Gelenke und Wirbelsäule, auch nach Bandscheibenvorfall	**Calcium fluoratum D12[2]** 2-mal tägl. 5 Glob. Seite 253

[1] *KUR BEI KARPALTUNNEL-SYNDROM: Einnahme und Dauer, siehe Seite 13*
[2] *KUR BEI SCHNAPPFINGER: Einnahme und Dauer, siehe Seite 13*

Muskeln, Sehnen, Bänder, Schleimbeutel: Muskelkater/Muskelfaserriss/ Wadenkrämpfe

warum, wo	was	wie	wie noch	außerdem	MITTEL
Muskelkater nach Überanstrengung, Sport	**schmerzende Muskeln, es fällt schwer sich zu bewegen, Muskeln sind verhärtet**	↓Berührung, Bewegung ↑Ruhe	Gefühl wie zerschlagen, oft auch Knochenschmerzen	bewährt beim Muskelfaserriss, nach Verletzung mit Bluterguss und Schwellung	**Arnica montana D6[1] 3-mal tägl. 5 Glob.** Seite 248
verengte Blutgefäße, Überanstrengung	**Empfindung wie Muskelkater, Schmerzen und Schwächegefühl**	↓Bewegung, Berührung ↑in Ruhe	Muskelschmerzen infolge Einnahme von Cholesterinsenkern (»Statine«)	auch bewährt bei Muskelschmerzen durch sportliche Überanstrengung	**Acidum sarcolacticum D12 2-mal tägl. 5 Glob.** Seite 243
verengte Blutgefäße: Beine und Herzkranzgefäße	**stechende Schmerzen in den Beinen, auch nach kurzer Wegstrecke**	↓Anstrengung, Kälte ↑Ruhepausen	Kribbeln, Muskelkrämpfe in den Waden und Beinen	Engegefühl im Brustbereich insbesondere durch körperliche Anstrengung	**Espeletia grandiflora D6 3-mal tägl. 5 Glob.** Seite 264
Schmerzen durch Unterkühlung, Durchnässung, Jahreszeitenwechsel	**schmerzende Rückenmuskulatur, wie verhärtet, Gliedersteife**	↓Kälte, Nässe ↑Wärme	rheumatische Schmerzen im Wechsel mit Durchfall oder asthmatischen Beschwerden	bewährt bei Waden- und Muskelkrämpfen beim Schwimmen	**Dulcamara D6[1] 3-mal tägl. 5 Glob.** Seite 263
Muskelkrämpfe	**spontan auftretende Muskelkrämpfe, vor allem auch nächtliche Wadenkrämpfe**	↓durch Aufregung, nachts, vor der Periodenblutung	nächtliches Zähneknirschen, schmerzhafte Kiefergelenke	bewährt bei Muskelkrämpfen in der Schwangerschaft, bei Dialyse-Patienten	**Cuprum metallicum D6[1] 3-mal tägl. 1 Tabl.** Seite 262

[1] *Akutdosierung: am 1. und 2. Krankheitstag 4- bis 5-mal tägl. einnehmen*

Bewegungsapparat

173

Muskeln, Sehnen, Bänder, Schleimbeutel: Nacken- und Schultersteife/ Schulter-Arm-Syndrom

→ Tennisarm, *Seite 175*

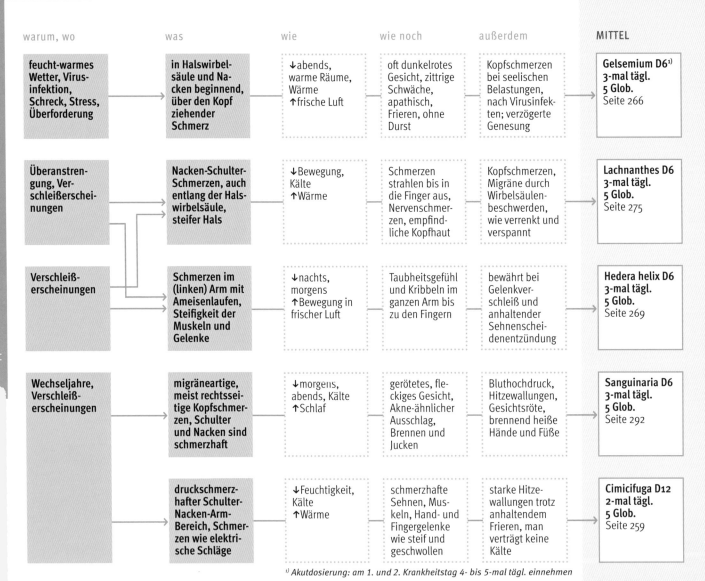

warum, wo	was	wie	wie noch	außerdem	MITTEL
feucht-warmes Wetter, Virus-infektion, Schreck, Stress, Überforderung	in Halswirbel-säule und Na-cken beginnend, über den Kopf ziehender Schmerz	↓abends, warme Räume, Wärme ↑frische Luft	oft dunkelrotes Gesicht, zittrige Schwäche, apathisch, Frieren, ohne Durst	Kopfschmerzen bei seelischen Belastungen, nach Virusinfek-ten; verzögerte Genesung	**Gelsemium D6[1]** 3-mal tägl. 5 Glob. Seite 266
Überanstren-gung, Ver-schleißerschei-nungen	Nacken-Schulter-Schmerzen, auch entlang der Hals-wirbelsäule, steifer Hals	↓Bewegung, Kälte ↑Wärme	Schmerzen strahlen bis in die Finger aus, Nervenschmer-zen, empfind-liche Kopfhaut	Kopfschmerzen, Migräne durch Wirbelsäulen-beschwerden, wie verrenkt und verspannt	**Lachnanthes D6** 3-mal tägl. 5 Glob. Seite 275
Verschleiß-erscheinungen	Schmerzen im (linken) Arm mit Ameisenlaufen, Steifigkeit der Muskeln und Gelenke	↓nachts, morgens ↑Bewegung in frischer Luft	Taubheitsgefühl und Kribbeln im ganzen Arm bis zu den Fingern	bewährt bei Gelenkver-schleiß und anhaltender Sehnenschei-denentzündung	**Hedera helix D6** 3-mal tägl. 5 Glob. Seite 269
Wechseljahre, Verschleiß-erscheinungen	migräneartige, meist rechtssei-tige Kopfschmer-zen, Schulter und Nacken sind schmerzhaft	↓morgens, abends, Kälte ↑Schlaf	gerötetes, fle-ckiges Gesicht, Akne-ähnlicher Ausschlag, Brennen und Jucken	Bluthochdruck, Hitzewallungen, Gesichtsröte, brennend heiße Hände und Füße	**Sanguinaria D6** 3-mal tägl. 5 Glob. Seite 292
	druckschmerz-hafter Schulter-Nacken-Arm-Bereich, Schmer-zen wie elektri-sche Schläge	↓Feuchtigkeit, Kälte ↑Wärme	schmerzhafte Sehnen, Mus-keln, Hand- und Fingergelenke wie steif und geschwollen	starke Hitze-wallungen trotz anhaltendem Frieren, man verträgt keine Kälte	**Cimicifuga D12** 2-mal tägl. 5 Glob. Seite 259

[1] *Akutdosierung: am 1. und 2. Krankheitstag 4- bis 5-mal tägl. einnehmen*

Bewegungs-apparat

warum, wo	was	wie	wie noch	außerdem	MITTEL
anhaltende Schleimbeutel- entzündung	Gelenkbereich ist wie teigig geschwollen mit Bewegungs- schmerzen	↓fettes Essen, Bewegung, feuchtkalte Luft ↑Wärme	geschwollene Lymphknoten im Bereich der Entzündung	bewährt beim Überbein (Gang- lion), bei Zyste in der Kniekehle (Baker-Zyste)	**Kalium chlora- tum D6** 3-mal tägl. 1 Tabl. Seite 274
hochakute Schleimbeutel- entzündung	Haut über dem Gelenk ist wie aufgequollen, blassrot, Hitze- gefühl, stechen- de Schmerzen	↓Wärme, Berührung ↑kalte Auflagen, an frischer Luft	bewährt nach Gelenkpunktion wegen Gelenk- erguss	Begleitbehand- lung bei Corti- son-bedingter Gesichts- schwellung	**Apis melli- fica D6[1]** 3-mal tägl. 5 Glob. Seite 247
hochakute Entzündung der Sehnen	stechende Schmerzen, jegliche Bewe- gung wird ver- mieden, Gelenk ist wie steif	↓geringste Bewegung, Be- rührung, Wetter- umschwung ↑Schweißaus- bruch, Kälte	Neigung zu An- sammlung von Gewebsflüssig- keit (Erguss) im entzündeten Bereich	gereizte, ärger- liche Stimmung, man will seine Ruhe haben	**Bryonia D6[1]** 3-mal tägl. 5 Glob. Seite 252
Bänderriss (Sprunggelenk, Achillessehne), Entzündung, Verletzung	Verkürzungs- gefühl der Sehnen mit Sehnenreiben, Schmerzen wie Zerschlagen	↓Kälte, Nässe ↑vorsichtige Bewegung	Bewegung ist schmerzhaft eingeschränkt, betroffener Bereich ist an- geschwollen	bewährt bei anhaltender Achillessehnen- entzündung, bei Schnappfinger	**Ruta D6** 3-mal tägl. 5 Glob. Seite 291
Sehnen- und Bänderreizung durch Nässe und körperliche Überanstren- gung	ziehende Schmerzen bei Bewegungs- beginn, wie steif, allmählich nachlassend	↓feuchtkaltes Wetter, Ruhe ↑Wärme, fort- gesetzte Bewe- gung	starker Bewe- gungsdrang trotz Schmerzen an Muskeln, Seh- nen, Bändern und Gelenken	bewährt bei (Sport-)Verlet- zungen mit Deh- nung, Zerrung, Prellung	**Rhus toxicoden- dron D12** 2-mal tägl. 5 Glob. Seite 290

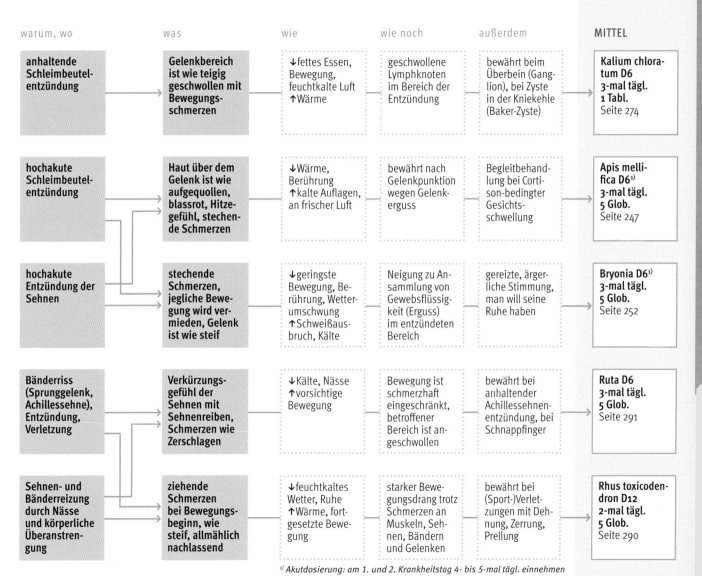

[1] *Akutdosierung: am 1. und 2. Krankheitstag 4- bis 5-mal tägl. einnehmen*

Bewegungs- apparat

Bewegungs-apparat

warum, wo	was	wie	wie noch	außerdem	MITTEL
Nerven-schädigung	einschießende Nervenschmer-zen, anhaltendes Taubheitsgefühl und Miss-empfindungen	↓Berührung, Kälte, Wetter-wechsel ↑Ruhe	empfindliche Zahnhälse, Schmerzempfin-den beim Kauen und auf Kaltes	Nervenschmer-zen und -ent-zündungen durch Verlet-zung, Operation oder Herpes	**Hypericum D6**[1] **3-mal tägl.** **5 Glob.** Seite 271
Überanstren-gung, Über-forderung, Band-scheibenvorfall	ziehende Schmerzen bei Bewegungs-beginn, wie steif, allmählich nachlassend	↓feuchtkaltes Wetter, Ruhe ↑Wärme, fort-gesetzte Bewegung	starker Bewe-gungsdrang, einseitiger Gang, Gehen ist schmerzhaft eingeschränkt	Rückenschmer-zen nach Band-scheibenvorfall mit Schmerzen im Arm oder Bein	**Rhus toxicoden-dron D12**[1] **2-mal tägl.** **5 Glob.** Seite 290
körperliche Überanstren-gung	schneidende Schmerzen über dem Gesäß, in das Bein bis zum Fußrücken aus-strahlend	↓Bewegung, feuchte Kälte ↑im Sitzen, angewinkelte Beine	Ameisenlaufen, Kribbeln, Taub-heitsgefühl, Muskelverspan-nungen und Wadenkrämpfe	bewährt bei anhaltenden Schmerzen im Bereich des Ischiasnervs	**Gnaphalium D6**[1] **3-mal tägl.** **5 Glob.** Seite 267
emotionale Ereignisse (Aufregung, Entrüstung, Demütigung)	plötzliche ziehende, krampfartige Schmerzen im Bein wie eine Umklammerung	↓nachmittags, nachts, essen, trinken ↑Wärme, zusammen-krümmen	periodisch sich verstärkende Schmerzen mit Kribbeln	selbst Kleinig-keiten bringen einen aus der Fassung, man reagiert mit Wutanfall	**Colocynthis D6**[1] **3-mal tägl.** **5 Glob.** Seite 260
Erschöpfung, Folgen einer Allgemein-erkrankung, anhaltende Schmerzen	brennende Schmerzen, oft regelmäßig wiederkehrend, seit langer Zeit bestehend	↓um Mitter-nacht, Kälte ↑Wärme, warme Getränke	körperliche und innerliche Ruhe-losigkeit; aus-geprägter Bewe-gungsdrang	man sorgt sich um die Gesund-heit, fühlt sich erschöpft; übersteigerte Pedanterie	**Arsenicum album D12** **2-mal tägl.** **5 Glob.** Seite 249

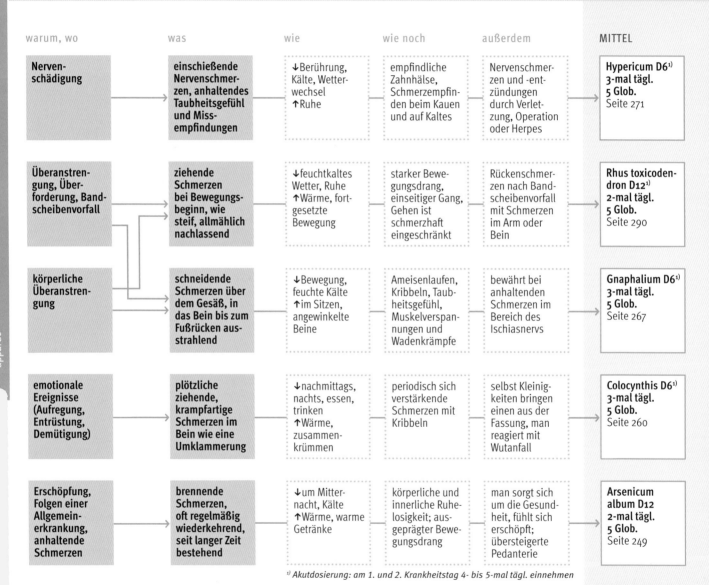

[1] *Akutdosierung: am 1. und 2. Krankheitstag 4- bis 5-mal tägl. einnehmen*

Nerven: unruhige Beine (Restless-Legs-Syndrom)/ Polyneuropathie (schmerzende Beine)/Brennschmerz der Füße

Bewegungs-apparat

warum, wo	was	wie	wie noch	außerdem	MITTEL
Stress, Ärger, Überanstrengung, Ernährungsfehler (Essen, Alkohol)	Beine sind ständig in Bewegung mit Kribbeln und Schmerzen, Muskelzucken	↓Kälte, nachts, Berührung, Anstrengung, Alkohol ↑abends, essen, Bewegung	nervöse Unruhe mit Erschöpfung, Schlaflosigkeit, innere Anspannung	bewährt nach Schlaganfall mit schlaffer oder stark angespannter Muskulatur	Zincum metallicum D12[1] 2-mal tägl. 5 Glob. Seite 301
Nervenschädigung	einschießende Nervenschmerzen, anhaltendes Taubheitsgefühl und Missempfindungen	↓Berührung, Kälte, Wetterwechsel ↑Ruhe	empfindliche Zahnhälse, Schmerzempfinden beim Kauen und auf Kaltes	Nervenschmerzen und -entzündungen durch Verletzung, Operation oder Herpes	Hypericum D6[1][2] 3-mal tägl. 5 Glob. Seite 271
verengte Blutgefäße, Ablagerungen (Plaques) in Armen, Beinen	Brennen, Muskelkrämpfe, schmerzhaftes Empfinden »wie von Nadeln gestochen«	↓Bewegung, Berührung ↑Ruhe	weiß-bläuliche Verfärbung der Haut, Kribbeln in den Händen (Raynaud-Syndrom)	bei Missempfindungen und Schmerzen durch Wirbelkanalverengung	Secale cornutum D6[2] 3-mal tägl. 5 Glob. Seite 293
Erschöpfung, Folgen einer Allgemeinerkrankung, anhaltender Schmerzzustand	brennende Schmerzen, oft regelmäßig wiederkehrend, seit langer Zeit bestehend	↓um Mitternacht, Kälte ↑Wärme, warme Getränke	körperliche und innerliche Ruhelosigkeit; ausgeprägter Bewegungsdrang	man sorgt sich um die Gesundheit, fühlt sich erschöpft; übersteigerte Pedanterie	Arsenicum album D12 2-mal tägl. 5 Glob. Seite 249
Stoffwechselstörung, chronische Entzündung, durch cortisonhaltige Arzneimittel	brennende, heiße, gerötete Füße, oft starker Juckreiz, Nagel- und Fußpilz	↓morgens, Waschen, (Bett-)Wärme ↑Abkühlung	Schwitzen bei der geringsten Anstrengung, übel riechend, innerliches Hitzegefühl	setzt die Heilungsreaktion in Gang nach verschleppter Erkrankung	Sulfur D12[3] 1-mal tägl. 5 Glob. Seite 297

[1] *KUR BEI UNRUHIGEN BEINEN: Einnahme und Dauer, siehe Seite 13*
[2] *KUR BEI POLYNEUROPATHIE: Einnahme und Dauer, siehe Seite 13*
[3] *Erstverschlimmerung möglich, siehe Seite 11*

Haut/Haare/Nägel

Die Haut ist unser größtes Organ und gleichzeitig sichtbar. Verständlich, dass Hauterkrankungen eine gezielte Behandlung notwendig machen. Das gilt aber auch für Haar- und Nagelprobleme, die wir meist als unästhetisch empfinden. Bei allen Beschwerden in diesem Kapitel hilft die Homöopathie »von innen«, indem sie die Selbstheilungskräfte aktiviert.

Hautbeschwerden

An der Haut können sich verschiedenste Erkrankungen zeigen, die oftmals lang anhalten oder akut auftreten. Man spricht dann von einem schubweisen Auftreten. Da die Beschwerden dabei meist wechseln, erfordert dies immer wieder eine Überprüfung des Mittels, ob es noch passt. Lesen Sie dazu auf der entsprechenden Diagramm-Tafel nochmals nach.

Am häufigsten sind **entzündliche** und/oder **eitrige Hautausschläge**. Ein anhaltender Hautausschlag oder eine Hautentzündung erfordern stets ärztliche Hilfe. Um hier schnell zum richtigen Mittel zu gelangen, finden Sie dazu drei Diagramm-Tafeln: nässender und trockener Hautausschlag und Hautentzündungen, die entweder nicht eitrig sind oder im weiteren Verlauf eitrig werden können, was oftmals ärztlichen Rat notwendig macht. Dies gilt insbesondere bei einem Abszess oder Furunkel. Wenn der Ausschlag sowohl trocken als auch nässend ist, schauen Sie in beiden Diagramm-Tafeln nach und suchen das Mittel, das die meisten Übereinstimmungen mit Ihren Beschwerden zeigt. Geht ein nässender Hautausschlag in einen trockenen über, ist erfahrungsgemäß ein anderes Mittel angezeigt, das Sie dann neu auswählen müssen.

In jedem Fall unterstützen die homöopathischen Mittel den Heilungsprozess.

Typische Hautleiden wie **Akne** und **Hautunreinheiten** können Sie mit dem für Sie passenden Mittel in den Griff bekommen. Da eine Hauterkrankung durchaus langwierig sein kann, so zum Beispiel Pigmentstörungen, Couperose oder Rosacea, ist meist eine längerfristige Anwendung des Mittels nötig. **Hautpilzinfektionen** machen eine ärztliche Hilfe grundsätzlich notwendig, um die Diagnose zu sichern. Die dabei meist verordnete äußerliche Behandlung wird durch die Homöopathie wirkungsvoll von innen unterstützt, vor allem um dem erneuten Befall vorzubeugen.

Ebenfalls eine längerfristige Einnahme des passenden Mittels und viel Geduld ist bei **Neurodermitis** und **Schuppenflechte** angesagt, um eine nachhaltige Linderung zu erzielen. Vergleichbares gilt auch für die Behandlung von **Warzen**; dabei ist unbedingt die genaue Beschreibung des Mittels zu beachten.

Zur äußerlichen Behandlung von Hautproblemen gibt es homöopathische Salben, die die innerliche Behandlung mit Globuli unterstützen. Auch bei längerfristiger Anwendung treten keine Nebenwirkungen auf.

Haarprobleme

Bei den Haaren können sich unterschiedliche Beschwerden und Erkrankungen entwickeln. Während **Kopfschuppen** vor allem lästig sind, kann **Haarausfall**, insbesondere wenn er großflächig auftritt, auch psychisch belasten. Erfahrungsgemäß ist bei diesen Beschwerden eine längere Behandlung notwendig. Da Haarausfall auch auf Organstörungen hinweisen kann, sollten Sie auf jeden Fall zum Arzt gehen.

Nagelprobleme

Sie können sich in **Nagelwachstumsstörungen** oder **Pilzinfektionen** zeigen und erfordern wie fast alle Haut- und Haarprobleme viel Geduld bei der Behandlung mit homöopathischen Mitteln. Vor allem Nagelpilz ist oft schlecht zu erkennen und sollte ärztlich abgeklärt werden.

In diesem Kapitel

warum, wo	was	wie	wie noch	außerdem	MITTEL
Pubertät, Monatsblutung, Wechseljahre	dunkle Mitesser, gefüllte Talgdrüsen, die beim Drücken weißlichen Talg entleeren	↓Alkohol, Kaffee, Wärme ↑abends	Gesichts- und Kopfhaut ist fettig, sieht ölig aus, eitrige Entzündungen	Akne verstärkt vor und während der Periode, starkes Schwitzen, Schweiß riecht übel	**Selenium D12** 2-mal tägl. 5 Glob. Seite 293
Pubertät	viele kleine Eiterpickel im Gesicht, Brust- und Rückenbereich, unter den Achseln	↓Monatsblutung	Schmerzen im Hinterkopf, Nacken; zu früh einsetzende Periode, dunkles, klumpiges Blut	bewährt bei unreiner Haut durch Leber- und Verdauungsstörung	**Juglans regia D6** 3-mal tägl. 5 Glob. Seite 273
Pubertät, Verdauungsstörungen	große abgekapselte Hautentzündungen, schwer zu öffnen, heilen verzögert ab	↓Wärme ↑frische Luft	Pusteln im Gesicht, auf Brust und Rücken sind häufig sehr berührungsempfindlich	Verdauungsstörungen mit Verstopfung oder unregelmäßigem Stuhlgang	**Sulfur jodatum D12** 2-mal tägl. 5 Glob. Seite 297
hormonelle Umstellung; Sonnenallergie – »Mallorca-Akne«	im Stirn-Haar-Bereich und Nasen-Kinn-Bereich ist die Haut fettig, unrein, entzündet	↓morgens, Sonne, durch Anstrengung ↑liegen, frische Luft	Haut ist trocken, schuppt an den Wangen; spröde, aufgesprungene Lippen	Neigung zu Lippenherpes bei starker Sonne (Meer, Gebirge)	**Natrium chloratum D12** 2-mal tägl. 5 Glob. Seite 281
hormonelle Störung, Leberleiden, Essen von Fisch und Meeresfrüchten	Mitesser, Pickel, bläschenartiger Ausschlag vor allem um den Mund, am Kinn	↓Periodenblutung, Wetterwechsel ↑Bewegung, körperliche Tätigkeit	dunkle, pigmentreiche Haut, übel riechender Achselschweiß, Lippenherpes	bewährt bei Akne nach Absetzen der Pille	**Sepia D12** 2-mal tägl. 5 Glob. Seite 293

Haare/ Nägel

warum, wo	was	wie	wie noch	außerdem	MITTEL[1]
Hautausschlag mit Juckreiz: Infektion, akute Entzündung, auch allergisch bedingt	trockene oder nässende, stark entzündete Haut mit heftigem Juckreiz	↓Wärme ↑Abkühlung	Neigung zu Allergien, auch zu Heuschnupfen, allgemeine Erschöpfung	bewährt bei entzündlich-rheumatischen Schmerzen der Gelenke und der Wirbelsäule	Cardiospermum D3[2] 3-mal tägl. 5 Glob., Seite 255
Hautausschlag mit Schwellung (Quaddeln)	Haut ist rot, heiß, teigig geschwollen, große Quaddeln, stechende Schmerzen	↓Wärme, Berührung ↑kalte Auflagen, frische Luft	Ruhelosigkeit, Bewegungsdrang, Durstlosigkeit, Hitzegefühl der Haut	bewährt beim Quincke-Ödem (Seite 303) mit Anschwellung der Augenlider, Wangen	Apis mellifica D6 3-mal tägl. 5 Glob. Seite 247
Kontakt mit Meerestieren, Essen von Meeresfrüchten	viele kleine Entzündungen wie nach Kontakt von Brennnesseln	↓Nässe, Berühren	Juckreiz nach dem Essen von Meeresfrüchten und Muscheln	bewährt bei rheumatischen Gelenkbeschwerden mit erhöhter Harnsäure	Urtica urens D6 3-mal tägl. 5 Glob. Seite 299
Essen von Meeresfrüchten, Hitze, intensive Sonnenbestrahlung, seelische Konflikte	mit wässrigem Sekret gefüllte Hautpickel, roter Hof, entzündlich angeschwollen	↓morgens, durch Anstrengung ↑liegen, frische Luft	aufgesprungene Lippen, immer wieder Lippenherpes	fettige Haut im Nasen-Kinn-Bereich, Neigung zu Sonnenallergie	Natrium chloratum D12 2-mal tägl. 5 Glob. Seite 281
Nahrungsmittelunverträglichkeit, ungewohnte, ungesunde Ernährung, auf Reisen	Ausschlag mit Rötung, Pickel, Juckreiz; gleichzeitig weicher, stinkender Stuhl	↓Nikotingenuss ↑Nahrungsverzicht	Lippen und Gaumen jucken nach dem Essen, trockener Mund, pappiger Mundgeschmack	man ist oft müde, ohne Energie, kann nichts mehr vertragen	Okoubaka D3 3-mal tägl. 5 Glob. Seite 283

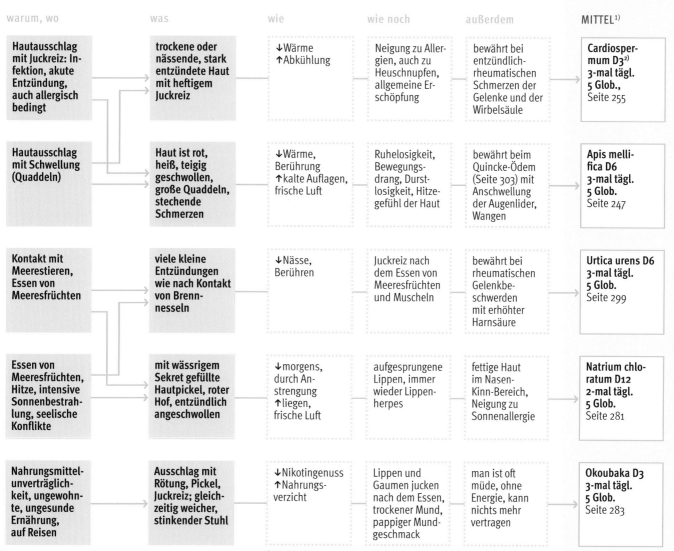

[1] *Akutdosierung: am 1. und 2. Krankheitstag 4- bis 5-mal tägl. einnehmen*
[2] *äußerliche Behandlung: Halicar-Salbe oder -Creme 2-mal tägl. einmassieren, siehe Seite 13*

Haut/Haare/Nägel

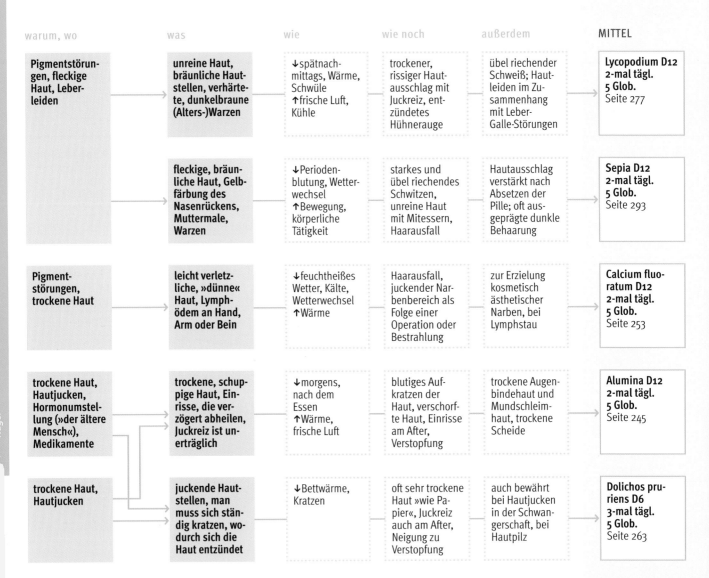

warum, wo	was	wie	wie noch	außerdem	MITTEL
Pigmentstörungen, fleckige Haut, Leberleiden	unreine Haut, bräunliche Hautstellen, verhärtete, dunkelbraune (Alters-)Warzen	↓spätnachmittags, Wärme, Schwüle ↑frische Luft, Kühle	trockener, rissiger Hautausschlag mit Juckreiz, entzündetes Hühnerauge	übel riechender Schweiß; Hautleiden im Zusammenhang mit Leber-Galle-Störungen	**Lycopodium D12** **2-mal tägl.** **5 Glob.** Seite 277
	fleckige, bräunliche Haut, Gelbfärbung des Nasenrückens, Muttermale, Warzen	↓Periodenblutung, Wetterwechsel ↑Bewegung, körperliche Tätigkeit	starkes und übel riechendes Schwitzen, unreine Haut mit Mitessern, Haarausfall	Hautausschlag verstärkt nach Absetzen der Pille; oft ausgeprägte dunkle Behaarung	**Sepia D12** **2-mal tägl.** **5 Glob.** Seite 293
Pigmentstörungen, trockene Haut	leicht verletzliche, »dünne« Haut, Lymphödem an Hand, Arm oder Bein	↓feuchtheißes Wetter, Kälte, Wetterwechsel ↑Wärme	Haarausfall, juckender Narbenbereich als Folge einer Operation oder Bestrahlung	zur Erzielung kosmetisch ästhetischer Narben, bei Lymphstau	**Calcium fluoratum D12** **2-mal tägl.** **5 Glob.** Seite 253
trockene Haut, Hautjucken, Hormonumstellung (»der ältere Mensch«), Medikamente	trockene, schuppige Haut, Einrisse, die verzögert abheilen, Juckreiz ist unerträglich	↓morgens, nach dem Essen ↑Wärme, frische Luft	blutiges Aufkratzen der Haut, verschorfte Haut, Einrisse am After, Verstopfung	trockene Augenbindehaut und Mundschleimhaut, trockene Scheide	**Alumina D12** **2-mal tägl.** **5 Glob.** Seite 245
trockene Haut, Hautjucken	juckende Hautstellen, man muss sich ständig kratzen, wodurch sich die Haut entzündet	↓Bettwärme, Kratzen	oft sehr trockene Haut »wie Papier«, Juckreiz auch am After, Neigung zu Verstopfung	auch bewährt bei Hautjucken in der Schwangerschaft, bei Hautpilz	**Dolichos pruriens D6** **3-mal tägl.** **5 Glob.** Seite 263

Haut/Haare/Nägel

Haut: Bläschenausschlag/Gürtelrose/Lippenherpes/Genitalherpes

warum, wo	was	wie	wie noch	außerdem	MITTEL
Lippenherpes bei Ekelgefühl	Lippenbläschen, bläschenartiger Ausschlag um den Mund, am Kinn	↓Periodenblutung, Wetterwechsel ↑Bewegung, körperliche Tätigkeit	pigmentreiche, dunkle, unreine Haut mit Mitessern, Pickel, übel riechender Schweiß	fühlt sich überfordert, erschöpft, missbraucht, geht auf Distanz, mag keinen Sex	**Sepia D12** 2-mal tägl. **5 Glob.** Seite 293
Lippenherpes bei intensiver Sonne	aufgesprungene Lippen, immer wieder Lippenherpes	↓morgens, durch Anstrengung ↑liegen, frische Luft	mit scharfem Sekret gefüllte Hautpickel, roter Hof, entzündlich angeschwollen	fettige Haut im Nasen-Kinn-Bereich, Neigung zu Sonnenallergie	**Natrium chloratum D12** 2-mal tägl. **5 Glob.** Seite 281
Lippenherpes bei Infekt und Stress; Gürtelrose	kleine Bläschen auf stark geröteter Haut einzeln oder in Gruppen	↓feuchtkaltes Wetter, Ruhe ↑Wärme, fortgesetzte Bewegung	Bläschen platzen, helle Flüssigkeit entleert sich, juckende; brennende Schmerzen	bewährt bei Herpes im Genitalbereich	**Rhus toxicodendron D12** 2-mal tägl. **5 Glob.** Seite 290
Gürtelrose (an Brustkorb, Rücken, Gesicht)	Bläschen, die abtrocknen und Krusten bilden, dort stechende, einschießende Schmerzen	↓Kälte, Wetterwechsel, Berührung ↑Schwitzen	rheumatische Beschwerden: Ziehen, Reißen; schmerzende Augenentzündung	bewährt bei Schmerzen der Nervenbahnen im Brustkorb (Interkostalneuralgie)	**Ranunculus D6** 3-mal tägl. **5 Glob.** Seite 289
Herpesinfektion (Gesichtsrose, Gürtelrose), Zeckenbissfolgen, Schmerzen bei Wetterwechsel	blitzartig auftretende Nervenschmerzen, brennende und stechende Empfindung	↓nachts, kalte Luft, Berührung ↑im Freien, warme Anwendungen	Taubheitsgefühl oder Berührungsempfindlichkeit; die abheilende Haut juckt	Nervenschmerzen durch länger zurückliegende Borrelien-Infektion (Neuroborreliose)	**Mezereum D12** 2-mal tägl. **5 Glob.** Seite 280

Haut: Cellulite/Orangenhaut/Faltenbildung

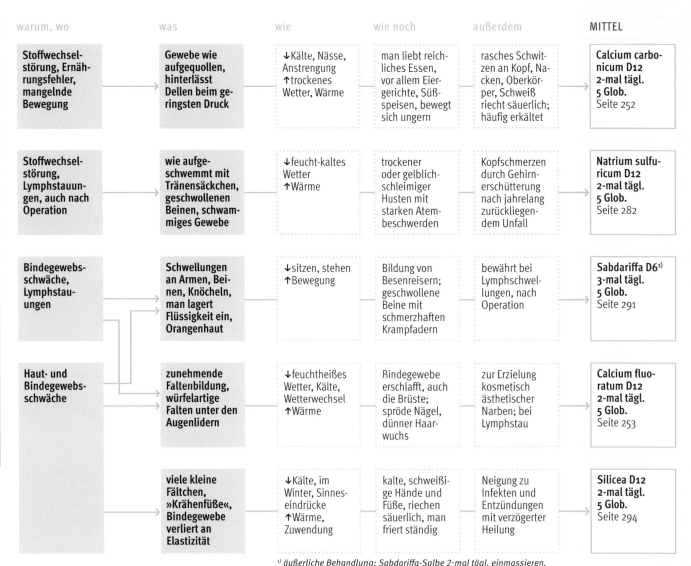

warum, wo	was	wie	wie noch	außerdem	MITTEL
Stoffwechselstörung, Ernährungsfehler, mangelnde Bewegung	Gewebe wie aufgequollen, hinterlässt Dellen beim geringsten Druck	↓Kälte, Nässe, Anstrengung ↑trockenes Wetter, Wärme	man liebt reichliches Essen, vor allem Eiergerichte, Süßspeisen, bewegt sich ungern	rasches Schwitzen an Kopf, Nacken, Oberkörper, Schweiß riecht säuerlich; häufig erkältet	**Calcium carbonicum D12** 2-mal tägl. 5 Glob. Seite 252
Stoffwechselstörung, Lymphstauungen, auch nach Operation	wie aufgeschwemmt mit Tränensäckchen, geschwollenen Beinen, schwammiges Gewebe	↓feucht-kaltes Wetter ↑Wärme	trockener oder gelblichschleimiger Husten mit starken Atembeschwerden	Kopfschmerzen durch Gehirnerschütterung nach jahrelang zurückliegendem Unfall	**Natrium sulfuricum D12** 2-mal tägl. 5 Glob. Seite 282
Bindegewebsschwäche, Lymphstauungen	Schwellungen an Armen, Beinen, Knöcheln, man lagert Flüssigkeit ein, Orangenhaut	↓sitzen, stehen ↑Bewegung	Bildung von Besenreisern; geschwollene Beine mit schmerzhaften Krampfadern	bewährt bei Lymphschwellungen, nach Operation	**Sabdariffa D6[1]** 3-mal tägl. 5 Glob. Seite 291
Haut- und Bindegewebsschwäche	zunehmende Faltenbildung, würfelartige Falten unter den Augenlidern	↓feuchtheißes Wetter, Kälte, Wetterwechsel ↑Wärme	Bindegewebe erschlafft, auch die Brüste; spröde Nägel, dünner Haarwuchs	zur Erzielung kosmetisch ästhetischer Narben; bei Lymphstau	**Calcium fluoratum D12** 2-mal tägl. 5 Glob. Seite 253
	viele kleine Fältchen, »Krähenfüße«, Bindegewebe verliert an Elastizität	↓Kälte, im Winter, Sinneseindrücke ↑Wärme, Zuwendung	kalte, schweißige Hände und Füße, riechen säuerlich, man friert ständig	Neigung zu Infekten und Entzündungen mit verzögerter Heilung	**Silicea D12** 2-mal tägl. 5 Glob. Seite 294

[1] *äußerliche Behandlung: Sabdariffa-Salbe 2-mal tägl. einmassieren, siehe Seite 13*

warum, wo	was	wie	wie noch	außerdem	MITTEL
erhöhter Blutdruck	rötliches Gesicht mit sichtbar bläulichen Blutgefäßen, bevorzugt im Wangenbereich	↓Berührung, Bewegung ↑Ruhe	unreine Haut mit Entzündungen, Furunkeln, Pusteln	Blutandrang zum Kopf mit Hitzegefühl, Kopfschmerzen, Schwindel, Ohrgeräusche	**Arnica montana D12 2-mal tägl. 5 Glob.** Seite 248
Wechseljahre, erhöhter Blutdruck	gerötetes, fleckiges Gesicht, Akneähnlicher Ausschlag, Brennen und Jucken	↓morgens, abends; Kälte ↑Schlaf	migräneartige, meist rechtsseitige Kopfschmerzen, Schulter-Nacken-Bereich schmerzhaft	oft sehr unleidige, gereizte Stimmung	**Sanguinaria D6 3-mal tägl. 5 Glob.** Seite 292
Wechseljahre	bläulich verfärbte Haut, entzündet, bildet Eiterstellen (Pusteln, Furunkel)	↓morgens, nach dem Schlaf, durch Wärme ↑kalte Anwendungen	überempfindlich gegen Berührung; Beengungsgefühl am Hals und am Körper	bewährt bei Hitzewallungen, Schweißausbrüchen, erhöhtem Blutdruck in den Wechseljahren	**Lachesis D12 2-mal tägl. 5 Glob.** Seite 275
Verdauungsschwäche als Ursache für Couperose	bläulich-rötliche (Gesichts-)Haut, juckend, entzündet; sichtbare Blutgefäße	↓nach dem Essen ↑frische Luft, Hochlagern des Körpers	stark aufgetriebener Bauch, Völlegefühl, häufiges Aufstoßen, auch Sodbrennen	ständige Blähungen, übel riechend, Bauchschmerzen zuschnürend, krampfartig	**Carbo vegetabilis D12 2-mal tägl. 5 Glob.** Seite 255
Stoffwechselstörung als Ursache für Couperose	rötlich entzündete Haut, berührungsempfindliche Pusteln im Gesicht, auf Brust, Rücken	↓Wärme ↑frische Luft	große abgekapselte Hautentzündungen, schwer zu öffnen, heilen verzögert ab	Verdauungsstörungen mit Verstopfung oder unregelmäßigem Stuhlgang	**Sulfur jodatum D12 2-mal tägl. 5 Glob.** Seite 297

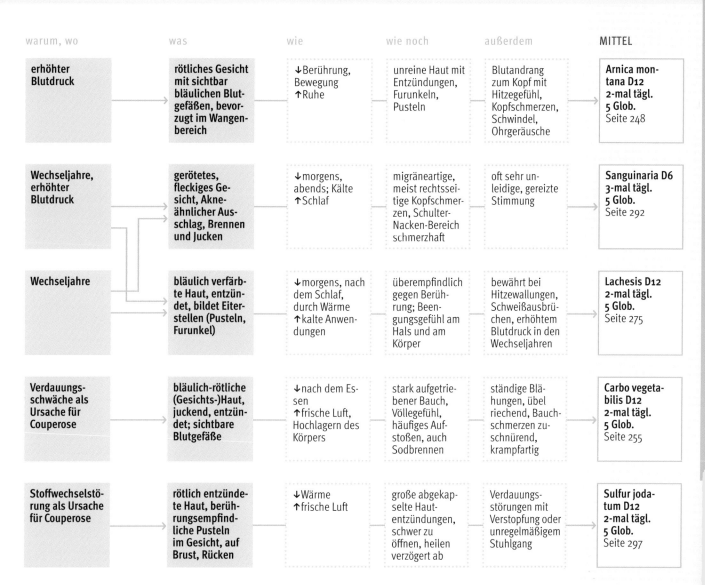

Haut/Haare/Nägel

warum, wo	was	wie	wie noch	außerdem	MITTEL
an Gesicht, Wangen, Handgelenken; nach Infekt	nässend-feuchter Hautausschlag, später Pusteln und Krusten, juckend, brennend	↓nachts, Winterzeit	Ausschlag als Folge eines Infekts, geschwollene Lymphknoten; übel riechender Urin	bewährt bei Milchschorf und bei (Wangen-)Ekzem, vor allem der Kinder	**Viola tricolor D3** 3-mal tägl. 5 Glob. Seite 300
an Kopfhaut, Stirn, Nacken, hinter den Ohren, im Gehörgang	Brennen, Juckreiz, klebriges Sekret, leicht blutend beim Kratzen	↓Ruhe, geistige Anstrengung	Nässen hinter den Ohren, rötliche, fleckige, schorfige Stellen der Kopfhaut	bewährt beim Gehörgangekzem, auch durch Hörgerät bedingt	**Oleander D6** 3-mal tägl. 5 Glob. Seite 283
am ganzen Körper; nach Infekt, Impfung	nässender, eiternder Ausschlag, starker Juckreiz	↓Frühjahr, Feuchtigkeit, Kälte ↑Wärme, Bewegung	Bläschen eitern, bilden Krusten, heilen nur langsam ab	Ausschlag nach einer Impfung, nach dem Schwimmbadbesuch	**Sarsaparilla D6** 3-mal tägl. 5 Glob. Seite 292
am ganzen Körper, besonders Genitalbereich, nach Infekt	ausgeprägt flächig gerötete Haut, die nässt, juckt und brennt	↓kaltes Waschen ↑frische Luft	bläschenartige Entzündungen, die platzen und verkrusten	bewährt bei Windeldermatitis	**Clematis recta D6** 3-mal tägl. 5 Glob. Seite 259
am ganzen Körper, nach Infekt, bei Schilddrüsenunterfunktion	gelblich-klebriges Sekret, juckend, sehr übel riechend und Krusten bildend	↓nach dem Schlaf, morgens, waschen, Periodenblutung ↑frische Luft	später auch trockene und rissige Haut, Schrunden, verhornte Nägel, Pilzbefall	bei Milchschorf, Windelausschlag, Neurodermitis, Neigung zu Übergewicht	**Graphites D12** 2-mal tägl. 5 Glob. Seite 267

Haut/Haare/Nägel

Haut: Hautausschlag, trockener

warum, wo	was	wie	wie noch	außerdem	MITTEL
Infektion, akute Entzündung, auch allergisch bedingt (z.B. Waschmittel), Hautpilz	trockene oder nässende, stark entzündete Haut mit heftigem Juckreiz	↓Wärme ↑Abkühlung	in den Zehenzwischenräumen stark juckende Bläschen, Haut wie kleine Fetzen	Neigung zu Allergien, auch zu Heuschnupfen, allgemeine Erschöpfung	Cardiospermum D3[1] 3-mal tägl. 5 Glob. Seite 255
Infektion; Milchschorf, Neurodermitis	juckende, trockene, schuppende Haut, schlecht heilend, Eiterungstendenz	↓morgens, Kälte, Nässe, nach der Periode ↑im Freien	weißliche Flecken auf der Mundschleimhaut (Soor) und Bläschen (Aphthen)	bewährt bei Ausfluss wie Kleister, weißliche Beläge auf der Scheidenschleimhaut	Borax D6 3-mal tägl. 5 Glob. Seite 251
Essen von Meeresfrüchten, Hitze, intensive Sonnenbestrahlung, seelische Konflikte	trockener, juckender Ausschlag vor allem in Gelenkbeugen, Kniekehlen, am Ohr, Hals	↓morgens, durch Anstrengung ↑liegen, frische Luft	aufgesprungene Lippen, immer wieder Lippenherpes	fettige Haut im Nasen-Kinn-Bereich, Neigung zu Sonnenallergie	Natrium chloratum D12 2-mal tägl. 5 Glob. Seite 281
Infektion, chronische Entzündung, lang dauernde Cortison-Anwendung	unreine, großporige, gerötete Haut, trockenschuppend oder fettig, heftig juckend	↓morgens, Waschen, (Bett-) Wärme ↑Abkühlung	stinkende Durchfälle wechseln mit Verstopfung ab, Brennschmerz am After	schlecht heilende, eitrige Hautentzündungen, starkes, übel riechendes Schwitzen	Sulfur D12[2] 1-mal tägl. 5 Glob. Seite 297
Ärger, Schreck, Abwehrschwäche, Erschöpfung, kaltes Wetter (Winterhalbjahr)	blutig-schrundiger, nach Kratzen nässender Hautausschlag, übel riechend	↓Kälte, Winter ↑Wärme, trockenes Wetter	tiefe Hauteinrisse an Fingern, Füßen, Ferse, vor allem durch Kälte	Lider rissig, trocken, entzündet, Entzündung der Bindehäute	Petroleum D12 2-mal tägl. 5 Glob. Seite 285

[1] äußerliche Behandlung: Halicar-Salbe oder -Creme 2-mal tägl. einmassieren, siehe Seite 13
[2] Erstverschlimmerung möglich, siehe Seite 11

Haut/Haare/ Nägel

187

Haut: Hautentzündung/Abszess/Furunkel

warum, wo	was	wie	wie noch	außerdem	MITTEL
hochakute nicht-eitrige Entzündung	hochrot entzündete Haut mit Brennen und klopfenden Schmerzen	↓Berührung, Wärme	plötzlich auftretendes Fieber; hochrotes, heißes Gesicht; klopfende Kopfschmerzen	bewährt bei allen akuten Hautentzündungen vergleichbar einem Sonnenbrand	**Belladonna D6**[1] **3-mal tägl. 5 Glob.** Seite 250
hochakute eitrige Entzündung	eitrige Hautstelle, stechende Schmerzen bei der geringsten Berührung	↓Berührung, kalte Luft ↑Wärme	säuerlich nach Käse riechende Absonderungen: Schleim, Schweiß, Eiter	Neigung zu Pusteln und Akne, zu schlecht heilenden, ständig entzündeten Wunden	**Hepar sulfuris D6**[1][2] **3-mal tägl. 1 Tabl.** Seite 270
eitrige Entzündung	prall gefüllte Eiterstelle, extrem schmerzhaft und berührungsempfindlich	↓Kühle	Gefühl, als müsste der Abszess aufgehen und der Eiter abfließen	zur beschleunigten Eröffnung eines Furunkels: das »homöopathische Messer«, Abszess-Reifung	**Myristica sebifera D6**[1] **3-mal tägl. 5 Glob.** Seite 280
anhaltende Entzündung	aus der offenen Wunde kommt immer wieder gelblich verfärbtes Sekret	↓Feuchtigkeit, Nässe	Abszess, Fistel, woraus sich ständig Eiter entleert, verkrustete, gelbliche Haut	fördert den langsam verlaufenden Heilungsprozess	**Calcium sulfuricum D6 3-mal tägl. 1 Tabl.** Seite 254
abgekapselte Entzündung	große abgekapselte Hautentzündungen, schwer zu öffnen, heilen verzögert ab	↓Wärme ↑frische Luft	Pusteln im Gesicht, auf Brust und Rücken sind häufig sehr berührungsempfindlich	Verdauungsstörungen mit Verstopfung oder unregelmäßigem Stuhlgang	**Sulfur jodatum D12 2-mal tägl. 5 Glob.** Seite 297

[1] *Akutdosierung: 1. Tag stündl. Einnahme, 2. Tag alle 2 Stunden, ab 3. Tag 3-mal tägl.*
[2] *bei stecknadelkopfgroßer Eiterung: Hepar sulfuris D12, 2-mal tägl. 5 Glob.*

warum, wo	was	wie	wie noch	außerdem	MITTEL
hormonelle Umstellung, Leberleiden	girlandenförmiger, rötlich-bräunlicher, fleckiger Ausschlag, juckende Bläschen	↓Periodenblutung, Wetterwechsel ↑Bewegung, körperliche Tätigkeit	starke Behaarung, Leberflecken, Muttermale, oft helle Flecken auf dunkler Haut	starkes und übel riechendes Schwitzen, unreine Haut mit Mitessern, Pickel	**Sepia D12** 2-mal tägl. 5 Glob. Seite 293
Infektion, Entzündung	ringförmige, juckende Entzündungen wie mit Schorf	↓nachts, Kälte, Reiben ↑Ruhe	übel riechender Hautausschlag wie verkrustet, vor allem hinter den Ohren, auf dem Kopf	entzündeter Gehörgang mit Schwellung und Juckreiz	**Tellurium metallicum D12** 2-mal tägl. 5 Glob. Seite 298
chronische Entzündung, lang dauernde Cortison-Anwendung (innerlich und äußerlich)	unreine, großporige, gerötete Haut, trockenschuppend oder fettig, heftig juckend	↓morgens, waschen, (Bett-)Wärme ↑Abkühlung	stinkende Durchfälle abwechselnd mit Verstopfung, Brennschmerz am After	schlecht heilende, eitrige Hautentzündungen, starkes, übel riechendes Schwitzen	**Sulfur D12**[1] 1-mal tägl. 5 Glob. Seite 297
Infektion, akute Entzündung, auch allergisch bedingt (z.B. Waschmittel)	trockene oder nässende, stark entzündete Haut mit heftigem Juckreiz	↓Wärme ↑Abkühlung	in den Zehenzwischenräumen stark juckende Bläschen, Haut wie kleine Fetzen	Neigung zu Allergien, auch zu Heuschnupfen, allgemeine Erschöpfung	**Cardiospermum D3**[2] 3-mal tägl. 5 Glob. Seite 255
trockene Haut, Hautjucken	juckende Hautstellen, man muss sich ständig kratzen, wodurch sich die Haut entzündet	↓Bettwärme, Kratzen	oft sehr trockene Haut »wie Papier«, Juckreiz auch am After, Neigung zu Verstopfung	auch bewährt bei Hautjucken in der Schwangerschaft	**Dolichos pruriens D6** 3-mal tägl. 5 Glob. Seite 263

[1] *Erstverschlimmerung möglich, siehe Seite 11*
[2] *äußerliche Behandlung: Halicar-Salbe oder -Creme 2-mal tägl. einmassieren, siehe Seite 13*

Haut/Haare/Nägel

Haut: Hornhaut/Hühneraugen/Schwielen

warum, wo	was	wie	wie noch	außerdem	MITTEL
an Händen, Füßen; Stoffwechselstörung	Hühnerauge, stechende Schmerzen, Dornwarze, ausgeprägte Schwielenbildung	↓saure Speisen, Wein, Temperaturextreme ↑Ruhe, frische Luft	verdickte Nägel, die sich längs spalten, auch Nagelpilzbefall	Völlegefühl, Sodbrennen, Übelkeit, dick weiß belegte Zunge, Neigung zu Übergewicht	**Antimonium crudum D12** 2-mal tägl. 5 Glob. Seite 246
an Füßen; Leberleiden	entzündetes Hühnerauge, trockener, rissiger Hautausschlag mit Juckreiz	↓spätnachmittags, Wärme, Schwüle ↑frische Luft, Kühle	unreine Haut, bräunliche Hautstellen, verhärtete, dunkelbraune (Alters-) Warzen	übel riechender Schweiß; Hautleiden im Zusammenhang mit Leber-Galle-Störungen	**Lycopodium D12** 2-mal tägl. 5 Glob. Seite 277
an Händen, Füßen; rheumatische Beschwerden	schmerzhaftes Hühnerauge, rissige, gräuliche, harte Warzen	↓Kälte, Zugluft, am frühen Morgen ↑Wärme	schuppendtrockener Hautausschlag; Wundheilungsstörungen bei Verbrennungen	Gelenke und Muskeln wie steif, Bedürfnis, sich zu dehnen und zu strecken	**Causticum Hahnemanni D12** 2-mal tägl. 5 Glob. Seite 256
Hormonstörung, Schilddrüsenunterfunktion	verdickte, trockene und rissige Haut, Schrunden, verhornte Nägel, Pilzbefall	↓nach dem Schlaf, morgens, waschen, Periodenblutung ↑frische Luft	später auch gelblich klebriges Sekret, juckend, sehr übel riechend	bei Milchschorf, Windelausschlag, Neurodermitis, Neigung zu Übergewicht	**Graphites D12** 2-mal tägl. 5 Glob. Seite 267
chronische Entzündung, lang dauernde Cortison-Anwendung (innerlich und äußerlich)	schlecht heilende Haut, trocken-schuppend wie Leder oder fettig, heftig juckend	↓morgens, waschen, (Bett-) Wärme ↑Abkühlung	unreine, großporige, gerötete Haut, schmerzhafte, anhaltende, juckende Entzündung	starkes, übel riechendes Schwitzen Hitzegefühl	**Sulfur D12[1]** 1-mal tägl. 5 Glob. Seite 297

[1] *Erstverschlimmerung möglich, siehe Seite 11*

Haut: Knötchenflechte (Lichen ruber)

warum, wo	was	wie	wie noch	außerdem	MITTEL
Neigung zu Infekten der Harnblase, Nieren	rötliche, angeschwollene, verhärtete Hautstellen, Juckreiz	↓Frühjahr, Feuchtigkeit, Kälte ↑Wärme, Bewegung	Bläschen eitern, bilden Krusten, heilen nur langsam ab	Neigung zu rheumatischen Muskel- und Gelenkschmerzen	**Sarsaparilla D6** 3-mal tägl. **5 Glob.** Seite 292
Stoffwechselstörung	verdickte Hautstellen, ausgeprägte Schwielen und Hornhaut	↓saure Speisen, Wein, Temperaturextreme ↑Ruhe, frische Luft	verdickte Nägel, die sich längs spalten, auch Nagelpilzbefall, Hühnerauge	Völlegefühl, Sodbrennen, Übelkeit, dick-weiß belegte Zunge, Neigung zu Übergewicht	**Antimonium crudum D12** 2-mal tägl. **5 Glob.** Seite 246
	große, verhärtete, rötlich-bläulich verfärbte Hautentzündungen, heilen verzögert ab	↓Wärme ↑frische Luft	entzündete Haut, berührungsempfindliche Pusteln, Lymphknotenschwellung	Verdauungsstörungen mit Verstopfung oder unregelmäßigem Stuhlgang	**Sulfur jodatum D12** 2-mal tägl. **5 Glob.** Seite 297
Magen-Darm-Leiden	entzündete Mundschleimhaut, einzelne Stellen wie ausgestanzt, Bläschen	↓frische Luft, Kälte ↑Wärme	Magenschmerzen nach dem Essen, Sodbrennen	Neigung zu Entzündungen der Nebenhöhlen, des Magens	**Kalium bichromicum D6** 3-mal tägl. **5 Glob.** Seite 273
	Mundschleimhaut mit entzündlichen Stellen, oft auch weißlich blass verändert	↓Kälte, Wind ↑Ingangkommen der Absonderungen	bitterer Mundgeschmack, Aufstoßen, oft Mundsoor, häufig Bläschen (Aphthen)	bewährt bei Abwehrschwäche durch Chemo- oder Bestrahlungstherapie	**Hydrastis canadensis D6** 3-mal tägl. **5 Glob.** Seite 270

Haut: Neurodermitis

warum, wo	was	wie	wie noch	außerdem	MITTEL
Infektion, akute Entzündung, auch allergisch bedingt (wie z.B. Waschmittel)	trocken oder nässende, stark entzündete Haut mit heftigem Juckreiz	↓Wärme ↑Abkühlung	Neigung zu Allergien, auch zu Heuschnupfen, allgemeine Erschöpfung	bewährt bei Kontaktekzem, bei Hautpilzinfektion	**Cardiospermum D3**[1] 3-mal tägl. **5 Glob.** Seite 255
an Gesicht, Wangen, Handgelenken; nach Infekt	nässend-feuchter Hautausschlag, später Pusteln und Krusten, juckend, brennend	↓nachts, Winterzeit	Ausschlag als Folge eines Infekts, geschwollene Lymphknoten; übel riechender Urin	bewährt bei Milchschorf und beim (Wangen-) Ekzem, vor allem der Kinder	**Viola tricolor D3** 3-mal tägl. **5 Glob.** Seite 300
am ganzen Körper; infektbedingt, Schilddrüsenunterfunktion	gelblich-klebriges Sekret, juckend, sehr übel riechend und Krusten bildend	↓nach dem Schlaf, morgens, waschen, Periodenblutung ↑frische Luft	später auch trockene und rissige Haut, Schrunden, verhornte Nägel, Pilzbefall	Neigung zu Übergewicht, Verstopfung, häufig Erkältungen	**Graphites D12** 2-mal tägl. **5 Glob.** Seite 267
Essen von Meeresfrüchten, Hitze, intensive Sonnenbestrahlung, seelische Konflikte	trockener, juckender Ausschlag vor allem in Gelenkbeugen, Kniekehlen, am Ohr, Hals	↓morgens, durch Anstrengung ↑liegen, frische Luft	aufgesprungene Lippen, fettige Haut im Nasen-Kinn-Bereich, Neigung zu Sonnenallergie	auch bewährt bei Schuppenflechte	**Natrium chloratum D12** 2-mal tägl. **5 Glob.** Seite 281
Ärger, Schreck, Abwehrschwäche, Erschöpfung, kaltes Wetter (Winterhalbjahr)	blutig-schrundiger, nach Kratzen nässender Hautausschlag, übel riechend	↓Kälte, Winter ↑Wärme, trockenes Wetter	tiefe Hauteinrisse an Fingern, Füßen, Ferse, vor allem durch Kälte	Lider rissig, trocken, entzündet, Entzündung der Bindehäute	**Petroleum D12** 2-mal tägl. **5 Glob.** Seite 285

[1] äußerliche Behandlung: Halicar-Salbe oder -Creme 2-mal tägl. einmassieren, siehe Seite 13

Haut: Schuppenflechte (Psoriasis)

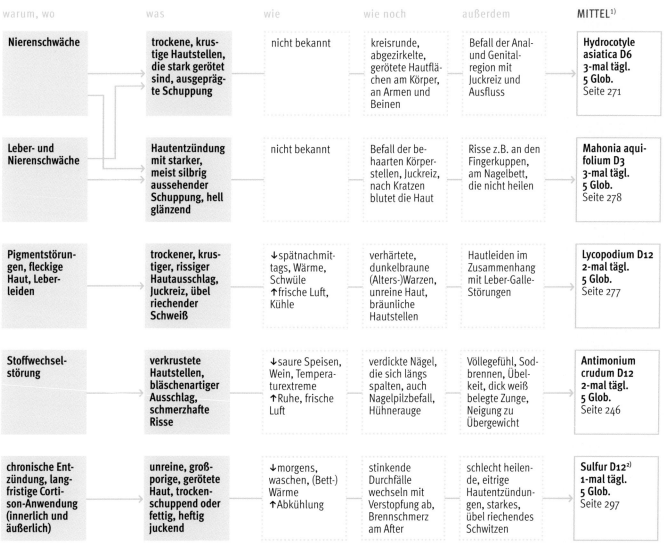

warum, wo	was	wie	wie noch	außerdem	MITTEL[1]
Nierenschwäche	**trockene, krustige Hautstellen, die stark gerötet sind, ausgeprägte Schuppung**	nicht bekannt	kreisrunde, abgezirkelte, gerötete Hautflächen am Körper, an Armen und Beinen	Befall der Anal- und Genitalregion mit Juckreiz und Ausfluss	**Hydrocotyle asiatica D6 3-mal tägl. 5 Glob.** Seite 271
Leber- und Nierenschwäche	**Hautentzündung mit starker, meist silbrig aussehender Schuppung, hell glänzend**	nicht bekannt	Befall der behaarten Körperstellen, Juckreiz, nach Kratzen blutet die Haut	Risse z.B. an den Fingerkuppen, am Nagelbett, die nicht heilen	**Mahonia aquifolium D3 3-mal tägl. 5 Glob.** Seite 278
Pigmentstörungen, fleckige Haut, Leberleiden	**trockener, krustiger, rissiger Hautausschlag, Juckreiz, übel riechender Schweiß**	↓spätnachmittags, Wärme, Schwüle ↑frische Luft, Kühle	verhärtete, dunkelbraune (Alters-)Warzen, unreine Haut, bräunliche Hautstellen	Hautleiden im Zusammenhang mit Leber-Galle-Störungen	**Lycopodium D12 2-mal tägl. 5 Glob.** Seite 277
Stoffwechselstörung	**verkrustete Hautstellen, bläschenartiger Ausschlag, schmerzhafte Risse**	↓saure Speisen, Wein, Temperaturextreme ↑Ruhe, frische Luft	verdickte Nägel, die sich längs spalten, auch Nagelpilzbefall, Hühnerauge	Völlegefühl, Sodbrennen, Übelkeit, dick weiß belegte Zunge, Neigung zu Übergewicht	**Antimonium crudum D12 2-mal tägl. 5 Glob.** Seite 246
chronische Entzündung, langfristige Cortison-Anwendung (innerlich und äußerlich)	**unreine, großporige, gerötete Haut, trockenschuppend oder fettig, heftig juckend**	↓morgens, waschen, (Bett-)Wärme ↑Abkühlung	stinkende Durchfälle wechseln mit Verstopfung ab, Brennschmerz am After	schlecht heilende, eitrige Hautentzündungen, starkes, übel riechendes Schwitzen	**Sulfur D12[2] 1-mal tägl. 5 Glob.** Seite 297

[1] äußerliche Behandlung: Rubisan-Salbe oder -Creme 2-mal tägl. einmassieren, siehe Seite 13
[2] Erstverschlimmerung möglich, siehe Seite 11

Haut/Haare/Nägel

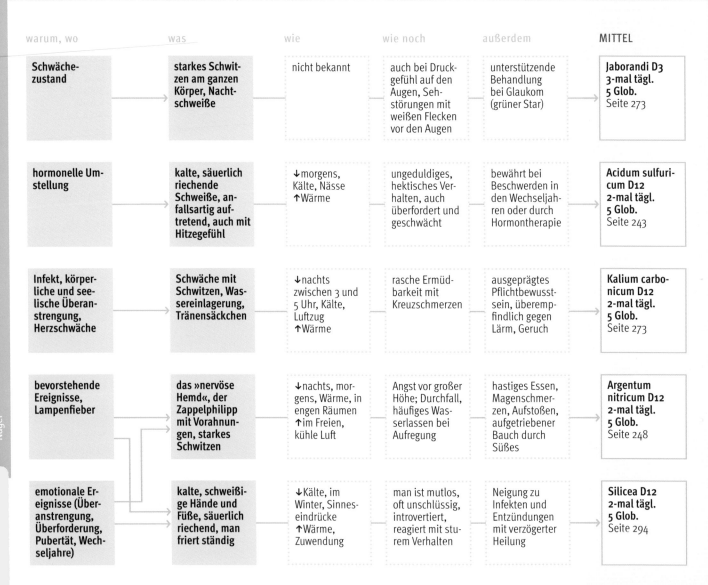

warum, wo	was	wie	wie noch	außerdem	MITTEL
Schwächezustand	starkes Schwitzen am ganzen Körper, Nachtschweiße	nicht bekannt	auch bei Druckgefühl auf den Augen, Sehstörungen mit weißen Flecken vor den Augen	unterstützende Behandlung bei Glaukom (grüner Star)	**Jaborandi D3** **3-mal tägl.** **5 Glob.** Seite 273
hormonelle Umstellung	kalte, säuerlich riechende Schweiße, anfallsartig auftretend, auch mit Hitzegefühl	↓morgens, Kälte, Nässe ↑Wärme	ungeduldiges, hektisches Verhalten, auch überfordert und geschwächt	bewährt bei Beschwerden in den Wechseljahren oder durch Hormontherapie	**Acidum sulfuricum D12** **2-mal tägl.** **5 Glob.** Seite 243
Infekt, körperliche und seelische Überanstrengung, Herzschwäche	Schwäche mit Schwitzen, Wassereinlagerung, Tränensäckchen	↓nachts zwischen 3 und 5 Uhr, Kälte, Luftzug ↑Wärme	rasche Ermüdbarkeit mit Kreuzschmerzen	ausgeprägtes Pflichtbewusstsein, überempffindlich gegen Lärm, Geruch	**Kalium carbonicum D12** **2-mal tägl.** **5 Glob.** Seite 273
bevorstehende Ereignisse, Lampenfieber	das »nervöse Hemd«, der Zappelphilipp mit Vorahnungen, starkes Schwitzen	↓nachts, morgens, Wärme, in engen Räumen ↑im Freien, kühle Luft	Angst vor großer Höhe; Durchfall, häufiges Wasserlassen bei Aufregung	hastiges Essen, Magenschmerzen, Aufstoßen, aufgetriebener Bauch durch Süßes	**Argentum nitricum D12** **2-mal tägl.** **5 Glob.** Seite 248
emotionale Ereignisse (Überanstrengung, Überforderung, Pubertät, Wechseljahre)	kalte, schweißige Hände und Füße, säuerlich riechend, man friert ständig	↓Kälte, im Winter, Sinneseindrücke ↑Wärme, Zuwendung	man ist mutlos, oft unschlüssig, introvertiert, reagiert mit sturem Verhalten	Neigung zu Infekten und Entzündungen mit verzögerter Heilung	**Silicea D12** **2-mal tägl.** **5 Glob.** Seite 294

Haut/Haare/ Nägel

Haut: Warzen

warum, wo	was	wie	wie noch	außerdem	MITTEL
an Händen, Füßen, im Gesicht	kleine, flache, hautfarbene, in Gruppen stehende Warzen, »Dellwarzen« (Seite 302)	↓Anstrengung	Warzen zeigen keine Verhornungstendenz	bewährt bei Schwimmbadwarzen, bei Warzen junger Mädchen in der Pubertät	**Ferrum picrinicum D6** 3-mal tägl. 5 Glob. Seite 265
an Händen, im Gesicht	harte, gräuliche, rissige Warzen, man reißt sich leicht, Warzen bluten danach	↓Kälte, Zugluft, am frühen Morgen ↑Wärme	schuppend-trockener Hautausschlag, Wundheilungsstörungen bei Verbrennungen	lähmungsartige Schwäche im Bereich des betroffenen Narbengewebes bzw. der Gliedmaße	**Causticum Hahnemanni D12** 2-mal tägl. 5 Glob. Seite 256
an Händen, Fußsohlen	harte, verhornte, flache Warzen, schmerzhafte Hornhautschwielen an Händen und Füßen	↓saure Speisen, Wein, Temperaturextreme ↑Ruhe, frische Luft	verdickte Nägel, die sich längs spalten, auch Nagelpilzbefall, Hühnerauge	Völlegefühl, Sodbrennen, Übelkeit, dick weiß belegte Zunge, Neigung zu Übergewicht	**Antimonium crudum D12** 2-mal tägl. 5 Glob. Seite 246
am ganzen Körper	große, weiche, breit gestielte, bräunliche Warzen, die einzeln oder zu mehreren stehen	↓Gewitter, Sturm, Nässe, Nebel ↑Wärme	kalte Hände und Füße, fettig-schweißige Haut, Gebärmutter- und Darmpolypen	anhaltende Infekte der Atemwege und Harnwege	**Thuja occidentalis D12** 2-mal tägl. 5 Glob. Seite 299
im Gesicht, am Haut-Schleimhaut-Übergang (Mund, Nase, Augen, After)	längliche, gestielte, weiche Warzen, bräunlich oder hautfarben, bluten leicht	↓abends, nachts, Wetterwechsel ↑warmes Zudecken	entzündete Mundwinkel, schlechte Heilung, Zahnfleisch ist entzündet	Mundschleimhaut und Zunge mit Gefühl wie rohes Fleisch, stechende Schmerzen	**Acidum nitricum D12** 2-mal tägl. 5 Glob. Seite 242

Haut/Haare/Nägel

Haare: Haarausfall

warum, wo	was	wie	wie noch	außerdem	MITTEL
Überanstrengung, durchgemachte Erkrankung, (Liebes-)Kummer	diffuser Haarausfall, frühzeitiges Ergrauen, Ausfall der Barthaare	↓Anstrengung, Lärm, Kälte ↑Wärme	man kann sich nicht konzentrieren, ist wie benommen, Schwindel, Kopfdruck	man fühlt sich ausgelaugt, hat großes Ruhe- und Schlafbedürfnis	**Acidum phosphoricum D12** 2-mal tägl. 5 Glob. Seite 242
Kränkung, Kummer, seelischer »Müllschlucker«	vollständiger Haarverlust, Kopfschuppen, Augenbrauen und Wimpern fallen aus	↓nachts, Kälte, emotionale Zuwendung ↑Ruhe	man ist leicht gekränkt, die angestaute Wut entlädt sich später explosionsartig	Emotionales ruft Bauchweh und Unterleibsbeschwerden hervor	**Staphisagria D12** 2-mal tägl. 5 Glob. Seite 296
Druck »von oben«, Überforderung, nach einer Erkrankung, nach Entbindung	diffuser oder kreisrunder Haarausfall, frühzeitiges Ergrauen	↓spätnachmittags, Wärme, Schwüle ↑frische Luft, Kühle	mangelnde Konzentration, man ist vergesslich, macht viele Schreibfehler	starke Blähungen, man bevorzugt süße und warme Speisen, erträgt keine enge Kleidung	**Lycopodium D12** 2-mal tägl. 5 Glob. Seite 277
seelische Konflikte, lang anhaltender Kummer	Geheimratsecken, hoher Stirnansatz, Schamhaare fallen aus	↓morgens, Sonne, Anstrengung ↑liegen, frische Luft	man will allein sein, nicht getröstet werden; innerer Rückzug	Haut- und Haarprobleme nach Entbindung, in der Stillzeit, durch Wechseljahre	**Natrium chloratum D12** 2-mal tägl. 5 Glob. Seite 281
Haut- und Bindegewebsschwäche	dünner Haarwuchs, zunehmend »lichtes« Haar, rissige spröde Nägel	↓feuchtheißes Wetter, Kälte, Wetterwechsel ↑Wärme	nachlassende Straffheit und Festigkeit des Gewebes	frühzeitige Fältchenbildung der Haut, Narben verheilen unschön	**Calcium fluoratum D12** 2-mal tägl. 5 Glob. Seite 253

Haare: Schuppenbildung/Kopfhautentzündung

warum, wo	was	wie	wie noch	außerdem	MITTEL
Pubertät, Monatsblutung, Wechseljahre	Kopfhaut ist fettig, sieht ölig aus, eitrige Entzündungen mit Schuppen	↓Alkohol, Kaffee, Wärme ↑abends	dunkle Mitesser, gefüllte Talgdrüsen, die beim Drücken weißlichen Talg entleeren	Ausschlag verstärkt vor und während der Periode, starkes Schwitzen, übel riechend	**Selenium D12** 2-mal tägl. 5 Glob. Seite 293
Infektion, Schilddrüsenunterfunktion, hormonelle Schwäche	krustige Schuppen, gelblichklebriges Sekret, juckend, sehr übel riechend	↓nach dem Schlaf, morgens, waschen, Periodenblutung ↑frische Luft	trockene und rissige Haut, Schrunden, verhornte Nägel, Pilzbefall	Neigung zu Übergewicht, Verstopfung, häufig Erkältungen	**Graphites D12** 2-mal tägl. 5 Glob. Seite 267
Infektion; Entzündung, meist trocken	auf dem Kopf ringförmige, juckende Entzündungen wie mit Schorf, Haarausfall	↓nachts, Kälte, Reiben ↑Ruhe	übel riechender Hautausschlag hinter den Ohren wie verkrustet	entzündeter Gehörgang mit Schwellung und Juckreiz	**Tellurium metallicum D12** 2-mal tägl. 5 Glob. Seite 298
Infektion; Entzündung, trocken oder nässend	fleckige, schorfige Stellen auf der Kopfhaut, Brennen, Juckreiz	↓Ruhe, geistige Anstrengung	Nässen hinter den Ohren, rötlich-klebriges Sekret, blutet leicht beim Kratzen	bewährt beim Gehörgangekzem, auch durch Hörgerät bedingt	**Oleander D6** 3-mal tägl. 5 Glob. Seite 283
Infektion; Entzündung, meist nässend	fleckige, gerötete Kopfhaut, Nässe wie durchsickernd, Haar wie verfilzt	↓Kratzen	kreisrunder Haarausfall mit nachwachsendem grauem Haar	bewährt bei Hautausschlag durch Chemotherapie	**Vinca minor D6** 3-mal tägl. 5 Glob. Seite 300

Haut/Haare/Nägel

Nägel: Nagelbettentzündung

warum, wo	was	wie	wie noch	außerdem	MITTEL
verletzungs-bedingte Entzündung	schmerzhaft gerötetes Nagel-bett, durch Splitter oder Verletzung	↓warme Anwendungen, Bewegung ↑kalte Anwen-dungen	Stich- und Biss-verletzungen durch Pflanzen, Insekten (Ze-cken), spitze Gegenstände	Vermeiden von Entzündungen infolge Verlet-zungen **Tetanus-Schutz beachten!**	**Ledum D6** **3-mal tägl.** **5 Glob.** Seite 276
nicht-eitrige Entzündung	hochrot ent-zündete Haut mit Brennen und klopfenden Schmerzen	↓Berührung, Wärme	plötzlich auftre-tendes Fieber, hochrotes, heißes Gesicht, klopfende Kopf-schmerzen	bewährt bei allen akuten Hautentzündun-gen vergleichbar einem Sonnen-brand	**Belladonna D6** **3-mal tägl.** **5 Glob.** Seite 250
eitrige Entzündung	gelbliche Eiter-stelle, stechende Schmerzen bei der geringsten Berührung	↓Berührung, kalte Luft ↑Wärme	Neigung zu Pus-teln und Akne, zu schlecht hei-lenden, ständig entzündeten Wunden	häufig Erkältun-gen mit Nasen-nebenhöhlen-entzündungen	**Hepar sulfu-ris D6** **3-mal tägl.** **1 Tabl.** Seite 270
anhaltende Entzündung	eingewachsener Nagel, Niednagel (Seite 303), schlecht heilen-de Nagelbett-entzündung	↓Kälte, kaltes Wetter ↑Wärme, warme Anwendungen	Hände und Füße sind kalt und schweißig, schmerzendes Hühnerauge	Zahnfleisch ist anhaltend ent-zündet, zieht sich zurück, schlechter Mundgeschmack	**Silicea D12** **2-mal tägl.** **5 Glob.** Seite 294
	wiederholt auftretende Entzündungen am Nagelbett mit Eiterungs-neigung	↓warme Anwen-dungen	unreine, entzün-dete Haut, vor allem an der Nase	Entzündungen der Zehennägel, die verdickt sind; scharf riechender Fuß-schweiß	**Anatherum muricatum D4** **3-mal tägl.** **1 Tabl.** Seite 246

warum, wo	was	wie	wie noch	außerdem	MITTEL
Nagelpilz; hormonelle Umstellung, Leberleiden	Niednagel (Seite 303), gelblich verfärbt, blättert am Rand ab	↓Periodenblutung, Wetterwechsel ↑Bewegung, körperliche Tätigkeit	girlandenförmiger, rötlichbräunlicher, fleckiger Ausschlag, juckende Bläschen	starkes und übel riechendes Schwitzen, man ist sehr behaart, Muttermale, Leberflecke	**Sepia D12** 2-mal tägl. 5 Glob. Seite 293
eingewachsener Nagel, Pilzbefall; Schilddrüsenunterfunktion	abblätternde, verhornte Nägel, dick, hart, gelblich	↓nach dem Schlaf, morgens, waschen, Periodenblutung ↑frische Luft	trockene, raue, rissige Haut, anhaltende Entzündung, Schrunden	Neigung zu Übergewicht, Verstopfung, häufig Erkältungen	**Graphites D12** 2-mal tägl. 5 Glob. Seite 267
Nagelpilz, Stoffwechselstörung	verdickte Nägel wie Horn, die sich längs spalten und langsam wachsen	↓saure Speisen, Wein, Temperaturextreme ↑Ruhe, frische Luft	stechend schmerzhaftes Hühnerauge, Dornwarze, ausgeprägte Schwielen	Völlegefühl, Sodbrennen, Übelkeit, dick weiß belegte Zunge, Neigung zu Übergewicht	**Antimonium crudum D12** 2-mal tägl. 5 Glob. Seite 246
anhaltende Entzündung, auch durch Nagelpilz	eingewachsener Nagel, Niednagel, Rillenbildung, deformierte Nägel	↓Kälte, kaltes Wetter ↑Wärme, warme Anwendungen	Hände und Füße sind kalt und schweißig, schmerzendes Hühnerauge	schlecht heilende Nagelbettentzündung, Neigung zu Erkältungskrankheiten	**Silicea D12** 2-mal tägl. 5 Glob. Seite 294
Haut- und Bindegewebsschwäche	rissige spröde Nägel, dünner Haarwuchs	↓feuchtheißes Wetter, Kälte, Wetterwechsel ↑Wärme	nachlassende Straffheit und Festigkeit des Gewebes	frühzeitige Fältchenbildung der Haut, Narben verheilen unschön	**Calcium fluoratum D12** 2-mal tägl. 5 Glob. Seite 253

Haut/Haare/Nägel

Schwangerschaft/Geburt

Bei Beschwerden und Erkrankungen während der Schwangerschaft und Stillzeit können Sie unbesorgt auf die Homöopathie vertrauen, denn die Mittel schädigen weder Ihren Körper noch den des heranwachsenden Babys. Es gibt bereits sehr viele Hebammen, die ihren Gebärenden und Wöchnerinnen immer häufiger homöopathische Mittel empfehlen.

Schwangerschaft

Für viele Frauen ist die Zeit der Schwangerschaft einfach nur schön. Zu spüren, wie sich das Kind immer stärker bemerkbar macht, ist faszinierend. Umso wertvoller wird die Homöopathie, denn Sie können diese Mittel auch bei Beschwerden in dieser Ausnahmezeit anwenden: sowohl bei schwangerschaftsbedingten wie Eisenmangel, Erschöpfung, Schwangerschaftsübelkeit oder Sodbrennen, die durch die hormonelle Umstellung hervorgerufen werden, als auch bei Störungen des Allgemeinbefindens wie Infektionen oder Verdauungsbeschwerden. Selbst wenn im Beipackzettel des ausgewählten Mittels steht, dass Sie vor der Einnahme Rücksprache mit dem Arzt nehmen sollen, dann verstehen Sie dies als Hinweis auf die Fürsorge, keinesfalls jedoch als ein Abraten von der Anwendung. Die in diesem Kapitel genannten Mittel können Sie in der angegebenen Potenz und Dosierung unbedenklich einnehmen. Zusätzlich empfehle ich, das erste Kapitel zu lesen, weil dort viele Fragen beantwortet werden, die eine Schwangere immer wieder bewegen. Bei der Durchsicht der Diagramm-Tafeln mag Sie die Vielfalt der Beschwerden überraschen, die durch oder während einer Schwangerschaft auftreten und die mit homöopathischen Mitteln behandelt werden können. Dennoch sollten Sie unbedingt bei auftretenden Beschwerden zunächst ärztliche Hilfe in Anspruch nehmen oder mit Ihrer Hebamme in Kontakt treten. Sie kann Sie auch bei der Mittelwahl beraten und sicherlich noch manchen nützlichen Tipp geben. Vor allem steht sie auch nach der Entbindung Ihnen und Ihrem Nachwuchs zur Verfügung. Die Hebamme sollte in jedem Fall zur Nachsorge mit einbezogen werden, wenn Sie nach der Entbindung wieder zu Hause sind.
Ich möchte noch darauf hinweisen, dass auch die anderen in diesem Buch genannten Mittel bei Er-

krankungen während der Schwangerschaft und Stillzeit angewendet werden können, sofern die beschriebenen Beschwerden zutreffen.

Geburt und Wochenbett

Die Geburt und die damit verbundene Vorbereitung sollte frühzeitig mit Arzt und Hebamme abgestimmt werden. Fragen Sie in der Klinik oder – sofern Sie dies planen – im Geburtshaus unbedingt nach, ob eine homöopathische Begleitung der Entbindung gewährleistet ist. Aus langjähriger ärztlicher Erfahrung kann ich Ihnen versichern, dass die Geburt wirkungsvoll mit Homöopathie unterstützt werden kann, selbst wenn eine Entbindung durch Kaiserschnitt notwendig werden sollte. Das betrifft ebenso die Behandlung eventueller Beschwerden im Wochenbett.

An dieser Stelle möchte ich Sie auf eine in den letzten Jahren zunehmend nachgefragte Behandlung aufmerksam machen: die Plazenta-Nosode. Dabei wird aus dem Mutterkuchen (Plazenta) durch Potenzieren ein quasi homöopathisches Mittel hergestellt. Diese Plazenta-Nosoden-Globuli sind sowohl für die Mutter als auch für das Kind bei den unterschiedlichsten Beschwerden und Erkrankungen anwendbar (Seite 304).

Stillzeit

Die in der Stillzeit auftretenden Beschwerden – mangelnde Milchleistung, wunde Brustwarzen oder das natürliche Abstillen – lassen sich ebenfalls ohne Risiko für Mutter und Kind mit Homöopathie behandeln.

Schwangerschaft/Geburt

Schwangerschaft: Ausfluss/Scheidenentzündung/ Blasenschwäche/Reizblase

→ **Harnwegsinfekt**, *Seite 147*

warum, wo	was	wie	wie noch	außerdem	MITTEL
Ausfluss: hochakute Entzündung	trocken heiße, brennende Scheide, pulsierende Schmerzen	↓Berührung, Geräusch, Licht ↑Ruhe	anhaltender Harndrang, Hitzegefühl, brennende, klopfende Schmerzen	allgemeines Unwohlsein oder Krankheitsgefühl, evtl. erhöhte Temperatur	**Belladonna D6**[1] 3-mal tägl. 5 Glob. Seite 250
Ausfluss infolge Pilzinfektion (Candida)	Ausfluss zäh, klebrig, wie Kleister, weißliche Beläge auf der Scheidenschleimhaut	↓morgens, Kälte, Nässe, nach der Periode ↑im Freien	schmerzhafte Monatsblutung mit Abgang von klumpigem, dunkelrotem Blut	weißliche Flecken auf der Mundschleimhaut (Soor) und Bläschen (Aphthen)	**Borax D6** 3-mal tägl. 5 Glob. Seite 251
Ausfluss, Reizblase	Ausfluss dünn, gelblich grün oder milchig weiß, unangenehmer Geruch	↓Kälte, Nässe, Wetterwechsel ↑Bewegung, körperliche Tätigkeit	bei körperlicher Belastung (tragen, husten, lachen, niesen) geht Urin ab	man reagiert heftig und gereizt, geht auf Distanz zum Partner	**Sepia D12** 2-mal tägl. 5 Glob. Seite 293
Reizblase, vor allem in der frühen Schwangerschaftszeit	plötzlich einsetzender Harndrang, man kann oft den Urin kaum mehr halten	↓nachts ↑Wärme	gehäuft Harndrang mit Brennen beim Wasserlassen, »gereizte Blase«	bei Blasenschwäche nach Gebärmutteroperation oder Entbindung	**Petroselinum D6** 3-mal tägl. 5 Glob. Seite 285
Blasenschwäche, Reizblase in der späten Schwangerschaftszeit	man muss bei Harndrang sofort zur Toilette, oft verstärkt durch seelische Ereignisse	↓Kälte, Zugluft, Dunkelheit ↑Wärme	niedergeschlagene, melancholische Stimmung, lähmende Müdigkeit	bewährt bei Blasenschwäche durch Stress	**Causticum Hahnemanni D12** 2-mal tägl. 5 Glob. Seite 256

[1] *Akutdosierung: am 1. und 2. Krankheitstag 4- bis 5-mal tägl. einnehmen*

Schwangerschaft: Blutdruck, erhöhter/Blutdruck, niedriger/Schwindel

warum, wo	was	wie	wie noch	außerdem	MITTEL
erhöhter Blutdruck	**starkes Angstgefühl, körperliche Unruhe mit Herzjagen**	↓abends, nachts, durch Berührung, Kälte ↑Schweißausbruch	negative Bilder tauchen ständig auf, schaukeln sich immer mehr hoch, Angstträume	Schlaflosigkeit durch negative Ereignisse	**Aconitum D12** 2-mal tägl. **5 Glob.** Seite 243
	allgemeines Unwohlsein: alles ist zu warm und eng, Beklemmungsgefühl	↓nach dem Schlaf, Wärme ↑Abkühlung	man ist überempfindlich gegen Berührung; Beengungsgefühl am Hals und am Körper	Hitzewallungen mit starken Schweißausbrüchen, man ist sehr mitteilsam, spricht viel	**Lachesis D12** 2-mal tägl. **5 Glob.** Seite 275
niedriger Blutdruck	**akute Kreislaufschwäche, blasses Gesicht, kalte Schweiße, starker Schwindel**	↓Anstrengung, Aufregung ↑Trinken von Kaltem	Kältegefühl am ganzen Körper, Erbrechen, wässrige Durchfälle, Bauchkrämpfe	bewährt bei Brechdurchfall mit Kreislaufschwäche, bei Muskelverspannungen	**Veratrum album D6** alle paar **Minuten 5 Glob. auf die Zunge** Seite 300
	Kreislaufschwäche mit extremer Übelkeit, Schwindel, Schwäche	↓geringste Bewegung ↑frische Luft, Ruhe	Sehstörungen, Ohrensausen, Zittern, Eiseskälte, ängstliche Unruhe	bewährt bei Schwindel und Übelkeit in schlecht gelüfteten, überwärmten Räumen	**Tabacum D6** alle paar **Minuten 5 Glob. auf die Zunge** Seite 298
	Kopfdruck, Sehstörungen, Schwindel, Schwarzwerden vor den Augen	↓vormittags, Wetterumschwung ↑Ruhe	mangelnde Leistungsfähigkeit, Konzentrationsschwäche, gedrückte Stimmung	man fühlt sich wie benommen, ist müde und unausgeschlafen	**Haplopappus D6** 3-mal tägl. **5 Glob.** Seite 268

Schwangerschaft: Durchfall/Brechdurchfall

→ Schwangerschaftsübelkeit, *Seite 213*

warum, wo	was	wie	wie noch	außerdem	MITTEL[1]
Infekt, verdorbene Speisen, emotionale Ereignisse	wässrige Durchfälle, Bauchkrämpfe, Erbrechen, Kältegefühl am ganzen Körper	↓Anstrengung, Aufregung ↑Trinken von Kaltem	akute Kreislaufschwäche, blasses Gesicht, kalte Schweiße, starker Schwindel	bewährt bei akuter Kreislaufschwäche und zu niedrigem Blutdruck	**Veratrum album D6** alle paar Min. 5 Glob. auf die Zunge Seite 300
Infekt, geschwächtes Immunsystem	wässriger Durchfall mit Unverdautem, Übelkeit mit heftigem Erbrechen	↓Anstrengung, Aufregung ↑Trinken von Kaltem	man friert rasch, wechselt oft die Gesichtsfarbe von Rot nach Blass, wirkt »durchsichtig«	man wird rasch nervös, reagiert gereizt, hat wenig Ausdauer	**Ferrum metallicum D6** 3-mal tägl. 5 Glob. Seite 265
Durchfall auf Reisen, ungewohnte Ernährung; Antibiotikatherapie	akuter Durchfall, danach Blähungen und Verstopfung, Aufstoßen mit Übelkeit	↓Nikotingenuss ↑Nahrungsverzicht	anhaltende Appetitlosigkeit, Müdigkeit, allgemeine Leistungsschwäche	bewährt bei Reisedurchfall, zur Vorbeugung bei Reisen, Sanierung der Darmflora	**Okoubaka D3** 3-mal tägl. 5 Glob. Seite 283
Erbrechen durch Ernährungsfehler (fette Speisen, Eis), Durcheinanderessen	Übelkeit, Erbrechen einige Zeit nach dem Essen, oft mit wässrigem Durchfall	↓nachts, warme Zimmerluft, fettes Essen, Periodenblutung ↑frische Luft	Unverträglichkeit von Fettem und Kaltem, Verdauungsbeschwerden darauf	wechselhafte, weinerliche Stimmung, man möchte nicht allein sein	**Pulsatilla D6** 3-mal tägl. 5 Glob. Seite 288
Erbrechen nach üppigem Essen; ungesunde Ernährungs- und Lebensweise	Brechreiz, morgendliches Würgen und Erbrechen, Verstopfung	↓Kälte, morgens ↑Wärme	gehetzte Lebensweise, innere Anspannung, Verlangen nach Genussmitteln	bewährt bei Schwangerschaftsübelkeit mit Brechreiz und Erbrechen	**Nux vomica D6** 3-mal tägl. 5 Glob. Seite 282

[1] *Akutdosierung: am 1. und 2. Krankheitstag 4- bis 5-mal tägl. einnehmen*

Schwangerschaft: Erkältungskrankheit

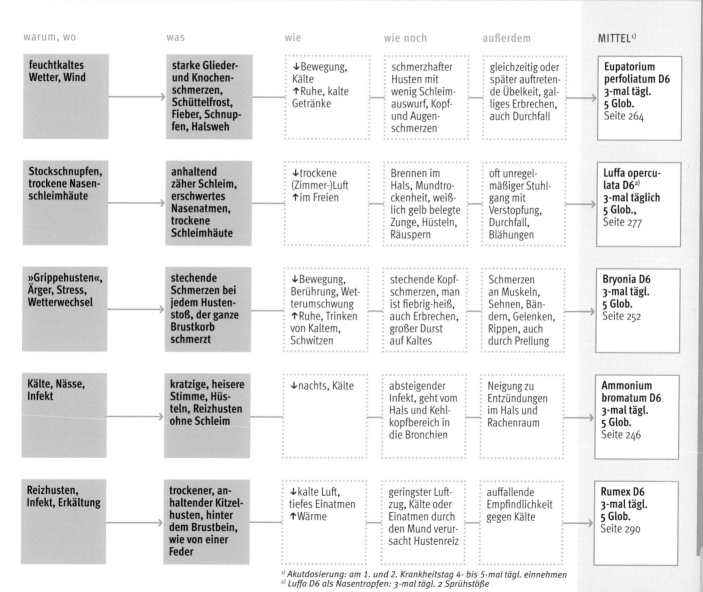

warum, wo	was	wie	wie noch	außerdem	MITTEL[1]
feuchtkaltes Wetter, Wind	starke Glieder- und Knochen-schmerzen, Schüttelfrost, Fieber, Schnupfen, Halsweh	↓Bewegung, Kälte ↑Ruhe, kalte Getränke	schmerzhafter Husten mit wenig Schleim-auswurf, Kopf- und Augen-schmerzen	gleichzeitig oder später auftreten-de Übelkeit, gal-liges Erbrechen, auch Durchfall	**Eupatorium perfoliatum D6** 3-mal tägl. 5 Glob. Seite 264
Stockschnupfen, trockene Nasen-schleimhäute	anhaltend zäher Schleim, erschwertes Nasenatmen, trockene Schleimhäute	↓trockene (Zimmer-)Luft ↑im Freien	Brennen im Hals, Mundtrocken-heit, weiß-lich gelb belegte Zunge, Hüsteln, Räuspern	oft unregel-mäßiger Stuhl-gang mit Verstopfung, Durchfall, Blähungen	**Luffa opercu-lata D6**[2] 3-mal täglich 5 Glob., Seite 277
»Grippehusten«, Ärger, Stress, Wetterwechsel	stechende Schmerzen bei jedem Husten-stoß, der ganze Brustkorb schmerzt	↓Bewegung, Berührung, Wet-terumschwung ↑Ruhe, Trinken von Kaltem, Schwitzen	stechende Kopf-schmerzen, man ist fiebrig-heiß, auch Erbrechen, großer Durst auf Kaltes	Schmerzen an Muskeln, Sehnen, Bän-dern, Gelenken, Rippen, auch durch Prellung	**Bryonia D6** 3-mal tägl. 5 Glob. Seite 252
Kälte, Nässe, Infekt	kratzige, heisere Stimme, Hüs-teln, Reizhusten ohne Schleim	↓nachts, Kälte	absteigender Infekt, geht vom Hals und Kehl-kopfbereich in die Bronchien	Neigung zu Entzündungen im Hals und Rachenraum	**Ammonium bromatum D6** 3-mal tägl. 5 Glob. Seite 246
Reizhusten, Infekt, Erkältung	trockener, an-haltender Kitzel-husten, hinter dem Brustbein, wie von einer Feder	↓kalte Luft, tiefes Einatmen ↑Wärme	geringster Luft-zug, Kälte oder Einatmen durch den Mund verur-sacht Hustenreiz	auffallende Empfindlichkeit gegen Kälte	**Rumex D6** 3-mal tägl. 5 Glob. Seite 290

[1] Akutdosierung: am 1. und 2. Krankheitstag 4- bis 5-mal tägl. einnehmen
[2] Luffa D6 als Nasentropfen: 3-mal tägl. 2 Sprühstöße

warum, wo	was	wie	wie noch	außerdem	MITTEL
Überanstrengung, durchgemachte Erkrankung, (Liebes-)Kummer	man fühlt sich ausgelaugt, hat großes Ruhe- und Schlafbedürfnis	↓Anstrengung, Lärm, Kälte ↑Ruhe, Wärme	man kann sich nicht konzentrieren, ist wie benommen; Schwindel, Kopfdruck	man fühlt sich durch die (ungewollte) Schwangerschaft überfordert	**Acidum phosphoricum D12** 2-mal tägl. **5 Glob.** Seite 242
Überanstrengung, Erschöpfung, rasches Wachstum des Ungeborenen	man fühlt sich nicht leistungsfähig, ist rasch erschöpft, fröstelt; ist nervös-gereizt	↓Überanstrengung, nachts, Wärme ↑Ruhe	rasch wechselnde Gesichtsfarbe von Rot nach Blass, kaum Appetit, Frieren	häufiges Wasserlassen, Gefühl, als ob die Harnblase voll ist, Blasenschwäche	**Ferrum metallicum D12** 2-mal tägl. **5 Glob.** Seite 265
Überarbeitung, berufliche Sorgen, Kränkung	schlaflos vor Sorgen, körperliche Kräfte sind begrenzt, man will allein sein	↓morgens, Musik, alles Ungewohnte ↑im Freien sein	empfindsame Reaktion auf Mitmenschen, Herzbeschwerden, erschwertes Atmen	man ist zart besaitet, mutlos, zurückhaltend, hat immer und ständig Bedenken	**Ambra D6** 3-mal tägl. **5 Glob.** Seite 246
Alleinsein, seelische Überforderung, Kummer, Sorgen	man braucht viel Zuwendung, nimmt die Gefühle der Mitmenschen intensiv wahr	↓Kälte, Zugluft, Dunkelheit, vor/während der Periodenblutung ↑Wärme	ausgeprägter Gerechtigkeitssinn, lähmende Müdigkeit und Schwäche	melancholische Stimmung, man ist wie gelähmt vor Kummer, reagiert übersensibel	**Causticum Hahnemanni D12** 2-mal tägl. **5 Glob.** Seite 256
niedriger Blutdruck, Wetterfühligkeit	mangelnde Leistungsfähigkeit, Konzentrationsschwäche, gedrückte Stimmung	↓vormittags, Wetterumschwung ↑Ruhe	Gefühl, als sei alles zu viel, man fühlt sich wie benommen	oft Kopfdruck, Sehstörungen, Schwindel, Schwarzwerden vor den Augen	**Haplopappus D6** 3-mal tägl. **5 Glob.** Seite 268

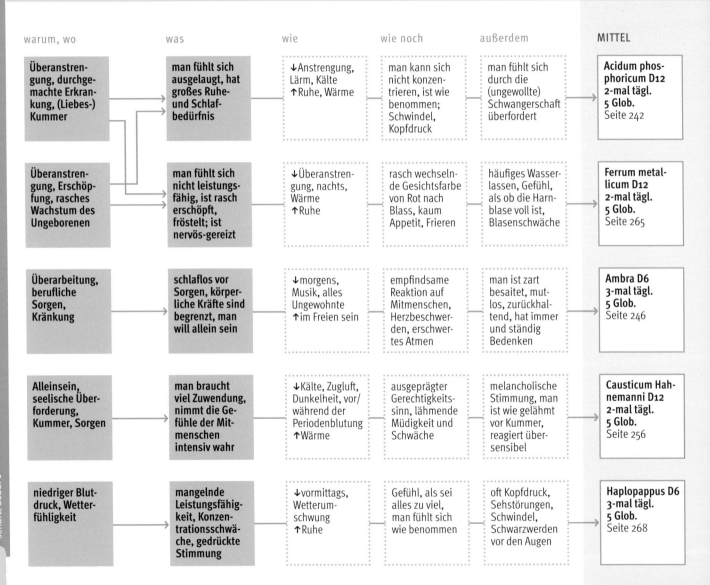

Schwangerschaft: Frühgeburt, drohende

warum, wo	was	wie	wie noch	außerdem	MITTEL
Aufregung, Schock, Panik-attacken, Engegefühl	starkes Angstge-fühl, körperliche Unruhe, erhöhter Blutdruck mit Herzjagen	↓abends, nachts, Berüh-rung, Kälte ↑Schweiß-ausbruch	Beschwerden schaukeln sich auf, negative Erlebnisse tau-chen ständig auf	Angst vor engen Räumen: medizinische Geräte (»Röh-re«), Tunnel	**Aconitum D12** 2-mal tägl. **5 Glob.** Seite 243
leichte Blutung; frühere Fehl-geburt	Schwäche mit Kraftlosigkeit, Schwitzen, ra-sche Ermüdbar-keit mit Kreuz-schmerzen	↓nachts zwi-schen 3 und 5 Uhr, Kälte, Luftzug ↑Wärme	man fühlt sich verunsichert wegen erlebter Fehlgeburt	Überempfind-lichkeit gegen Lärm, Geruch, ausgeprägtes Wärmeverlangen	**Kalium carbo-nicum D12** 2-mal tägl. **5 Glob.** Seite 273
Problemschwan-gerschaft wegen Stoffwechsel-störung	immer wieder Unterleibsbe-schwerden, man ist überlastet und überfordert	↓daran denken ↑Ablenkung	die erschöpfte Frau, stellt an sich selbst zu hohe Ansprüche: »Wie schaffe ich alles?«	erhöhte Blut-zuckerwerte, Eiweißwerte im Urin	**Helonias dioica D6** 3-mal tägl. **5 Glob.** Seite 270
Blutung in der frühen Schwan-gerschaft	hellrote, flüssige Blutung, ver-mengt mit dunk-len Klumpen, verstärkt bei Bewegung	↓Bewegung ↑in frischer Luft	Gelenkbe-schwerden durch hormonel-le Schwankun-gen oder erhöh-te Harnsäure	bewährt, wenn wegen Blutung »Liegen und Ruhen« ver-ordnet wird	**Sabina D6** 3-mal tägl. **5 Glob.** Seite 292
Blutung	hellrote, dünn-flüssige oder dunkel geron-nene Blutung, Schmerzen im Lendenbereich	↓körperliche Anstrengung	leichtes Nach-bluten nach gynäkologischer Untersuchung	Hitzegefühl am Rücken wie heißes Wasser	**Ustilago may-dis D6** 3-mal tägl. **5 Glob.** Seite 299

Schwangerschaft: Hämorrhoiden/Eisenmangel

Schwangerschaft/Geburt

warum, wo	was	wie	wie noch	außerdem	MITTEL
Überanstrengung, Erschöpfung, rasches Wachstum des Ungeborenen	man fühlt sich nicht leistungsfähig, ist rasch erschöpft, fröstelt; ist nervös-gereizt	↓Überanstrengung, nachts, Wärme ↑Ruhe	rasch wechselnde Gesichtsfarbe von Rot nach Blass, kaum Appetit, Frieren, Frösteln	häufiges Wasserlassen, Gefühl der vollen Harnblase, Blasenschwäche	**Ferrum metallicum D12** 2-mal tägl. 5 Glob. Seite 265
Überanstrengung, Überforderung	ausgeprägter Schwächezustand, man braucht Ruhepausen, muss häufig essen	↓abends, nachts, emotionale Ereignisse ↑kurze Ruhepausen	häufiges Nasenbluten, kleinste Wunden bluten, der geringste Stoß verursacht blaue Flecken	bewährt bei Zahnfleischbluten und Parodontose	**Phosphorus D12** 2-mal tägl. 5 Glob. Seite 286
Entzündung, anhaltende Verstopfung, Analfissur	schmerzhafte, leicht blutende Hämorrhoiden, Wundschmerz am After	↓Berührung, feuchte Wärme	Hämorrhoiden sind entzündlich gereizt, Riss am After, anhaltende Verstopfung	bewährt bei schmerzhaften Venen mit Entzündungsneigung	**Hamamelis D6** 3-mal tägl. 5 Glob. Seite 268
anhaltende Verstopfung, Blutung	Stuhlgang ist knollig, trocken mit stechenden Schmerzen	↓Kälte ↑heiße Anwendungen	brennendes und juckendes Gefühl am After, blutende Hämorrhoiden	bewährt bei schwangerschaftsbedingten Verdauungsbeschwerden	**Collinsonia D6** 3-mal tägl. 5 Glob. Seite 260
mangelnde Bewegung, Bindegewebsschwäche	Hämorrhoiden mit Gefühl wie von einem Fremdkörper im After, oft Verstopfung	↓morgens, mangelnde Bewegung ↑frische Luft	splitterartige Schmerzen im Enddarmbereich, die bis in den Rücken ausstrahlen	Kreuz-Darmbein-Gelenk (Ileo-Sacral-Gelenk) schmerzhaft, eingeschränkte Bewegung	**Aesculus D6** 3-mal tägl. 5 Glob. Seite 244

warum, wo	was	wie	wie noch	außerdem	MITTEL
Erkältung, Infekt	brennende Schmerzen in Blase und Harnröhre, nach dem Wasserlassen anhaltend	↓Berührung, Bewegung, kaltes Wasser, Kaffeetrinken ↑Wärme, Ruhe	Bauchkrämpfe, Gefühl wie Brennen im Bauch	bewährt bei Brandblasen zur beschleunigten Abheilung	**Cantharis D6[1]** 3-mal tägl. **5 Glob.** Seite 255
Unterkühlung und Durchnässung, rascher Wetterwechsel	häufiges Wasserlassen, es kommen kleine Urinmengen mit Schmerzen	↓Kälte, Nässe ↑Wärme	Infektanfälligkeit bei nasskaltem Wetter, harte, schmerzende Muskeln und Glieder	bewährt bei ausgeprägter Kälteempfindlichkeit und raschem Frieren	**Dulcamara D6[1]** 3-mal tägl. **5 Glob.** Seite 263
Urinkatheter, gynäkologische Untersuchung; Intimverkehr	häufiger Harndrang, keine vollständige Harnentleerung, oft Nachträufeln	↓nachts, Kälte, emotionale Ereignisse ↑Ruhe	Brennen während und nach dem Wasserlassen, Bauchweh, ziehende Schmerzen	bewährt zur Vermeidung von Entzündungen im Genitalbereich	**Staphisagria D12** 2-mal tägl. **5 Glob.** Seite 296
abklingende Harnwegsentzündung	verminderter oder vermehrter Harndrang, dunkler, konzentrierter Urin	↓reichliche Mahlzeiten ↑Wärme	drückende Schmerzen im Nierenbereich, immer wieder Harnwegsinfekte	Anregung der Nierentätigkeit, zur verstärkten Ausscheidung; Neigung zu Nierengrieß	**Solidago D3** 3-mal tägl. **5 Glob.** Seite 295
wiederholt Entzündungen	Wasserlassen erleichtert nicht, Gefühl, als ob die Blase immer voll ist	↓Kälte, Druck, im Sitzen ↑Wärme, im Liegen	Schmerzen nach dem Wasserlassen, unwillkürlicher Abgang von Urin und Stuhl	bewährt beim Einnässen der Kinder	**Equisetum arvense D6** 3-mal tägl. **5 Glob.** Seite 263

[1] *Akutdosierung: 1. Tag stündl. Einnahme, 2. Tag alle 2 Stunden, ab 3. Tag 3-mal tägl.*

Schwangerschaft/Geburt

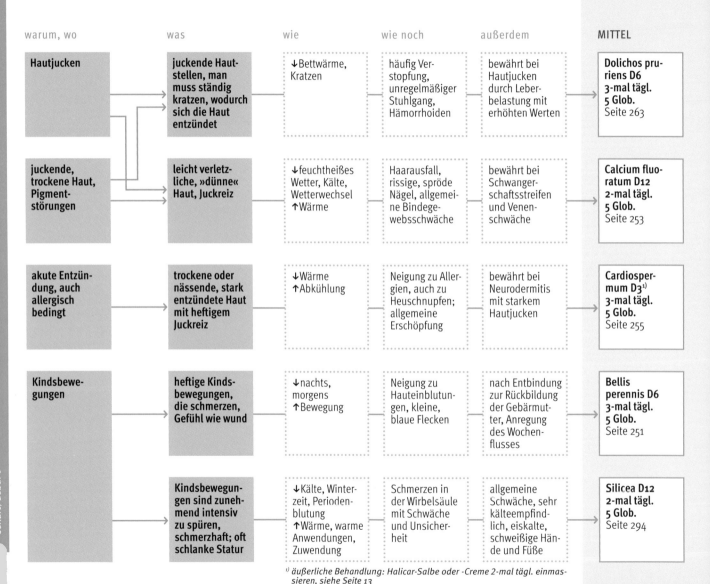

warum, wo	was	wie	wie noch	außerdem	MITTEL
Hautjucken	juckende Haut-stellen, man muss ständig kratzen, wodurch sich die Haut entzündet	↓Bettwärme, Kratzen	häufig Verstopfung, unregelmäßiger Stuhlgang, Hämorrhoiden	bewährt bei Hautjucken durch Leberbelastung mit erhöhten Werten	**Dolichos pruriens D6** 3-mal tägl. 5 Glob. Seite 263
juckende, trockene Haut, Pigmentstörungen	leicht verletzliche, »dünne« Haut, Juckreiz	↓feuchtheißes Wetter, Kälte, Wetterwechsel ↑Wärme	Haarausfall, rissige, spröde Nägel, allgemeine Bindegewebsschwäche	bewährt bei Schwangerschaftsstreifen und Venenschwäche	**Calcium fluoratum D12** 2-mal tägl. 5 Glob. Seite 253
akute Entzündung, auch allergisch bedingt	trockene oder nässende, stark entzündete Haut mit heftigem Juckreiz	↓Wärme ↑Abkühlung	Neigung zu Allergien, auch zu Heuschnupfen; allgemeine Erschöpfung	bewährt bei Neurodermitis mit starkem Hautjucken	**Cardiospermum D3**[1] 3-mal tägl. 5 Glob. Seite 255
Kindsbewegungen	heftige Kindsbewegungen, die schmerzen, Gefühl wie wund	↓nachts, morgens ↑Bewegung	Neigung zu Hauteinblutungen, kleine, blaue Flecken	nach Entbindung zur Rückbildung der Gebärmutter, Anregung des Wochenflusses	**Bellis perennis D6** 3-mal tägl. 5 Glob. Seite 251
	Kindsbewegungen sind zunehmend intensiv zu spüren, schmerzhaft; oft schlanke Statur	↓Kälte, Winterzeit, Periodenblutung ↑Wärme, warme Anwendungen, Zuwendung	Schmerzen in der Wirbelsäule mit Schwäche und Unsicherheit	allgemeine Schwäche, sehr kälteempfindlich, eiskalte, schweißige Hände und Füße	**Silicea D12** 2-mal tägl. 5 Glob. Seite 294

[1] *äußerliche Behandlung: Halicar-Salbe oder -Creme 2-mal tägl. einmassieren, siehe Seite 13*

Schwanger-schaft/Geburt

warum, wo	was	wie	wie noch	außerdem	MITTEL
Rückenprobleme	Schwäche mit Kraftlosigkeit, Schwitzen, rasche Ermüdbarkeit mit Kreuzschmerzen	↓nachts zwischen 3 und 5 Uhr, Kälte, Luftzug ↑Wärme	man fühlt sich verunsichert wegen erlebter Fehlgeburt	Überempfindlichkeit gegen Lärm, Geruch, ausgeprägtes Wärmeverlangen	**Kalium carbonicum D12** 2-mal tägl. 5 Glob. Seite 273
mangelnde Bewegung, Schwangerschaft	Schmerzen im Kreuz-Darmbein-Gelenk (Ileo-Sacral-Gelenk), Bewegung ist eingeschränkt	↓morgens, mangelnde Bewegung ↑frische Luft	anhaltende Schmerzen in der Lendenwirbelsäule, in die Beine ausstrahlend	bewährt bei Krampfadern und Hämorrhoiden	**Aesculus D6** 3-mal tägl. 5 Glob. Seite 244
Überanstrengung, Überforderung	ziehende Schmerzen bei Bewegungsbeginn wie steif, allmählich nachlassend	↓feuchtkaltes Wetter, Ruhe ↑Wärme, fortgesetzte Bewegung	starker Bewegungsdrang, einseitiger Gang, Gehen ist schmerzhaft eingeschränkt	Ischiasschmerzen, Schmerzen in den Gelenken und Sehnen	**Rhus toxicodendron D12** 2-mal tägl. 5 Glob. Seite 290
körperliche Überanstrengung, Größenzunahme des Kindes	schneidende Schmerzen über dem Gesäß, in das Bein bis zum Fußrücken ausstrahlend	↓Bewegung, feuchte Kälte ↑im Sitzen, angewinkelte Beine	Ameisenlaufen, Kribbeln, Taubheitsgefühl, Muskelverspannungen und Wadenkrämpfe	bewährt bei anhaltenden Schmerzen im Ischiasnerv	**Gnaphalium D6** 3-mal tägl. 5 Glob. Seite 267
Steißbeinschmerzen	Schmerzen am Steißbein, man kann kaum noch sitzen	↓abends, sitzen, Berührung ↑Gegendruck gegen das Steißbein	anhaltende Schmerzen am Steißbein auch nach Entbindung	bewährt bei wunden, schrundigen Brustwarzen	**Castor equi D6** 3-mal tägl. 5 Glob. Seite 256

Schwangerschaft/Geburt

warum, wo	was	wie	wie noch	außerdem	MITTEL[1]
Schlaflosigkeit durch positive Ereignisse	Gedankenzustrom, wie überdreht, man kann überhaupt nicht abschalten, Schwitzen	↓nachts, durch Kälte, durch Sinneseindrücke ↑Wärme	man ist voller Ideen, ruhelos, ständig in Bewegung	Neigung zu migräneartigen Kopfschmerzen, neuralgische Schmerzen	**Coffea D12** 5 Glob. ½ Std. und unmittelbar vor dem Zubettgehen Seite 260
Schlaflosigkeit durch negative Ereignisse (Aufregung, Schock, Panikattacken), Engegefühl	negative Bilder tauchen ständig auf, schaukeln sich immer mehr hoch, Angstträume	↓abends, nachts Berührung, Kälte ↑Schweißausbruch	starkes Angstgefühl, körperliche Unruhe mit Herzjagen, oft erhöhter Blutdruck	Angst vor der Entbindung, vor medizinischen Untersuchungen	**Aconitum D12** 5 Glob. ½ Std. und unmittelbar vor dem Zubettgehen Seite 243
Schlaflosigkeit durch seelische Ereignisse	trotz Erschöpfung erschwertes Einschlafen, unruhiger Schlaf, häufiges Aufwachen	↓unvorhergesehene Ereignisse, Sinneseindrücke ↑Ruhe	anfallsweise migräneartiges Kopfweh mit Schmerzen in den Augen, saures Aufstoßen	pessimistische Stimmung, körperliche Unruhe	**Scutellaria D6** abends 5 Glob. Seite 292
Aufregung, Kummer, Vorahnungen, Überanstrengung	man fürchtet sich im Dunkeln, Angst vor dem Alleinsein, geringste Geräusche erschrecken	↓abends, nachts, emotionale Ereignisse ↑kurze Ruhepausen	zittrige Schwäche bei leerem Magen, man muss häufiger etwas essen, oft Nasenbluten	schlanker, nervöser Mensch, braucht Ruhephasen; inneres Zittern, Bewegungsdrang	**Phosphorus D12** abends 5 Glob. Seite 286
Stress, Ärger, Überanstrengung, Ernährungsfehler, unruhiger Schlaf	innere Anspannung, tagsüber müde, nachts schlaflos, schlechte Träume	↓abends, nachts, emotionale Ereignisse ↑kurze Ruhepausen	Beine sind ständig in Bewegung, Zähneknirschen, nächtliches Aufschrecken	nervöse Unruhe mit Erschöpfung, man fühlt sich ständig getrieben, redet viel	**Zincum metallicum D12** 2-mal tägl. 5 Glob. Seite 301

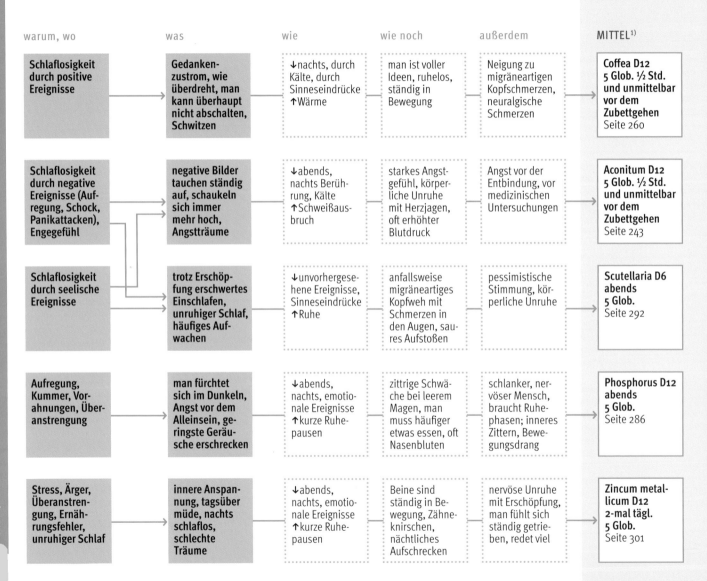

Schwangerschaft/Geburt

warum, wo	was	wie	wie noch	außerdem	MITTEL
Sodbrennen	**saures Aufstoßen mit Magensäure im Mund, Zähne wie stumpf, Sodbrennen**	↓essen, fette Speisen	Magenschmerzen oft bis zu den Schulterblättern ausstrahlend, Stuhlgang säuerlich	bewährt bei Refluxkrankheit (Seite 131)	**Robinia pseudacacia D6** 3-mal tägl. **5 Glob.** Seite 290
emotionale Ereignisse: Anspannung	**Sodbrennen, saures Aufstoßen, starker Speichelfluss, Übelkeit, Erbrechen**	↓abends, nachts, Ruhephasen ↑Bewegung	glänzender Stuhl, oft mit Unverdautem nach fettem Essen	bewährt bei hormonell bedingten Kopfschmerzen und Migräne	**Iris versicolor D6** 3-mal tägl. **5 Glob.** Seite 272
Aufregung, Ärger; ungesunde Ernährungs- und Lebensweise	**Unwohlsein, oft morgendliche Übelkeit, Würgen, krampfartige Magenbeschwerden**	↓durch Kälte, morgens ↑Wärme	Neigung zu Brechreiz und Erbrechen, Verstopfung, häufig Kopfweh am Morgen	empfindlicher Magen durch Einnahme von Eisenpräparat	**Nux vomica D6** 3-mal tägl. **5 Glob.** Seite 282
emotionale Ereignisse: Abneigung, Ablehnung	**Ekel vor Küchengerüchen, beim Anblick von Speisen, Würgen und Erbrechen**	↓Kälte, Nässe, Wetterwechsel ↑Bewegung, körperliche Tätigkeit	ausgeprägtes Verlangen nach Saurem	man reagiert heftig und gereizt, geht auf Distanz zum Partner	**Sepia D12** 2-mal tägl. **5 Glob.** Seite 293
Schwangerschaftsübelkeit	**extreme, »tief sitzende« Übelkeit, nach dem Erbrechen unverändert anhaltend**	↓nachts, Bewegung, Wärme ↑Ruhe, an frischer Luft	man kann kaum noch etwas essen oder trinken; starke Speichelbildung	man würgt ständig Schleim heraus, was Brechreiz hervorruft	**Ipecacuanha D6** 3-mal tägl. **5 Glob.** Seite 272

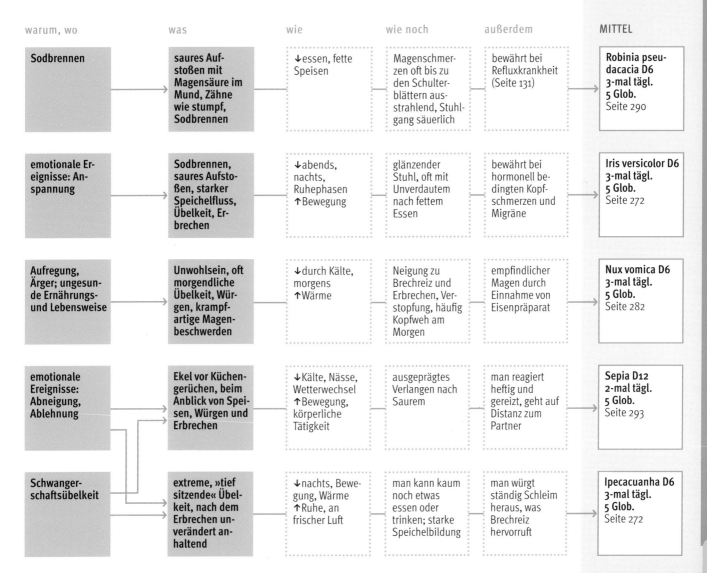

Schwangerschaft/Geburt

warum, wo	was	wie	wie noch	außerdem	MITTEL
Venen-entzündung	dunkelbläuliche, schmerzende Vene, Wund-heits- und Zer-schlagenheits-gefühl	↓Berührung, Druck, Erschüt-terung ↑Kühle	gestaute Venen mit Wasseran-sammlung im Knöchelbereich, oft Venenentzün-dungen	Neigung zu Venenschwäche und Hämorrhoi-den mit dunkel-roter Blutung	**Hamamelis D6** 3-mal tägl. 5 Glob. Seite 268
Bindegewebs-schwäche, Entzündungs-neigung	deutlich sicht-bare Venen, die Knöchelregion schwillt bei län-gerem Stehen an	↓sitzen, stehen ↑Bewegung	Neigung zu Besenreisern; geschwollene Beine mit schmerzhaften Krampfadern	bewährt bei Thromboserisiko (zusätzlich zu Stützstrümpfen)	**Sabdariffa D6[1]** 3-mal tägl. 5 Glob. Seite 291
Venenbeschwer-den durch man-gelnde Bewe-gung	Spannungs- und Schwere-gefühl der Beine durch langes Stehen, Sitzen und in Wärme	↓morgens, mangelnde Bewegung ↑frische Luft	Kreuz-Darmbein-Gelenk (Ileo-Sacral-Gelenk) schmerzhaft, Bewegung ist eingeschränkt	Hämorrhoiden mit Gefühl wie von einem Fremdkörper im After, oft Ver-stopfung	**Aesculus D6** 3-mal tägl. 5 Glob. Seite 244
Haut- und Binde-gewebsschwäche	schmerzhafte, geschwollene Beine mit Hitze- und Schwerege-fühl, Besenreiser	↓feuchtheißes Wetter, Kälte, Wetterwechsel ↑Wärme	beginnende Krampfadern, die zu wieder-kehrenden Entzündungen neigen	frühzeitige Ent-wicklung von Schwanger-schaftsstreifen	**Calcium fluo-ratum D12** 2-mal tägl. 5 Glob. Seite 253
	viele kleine Fältchen, zuneh-mende Falten-bildung, Binde-gewebe schlaff	↓Kälte, Winter-zeit, Perioden-blutung ↑Wärme, warme Anwendungen, Zuwendung	schmerzhafte Wirbelsäule mit Schwächegefühl, man spürt die Kindsbewegun-gen intensiv	allgemeine Schwäche, sehr kälteempfind-lich, eiskalte, schweißige Hän-de und Füße	**Silicea D12** 2-mal tägl. 5 Glob. Seite 294

[1] *äußerliche Behandlung: Sabdariffa-Salbe 2-mal tägl. einmassieren, siehe Seite 13*

Schwangerschaft: Verdauungsstörungen/Verstopfung

warum, wo	was	wie	wie noch	außerdem	MITTEL
Aufregung, Ärger; ungesunde Ernährungs- und Lebensweise	Unwohlsein, oft morgendliche drückende Magenschmerzen, Übelkeit, Würgen	↓Kälte, morgens ↑Wärme	kein Stuhldrang, häufig Kopfweh am Morgen	empfindlicher Magen durch Einnahme von Eisenpräparat	**Nux vomica D6** 3-mal tägl. 5 Glob. Seite 282
mangelnde Verdauung	ständiges Aufstoßen, starke Blähungen, Bauch prall aufgetrieben	↓Milch, Weizenmehl ↑Abgang von Luft	mangelnde Verdauung: Speisen liegen »schwer« im Magen	Schmerzen treten verstärkt oft im linken Bauchbereich auf	**Momordica balsamina D6** 3-mal tägl. 5 Glob. Seite 280
krankhafte Darmflora, Antibiotika, nach Durchfallerkrankung	Blähungen, Durchfall oder Verstopfung, Aufstoßen mit Übelkeit, belegte Zunge	↓Nikotingenuss ↑Nahrungsverzicht	trockener Mund, pappiger Geschmack; man ist oft müde, kann nichts mehr vertragen	bewährt bei Scheidenpilzinfektion durch Antibiotika	**Okoubaka D3** 3-mal tägl. 5 Glob. Seite 283
anhaltende Verstopfung	Stuhl knollig, trocken mit stechenden Schmerzen	↓Kälte ↑heiße Anwendungen	brennendes und juckendes Gefühl am After, blutende Hämorrhoiden	bewährt bei Durchfall nach tagelanger Verstopfung	**Collinsonia D6** 3-mal tägl. 5 Glob. Seite 260
emotionale Ereignisse, Verstopfung durch langes Liegen	tagelang kein Stuhlgang, aufgetriebener Leib, krampfartige Leibschmerzen	↓nach dem Schlaf, Wärme ↑Abkühlung	Darmträgheit, verstärkt durch emotionale Einflüsse wie Schreck und Scham	rötliche oder bläulich blasse Gesichtsfarbe, starkes Schwitzen	**Opium D12** 2-mal tägl. 5 Glob. Seite 283

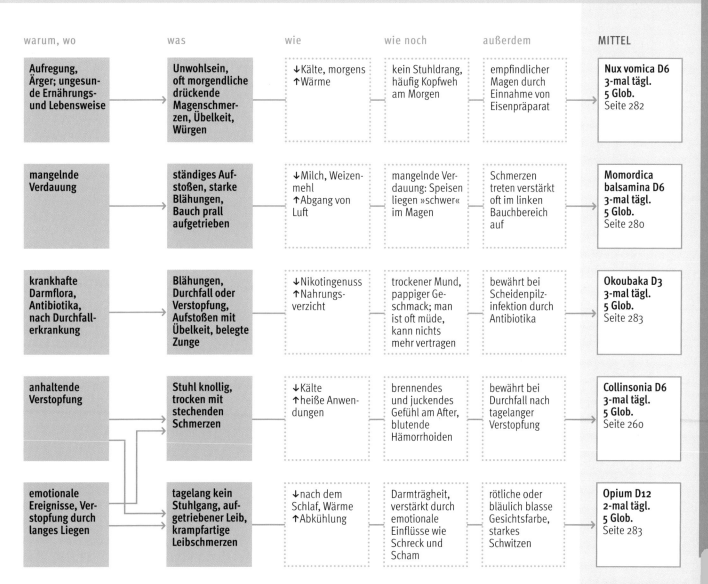

Schwangerschaft: Wadenkrämpfe/Muskelschmerzen

warum, wo	was	wie	wie noch	außerdem	MITTEL
Muskelkrämpfe, auch in der Wade	spontan auftretende Muskelkrämpfe, vor allem auch nächtliche Wadenkrämpfe	↓durch Aufregung, nachts, vor der Periodenblutung	Zähneknirschen, schmerzhafte Kiefergelenke, morgendliches Kopfweh	bewährt bei schmerzhaften Senkwehen und Nachwehen	**Cuprum metallicum D6[1)]** 3-mal tägl. 1 Tabl. Seite 262
	schmerzhafte Muskelverkrampfungen, oft tagsüber anfallsweise auftretend	↓Kaltes ↑Wärme, warme Auflagen	empfindliche Zahnhälse, die auf Temperaturunterschiede schmerzhaft reagieren	bewährt bei Nervenschmerzen mit Besserung durch Wärmeanwendungen	**Magnesium phosphoricum D6[1)]** 3-mal tägl. 1 Tabl. Seite 278
Muskelkater: Überanstrengung, Sport	schmerzende Muskeln, Bewegung fällt schwer, Muskeln sind verhärtet	↓Berührung, Bewegung ↑Ruhe	Muskelschmerzen am Unterbauch durch Gewichts- und Umfangszunahme	bewährt beim Muskelfaserriss, nach Verletzung mit Bluterguss und Schwellung	**Arnica montana D6[1)]** 3-mal tägl. 5 Glob. Seite 248
Überanstrengung, Überforderung	schmerzende Muskeln, bei Bewegungsbeginn wie steif, allmählich nachlassend	↓feuchtkaltes Wetter, Ruhe ↑Wärme, fortgesetzte Bewegung	starker Bewegungsdrang, einseitiger Gang, Gehen ist schmerzhaft eingeschränkt	Ischiasschmerzen, Schmerzen in den Gelenken und Sehnen	**Rhus toxicodendron D12** 2-mal tägl. 5 Glob. Seite 290
akute Kreislaufschwäche	schmerzhafte Muskelverspannungen, Wadenkrämpfe	↓Anstrengung, Aufregung ↑Trinken von Kaltem	Kältegefühl am ganzen Körper, blasses Gesicht, kalte Schweiße, starker Schwindel	bewährt bei Erbrechen, wässrigem Durchfall, Bauchkrämpfen mit Kreislaufschwäche	**Veratrum album D6** alle paar Min. 5 Glob. auf die Zunge Seite 300

[1)] *Akutdosierung: am 1. und 2. Krankheitstag 4- bis 5-mal tägl. einnehmen*

Schwangerschaft: Zahnprobleme

warum, wo	was	wie	wie noch	außerdem	MITTEL[1]
Erkältung, Infektion, geschwächtes Immunsystem, Schwangerschaft	stark entzündetes Zahnfleisch, bei der geringsten Berührung sofort blutend	↓nachts ↑kalte Getränke	übler Mundgeruch, starker Speichelfluss, Zahneindrücke am Zungenrand	Neigung zu Zahnfleischentzündungen und Parodontose	**Mercurius sublimatus corrosivus D12** 2-mal tägl. 5 Glob. Seite 279
Zahnfleischentzündung, Zahnfleischtaschen	Zahnfleischbluten bei der Zahnreinigung; schmerzende Zähne insbesondere auf Kaltes	↓Kälte, kaltes Wetter ↑Wärme, warme Anwendungen	Zahnfleisch ist anhaltend entzündet, zieht sich zurück; schlechter Mundgeschmack	Gefühl von kaltem Schleimfluss im Rachen	**Silicea D12** 2-mal tägl. 5 Glob. Seite 294
anhaltende Entzündung	dunkelrotes, geschwollenes Zahnfleisch; Schmerzen, Bluten bei der Zahnreinigung	↓Berührung, Bewegung ↑Ruhe, Kälte, Trinken von Kaltem	oft Entzündungen der Mundschleimhaut sowie der Mandeln mit Schluckbeschwerden	bewährt bei wiederkehrenden Entzündungen im Mund- und Rachenraum, der Mandeln	**Phytolacca D6** 3-mal tägl. 5 Glob. Seite 286
gereizter Zahnnerv	Zahnschmerz bessert sich spürbar beim Kauen, oft mit vermehrtem Speichelfluss	↓Berührung ↑Kauen	stechender Schmerz mit Gesichtsschwellung und ins Gesicht ausstrahlend	bewährt beim wurzelbehandelten Zahn	**Plantago major D3** 3-mal tägl. 5 Glob. Seite 287
empfindliche Zahnhälse	Zähne reagieren schmerzhaft auf Temperaturunterschiede	↓Kaltes ↑Wärme, warme Auflagen	schmerzhafte Verkrampfungen der Kaumuskeln	bewährt bei (Trigeminus-)Nervenschmerzen mit Besserung durch Wärmeanwendungen	**Magnesium phosphoricum D6** 3-mal tägl. 1 Tabl. Seite 278

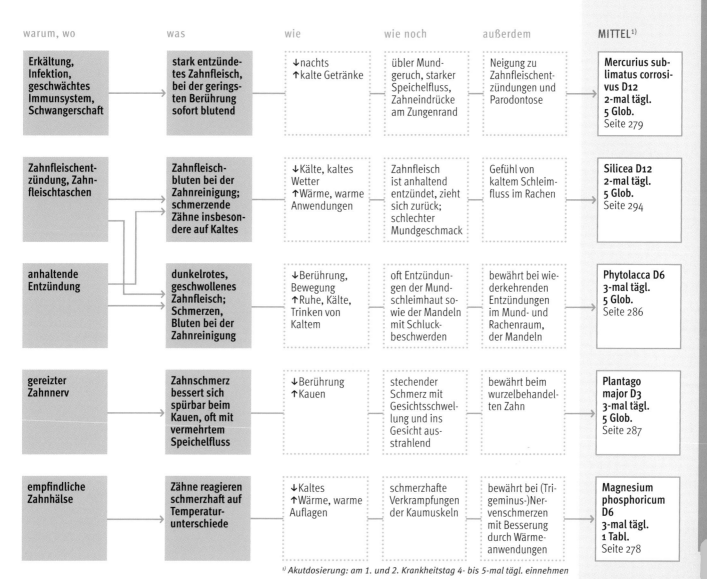

[1] *Akutdosierung: am 1. und 2. Krankheitstag 4- bis 5-mal tägl. einnehmen*

warum, wo	was	wie	wie noch	außerdem	MITTEL
Haut- und Bindegewebs-schwäche, Dammpflege	bei Erstgebären-den zur Steige-rung der Elastizität	↓feuchtheißes Wetter, Kälte, Wetterwechsel ↑Wärme	schmerzhafte, geschwollene Beine mit Hitze- und Schwerege-fühl, Besenreiser	frühzeitige Entwicklung von Schwanger-schaftsstreifen	**Calcium fluo-ratum D12**[1] 2-mal tägl. 5 Glob. Seite 253
	Zweitgebärende mit einem Dammschnitt: zur Steigerung der Elastizität des Gewebes	↓Kälte, Winter-zeit ↑Wärme, warme Anwendungen, Zuwendung	Bindegewebe schlaff, deutlich sichtbare Schwanger-schaftsstreifen	schmerzhafte Wirbelsäule mit Schwächegefühl, man spürt die Kindsbewegun-gen intensiv	**Silicea D12**[1] 2-mal tägl. 5 Glob. Seite 294
Schlaflosigkeit durch negative Ereignisse (Auf-regung, Schock, Panikattacken); Engegefühl	negative Bilder tauchen ständig auf, schaukeln sich immer mehr hoch, Angstträume	↓abends, nachts durch Berührung, Kälte ↑Schweißaus-bruch	starkes Angst-gefühl, man reagiert »kopf-los«, körperliche Unruhe mit Herzjagen	Angst vor der Entbindung, vor medizinischen Untersuchungen	**Aconitum D12** 2-mal tägl. 5 Glob., bei Bedarf er-neut einnehmen Seite 243
Geburtsvorberei-tung, Stim-mungsschwan-kungen mit psy-cho-somatischen Reaktionen	schwankende, weinerliche Stimmung, man möchte nicht allein sein, be-nötigt Zuspruch	↓nachts, warme Zimmerluft, fettes Essen, kalte Füße, ↑Wärme	auffallender Wechsel der Beschwerden sowohl körper-licher als auch seelischer Art	Kindslage anor-mal mit Steiß- oder Querlage[2]	**Pulsatilla D12**[2] 2-mal tägl. 5 Glob. Seite 288
Geburtsvorberei-tung (ca. 3 Wo-chen vor Termin)	unkoordinierte, ineffektive Wehen, Mutter-mund geht nicht auf	↓Kälte, ↑Wärme	zur Koordination der Wehentätig-keit, nach vor-zeitigem Blasen-sprung	bewährt bei Wehenschwäche durch Erschöp-fung (Seite 223)	**Caulophyllum D6** 3-mal tägl. 5 Glob. Seite 256

[1] äußerliche Behandlung: Salbe oder Lotion (Apotheke) 2-mal tägl. ein-massieren, siehe Seite 13
[2] in Abstimmung mit Arzt oder Hebamme: Pulsatilla C200, 1-mal 5 Glob.

Geburt: Entbindung/Nachgeburt/Mutterkuchen (Plazenta[1])

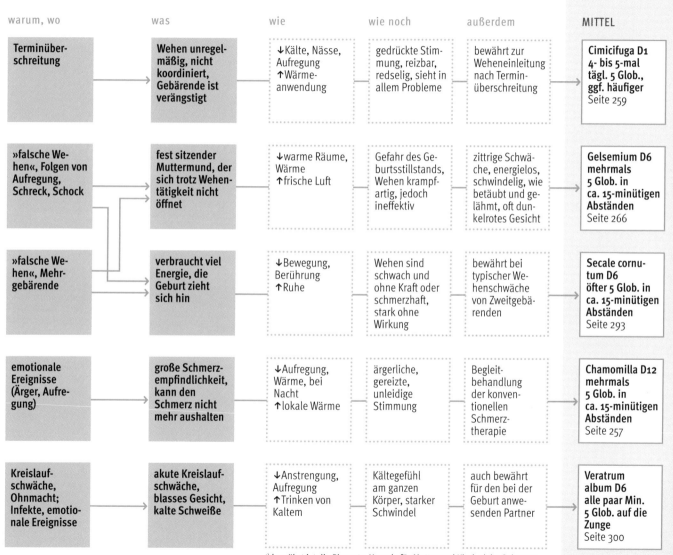

warum, wo	was	wie	wie noch	außerdem	MITTEL
Terminüberschreitung	Wehen unregelmäßig, nicht koordiniert, Gebärende ist verängstigt	↓Kälte, Nässe, Aufregung ↑Wärmeanwendung	gedrückte Stimmung, reizbar, redselig, sieht in allem Probleme	bewährt zur Weheneinleitung nach Terminüberschreitung	Cimicifuga D1 4- bis 5-mal tägl. 5 Glob., ggf. häufiger Seite 259
»falsche Wehen«, Folgen von Aufregung, Schreck, Schock	fest sitzender Muttermund, der sich trotz Wehentätigkeit nicht öffnet	↓warme Räume, Wärme ↑frische Luft	Gefahr des Geburtsstillstands, Wehen krampfartig, jedoch ineffektiv	zittrige Schwäche, energielos, schwindelig, wie betäubt und gelähmt, oft dunkelrotes Gesicht	Gelsemium D6 mehrmals 5 Glob. in ca. 15-minütigen Abständen Seite 266
»falsche Wehen«, Mehrgebärende	verbraucht viel Energie, die Geburt zieht sich hin	↓Bewegung, Berührung ↑Ruhe	Wehen sind schwach und ohne Kraft oder schmerzhaft, stark ohne Wirkung	bewährt bei typischer Wehenschwäche von Zweitgebärenden	Secale cornutum D6 öfter 5 Glob. in ca. 15-minütigen Abständen Seite 293
emotionale Ereignisse (Ärger, Aufregung)	große Schmerzempfindlichkeit, kann den Schmerz nicht mehr aushalten	↓Aufregung, Wärme, bei Nacht ↑lokale Wärme	ärgerliche, gereizte, unleidige Stimmung	Begleitbehandlung der konventionellen Schmerztherapie	Chamomilla D12 mehrmals 5 Glob. in ca. 15-minütigen Abständen Seite 257
Kreislaufschwäche, Ohnmacht; Infekte, emotionale Ereignisse	akute Kreislaufschwäche, blasses Gesicht, kalte Schweiße	↓Anstrengung, Aufregung ↑Trinken von Kaltem	Kältegefühl am ganzen Körper, starker Schwindel	auch bewährt für den bei der Geburt anwesenden Partner	Veratrum album D6 alle paar Min. 5 Glob. auf die Zunge Seite 300

[1] bewährt ist die Plazenta-Nosode für Mutter und Kind, siehe Seite 304

Schwangerschaft/Geburt

warum, wo	was	wie	wie noch	außerdem	MITTEL[1]
Narkose, Wehenmittel, Schmerzmedikamente	Unwohlsein, oft morgendliche Übelkeit, Würgen, Kopfweh, Magenbeschwerden	↓durch Kälte, morgens ↑Wärme	Brechreiz und Erbrechen, Verstopfung, man fühlt sich »wie durch den Wind«	bewährt zum Ausleiten und Entgiften von Narkose und Medikamenten	**Nux vomica D6** 3-mal tägl. 5 Glob. Seite 282
Antibiotika	akuter Durchfall oder Verstopfung, danach Blähungen, Übelkeit; Scheidenpilzinfektion	↓Süßigkeiten ↑Nahrungsverzicht	anhaltende Appetitlosigkeit, Müdigkeit, allgemeine Leistungsschwäche	baut die Darmflora auf: während und nach einer Antibiotikatherapie einnehmen	**Okoubaka D3** 3-mal tägl. 5 Glob. Seite 283
Dammriss, Dammschnitt	Anregung der Wundheilung, Vermeidung wulstiger Narbenbildung (Keloid)	↓feuchtes, drückendes Wetter, Kälte, Bewegung ↑Ruhe	Wundbereich Neigung zu Entzündung und Eiterung, schlechte Heilungstendenz	bewährt bei Verletzungen der Geburtswege (Zangengeburt, verzögerter Geburtsverlauf)	**Calendula D6** 3-mal tägl. 5 Glob. Seite 254
Bluterguss, großflächig	Schamlippen und Damm: Bluterguss, Schmerzen und Schwellung	↓Berührung, Bewegung ↑Ruhe	kann wegen Bluterguss nicht ohne Schmerzen sitzen, auch schmerzhaft bei Bewegung	Gefühl wie zerschlagen, oft auch Muskel- und Knochenschmerzen	**Arnica montana D6** 3-mal tägl. 5 Glob. Seite 248
Rückenmarksbetäubung, ungeschickte Lagerung	einschießende Nervenschmerzen, anhaltendes Taubheitsgefühl	↓Berührung, Kälte, Wetterwechsel ↑Ruhe	Kribbeln und Schweregefühl in den Armen und Beinen	Kopf- und Nackenschmerzen, Schwindel, starke Verspannungen	**Hypericum D6** 3-mal tägl. 5 Glob. Seite 271

[1] *Akutdosierung: am 1. und 2. Krankheitstag 4- bis 5-mal tägl. einnehmen*

Wochenbett: Erschöpfung und Schwäche/Babyblues/ niedergeschlagene Stimmung

warum, wo	was	wie	wie noch	außerdem	MITTEL
nach Kaiserschnitt oder Geburt mit Blutverlust, langer Stillzeit	anhaltende Schwäche, Schweißausbrüche bei der geringsten Belastung, Schwindel	↓nachts, durch Kälte und Nässe ↑Wärme	Ruhe, Schlaf, Essen bessern nicht; aufgetriebener Leib; schäumender Durchfall	Schwächezustand mit mangelnder körperlicher und seelischer Belastungsfähigkeit	**China D6** 3-mal tägl. 5 Glob. Seite 258
Überanstrengung, Erschöpfung, Blutverlust	fühlt sich nicht leistungsfähig, rasche Erschöpfung, ist nervösgereizt	↓Überanstrengung, nachts, durch Wärme ↑Ruhe	wenig Appetit, wässriger Durchfall, Übelkeit, häufiges Wasserlassen, Reizblase	rasch wechselnde Gesichtsfarbe von Rot nach Blass, Kopfweh, Schwindelgefühl	**Ferrum metallicum D12** 2-mal tägl. 5 Glob. Seite 265
niedergeschlagene Stimmung; Überanstrengung; Haarausfall (Seite 196)	Gefühl, als sei alles zu viel, wie ausgelaugt, großes Ruhe- und Schlafbedürfnis	↓Anstrengung, Lärm, Kälte ↑Ruhe, Wärme	Schwächezustand, ohne Appetit, saures Aufstoßen, Durchfallneigung, Blähungen	diffuser Haarausfall, auch Grauwerden der Haare	**Acidum phosphoricum D12** 2-mal tägl. 5 Glob. Seite 242
Überforderung: Beruf und Familie, seelische Konflikte mit Neugeborenem; Haarausfall	fühlt sich missbraucht, überfordert, erschöpft, alles erscheint zu viel	↓Kälte, Nässe, Wetterwechsel ↑Bewegung, körperliche Tätigkeit	reagiert heftig, gereizt, geht auf Distanz zum Partner, sexuelle Lustlosigkeit	dunkle, männliche Behaarung: durch hormonelle Umstellung starker Haarausfall	**Sepia D12** 2-mal tägl. 5 Glob. Seite 293
Stimmungsschwankungen, seelische Konflikte mit Neugeborenem; Haarausfall	heftige emotionale Reaktionen wie Eifersucht und Misstrauen, sehr mitteilsam	↓morgens, nach dem Schlaf, durch Wärme ↑kalte Anwendungen	verträgt am Hals und am Körper nichts Enges; Gefühl, nicht richtig Luft zu bekommen	Haarausfall nach Schwangerschaft: lichte Stellen, dünne Haare	**Lachesis D12** 2-mal tägl. 5 Glob. Seite 275

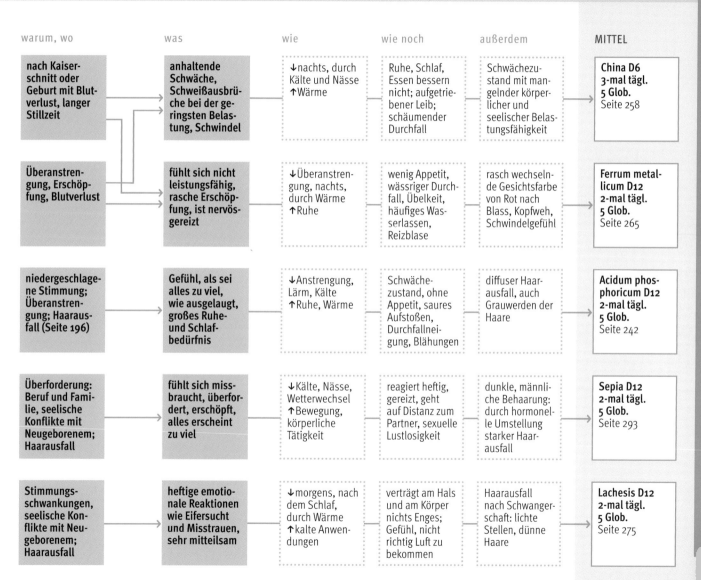

Wochenbett: Gebärmutterrückbildung/Wochenfluss/Nachwehen

warum, wo	was	wie	wie noch	außerdem	MITTEL
Wochenfluss	**Blutung dunkel-rot, Unterleib immer wieder schmerzhaft**	↓nachts, morgens ↑Bewegung	unterstützt Rückbildung der Gebärmutter, Anregung des Wochenflusses	bewährt bei Quetschungen, verletzte Haut entzündet sich	**Bellis perennis D6** 3-mal tägl. 5 Glob. Seite 251
	Blut strähnig, oft dunkel geron-nen, Schmerzen im Lenden-bereich	↓körperliche Anstrengung	hält die Blutung im Fließen	bewährt bei leichtem Nach-bluten nach gynäkologischer Untersuchung	**Ustilago may-dis D6** 3-mal tägl. 5 Glob. Seite 299
	schmerzende Nachwehen, die den Blutfluss verstärken	↓Bewegung, Berührung ↑Ruhe	Blut meist schwärzlich, starker Geruch	Mehrgebärende, die während der Geburt viel Energie ver-braucht hat	**Secale cornu-tum D6** 3-mal tägl. 5 Glob. Seite 293
Nachwehen	**extrem schmerz-hafte Nachwe-hen, bis in den Rücken und in die Beine aus-strahlend**	↓durch Aufre-gung, nachts	nächtliches Zähneknirschen, schmerzhafte Kiefergelenke, morgendliches Kopfweh	spontan auf-tretende Mus-kelkrämpfe, vor allem auch nächtliche Wadenkrämpfe	**Cuprum metal-licum D6** mehrmals 5 Glob. in kurzen Abständen Seite 262
	anhaltende Nachwehen, der ganze Bauch schmerzt	↓Aufregung, Wärme, bei Nacht ↑lokale Wärme	ärgerliche, ge-reizte, unleidige Stimmung	große Schmerz-empfindlichkeit, man kann den Schmerz nicht mehr aushalten	**Chamomilla D12** mehrmals 5 Glob. in ca. 15-minütigen Abständen Seite 257

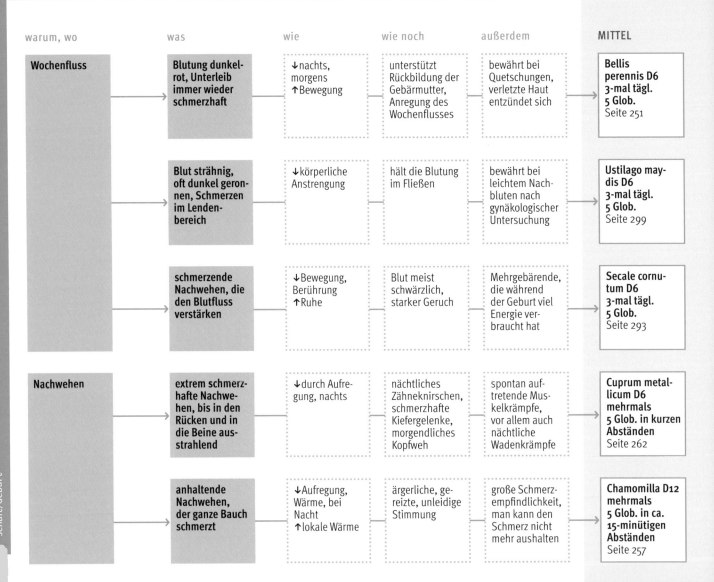

Wochenbett: Kaiserschnittwunde/Schambein- und Steißbeinschmerzen

warum, wo	was	wie	wie noch	außerdem	MITTEL
Kaiserschnitt-wunde	zur optimalen ästhetischen Verheilung der Schnittwunde	↓nachts, Kälte, emotionale Ereignisse ↑Ruhe	Schmerzen und Berührungs-empfindlichkeit, auch nach Kaiserschnitt oder Dammschnitt	auch bewährt bei Entzündung durch Harn-blasenkatheter	**Staphisagria D6** 3-mal tägl. 5 Glob. Seite 296
Narbenheilung	Beschleunigung der Narbenhei-lung, zur Erzie-lung kosmetisch ästhetischer Narben	↓feuchtheißes Wetter, Kälte, Wetterwechsel ↑Wärme	Juckreiz im Narbenbereich, Neigung zu Haarausfall und brüchigen Nägeln	bewährt bei Schwanger-schaftsstreifen, beginnenden Krampfadern, Besenreisern	**Calcium fluora-tum D12**[1] 2-mal tägl. 5 Glob. Seite 253
Schambein- und Steißbein-schmerzen	anhaltende Schmerzen, schmerzhafte Bewegungsein-schränkung	↑Ruhigstellung	Schmerzen beim Sitzen am Steißbein	bewährt bei Beckenring-lockerung nach Entbindung	**Symphytum D6** 3-mal tägl. 5 Glob. Seite 297
	Sitzen ist schmerzhaft, einschießende Schmerzen, anhaltendes Taubheitsgefühl	↓Berührung, Kälte, Wetter-wechsel ↑Ruhe	oft Kribbeln und Schweregefühl in den Beinen	Kopf- und Nackenschmer-zen, Schwindel, starke Verspan-nungen	**Hypericum D6** 3-mal tägl. 5 Glob. Seite 271
	Schmerzen an Schambein und Steißbein, man kann kaum noch sitzen	↓abends, Sit-zen, Berührung ↑Gegendruck gegen das Steiß-bein	Schonhaltung wegen anhalten-der Schmerzen	bewährt bei wunden, schrundigen Brustwarzen	**Castor equi D6** 3-mal tägl. 5 Glob. Seite 256

[1] kurmäßige Anwendung über 3–4 Monate, siehe Seite 11

Stillzeit: Brustdrüsenentzündung/wunde Brustwarzen

warum, wo	was	wie	wie noch	außerdem	MITTEL
Entzündung	entzündete, schmerzende Brust, prall gestaut, wenig Milchfluss	↓feuchtheißes Wetter, Kälte, Wetterwechsel ↑Wärme	Schwellung der Lymphknoten unter der Achsel	zur Reduzierung der Milchbildung bei ständigem Fließen	**Phytolacca D6[1]** 3-mal tägl. 5 Glob. Seite 286
nicht-eitrige Entzündung	hochrot entzündete Haut mit Brennen und klopfenden Schmerzen	↓Berührung, Wärme	plötzlich auftretendes Fieber, hochrotes, heißes Gesicht; klopfende Kopfschmerzen	bewährt bei allen akuten Hautentzündungen vergleichbar einem Sonnenbrand	**Belladonna D6[1]** 3-mal tägl. 5 Glob. Seite 250
eitrige Entzündung	gelbliche Eiterstelle, stechende Schmerzen bei der geringsten Berührung	↓Berührung, kalte Luft ↑Wärme	Neigung zu Pusteln und Akne, zu schlecht heilenden, ständig entzündeten Wunden	unreine Haut nach der Geburt und in der Stillzeit	**Hepar sulfuris D6[1]** 3-mal tägl. 1 Tabl. Seite 270
Abwehrschwäche, Stress, Überforderung	rissige Brustwarzen, Riss in die Tiefe gehend, Schmerzen beim Stillen	↓abends, nachts, Wetterwechsel ↑warmes Zudecken	rissige Lippen, anhaltend entzündete Mundwinkel mit mangelnder Heilungstendenz	scharfer, übel schmeckender Speichelfluss, entzündetes Zahnfleisch, Mundbläschen	**Acidum nitricum D12** 2-mal tägl. 5 Glob. Seite 242
wunde Brustwarzen	wunde, schrundige Brustwarzen, sofort Schmerzen nach Beginn des Stillens	↓abends, Sitzen, Berührung ↑Gegendruck auf die Brust	Schmerzen an Schambein und Steißbein nach Entbindung	bewährt bei Fersensporn	**Castor equi D6** 3-mal tägl. 5 Glob. Seite 256

[1] Akutdosierung: am 1. und 2. Krankheitstag 4- bis 5-mal tägl. einnehmen

Stillzeit: Milchbildungsstörung/schmerzhaftes Stillen/Abstillen

warum, wo	was	wie	wie noch	außerdem	MITTEL
Überanstrengung, emotionale Ereignisse, Kummer, Sorgen	fehlender Milcheinschuss oder zu wenig Milch	↓Kälte, Lärm; Anstrengung ↑Wärme, Ruhe	fühlt sich wie ausgelaugt, nichts interessiert, großes Ruhe- und Schlafbedürfnis	Schwächezustand, ohne Appetit, saures Aufstoßen, Durchfallneigung, Blähungen	**Acidum phosphoricum D12** 2-mal tägl. 5 Glob. Seite 242
Milchstau	Brüste prall, extrem schmerzhaft, sehr berührungsempfindlich, Milch fließt nicht	↓Berührung, Erschütterung	das Anlegen des Babys an die Brüste schmerzt	bewährt bei schmerzhaften Brüsten vor der Periode	**Lac caninum D12** 2-mal tägl. 5 Glob. Seite 274
wechselnder Milchfluss	Brüste mal hart, mal weich, unregelmäßiger Milchfluss, Milchstau	↓nachts, warme Zimmerluft, fettes Essen, kalte Füße, Periodenblutung ↑Wärme	launische, weinerliche Stimmung, möchte nicht allein sein, benötigt Zuspruch	harte Brüste nach dem eigentlichen Abstillen	**Pulsatilla D12** 2-mal tägl. 5 Glob. Seite 288
Abstillen	zum natürlichen Abstillen	↓Berührung, Bewegung ↑Ruhe, Trinken von Kaltem, lokale Wärme	Schmerzen in den Brüsten, einzelne Verhärtungen	bewährt bei Brustdrüsenentzündung in der Stillzeit in der Potenz D6 (Seite 224)	**Phytolacca D2[1]** 4- bis 5-mal tägl. 5 Glob. Seite 286
Straffung	zur Straffung des Brustdrüsengewebes nach der Stillzeit	↓feuchtheißes Wetter, Kälte, Wetterwechsel ↑Wärme	Haarausfall; brüchige Nägel; zur Erzielung kosmetisch ästhetischer Narben	bewährt bei Schwangerschaftsstreifen, beginnenden Krampfadern, Besenreisern	**Calcium fluoratum D12** 2-mal tägl. 5 Glob. Seite 253

[1] *zur Anregung des Milchflusses: Phytolacca D12, 2-mal tägl. 5 Glob.*

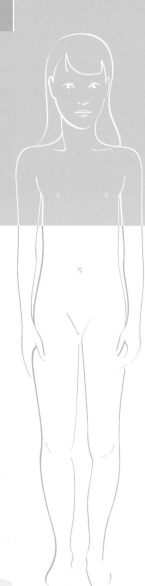

Kinderkrankheiten

Homöopathie und Kinder – das gehört einfach zusammen. Denn ob Neugeborenes, Säugling, Kleinkind oder Schulkind – wann immer Beschwerden auftreten, sollten Sie zunächst und vor allem an die Globuli denken, auch zusätzlich zu den ärztlichen Verordnungen. Sie helfen bei den verschiedensten Problemen im Kindesalter.

Das Wohl von Kindern liegt uns am Herzen – und da bietet sich die sanfte, aber effektive Heilweise der Homöopathie förmlich an. Natürlich sollten Sie gerade beim Neugeborenen und Säugling lieber einmal zu oft als zu wenig ärztlichen Rat einholen. Denn in diesem jungen Lebensalter können sich oft vermeintlich harmlose Beschwerden in kurzer Zeit zu einer ernsthaften Erkrankung entwickeln. Wenn nach einer ärztlichen Untersuchung Ihrem Kind möglicherweise eine Therapie verordnet wird, können Sie grundsätzlich das passende homöopathische Mittel zusätzlich geben. Nicht selten werden Sie erleben, dass das Kind – unabhängig vom Lebensalter – durch die begleitende Homöopathie viel schneller wieder gesund wird und das chemische Medikament oft rasch wieder reduziert bzw. abgesetzt werden kann. Generell können Sie davon ausgehen, dass die homöopathischen Mittel gerade bei akuten Beschwerden zu einer deutlichen Verkürzung des Krankheitsverlaufs beitragen können, wenn sie frühzeitig eingesetzt werden. Und noch etwas können Sie beobachten: Die Anfälligkeit und damit die Häufigkeit, mit der Ihr Kind Infekte nach Hause bringt, geht deutlich zurück.

Babys Geburt

Diese Diagramm-Tafel nennt typische Beschwerden, wie sie bei Neugeborenen auftreten können. Bei den in Frage kommenden Mitteln steht auch die bei Babys übliche Dosierung.

Babys Entwicklung unterstützen

Die normale, gesunde Entwicklung des Kindes lässt sich ohne Gefahr von Nebenwirkungen effektiv mit Homöopathie unterstützen. Es geht immer darum, die bei jedem Menschen vorhandene Krankheitsanlage frühzeitig in Richtung Gesundheit umzulenken. Und das beginnt bereits beim Baby.

Die auf der Diagramm-Tafel genannten Mittel sollten Sie kurmäßig über viele Wochen oder Monate geben – so lange, wie die beim Mittel beschriebenen Merkmale auf Ihr Kind zutreffen. Dabei kann es durchaus sein, dass allmählich und immer deutlicher diese Merkmale auf ein anderes dort beschriebenes Mittel hinweisen; demzufolge würden Sie dann dieses Mittel kurmäßig Ihrem Nachwuchs weitergeben.

Kindergesundheit von A–Z

Darunter finden Sie alphabetisch sortiert akute Erkrankungen, die im Kindesalter häufiger auftreten können. Sollten Sie sich bei der Schritt-für-Schritt-Auswahl nicht eindeutig für ein Mittel entscheiden können, dann schauen Sie im entsprechenden Kapitel dieses Buches in der dafür in Frage kommenden krankheitsbezogenen Diagramm-Tafel nach. Trifft dort eher ein Mittel auf Ihr Kind zu, dann geben Sie es ihm. Beachten Sie dann aber bitte, dass die dort genannte Dosierung angepasst werden muss: Säuglinge erhalten pro Dosis 1 Globulus, Kleinkinder 3 Globuli; dabei gilt wiederum, dass bei nachlassenden Beschwerden die Einnahmehäufigkeit reduziert bzw. das Mittel abgesetzt wird (siehe auch Seite 10–13).

Ansteckende Kinderkrankheiten

Hierunter finden Sie klassische Kinderkrankheiten wie Röteln, Scharlach oder Keuchhusten. Um Ihnen auch dabei einen schnellen Zugriff zu ermöglichen, sind die Krankheiten alphabetisch sortiert.

Babys Geburt

warum, wo	was	wie	wie noch	außerdem	MITTEL
komplizierte Entbindung, Kaiserschnittgeburt, zu später Geburtstermin	hilft das schwierige Geburtserlebnis zu verarbeiten	↓abends, nachts durch Berührung, Kälte ↑in Ruhe	oft unruhige, schreckhafte Babys, Schwierigkeiten beim Stillen	hektische Bewegungen, Baby schreit, lässt sich nur schwer beruhigen	**Aconitum D12**[1] 2-mal tägl. 1 Glob. Seite 243
lang dauernde Entbindung, Geburtsverletzung	heilt mögliche körperliche oder seelische Folgen des Geburtsvorgangs	↓Berührung, Bewegung ↑Ruhe	Bluterguss, Schwellung des verletzten Bereichs	bewährt bei verletzungsbedingten Schreck- und Schockfolgen	**Arnica montana D6**[1] 3-mal tägl. 1 Glob. Seite 248
Nervenverletzung	Funktionsschwäche im Arm oder im Bein nach der Geburt	↓Berührung, Kälte, Wetterwechsel ↑Ruhe	regeneriert verletzte Nervenbahnen	bewährt bei der sogenannten Erbschen Lähmung (Nervenverletzung)	**Hypericum D6**[1] 3-mal tägl. 1 Glob. Seite 271
Gelbsucht	gelblich gefärbte Haut (erhöhter Bilirubin-Wert)	↑Wärme, Licht	regt die Leberfunktion des Neugeborenen an	unterstützt die schulmedizinische Behandlung bei Gelbsucht	**Natrium sulfuricum D12** 2-mal tägl. 1 Glob. Seite 282
Gelbsucht, anhaltend	nur langsames Abklingen der gelblichen Hautverfärbung	↓spätnachmittags, Wärme, Schwüle ↑an frischer Luft, Kühle	Baby: nach wenig Stillen aufgetriebener Bauch, starke Blähungen	auffallende Unruhe und Schreien am späten Nachmittag und frühen Abend	**Lycopodium D12** 2-mal tägl. 1 Glob. Seite 277

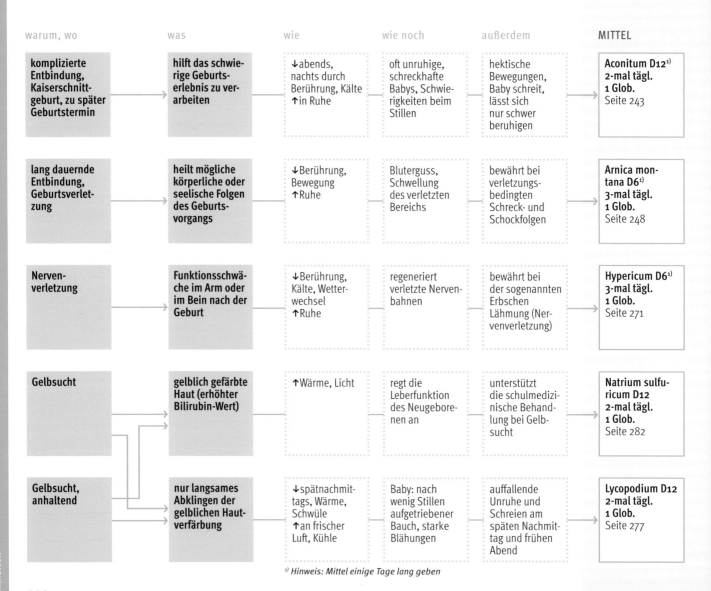

[1] *Hinweis: Mittel einige Tage lang geben*

Babys Entwicklung unterstützen

warum, wo	was	wie	wie noch	außerdem	MITTEL
»Spätentwickler«, Infektanfälligkeit	»Wonneproppen« mit reichlich Appetit, verträgt keine Milch, »sabbert« ständig	↓Anstrengung, Kälte, Nässe ↑Wärme, trockenes Wetter	Neugeborenen-Akne, spätes Zahnen, sauer riechende Schweiße an Kopf und Nacken	lang anhaltender Milchschorf, häufig trockener, schuppender Hautausschlag am Körper	**Calcium carbonicum D12** 2-mal tägl. 3 Glob. Seite 252
großer Kopf, schlanker Oberkörper, geblähter Bauch	nach wenig Nahrung gesättigt, häufig Blähungskoliken	↓spätnachmittags, Wärme, Schwüle ↑an frischer Luft, Kühle	Schreiattacken am Spätnachmittag und frühen Abend	Säugling kann sehr unleidig sein, »mauzt« ständig, fremdelt	**Lycopodium D12** 2-mal tägl. 3 Glob. Seite 277
feingliedriger Körperbau	schlankes Kind trotz gutem Appetit, wirkt zerbrechlich und zart	↓morgens, durch Anstrengung ↑liegen, frische Luft	ist mehr mit sich selbst beschäftigt, ist pflegeleicht	trockener, juckender Ausschlag vor allem in Gelenkbeugen, Kniekehlen, Ohr, Hals	**Natrium chloratum D12** 2-mal tägl. 5 Glob. Seite 281
Trennungsängste, Heimweh	weinerliche, häufig wechselnde Stimmung, stilles Schluchzen	↓nachts, warme Zimmerluft, fettes Essen, kalte Füße, Periodenblutung ↑Wärme	braucht ständig seine Streicheleinheiten, möchte nicht allein sein, Heulsuse	bewährt zum Überstehen pubertärer Krisen	**Pulsatilla D12** 2-mal tägl. 3 Glob. Seite 288
Frühgeburts- und »Mangelgeburts«-Kinder	furchtsam, ängstlich, still; später: traut sich nichts zu, braucht Zuspruch	↓Kälte, Winterzeit, Periodenblutung ↑Wärme	häufig lange Zeit Daumenlutscher, kaut an den Nägeln und beißt die Nagelhaut ab	sehr gewissenhaft, kann mit Sturheit reagieren	**Silicea D12** 2-mal tägl. 3 Glob. Seite 294

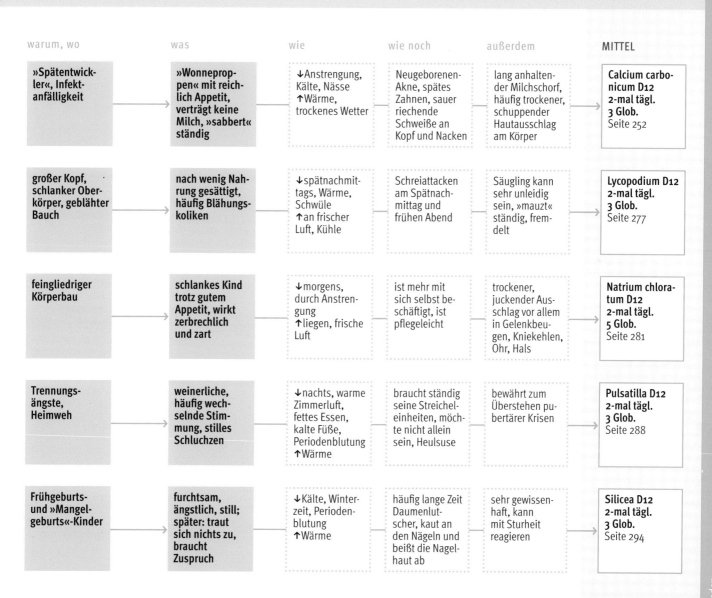

warum, wo	was	wie	wie noch	außerdem	MITTEL
Augen-entzündung	**milchig-gelb-licher, auch eingetrockneter Schleim im Augeninnen-winkel**	↓nachts, Wärme ↑Kühle, frische Luft	Nase verlegt mit weißlich gelbem Schleim, dennoch tränendes Auge	bewährt bei Verengung des Tränengang-kanals	**Pulsatilla D12** **2-mal tägl.** **1 Glob.** Seite 288
	das Kind wirkt krank, gerötete Bindehaut, gelb-licher Schleim in den Augen	↓nachts	weint viel, wirkt schweißig, süß-licher Körper-geruch	unterstützt die Wirkung einer antibiotischen Augensalbe	**Mercurius sub-limatus corro-sivus D12** **2-mal tägl.** **1 Glob.** Seite 279
Blähungen, Bauchkrämpfe	**heftiges, hör-bares, anhalten-des »Pubsen«, übel riechend**	↓nach dem Stillen, abends ↑frische Luft	Aufstoßen, Blä-hungen verstärkt durch Kuhmilch, Bauchkrämpfe	das Kind hat einen stark geblähten Bauch	**Carbo vegeta-bilis D12** **2-mal tägl.** **1 Glob.** Seite 255
	trotz großem Hunger nach wenig Trinken satt, starke Blähungen mit lautem Gurgeln	↓spätnachmit-tags, Wärme, Schwüle ↑an frischer Luft, Kühle	auffallend sind oft der schmale Oberkörper und der vorgewölbte, geblähte Bauch	kann sehr unleidig sein, der Säugling »mauzt« stän-dig, fremdelt	**Lycopodium D12** **2-mal tägl.** **1 Glob.** Seite 277
Blähungen, Bauchkrämpfe: Nahrungsmittel-unverträglich-keit, Antibiotika	**Durchfall, da-nach Blähungen und Verstopfung, Aufstoßen**	↓Kuhmilch	Verdauungs-störungen durch Antibiotika beim Kind oder bei der stillenden Mutter	bewährt bei Durchfall infolge Noro- und Rotaviren, Salmonellen	**Okoubaka D3** **3-mal tägl.** **1 Glob.** Seite 283

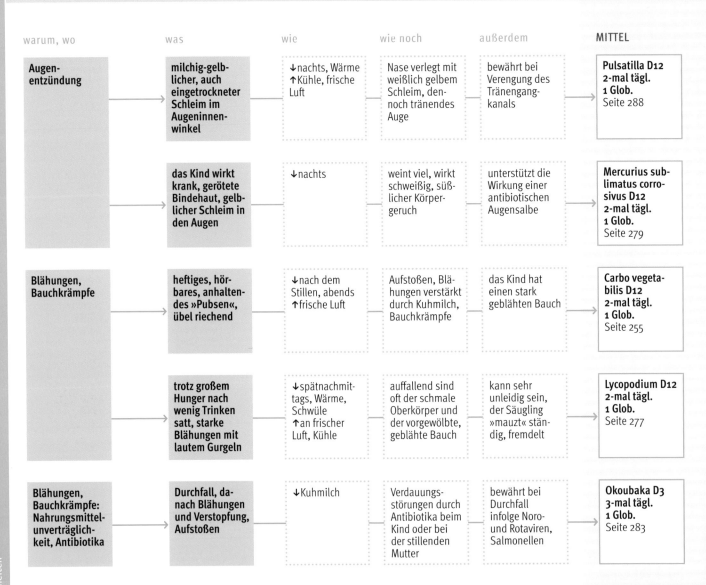

Kinderkrankheiten: Drei-Monats-Koliken/Erbrechen

warum, wo	was	wie	wie noch	außerdem	MITTEL[1]
Drei-Monats-Koliken, Blähungskoliken	zieht die Beinchen an den Körper, schreit	↓nachmittags, nachts, Nahrungszufuhr ↑Wärme, zusammenkrümmen	Blähungskolik mit Durchfall, Kind legt sich auf den Bauch	schreit anhaltend und laut-stark, lässt sich nicht beruhigen	**Colocynthis D6** **3-mal tägl.** **1 Glob.** Seite 260
	Darmkrämpfe mit gelblich grünem Durchfall wie gehackt aussehend, wunder Po	↓Aufregung, Wärme, bei Nacht ↑lokale Wärme	aufgetriebener Leib, stinkende Blähungen, Zahnungsdurchfall	ärgerliche, gereizte Stimmung, ungeduldig, sehr schmerzempfindlich	**Chamomilla D6** **3-mal tägl.** **1 Glob.** Seite 257
Erbrechen, Speikind; Milchunverträglichkeit, Zahnung, Sommerhitze	nach Nahrungszufuhr wird in Klumpen erbrochen, oft mit grünlichem Durchfall	↓Wärme, Sommer ↑frische Luft	erbricht, danach schweißig und erschöpft, will jedoch wieder essen	bewährt beim Speikind: Pylorospasmus (Verkrampfung des Magenpförtners)	**Aethusa D6** **3-mal tägl.** **3 Glob.** Seite 245
Erbrechen durch Ernährungsfehler (fette Speisen, Eis), Durcheinanderessen	Übelkeit, Erbrechen einige Zeit nach dem Essen, oft mit wässrigem Durchfall	↓nachts, warme Zimmerluft, fettes Essen, Periodenblutung ↑frische Luft	Neigung zu Unverträglichkeit und Verdauungsbeschwerden auf Fettes und Kaltes	wechselhafte, weinerliche Stimmung, braucht viel Zuwendung	**Pulsatilla D6** **3-mal tägl.** **3 Glob.** Seite 288
Erbrechen, Erkältung	extreme Übelkeit, Würgen, nach dem Erbrechen unverändert anhaltend	↓nachts, Bewegung, Wärme ↑Ruhe, an frischer Luft	kann kaum noch etwas essen oder trinken; starke Speichelbildung	würgt ständig Schleim heraus, was Brechreiz hervorruft	**Ipecacuanha D6** **3-mal tägl.** **3 Glob.** Seite 272

[1] *Akutdosierung: am 1. und 2. Krankheitstag 4- bis 5-mal tägl. einnehmen*

Kinderkrankheiten: Erkältung/Halsweh

warum, wo	was	wie	wie noch	außerdem	MITTEL[1]
Erkältung, fieberhafter Infekt: Kälte, Zugluft, seelische Ereignisse (Schock, Schreck)	»brütet etwas aus«: rasch ansteigendes Fieber, unruhiges, ängstliches Verhalten	↓abends, nachts, Berührung, Kälte ↑Schweißausbruch	plötzlicher Krankheitsbeginn, anfänglich trockene, blasse, später rote, heiße Haut	bewährt, wenn als erstes Infektzeichen Schüttelfrost auftritt	**Aconitum D6** **3-mal tägl.** **3 Glob.** Seite 243
Erkältung, fieberhafter Infekt: Überhitzung, Sonnenbestrahlung, feuchtkalte (Zug-)Luft	hochrotes, heißes Gesicht, rasch ansteigendes Fieber, Fantasieren, Schwitzen	↓Berührung, Geräusch, Licht ↑Ruhe	klopfende Kopf- und Ohrenschmerzen, heftige Schluckschmerzen, brennt wie Feuer	häufig Folgemittel von Aconitum, bei Fieber und Entzündungen (Kinder)	**Belladonna D6** **3-mal tägl.** **3 Glob.** Seite 250
Erkältung, fieberhafter Infekt, wiederkehrende Mittelohrentzündung	meistens Fließschnupfen, danach Ohrenschmerzen, langsam steigendes Fieber	↓nachts, Bewegung ↑kalte Anwendungen	schneller Puls, wechselnde Gesichtsfarbe: mal rot, mal blass	trotz Infekt kaum beeinträchtigtes Allgemeinbefinden, geschwollene Lymphknoten	**Ferrum phosphoricum D6** **3-mal tägl.** **1 Tabl.** Seite 265
Halsweh, Mandelentzündung	Halsweh und Schluckbeschwerden, dunkelroter Rachen	↓Berührung, Bewegung ↑Ruhe, Kalttrinken, lokale Wärme	bis in die Ohren ausstrahlende Schmerzen, geschwollene Halslymphknoten	bewährt bei Seitenstrangangina, Pfeifferschem Drüsenfieber und Mumps	**Phytolacca D6** **3-mal tägl.** **3 Glob.** Seite 286
	starke Halsschmerzen, übler Mundgeruch, Mandeln belegt, Verschleimung im Rachen	↓Wärme, feuchtes Wetter, Berührung ↑Gegendruck am Hals	zunehmende Verschleimung und Husten, der oft auch schmerzhaft ist	übel riechende Schweiße, das Kind sieht leidend aus	**Guaiacum D6** **3-mal tägl.** **3 Glob.** Seite 268

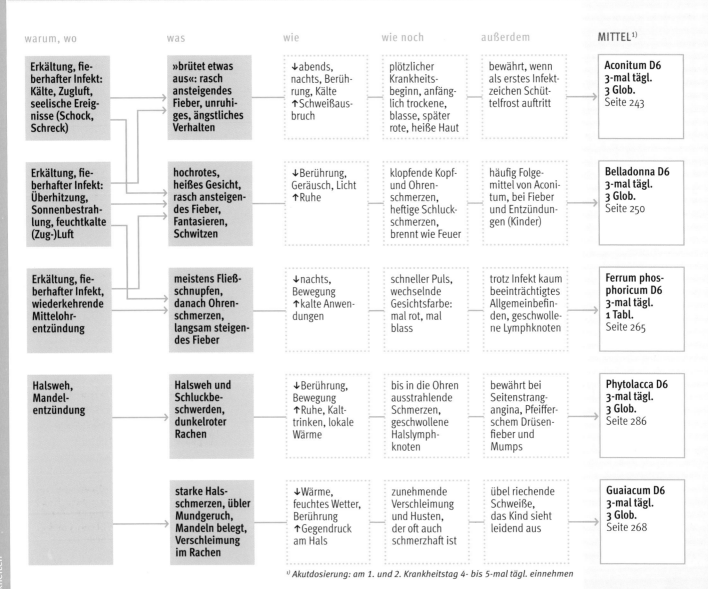

[1] *Akutdosierung: am 1. und 2. Krankheitstag 4- bis 5-mal tägl. einnehmen*

Kinderkrankheiten: Husten

warum, wo	was	wie	wie noch	außerdem	MITTEL
Husten, Erkältung	trockener, anhaltender Kitzelhusten, hinter dem Brustbein wie von einer Feder	↓kalte Luft, tieferes Einatmen ↑Wärme	geringster Luftzug, Kälte oder Einatmen durch den Mund verursachen Hustenreiz	auffallende Empfindlichkeit gegen Kälte	**Rumex D6**[1) **3-mal tägl. 5 Glob.** Seite 290
	würgende Hustenanfälle, Schleim löst sich sehr schwer, verursacht Brechreiz	↓nachts, Bewegung, Wärme ↑Ruhe, an frischer Luft	Luftnot mit hörbar rasselndem Schleim, pfeifende Atmung	bewährt für Kinder, die wegen Husten inhalieren müssen	**Ipecacuanha D6**[1) **3-mal tägl. 5 Glob.** Seite 272
	krampfartiger Husten, zäher Schleim, zieht sich wie ein Faden	↓morgens, nach dem Erwachen, in Wärme ↑kühle Luft, Ruhe	würgt, um den Schleim herauszubekommen	bewährt bei Keuchhusten	**Coccus cacti D6**[1) **3-mal tägl. 3 Glob.** Seite 260
Husten, Pseudokrupp-Husten, Erkältung	bellender Husten, vom Kehlkopf ausgehend, Rachenschleim, räuspert sich häufig	↓im Liegen, um Mitternacht, Kälte ↑Wärme, warme Speisen	Kratzen im Hals, heisere, raue Stimme; Gefühl, wie durch einen Schwamm zu atmen	bewährt beim Pseudokrupp-Husten, bei Asthma bronchiale mit »schwerem Atmen«	**Spongia D6**[1) **3-mal tägl. 5 Glob.** Seite 295
Husten, emotionale Reaktion (Eifersucht, Misstrauen)	im Liegen, zumeist trockener Husten, kaum Schleim, Kind kommt nicht zur Ruhe	↓nachts, im Liegen ↑im Sitzen	beim Husten auch Abgang von Harn oder Stuhl	emotional bedingtes Räuspern, Hüsteln, Hustenreiz (z.B. eifersüchtiges Kind)	**Hyoscyamus D6 je 1-mal abends und nachts bei Bedarf 5 Glob.** Seite 271

[1) Akutdosierung: am 1. und 2. Krankheitstag 4- bis 5-mal tägl. einnehmen

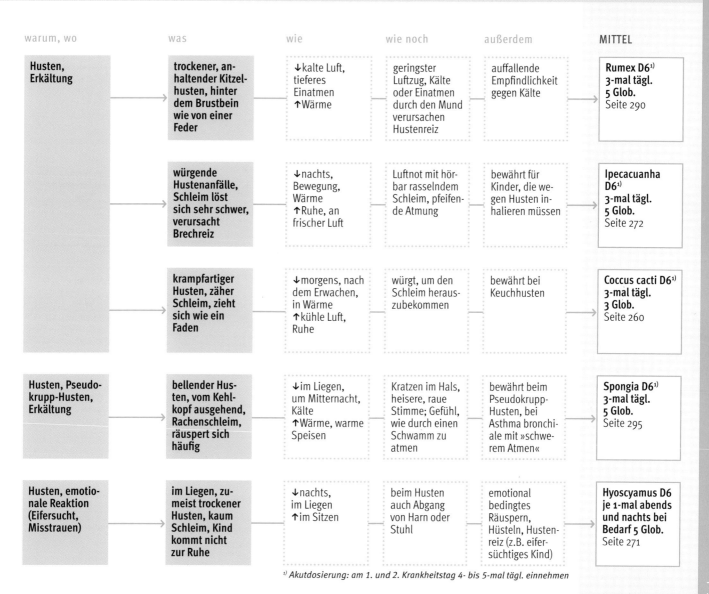

Kinderkrankheiten

Kinderkrankheiten: Milchschorf/Mittelohrentzündung/Nabelentzündung

warum, wo	was	wie	wie noch	außerdem	MITTEL
Milchschorf, Neurodermitis	**verkrustete Kopfhaut, Haare wie verfilzt, Haut trocken juckend, leicht gerötet**	↓morgens, Kälte, Nässe, nach der Periode ↑im Freien	weißliche Flecken auf der Mundschleimhaut (Soor) und Bläschen (Aphthen)	Hautausschlag schlecht heilend, Eiterungstendenz	**Borax D6 3-mal tägl. 3 Glob.** Seite 251
	gelblich klebriges Sekret, juckend, sehr übel riechend und krustenbildend	↓nach dem Schlaf, morgens, Waschen, Periodenblutung ↑frische Luft	oft auch trockene und rissige Haut, Schrunden, Pilzbefall im Windelbereich	Kind ist gut genährt, Neigung zu Verstopfung, hat häufig Erkältungen	**Graphites D12 2-mal tägl. 5 Glob.** Seite 267
Mittelohrentzündung, Ohrenschmerzen	**plötzlich auftretende, klopfende Ohrenschmerzen, große Schmerzhaftigkeit**	↓Berührung, Geräusch, Licht ↑Ruhe	rascher Fieberanstieg, hochrotes, schweißiges Gesicht, Beine oft kalt	im schmerzhaften Anfangsstadium auch im Wechsel mit Ferrum phosphoricum	**Belladonna D6[1] 3-mal tägl. 3 Glob.** Seite 250
	oft mit Fließschnupfen beginnende Ohrenschmerzen	↓nachts, Bewegung ↑kalte Anwendungen	schneller Puls, langsam steigendes Fieber, mal rotes, mal blasses Gesicht	trotz Infekt kaum beeinträchtigtes Allgemeinbefinden, geschwollene Lymphknoten	**Ferrum phosphoricum D6[1] 3-mal tägl. 1 Tabl.** Seite 265
Nabelentzündung	**Nabel ist entzündet und neigt zur Eiterung**	↓feuchtes, drückendes Wetter, Kälte, Bewegung ↑Ruhe	Wundbereich neigt zu Entzündung und Eiterung, schlechte Heilungstendenz	bewährt bei Verletzungen der mütterlichen Geburtswege	**Calendula D6 3-mal tägl. 1 Glob.** Seite 254

[1] *Akutdosierung: 1. Tag stündl. Einnahme, 2. Tag alle 2 Stunden, ab 3. Tag 3-mal tägl.*

warum, wo	was	wie	wie noch	außerdem	MITTEL
Pendelhoden (Seite 303), vergrößerter Hoden (Hydrocele)	Pendelhoden oft rechtsseitig, schlüpft immer wieder zurück	↓Wärme, Berührung ↑kalte Auflagen, an frischer Luft	vergrößerter Hoden durch Lymphflüssigkeit, ziehende, auch stechende Schmerzen	unterstützend auch zur Hormonbehandlung	**Apis mellifica D6** 3-mal tägl. 5 Glob. Seite 247
Reizblase	gehäuftes Wasserlassen, es kommen nur kleine Urinmengen, oft auch Durchfall	↓nachts, morgens, Wärme, in engen Räumen ↑im Freien, kühle Luft	will unbedingt etwas (Süßes) essen, dies verursacht viele hörbare Blähungen	der Zappelphilipp, leidet unter Vorahnungen, hektisches Verhalten, Schulangst	**Argentum nitricum D12** 2-mal tägl. 5 Glob. Seite 248
	muss häufig kleine Mengen Wasser lassen, kann den Urin nicht lange halten	↓Überanstrengung, nachts, Wärme ↑Ruhe	rasch wechselnde Gesichtsfarbe von Rot nach Blass, Haut wie »durchsichtig«	Neigung zu Eisenmangel, ständiges Frieren, wenig Appetit	**Ferrum metallicum D12** 2-mal tägl. 3 Glob. Seite 265
Schnupfen, Mittelohrentzündung, Ohrenschmerzen	Niesen, starker Fließschnupfen, mal rotes, mal blasses Gesicht, langsam steigendes Fieber	↓nachts, Bewegung ↑kalte Anwendungen	trotz Infekt kaum beeinträchtigtes Allgemeinbefinden, geschwollene Lymphknoten	Schnupfen und Erkältung schlagen sich aufs Ohr, neigt zu Mittelohrentzündung	**Ferrum phosphoricum D6**[1] 3-mal tägl. 1 Tabl. Seite 265
Schnupfen, Erkältung	zähe, gelbliche Schleimbläschen, mit jedem Atemzug sichtbar, starkes Schleimen	↓nachts, Kälte ↑Wärme, Aufsetzen	weißliches, morgens eingetrocknetes Sekret im Augeninnenwinkel, verklebte Augen	Kind bekommt schwer Luft, kann nicht richtig saugen und trinken	**Sambucus D3**[1] 3-mal tägl. 3 Glob. Seite 292

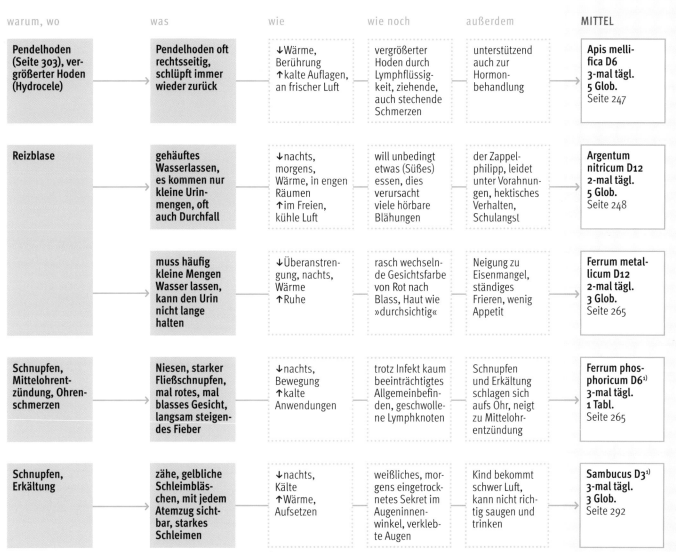

[1] *Akutdosierung: am 1. und 2. Krankheitstag 4- bis 5-mal tägl. einnehmen*

warum, wo	was	wie	wie noch	außerdem	MITTEL
Verstopfung	tagelang kein Stuhlgang, aufgetriebener Leib, krampfartiges Bauchweh	↓nach dem Schlaf, Wärme ↑Abkühlung	Darmträgheit, verstärkt durch emotionale Einflüsse wie Schreck und Scham	bewährt beim Stuhlverhalten durch Schmerzen beim Stuhlgang	**Opium D12** 2-mal tägl. 3 Glob. Seite 283
	harter, trockener Stuhl, klebt wie Kitt in der Windel, Kind muss stark pressen	↓morgens, nach dem Essen ↑Wärme, frische Luft	Schmerzen am After auch durch kleine Einrisse, rissige Haut, Ekzemneigung	bewährt beim Säugling mit Flaschenernährung, nach Nahrungsumstellung	**Alumina D12** 2-mal tägl. 3 Glob. Seite 245
Wachstumsschmerzen, Skoliose (Seite 303)	Knochenschmerzen, überstreckbare Gelenke, leichtes Umknicken der Sprunggelenke	↓Kälte, Wetterwechsel ↑warmes Wetter, frische Luft	beginnende Wirbelsäulenverkrümmung (Skoliose), Schmerzen entlang der Wirbelsäule	unterstützt den Aufbau der Knochen in der Wachstumsphase, festigt Zahnsubstanz	**Calcium phosphoricum D12** 2-mal tägl. 3 Glob. Seite 254
	»schwacher« Rücken, Stehen fällt schwer, stolpert über die eigenen Beine	↓Kälte, im Winter, Sinneseindrücke ↑Wärme, Zuwendung	sind furchtsam, getrauen sich nichts, oft Frühgeburts- und »Mangelgeburts«-Kinder	häufig lange Zeit Daumenlutscher, kauen an den Nägeln und beißen die Nagelhaut ab	**Silicea D12**[1] 2-mal tägl. 3 Glob. Seite 294
Windeldermatitis, wunder Po	Po ist hochrot entzündet, Kind schreit und wehrt sich beim Windelnwechsel	↓Aufregung, bei Nacht ↑lokale Wärme	Darmkrämpfe, gelblich grüner Durchfall, wie faule Eier riechend	quengelig, will getragen werden, schmerzempfindlich, oft eine Wange gerötet	**Chamomilla D6** 3-mal tägl. 3 Glob. Seite 257

[1] *zur Rachitis-Vorbeugung: Silicea C30, 1-mal pro Woche*

Kinderkrankheiten: Windeldermatitis/Wurmbefall/Zahnungsbeschwerden

warum, wo	was	wie	wie noch	außerdem	MITTEL
Windel-dermatitis, wunder Po	ausgeprägt flächig gerötete Haut, die nässt, juckt und brennt	↓ kaltes Waschen ↑ frische Luft	bläschenartige Entzündungen, die platzen und verkrusten	Kind ist ausgeprägt kälteempfindlich	**Clematis recta D6** 3-mal tägl. **3 Glob.** Seite 259
Wurmbefall	Band- oder Spulwürmer: bräunlich, länglich, dick, oft nur Stückchen	↓ nachts ↑ kalte Getränke	Kind klagt immer wieder über Bauchweh, sieht blass aus	unterstützend zur chemischen Wurmkur	**Cuprum oxydatum nigrum D4** 3-mal tägl. **1 Tabl.** Seite 262
	Fadenwürmer: klein und weißlich, meist zu mehreren	↓ beim Stuhlgang	wiederkehrende Erkältungen, Juckreiz am After	unterstützend zur chemischen Wurmkur	**Ratanhia D6** 3-mal tägl. **3 Glob.** Seite 289
Zahnungs-beschwerden	Kind kann die Schmerzen nicht mehr ertragen, Zahnungsdurchfall	↓ Aufregung, Wärme, bei Nacht ↑ lokale Wärme	eine Gesichtshälfte ist oft rot und heiß, die andere blass, oft Blähungen, Durchfall	ärgerliche und gereizte Stimmung, will getragen werden	**Chamomilla D6** 3-mal tägl. **3 Glob.** Seite 257
	Zahnschmerzen verursachen stilles Schluchzen, Kind will tröstende Zuwendung	↓ nachts, warmes Zimmer ↑ frische Luft	weinerliche, oft wechselnde Stimmung, widersprüchliches Verhalten	große Infektanfälligkeit, gehäuft Atemwegs- und Harnwegsinfekte	**Pulsatilla D12** 2-mal tägl. **3 Glob.** Seite 288

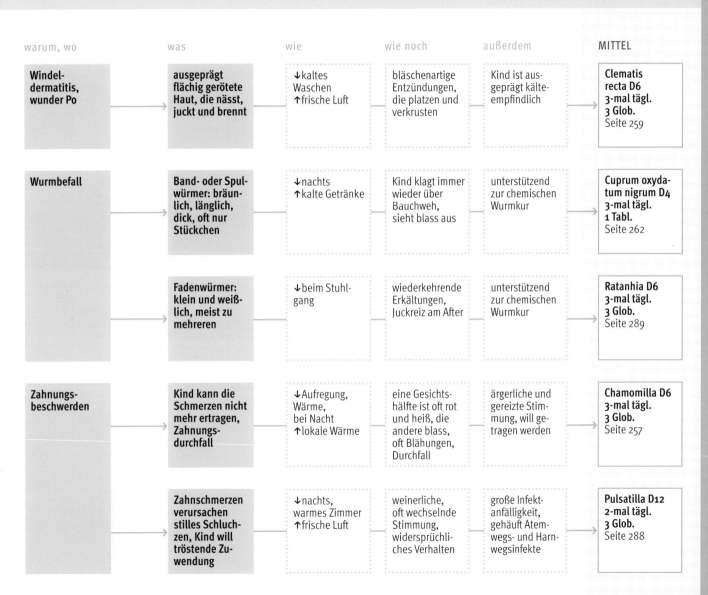

Ansteckende Kinderkrankheiten: Drei-Tage-Fieber, Keuchhusten, Mumps

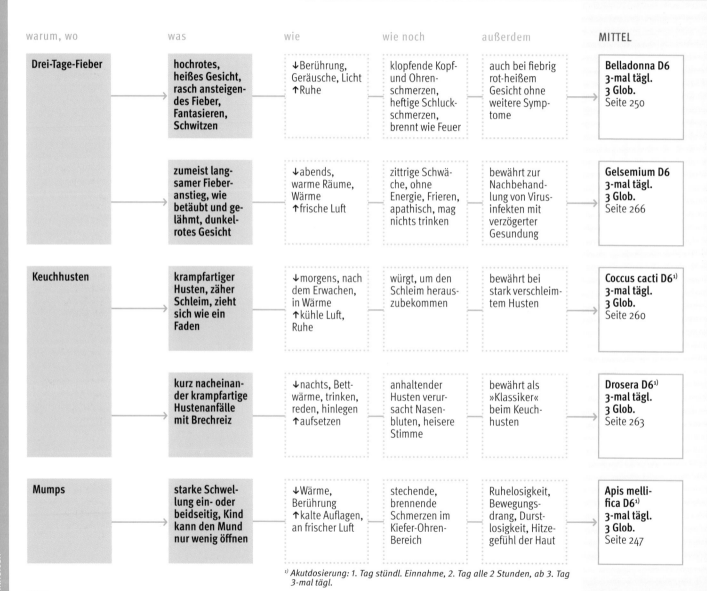

warum, wo	was	wie	wie noch	außerdem	MITTEL
Drei-Tage-Fieber	hochrotes, heißes Gesicht, rasch ansteigendes Fieber, Fantasieren, Schwitzen	↓Berührung, Geräusche, Licht ↑Ruhe	klopfende Kopf- und Ohrenschmerzen, heftige Schluckschmerzen, brennt wie Feuer	auch bei fiebrig rot-heißem Gesicht ohne weitere Symptome	**Belladonna D6** 3-mal tägl. 3 Glob. Seite 250
	zumeist langsamer Fieberanstieg, wie betäubt und gelähmt, dunkelrotes Gesicht	↓abends, warme Räume, Wärme ↑frische Luft	zittrige Schwäche, ohne Energie, Frieren, apathisch, mag nichts trinken	bewährt zur Nachbehandlung von Virusinfekten mit verzögerter Gesundung	**Gelsemium D6** 3-mal tägl. 3 Glob. Seite 266
Keuchhusten	krampfartiger Husten, zäher Schleim, zieht sich wie ein Faden	↓morgens, nach dem Erwachen, in Wärme ↑kühle Luft, Ruhe	würgt, um den Schleim herauszubekommen	bewährt bei stark verschleimtem Husten	**Coccus cacti D6[1]** 3-mal tägl. 3 Glob. Seite 260
	kurz nacheinander krampfartige Hustenanfälle mit Brechreiz	↓nachts, Bettwärme, trinken, reden, hinlegen ↑aufsetzen	anhaltender Husten verursacht Nasenbluten, heisere Stimme	bewährt als »Klassiker« beim Keuchhusten	**Drosera D6[1]** 3-mal tägl. 3 Glob. Seite 263
Mumps	starke Schwellung ein- oder beidseitig, Kind kann den Mund nur wenig öffnen	↓Wärme, Berührung ↑kalte Auflagen, an frischer Luft	stechende, brennende Schmerzen im Kiefer-Ohren-Bereich	Ruhelosigkeit, Bewegungsdrang, Durstlosigkeit, Hitzegefühl der Haut	**Apis mellifica D6[1]** 3-mal tägl. 3 Glob. Seite 247

[1] *Akutdosierung: 1. Tag stündl. Einnahme, 2. Tag alle 2 Stunden, ab 3. Tag 3-mal tägl.*

Ansteckende Kinderkrankheiten: Mumps, Röteln, Scharlach, Windpocken

warum, wo	was	wie	wie noch	außerdem	MITTEL[1]
Mumps	**bis in die Ohren ausstrahlende Schmerzen, geschwollene Hals-lymphknoten**	↓Berührung, Bewegung ↑Ruhe, Trinken von Kaltem, lokale Wärme	anhaltendes Krankheitsge-fühl, Kind klagt über Glieder-schmerzen	bewährtes Drüsenmittel zur Nachbe-handlung einer Mumps-Erkran-kung	**Phytolacca D6 3-mal tägl. 3 Glob.** Seite 286
Röteln, Scharlach	**hohes Fieber, Schwitzen, tomatenrote Rachenschleim-haut, himbeer-farbene Zunge**	↓Berührung, Geräusch, Licht ↑Ruhe	heftige Schluck-schmerzen, Haut brennt wie Feuer, hoch-rotes, heißes Gesicht	versuchsweise zur Vorbeugung: Belladonna C30, 1-mal 3 Glob.	**Belladonna D6 3-mal tägl. 3 Glob.** Seite 250
Scharlach	**hellrote, ange-schwollene Ra-chenschleim-haut, Mandeln und Zäpfchen stark vergrößert**	↓Wärme, Berührung ↑kalte Auflagen, an frischer Luft	stechende, brennende Schmerzen im Kiefer-Ohren-Bereich	Ruhelosigkeit, Bewegungs-drang, Durst-losigkeit, Hitze-gefühl der Haut	**Apis melli-fica D6 3-mal tägl. 3 Glob.** Seite 247
Windpocken	**kleine Bläschen auf stark geröte-ter Haut, spon-tan aufplatzend, sehr schmerzhaft**	↓feuchtkaltes Wetter, Ruhe ↑Wärme, fort-gesetzte Bewe-gung	Bläschen plat-zen, helle Flüs-sigkeit entleert sich, juckende, brennende Schmerzen	der »Klassiker« bei den typi-schen Wind-pocken, bewährt bei Fieber-bläschen	**Rhus toxicoden-dron D12 2-mal tägl. 3 Glob.** Seite 290
	verkrustete, dick-gelbliche Bläschen, nesselartiger Ausschlag, schlecht heilend	↓saure Speisen, Temperatur-extreme ↑Ruhe, frische Luft	dick weiß be-legte Zunge, stets guter Appetit	Kind ist ab-weisend, will sich partout nicht behandeln lassen	**Antimonium crudum D12 2-mal tägl. 3 Glob.** Seite 246

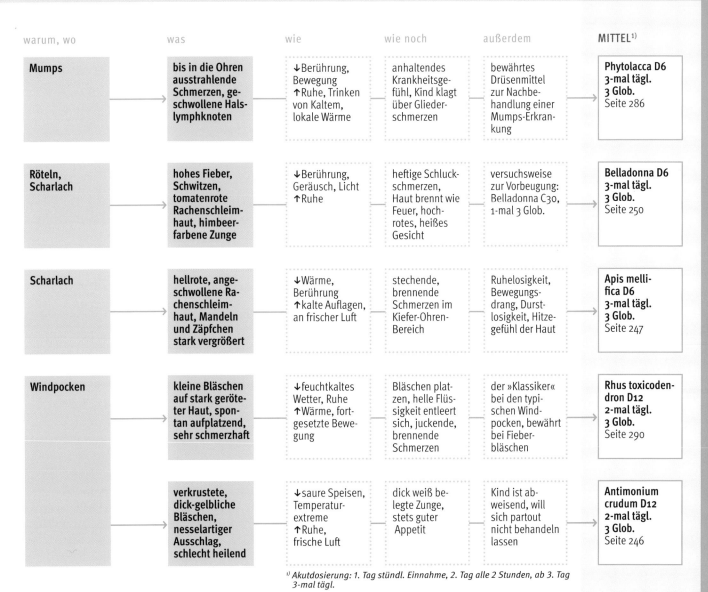

[1] *Akutdosierung: 1. Tag stündl. Einnahme, 2. Tag alle 2 Stunden, ab 3. Tag 3-mal tägl.*

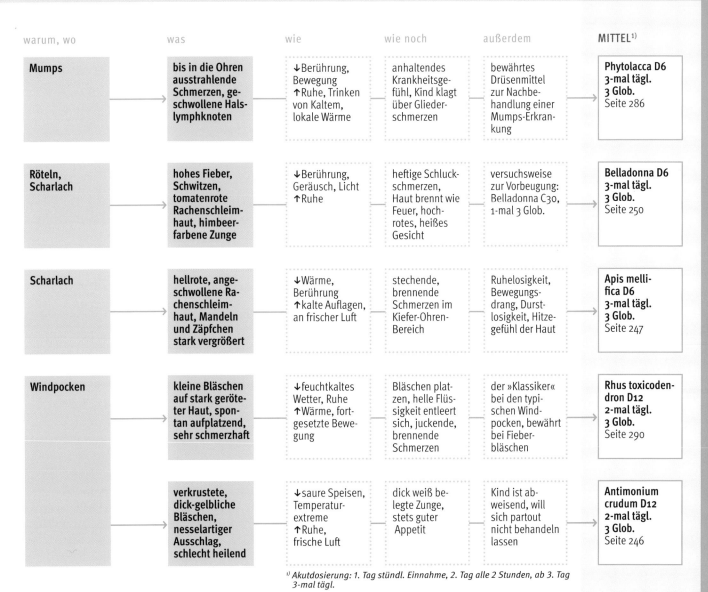

3 Mittelbeschreibungen von A bis Z

Dieses Kapitel enthält alle homöopathischen Mittel, die bei den Beschwerden und Symptomen im zweiten Kapitel genannt sind, in alphabetischer Reihenfolge, außerdem auch die deutsche Bezeichnung. Ich rate Ihnen, sich in einer ruhigen Stunde mit den Einsatzmöglichkeiten der Mittel vertraut zu machen und nicht erst, wenn der Akutfall bereits eingetreten ist.

Alle Mittelbeschreibungen sind nach dem gleichen Schema aufgebaut. Zuerst werden die Leitsymptome, also die im Vordergrund stehenden Beschwerden, genannt, dann die Möglichkeiten einer Selbstbehandlung mit diesem Mittel. Dort wird auch mithilfe eines Farbleitsystems und Seitenverweisen auf die Diagramm-Tafeln verwiesen.

Wenn Sie sich bislang nur wenig mit den Behandlungsmöglichkeiten der Homöopathie beschäftigt haben, dann wird Ihnen in diesem Kapitel sofort auffallen, dass Sie viele Mittel bei unterschiedlichen Beschwerden anwenden können – vorausgesetzt, die Leitsymptome treffen zu. Diese leiten Sie vergleichbar einem Navigationsgrät zu Ihrem passenden homöopathischen Mittel.

Am Beispiel Apis mellifica möchte ich Ihnen dies erklären. Das Mittel wird aus der Honigbiene hergestellt. Zu Bienen halten wir im Allgemeinen einen gebührenden Abstand, weil ihr Gift nach einem Stich heftige Reaktionen mit zum Teil starken Schwellungen bei Mensch und Tier auslösen kann. Wenn Sie die Leitsymptome zu Apis mellifica durchlesen, wird Ihnen auffallen, dass das Mittel immer dann angewendet wird, wenn Flüssigkeit wie Lymphe oder Sekret aus einer Schwellung zum Abfluss gebracht werden soll. Da solche Schwellungen bei den unterschiedlichsten Beschwerdenbildern vorkommen, wird auch nachvollziehbar, weshalb Apis mellifica so häufig eingesetzt wird. Ein unverzichtbares homöopathisches Mittel wird Apis mellifica durch das Verfahren der Potenzierung (Seite 8). Erst damit werden die vielfältigen Anwendungen möglich, die sich in den Leitsymptomen widerspiegeln.

In diesem Kapitel

Acidum formicicum | Ameisensäure

LEITSYMPTOME: Infektneigung oder allergische Reaktion, erschwertes Atmen mit hörbarem Pfeifen, Juckreiz der Augen mit Tränen, Fließschnupfen. Empfindliche Haut mit trocken-juckendem Hautausschlag oder schmerzhafter, juckender Nesselsucht; Unverträglichkeitsreaktionen auf Nahrungsmittel. Druckgefühl im Oberbauch, brennende Schmerzen, Übelkeit und Blähungen. Morgens bestehen Bauchschmerzen mit Durchfall, oft im Wechsel mit Verstopfung, auch als Folge einer Magenkeim-Behandlung (Helicobacter pylori). Sehnen-, Muskel- und Gelenkschmerzen (Arthrose), Gicht. Ausleitungs- und Entgiftungsmittel, zur Umstimmung bei chronischen Entzündungen.

ANWENDUNGSGEBIETE:

➡ Ausleiten, Entgiften: Befall mit Helicobacter pylori, *S. 44*; Abwehrschwäche: Befall mit Helicobacter pylori, *S. 46*

➡ Allergie: Tierhaarallergie, *S. 74*

➡ Magenschleimhautentzündung, *S. 130*

Acidum nitricum | Salpetersäure

LEITSYMPTOME: Schnelle Reizbarkeit, wird rasch wütend, kann sehr »ätzend« reagieren, allgemeine Schwäche, Angst um die Gesundheit, gehäuft Erkältungen; auffallende Empfindlichkeit gegen Kälte, Berührung, Geräusche. Sauer riechendes Aufstoßen, Übelkeit, auch Erbrechen; schmerzhafte Magenkrämpfe, stechende »splitterartige« Schmerzen vor allem nach dem Essen. Bevorzugt Fettiges, schwer Verdauliches und Salziges; rasches Sättigungsgefühl. Mundgeruch, verstärkter Speichelfluss, eingerissene Mundwinkel; Bläschenbildung im Mund. Wech-

selnder Stuhlgang mit Hämorrhoiden; Einrisse am After. Gestielte und weiche Warzen; schlecht heilende Entzündungen am Haut-Schleimhaut-Übergang: rissige Mundwinkel, Analfissur; wunde Brustwarzen.

ANWENDUNGSGEBIETE:

➡ Wutanfälle, *S. 69*

➡ Lippen, rissige, Zungenbrennen, *S. 99*; Mundgeruch, Speichelfluss, *S. 100*

➡ Hämorrhoiden, Beschwerden am Enddarm, *S. 138*

➡ Warzen, *S. 195*

➡ wunde Brustwarzen, *S. 224*

Acidum phosphoricum | Phosphorsäure

LEITSYMPTOME: Geistig und körperlich überanstrengt, ist unkonzentriert, vergesslich und überfordert, nichts macht mehr Freude; mangelnde sexuelle Erlebnisfähigkeit als Reaktion auf emotionale Ereignisse: (Liebes-)Kummer, langzeitige Überforderung, durchgemachte Erkrankung mit allgemeiner Schwäche. Schwarzwerden vor den Augen, Schwindel, Kopfdruck, Schweißausbrüche bei der geringsten Anstrengung; ohne Appetit, saures Aufstoßen, Durchfallneigung, Blähungen. Ausbleibende Periodenblutung, brennende Schmerzen vom Rücken bis zum Unterleib. Frühzeitiges Ergrauen der Haare, Haarausfall, auch nach Erkrankung oder Entbindung.

ANWENDUNGSGEBIETE:

➡ Erschöpfungszustände, *S. 52*; Konzentrationsstörungen, *S. 57*; Kummer, *S. 59*; Trauer, *S. 67*; Genesung, *S. 72*

➡ Schwindel, Menière-Krankheit, *S. 86*

➡ Kreislaufschwäche, niedriger Blutdruck, *S. 118*

→ Appetitlosigkeit, *S. 128*; Monatsblutung, ausbleibende,
  S. 152

→ Haarausfall, *S. 196*

→ Schwangerschaft: Erschöpfung, *S. 206*; Wochenbett: Erschöpfung, *S. 221*; Milchbildungsstörung, *S. 225*

Acidum picrinicum | Pikrinsäure

LEITSYMPTOME: Niedergeschlagenheit, Erschöpfung, Schwächezustand mit Gefühl wie gelähmt, Kopfschmerzen wie zum
Bersten, Schwindel bei geringsten Bewegungen. Sexuell schnell
erregt, aber Versagensangst wegen mangelnder Erektionsfähigkeit. Häufiger und plötzlich auftretender Harndrang durch
vergrößerte Prostata. Unreine Haut mit entzündlichen und
eitrigen Stellen, betroffen ist auch der Gehörgang mit Juckreiz
und Entzündung.

ANWENDUNGSGEBIETE:

→ sexuelle Lustlosigkeit, *S. 66*

Acidum sarcolacticum | Milchsäure

LEITSYMPTOME: Schmerzen, Schwächegefühl in der Muskulatur wie Muskelkater, auch bei der geringsten Anstrengung oder
bedingt durch Medikamente; bei Muskelschmerzen durch
sportliche Überanstrengung. Sodbrennen mit saurem Aufstoßen, Magendrücken, Blähungen.

ANWENDUNGSGEBIETE:

→ Medikamentennebenwirkung: Muskelschmerzen, *S. 39*

→ Fettstoffwechselstörung, Cholesterinerhöhung, *S. 143*

→ Fibromyalgie, *S. 171*; Muskelkater, *S. 173*

Acidum sulfuricum | Schwefelsäure

LEITSYMPTOME: Kalte, säuerlich riechende Schweiße, anfallsartig auftretend, schwächend, auch mit Hitzegefühl wie in den
Wechseljahren oder durch Hormontherapie. Magenschmerzen
mit Sodbrennen. Gelenkschmerzen durch Entzündung oder
Abnutzung mit Schwäche und Zittern, oft blaue Flecken mit
unreiner, zu Entzündungen neigender Haut, auch trocken und
juckend. Ungeduldiges, hektisches Verhalten, auch überfordert
und geschwächt.

ANWENDUNGSGEBIETE:

→ Medikamentennebenwirkung: Schwitzen, *S. 40*

→ Krebserkrankung (Nachsorge), *S. 79*

→ Schwitzen, Schweißausbrüche, *S. 194*

Aconitum | Eisenhut

LEITSYMPTOME: Starkes Angstgefühl, körperliche Unruhe, erhöhter Blutdruck mit Herzjagen, Beschwerden schaukeln sich
auf, negative Erlebnisse tauchen ständig auf, schaukeln sich immer mehr hoch, Angstträume, Panikattacken, Angst vor engen
Räumen: Flugzeug, medizinische Geräte (»Röhre«), Tunnel.
Plötzlicher Krankheitsbeginn, innere Unruhe, ängstliches Verhalten, Durstgefühl, rasch ansteigendes Fieber, trockene Haut,
Gesichtsfarbe anfänglich blass, ins Rote wechselnd, Hitzegefühl.
Anfallsweise auftretende, unerträgliche Gesichtsschmerzen,
auch mit Taubheitsgefühl und Kribbeln.

ANWENDUNGSGEBIETE:

→ Hausapotheke: Angstzustände, *S. 19*, Erkältung, *S. 22*,
  Schlaflosigkeit, *S. 30*; Verletzungen, Operationsfolgen:
  Schockfolgen, *S. 33*

➡ Angstzustände, Panikattacken, *S. 50*; Schreck- und Schock-folgen, *S. 64*; akute Erkältung, *S. 70*; Krebserkrankung, *S. 76*

➡ Trigeminusneuralgie, *S. 87*; Ohrenschmerzen, *S. 94*; Heiser-keit, Kehlkopfentzündung, *S. 103*

➡ Herzrhythmusstörungen, *S. 121*

➡ Schwangerschaft: erhöhter Blutdruck, *S. 203*, drohende Früh-geburt, *S. 207*, Schlafstörungen, innere Unruhe, *S. 212*, Geburtsvorbereitung, *S. 218*

➡ Babys Geburt: Kaiserschnitt, *S. 228*; Kinder: Erkältung, *S. 232*

Actaea spicata | Christophskraut

LEITSYMPTOME: Müdigkeit nach geringster Anstrengung; halb-seitiger reißender Schmerz von der oberen Zahnreihe über das Gesicht bis zur Schläfe ausstrahlend. An den kleinen Gelenken (Finger, Hände, Fußzehen) vibrierende, reißende Schmerzen mit rötlicher Schwellung, schmerzhafte Bewegung. Bei kalter Luft erschwertes Atmen mit Beklemmungsgefühl.

ANWENDUNGSGEBIETE:

➡ Gelenkentzündung (Arthritis), *S. 164*

Adlumia fungosa | Erdrauch

LEITSYMPTOME: Cholesterin- und Leberwerte sind erhöht; Völ-legefühl, Druck im Oberbauch sowie Blähungen. Weißlich be-legte Zunge. Neigung zu Gichtanfällen bei erhöhter Harnsäure, stechende Gelenkschmerzen.

ANWENDUNGSGEBIETE:

➡ Fettstoffwechselstörung, Cholesterinerhöhung, *S. 143*; Harnsäureerhöhung, *S. 144*

Aesculus | Rosskastanie

LEITSYMPTOME: Anhaltende Kreuzschmerzen, die in die ge-samte Wirbelsäule und in die Beine ausstrahlen; muss sich nach hinten überstrecken, was bessert. Im Kreuz-Darmbein-Gelenk (Ileo-Sacral-Gelenk) setzen sich die Schmerzen fest, sodass die Bewegung eingeschränkt ist. Hämorrhoiden mit Gefühl wie von einem Fremdkörper im After, oft splitterartige Schmerzen im Enddarmbereich, die bis in den Rücken ausstrahlen können; oft Verstopfung durch Schwangerschaft oder hormonelle Umstel-lung in den Wechseljahren. Schwere- und Spannungsgefühl in den Beinen, stark hervortretende Krampfadern mit Schmerzen, gehäuft Venenentzündungen, Neigung zu »offenem Bein« (durch Venenschwäche verursachtes Hautgeschwür).

ANWENDUNGSGEBIETE:

➡ Venenschwäche, Krampfadern, *S. 125*

➡ Hämorrhoiden, Beschwerden am Enddarm, *S. 138*

➡ Rückenschmerzen, Hexenschuss, *S. 169*

➡ Schwangerschaft: Hämorrhoiden, *S. 208*, Rückenschmerzen, *S. 211*; Venenbeschwerden, *S. 214*

Aethiops antimonialis | Antimon-Schwefel-Quecksil-ber-Verbindung

LEITSYMPTOME: Mehrfach täglich breiiger Stuhlgang, auch dünnflüssig wie Durchfall, oft mit Schleimfetzen, vereinzelt mit Blutspuren, meist mit krampfartigen Bauchschmerzen verbun-den , die gurgelnden Darmgeräusche sind hörbar. Gehäuft Stuhldrang, oft entleert sich nur Luft und Schleim.

ANWENDUNGSGEBIETE:

➡ Darmentzündung (Colitis ulcerosa, Morbus Crohn), *S. 133*

Aethusa | Hundspetersilie

LEITSYMPTOME: Nach Nahrungszufuhr wird in Klumpen erbrochen, danach schweißig und erschöpft, will jedoch wieder essen; grünlicher, stark riechender Durchfall durch Zahnen oder Sommerhitze.

ANWENDUNGSGEBIETE:
➡ **Kinder: Erbrechen, Speikind,** *S. 231*

Agaricus | Fliegenpilz

LEITSYMPTOME: Innere Unruhe, Koordinationsstörungen, Bewegungsdrang, dabei Zittern, macht unmotivierte, fahrige Bewegungen, auch unwillkürliche Gesichtszuckungen, oft auch undeutliches Sprechen. Zuckungen der Augenlider, anhaltendes Lidflattern. Fühlt sich bei Aufgaben rasch überfordert, erschwerte Konzentration. Missempfindungen in Armen und Beinen mit Kribbeln und Ameisenlaufen, Gefühl wie Eisnadeln in der Haut, mangelnde Durchblutung; Erfrierung, Frostbeulen.

ANWENDUNGSGEBIETE:
➡ **Konzentrationsstörungen,** *S. 57*
➡ **Augenlidflattern,** *S. 92*

Aletris farinosa | Sternwurzel

LEITSYMPTOME: Senkungsbeschwerden nach Entbindung, durch allgemeine Bindegewebsschwäche und zunehmendes Lebensalter: Druckgefühl im Unterleib, Harnblasenschwäche, bei starkem Harndrang muss man rasch Wasser lassen, da der Urin nicht gehalten werden kann; häufige Verstopfung verstärkt die Senkungsbeschwerden. Starke und schmerzhafte Monatsblutung, weißlicher fadenziehender Ausfluss. Fühlt sich oft nicht leistungsfähig, ist müde.

ANWENDUNGSGEBIETE:
➡ **Senkungsbeschwerden (Scheide, Gebärmutter),** *S. 158*

Allium cepa | Zwiebel

LEITSYMPTOME: Tropfende Nase, wässriger, brennender Nasenschleim, wunde Nasenlöcher; tränende Augen, raue Stimme, Hüsteln.

ANWENDUNGSGEBIETE:
➡ **Hausapotheke: Fließschnupfen,** *S. 23*
➡ **Erkältungsschnupfen,** *S. 96*

Allium sativum | Knoblauch

LEITSYMPTOME: Ausfluss hell oder gelblich verfärbt, Juckreiz, Brennen in der Scheide, Schmerzen beim Sex.

ANWENDUNGSGEBIETE:
➡ **Scheidenpilzinfektion,** *S. 157*

Alumina | Aluminiumoxid

LEITSYMPTOME: Trockene Augen, mangelnde Tränenflüssigkeit, Fremdkörpergefühl; mühsames Schlucken bei ständig trockenen Mundschleimhäuten; Trockenheit der Nasenschleimhaut, auch mit wässrigem oder zähem grün-gelblichem, übel riechendem »altem Schleim«; oft heisere Stimme mit häufigem Räuspern. Trockene Scheidenschleimhaut; harter Stuhlgang, Einrisse am After. Trockene, schuppige Haut, Einrisse, die verzögert abheilen, Juckreiz unerträglich, blutiges Aufkratzen der Haut, verschorfte Haut.

ANWENDUNGSGEBIETE:
- **Medikamentennebenwirkung: Mundtrockenheit,** *S. 39*
- **Augenbeschwerden/trockenes Auge,** *S. 92;* **trockene Nasenschleimhäute,** *S. 98;* **Mundgeruch, Mundtrockenheit,** *S. 99*
- **Darmträgheit, Verstopfung,** *S. 135*
- **Hautjucken, Hauttrockenheit,** *S. 182*
- **Kinder: Verstopfung,** *S. 236*

Ambra | Ausscheidung des Pottwals

LEITSYMPTOME: Überarbeitung, berufliche Sorgen, Kränkung: will allein sein; zart besaitet, mutlos, hat immer und ständig Bedenken, reagiert auf Mitmenschen sehr empfindsam, schlaflos vor Sorgen. Körperliche Kräfte sind begrenzt, dabei Herzbeschwerden und erschwertes Atmen; wenig sexuelles Interesse.

ANWENDUNGSGEBIETE:
- **Kontaktschwierigkeiten,** *S. 58;* **Kummer,** *S. 59*
- **Schwangerschaft: Erschöpfung,** *S. 206*

Ammonium bromatum | Ammoniumbromid

LEITSYMPTOME: Kratzige, raue, heisere Stimme, Hüsteln, Reizhusten ohne Schleim; absteigender Infekt, geht vom Hals und Kehlkopfbereich in die Bronchien. Neigung zu Entzündungen im Hals und Rachenraum.

ANWENDUNGSGEBIETE:
- **Hausapotheke: Heiserkeit,** *S. 24*
- **Schwangerschaft: Erkältungskrankheit,** *S. 205*

Anacardium | Elefantenlausbaum ✤

LEITSYMPTOME: Gereizte oder auch sorgenvolle, bedrückte Stimmung; Ärger und Aufregung schlagen auf den Magen; krampfartige Schmerzen bei leerem Magenbereich, Sodbrennen; Neigung zu Verstopfung mit Gefühl, als ob ein Pflock im Darm sitzen würde. Aus nichtigem Anlass oftmals heftige emotionale Reaktionen bis hin zu Wutausbrüchen, oft ungerecht, unentschlossen, sorgenvoll; Essen besänftigt die aufgewühlte Stimmung. Kurz zuvor Gelesenes kann nicht behalten werden, schlechtes Namensgedächtnis. Juckender Hautausschlag mit Bläschen.

ANWENDUNGSGEBIETE:
- **Konzentrationsstörungen,** *S. 57;* **Lampenfieber,** *S. 60*
- **Überanstrengung,** *S. 68*
- **Magen- und Zwölffingerdarmgeschwür,** *S. 130*

Anatherum muricatum | Vetivergras

LEITSYMPTOME: Immer wieder Entzündungen am Nagelbett mit Eiterungsneigung; Entzündungen der Fußnägel, die verdickt sind; scharf riechender Fußschweiß. Unreine, entzündete Haut, vor allem an der Nase.

ANWENDUNGSGEBIETE:
- **Nagelbettentzündung,** *S. 198*

Antimonium crudum/Stibium sulfuratum nigrum | Schwarzer Spießglanz

LEITSYMPTOME: Launische, abweisende, mürrische Stimmung, Neigung zu Übergewicht und Stoffwechselstörung, erhöhte

Harnsäurewerte (sog. metabolisches Syndrom, Seite 303). Übermäßiges, hastiges Essen, danach Völlegefühl, Sodbrennen und Übelkeit, auch Brechreiz und Erbrechen ohne Besserung der Beschwerden, dick weiß belegte Zunge. Bläschenartiger Hautausschlag mit krustiger dick gelblicher Absonderung, oftmals auch um den Mund; schmerzhafte Schrunden und Risse; Hühnerauge, Dornwarze, Schwielenbildung an den Händen, ausgeprägte Hornhaut an den Füßen, verdickte Nägel, die sich längs spalten, auch Nagelpilzbefall.

ANWENDUNGSGEBIETE:

➡ Essstörungen, *S. 53*; Kontaktschwierigkeiten, *S. 56*

➡ Erbrechen, Magenverstimmung, *S. 129*; Fettstoffwechselstörung, Cholesterinerhöhung, *S. 143*; metabolisches Syndrom, *S. 145*

➡ Hornhaut, Hühnerauge, Schwielen, *S. 190*; Knötchenflechte (Lichen ruber), *S. 191*; Schuppenflechte, *S. 193*; Warzen, *S. 195*; Nagelpilzinfektion, *S. 199*

➡ Windpocken, *S. 239*

Antimonium sulfuratum aurantiacum |
Goldschwefel

LEITSYMPTOME: Schwerlöslicher, dicker, zähflüssiger Schleim, auch gelblich verfärbt; immer wieder Hustenanfälle, die zu Atemnot führen. Schleimrasseln beim Husten; anhaltende Verschleimung der Atemwege mit Herzschwäche; jede körperliche Anstrengung schwächt und führt zu Atemnot, man fühlt sich abgeschlagen.

ANWENDUNGSGEBIETE:

➡ schleimiger Husten, *S. 115*

Apis mellifica | Honigbiene ✱

LEITSYMPTOME: Schwellung der Augenlider mit Jucken und Brennen, Tränenfluss, Gesichtshaut wie aufgequollen, rot, heiß, stechende Schmerzen. Brennen und Stechen im Hals und Rachen, Hustenreiz, erschwertes Atmen, man bekommt kaum Luft durch die Nase, Gefühl wie geschwollene Nasenschleimhäute; zum Schleimlösen aus dem Mittelohr (Paukenerguss). Haut ist rot, heiß, teigig geschwollen, große Quaddeln, stechende Schmerzen, bei Schwellung des Arms durch Hyposensibilisierung. Ruhelosigkeit, Bewegungsdrang, Durstlosigkeit. Neigung zu Zystenbildung, vor allem am Eierstock; schmerzhafte Periode, als ob alles nach unten zieht. Brennen beim Wasserlassen, es kommt oft wenig Urin, Neigung zu geschwollenen Beinen und Händen; Flüssigkeitsansammlung im Hodensack, ziehende, stechende Schmerzen, oft rechtsseitig am Hoden, Pendelhoden.

ANWENDUNGSGEBIETE:

➡ Hausapotheke: Atemnot bei Allergie, *S. 19*, Hautausschlag, *S. 23*; Medikamentennebenwirkung: Hautausschlag, *S. 37*, »verstopfte« Nase, *S. 39*; Impfungen: Impfreaktion, *S. 41*

➡ Tierhaarallergie, *S. 74*; Nahrungsmittelallergie, *S. 75*

➡ Augenbindehautentzündung, *S. 88*; Paukenerguss, Tubenkatarrh, *S. 93*; Halsschmerzen, Mandelentzündung, *S. 102*; Beschwerden nach Zahnbehandlung, *S. 104*

➡ Nierenfunktionsstörung, *S. 148*; Eierstockzyste, *S. 151*; Hodenerkrankungen, *S. 160*

➡ Gelenkentzündung (Arthritis), *S. 164*; Schleimbeutelentzündung, *S. 175*

➡ Allergie, Nesselsucht, *S. 181*

➡ Kinder: Pendelhoden, *S. 235*; Mumps, *S. 238*; Scharlach, *S. 239*

Aralia racemosa | amerikanische Narde

LEITSYMPTOME: Allergien mit Asthmaneigung, verstärkt bei Pollenflug, auch durch Tierhaare; Niesanfälle mit wässrigem, ätzendem Schleim; Fremdkörpergefühl im Hals, anhaltender Reizhusten mit Atemnot, muss aufrecht sitzen. Nächtliches Schwitzen.

ANWENDUNGSGEBIETE:
⮕ Tierhaarallergie, *S. 74*

Argentum nitricum | Silbernitrat

LEITSYMPTOME: Nervös, unruhig und hektisch, von Zukunftsängsten geplagt, Vorahnungen und Aufregungen bewirken häufiges Wasserlassen und Durchfall; kann sich nicht in engen Räumen aufhalten; schlechter Schlaf mit Albträumen. Angst und Schwindelattacken beim Nach-unten-Schauen von der Höhe (Gebirge, Brücke, Turm); hält sich fest, um das Gleichgewicht nicht zu verlieren, Schwindelanfälle als emotionale Reaktion auf bevorstehende Ereignisse (Lampenfieber). Hastiges Essen, schluckt dabei viel Luft; explosionsartiges, lautes Aufstoßen, geblähter Bauch. Nagende, krampfartige Magenschmerzen, die in alle Richtungen ausstrahlen, verstärkt durch Süßes und Weißmehlspeisen; Neigung zu Magen- und Zwölffingerdarmgeschwüren.

ANWENDUNGSGEBIETE:
⮕ Hausapotheke: Lampenfieber, *S. 26*
⮕ Ängste, *S. 50*; Spannungszustände, *S. 55*; Lampenfieber, *S. 60*
⮕ Schwindel, Menière-Krankheit, *S. 86*; Sehschwäche (Weitsichtigkeit), *S. 91*

⮕ Speiseröhrenentzündung, Reizmagen-Syndrom, *S. 131*; Blähungen, Völlegefühl, Reizdarm-Syndrom, *S. 132*; Reizblase, *S. 149*
⮕ Schwitzen, Schweißausbrüche, *S. 194*
⮕ Kinder: Reizblase, *S. 235*

Arnica montana | Arnika (Bergwohlverleih) ✽

LEITSYMPTOME: Unfallfolgen: man reagiert aufgewühlt; wehrt jegliche Hilfe ab, verharmlost die Beschwerden und Schmerzen. Erschwertes Sprechen und Lähmungserscheinungen (Gesicht, Arme, Beine) als Folge eines Unfalls oder Schlaganfalls; Durchblutungsstörungen in den Beinen, verletzungsbedingte Venenentzündung. Rötliches Gesicht mit sichtbar bläulichen Blutgefäßen, wie aufgedunsen; Blutandrang zum Kopf mit Hitzegefühl, Kopfschmerzen, Schwindel, Ohrensausen. Ohrgeräusche als Folge einer Verletzung (Knalltrauma), erschwertes Hören. Bluten aus der Nase, auch Blutungen nach Verletzung, großflächiger Bluterguss und Schwellung, nach Gefäßoperationen. Muskelfaserriss; schmerzende, verhärtete Muskeln wie Muskelkater, sich bewegen fällt schwer, Gefühl wie zerschlagen, oft auch Knochenschmerzen. Unreine Haut mit Entzündungen, Furunkel, Pusteln.

ANWENDUNGSGEBIETE:
⮕ Hausapotheke: Muskelkater, *S. 27*, Schreck durch Unfall, *S. 30*; Verletzungen: Bluterguss, *S. 33*
⮕ Schreck- und Schockfolgen, *S. 64*; Krebserkrankung (Wundheilung), *S. 76*
⮕ Ohrgeräusche (Tinnitus), *S. 95*; Beschwerden nach Zahnbehandlung, *S. 104*

Arsenicum album | Weißes Arsenik

LEITSYMPTOME: Meist hagere Statur, jegliche Kleidung wirkt zu groß. Extreme innere Unruhe, panische Angstzustände: »fürchtet um sein Leben«, hektisches, unmotiviertes Verhalten, übersteigerte Pedanterie. Ausgeprägtes Durstgefühl trotz starker Übelkeit, dunkles Erbrechen nach geringster Nahrungszufuhr, wässrige Durchfälle, extreme Brennschmerzen am After, fühlt sich sterbenselend; Speisengerüche rufen Ekel hervor. Schwäche, körperlicher Abbau und Gewichtsabnahme durch schwere Krankheit (z.B. Krebsleiden), Haarausfall. Zungenbrennen, Schmerzempfindungen werden als brennend empfunden; regelmäßig wiederkehrende Schmerzzustände, die oft schon lange Zeit bestehen.

ANWENDUNGSGEBIETE:

Arum triphyllum | Zehrwurzel

LEITSYMPTOME: Durch Reden, Singen, Schreien klingt die Stimme zunehmend rau, »kratzige«, heiser klingende Stimme; die Tonlage wechselt immer wieder von hoch nach tief und umgekehrt. Verlegte Nasenatmung mit Borkenbildung oder wund machender, dünnflüssiger Nasenschleim.

ANWENDUNGSGEBIETE:

Arundo | Wasserrohr

LEITSYMPTOME: Heftigster Juckreiz der Nase, der Augen und im gesamten Rachenraum, will sich ständig kratzen, Juckreiz im Gehörgang und im Ohrbereich sowie außen am Hals; Geruchsverlust, Fließschnupfen, Augentränen; juckende, trockene Hautausschläge.

ANWENDUNGSGEBIETE:

Asa foetida | Stinkasant

LEITSYMPTOME: Anhaltendes, lautes Aufstoßen mit ranzigem oder fauligem Geruch. Zusammenschnürende Schmerzen im Magen und in der Speiseröhre: Man hat das Gefühl, als ob eine Kugel vom Magen in den Rachen aufsteigen würde. Aufgetriebener Bauch mit extrem übel riechenden Blähungen; häufiger Stuhlgang, oft wässrige, schleimige, stinkende Durchfälle, auch abwechselnd mit Verstopfung; Gärungsprozesse durch eine gestörte Darmflora.

ANWENDUNGSGEBIETE:
- Medikamentennebenwirkung: Blähungen, *S. 37*
- Blähungen, Völlegefühl, Reizdarm-Syndrom, *S. 132*

Asterias rubens | Seestern

LEITSYMPTOME: Begleitende Nachbehandlung von Brustdrüsenkrebs, Lymphknotenbefall vor allem in der Achselhöhle; ziehende, stechende Schmerzen an der behandelten Brustdrüse, in Arm oder Finger ausstrahlende Schmerzen, schmerzhafte Bewegungseinschränkung, auch mit Schwellung von Hand und Arm. Brustspannen vor der Periodenblutung mit dem Gefühl, als würde die Brust nach innen gezogen.

ANWENDUNGSGEBIETE:
- Krebserkrankung (Nachsorge), *S. 79*

Aurum metallicum | metallisches Gold

LEITSYMPTOME: Man hat Ängste, abhängig zu sein, das Gefühl, versagt zu haben, sieht keinen Hoffnungsschimmer trotz großem Engagement; ausgeprägte Vergesslichkeit. Wechsel von depressiver und aggressiver Stimmungslage, man ist immer weniger umgänglich. Emotional mitbedingter Bluthochdruck mit Kopfschmerzen und Schwindel; Lufthunger und Druck auf der Brust, Beklemmungsgefühl, oft dunkelrotes Gesicht und untersetzte Statur. Die Prostata ist vergrößert, was ständigen Harndrang verursacht, wobei beim Wasserlassen nur wenig Urin kommt.

ANWENDUNGSGEBIETE:
- Nervosität, *S. 61*; Niedergeschlagenheit, *S. 62*

Aurum chloratum natronatum | Natrium-Goldchlorid

LEITSYMPTOME: Myom mit Senkungsbeschwerden, Schmerzen bei starker Monatsblutung, Ausfluss, Neigung zu Eierstockzysten und Unterleibsentzündungen; unreine Haut mit Knötchen und Pickel.

ANWENDUNGSGEBIETE:
- Myom, Eierstockzyste, *S. 151*

Badiaga | Flussschwamm

LEITSYMPTOME: Druckgefühl am Hals, die Schilddrüse ist vergrößert, auch mit Zysten, Kropfbildung. Beim Berühren fühlt sich die Haut wie wund an. Muskeln wie zerschlagen. Oft geschwollene Mandeln und Lymphknoten.

ANWENDUNGSGEBIETE:
- Schilddrüsenerkrankung, *S. 109*, **111**

Belladonna | Tollkirsche

LEITSYMPTOME: Rasch ansteigendes Fieber, Fantasieren, Schwitzen, hochrotes, heißes Gesicht; trocken-heiße, brennende Schmerzen der Augenbindehaut. Klopfende, hämmernde Kopfschmerzen, auch als Folge einer zu starke Besonnung: Sonnenstich. Sich schnell entwickelnde, klopfende Ohrenschmerzen; wie Feuer brennende Schluckschmerzen. Akute Schmerzen, die kolikartig kommen und gehen, auch im Bereich der Harnblase und Scheide. Brennschmerz der Haut: hochrot entzündete Haut mit Brennen und klopfenden Schmerzen, starke Berührungsempfindlichkeit.

ANWENDUNGSGEBIETE:
- ⏩ Hausapotheke: Kopfschmerzen, *S. 25*, Nagelbettentzündung, *S. 28*, Ohrenschmerzen, *S. 29*, Sonnenbrand, *S. 31*
- ⏩ akute Erkältung, *S. 70*; Krebserkrankung (Bestrahlungsfolgen), *S. 77*
- ⏩ Kopfschmerzen, *S. 82*; Nervenschmerzen, *S. 85*; Augenbindehautentzündung, *S. 88*; Mittelohrentzündung, *S. 93*; Halsschmerzen, Mandelentzündung, *S. 102*
- ⏩ akute Harnwegsentzündung, *S. 146*; Scheidenausfluss, Scheidenpilzinfektion, *S. 157*
- ⏩ Hautentzündung, *S. 188*; Nagelbettentzündung, *S. 198*
- ⏩ Schwangerschaft: Ausfluss, Scheidenentzündung, *S. 202*; Brustdrüsenentzündung, *S. 224*
- ⏩ Kinder: Erkältung, *S. 232*, Mittelohrentzündung, Ohrenschmerzen, *S. 234*; Drei-Tage-Fieber, *S. 238*; Röteln, Scharlach, *S. 239*

Bellis perennis | Gänseblümchen

LEITSYMPTOME: Hauteinblutungen, kleine, blaue Flecken durch Stoß oder Quetschungen mit Wundheitsgefühl, die verletzte Haut entzündet sich. In der Schwangerschaft schmerzen die Kindsbewegungen; nach Entbindung zur Rückbildung der Gebärmutter, Anregung des Wochenflusses (wird deshalb auch »Arnica für die Gebärmutter« genannt). Senkungsbeschwerden nach Überanstrengung.

ANWENDUNGSGEBIETE:
- ⏩ Verletzungen: Bluterguss, *S. 33*
- ⏩ Schwangerschaft: schmerzhafte Kindsbewegungen, *S. 210*; Gebärmutterrückbildung, Wochenfluss, *S. 222*

Berberis vulgaris | Berberitze, Sauerdorn

LEITSYMPTOME: Neigung zur Bildung von Grieß oder Steinen in den Nieren und in der Gallenblase: häufig bestehen Übelkeit, Bauchschmerzen und wechselnder Stuhlgang. Stechende Schmerzen im Nierenbereich, zur Blase, in die Leistengegend oder in den Oberschenkel ausstrahlend. Starker Harndrang; brennende und schneidende Schmerzen beim Wasserlassen. Urin mit ziegelrotem Satz. Rheumatische Schmerzen mit Gefühl von Steifigkeit und Zerschlagenheitsgefühl bei allgemeiner Schwäche. Zur Ausschwemmung von Nierengrieß sowie zur Ausleitung von Giftstoffen, deshalb auch bei unreiner und entzündlicher Haut.

ANWENDUNGSGEBIETE:
- ⏩ Amalgambelastung: Ausleitung, *S. 108*
- ⏩ Harnsäureerhöhung, *S. 144*; Nierenfunktionsstörung, *S. 148*

Borax | Natriumborat

LEITSYMPTOME: Auffallende Geräuschempfindlichkeit; Übelkeit und Schwindel bei Abwärts- und Schaukelbewegungen (wie im Lift, Flugzeug, Schiff). Weißliche Flecken auf der Mundschleimhaut (Soor) und Bläschen (Aphthen). Weißlich-milchiger Ausfluss, klebrig wie Kleister, weißliche Beläge auf der Scheidenschleimhaut. Juckende, trockene, schuppende Haut, schlecht heilend, Eiterungstendenz wie bei Neurodermitis und Milchschorf.

ANWENDUNGSGEBIETE:
- ⏩ Ausleiten, Entgiften: Pilzinfektion, *S. 43*; Abwehrschwäche: Ausfluss, Scheidenpilz, *S. 45*, Mundschleimhautbläschen, *S. 46*

➡ Mundbläschen, Soor, *S. 101*
➡ Scheidenausfluss (Fluor vaginalis), *S. 157*
➡ trockener Hautausschlag, *S. 187*
➡ Schwangerschaft: Ausfluss, Scheidenentzündung, *S. 202*
➡ Kinder: Milchschorf, Neurodermitis, *S. 234*

Bovista | Bovist

LEITSYMPTOME: Hautreizungen und bläschenartige Hautentzündungen (Nesselsucht, Urticaria); Neigung zu Herpes. Leidet unter zwiebelartigem Schweißgeruch. Hautausschlag verstärkt durch die Periodenblutung, schmerzhafte, schwärzliche Blutung, oft mit Durchfall und Kreuzschmerzen. Akne-artiger Hautausschlag als Unverträglichkeitsreaktion auf Kosmetika oder im Sommer (Hitze) und beim Baden.

ANWENDUNGSGEBIETE:
➡ verstärkte Monatsblutung, *S. 155*

Bryonia | Zaunrübe

LEITSYMPTOME: Man möchte in Ruhe gelassen werden, bei Ärger »läuft die Galle über«, reagiert auf (Kopf-)Schmerzen mit einer gereizten Stimmungslage: stechende Schmerzen beim erkältungsbedingten Husten, der Kopf und ganze Brustkorb schmerzen. Galliges Erbrechen, vor allem rechtsseitige Bauchschmerzen, Verstopfung, großes Durstgefühl; stechende Kopfschmerzen, rheumatische Schmerzen, jegliche Bewegung wird vermieden, Muskelverspannungen wie steif, heftige Schmerzen an Muskeln, Sehnen, Bändern, Gelenken, Brustkorb, auch durch Prellung.

ANWENDUNGSGEBIETE:
➡ Hausapotheke: Hexenschuss, Husten, *S. 25*; Verletzungen: Knochenprellung, *S. 34*
➡ Ärger, Aufregungen, *S. 51*; Spannungszustände, *S. 55*; Nervosität, *S. 61*; Wutanfälle, *S. 69*
➡ Kopfschmerzen, *S. 82*
➡ trockener Husten, Lungenentzündung, *S. 116*
➡ Gallenblasenbeschwerden, *S. 139*
➡ Gelenkentzündung (Arthritis), *S. 164*; Morbus Bechterew/Morbus Scheuermann, *S. 167*; Rückenschmerzen, Hexenschuss, *S. 169*; Sehnenscheidenentzündung, *S. 175*
➡ Schwangerschaft: Erkältungskrankheit, *S. 205*

Cactus | Königin der Nacht

LEITSYMPTOME: Krampfartige Herzschmerzen wie von einem eisernen Band um das Herz, Wundheitsgefühl in der Brust, auch in den linken Arm ausstrahlende Schmerzen; Blutandrang zum Kopf mit Schwindel; oft beschleunigter Pulsschlag. Geblähter Bauch mit Völlegefühl.

ANWENDUNGSGEBIETE:
➡ Herzkranzgefäßerkrankungen, *S. 120*

Calcium carbonicum | Austernschalenkalk

LEITSYMPTOME: Bei körperlicher Anstrengung rasches Ermüden; hat häufig Albträume. Ständig erkältet, mit viel Schleim aus Nase und Bronchien, geschwollene Lymphknoten; Polypen mit erschwertem Hören. Neigung zu Übergewicht: liebt reichliches Essen, bevorzugt Eiergerichte und Süßspeisen; Milch und Fettes wird schlecht vertragen; Sodbrennen, Völlegefühl, Verstopfung im Wechsel mit sauer riechenden Durchfällen, »aufgeschwemmtes« Gewebe; säuerlich riechendes Schwitzen an Kopf, Nacken und Oberkörper. Oft zu früh einsetzende, starke Blutung, meist dunkel, klumpig. Gerötete Haut, auch nässend unter den Brüsten und im Genital- und Anusbereich mit Wundsein, auch Hautpilzbefall. Beinfehlstellungen (O- und X-Beine), Gelenkschmerzen.

ANWENDUNGSGEBIETE:
- Essstörungen, *S. 53*; wiederkehrende Infekte, *S. 71*
- metabolisches Syndrom, *S. 145*; unregelmäßige Monatsblutung, *S. 154*
- Cellulitis, Faltenbildung, *S. 184*
- Babys Entwicklung unterstützen, *S. 229*

Calcium fluoratum | Calciumfluorid

LEITSYMPTOME: Hektisches, »hitziges« Verhalten; immer schwitzig, unangenehmer Geruch. Druckgefühl an der (meist) vergrößerten Schilddrüse; nimmt trotz üppigem Essen kaum an Gewicht zu; zarter Körperbau. Weicher Zahnschmelz mit Neigung zu kariösen Zähnen, Zahnschiefstand, viele Zahnfüllungen, verzögerte Entwicklung auch bleibender Zähne; häufig Zahnfleischentzündung mit Fistelbildung. Schmerzen der Muskeln, Gelenke und Wirbelsäule, steifer Rücken, nach Bandscheibenvorfall; verstärkte Schmerzen bei längerem Stehen, beim Heben und Tragen selbst von leichteren Gegenständen (Tasche etc.); überstreckbare Gelenke, die leicht »auskugeln«. Bindegewebs- und Venenschwäche, schmerzhafte, auch geschwollene Beine, sich entwickelnde Krampfadern. Nachlassende Festigkeit des Gewebes und der Straffheit der weiblichen Formen. Lymphödem an Hand, Arm oder Bein, auch als Folge einer Operation oder Bestrahlung. Die Haut wirkt wie Papier, dünn und durchscheinend, auch bedingt durch Langzeitanwendung von Cortison-Salben. Frühzeitige Fältchenbildung der Haut, Narben verheilen unschön, oft juckend; rissige spröde Nägel, dünner Haarwuchs.

ANWENDUNGSGEBIETE:
- Verletzungen: Narbenheilung, *S. 35*
- Krebserkrankung (Bestrahlungsfolgen), *S. 77*
- Erkrankungen der Zähne, Kariesprophylaxe, *S. 105*; Schilddrüsenüberfunktion, *S. 110*
- Venenschwäche, Krampfadern, *S. 125*
- Brustdrüsenbeschwerden, *S. 150*; Senkungsbeschwerden (Scheide, Gebärmutter), *S. 158*
- Bandscheibenleiden, Bandscheibenvorfall, *S. 166*; Schnappfinger, *S. 172*
- Pigmentstörungen, *S. 182*; Cellulitis, Faltenbildung, *S. 184*; Haarausfall, *S. 196*; Nagelpilzinfektion, *S. 199*
- Schwangerschaft: Juckreiz der Haut, *S. 210*, Venenbeschwerden, Schwangerschaftsstreifen, *S. 214*, Dammpflege, Geburtsvorbereitung, *S. 218*; Kaiserschnittwunde, *S. 223*; Stillzeit, *S. 225*

Calcium jodatum | Calciumjodid

LEITSYMPTOME: Vergrößerte Mandeln (Gaumen, Rachen), ausgeprägte Nasenpolypen, atmet durch den offenen Mund, verschleimt klingende Sprache; erschwertes Hören, Druckgefühl, oft Ohrgeräusche (»Quatschen«), vergrößerte Lymphknoten. Erhöhte Infektanfälligkeit, immer wieder akute Entzündungen im Hals-Nasen-Ohrenbereich sowie der Atemwege meist mit anhaltender weißlich-gelblicher Verschleimung. Vergrößerte druckempfindliche Schilddrüse; Gefühl, dass mit der Schilddrüse »etwas nicht stimmt«; allgemeines Unwohlsein, man ist rasch genervt, oft wie »überdreht«; auch vermehrter Appetit ohne wesentliche Gewichtszunahme.

ANWENDUNGSGEBIETE:
➡ **Nasenpolypen,** *S. 98;* **Schilddrüsenvergrößerung,** *S. 109*

Calcium phosphoricum | Calciumphosphat

LEITSYMPTOME: Zähne sitzen nicht mehr fest, durch Brücken belastete Zähne mit Schmerzen beim Essen. Fördert den Heilungsprozess eines Zahnimplantats, eines Knochenbruchs. Kieferknochenschwund, nachlassende Knochendichte sowie Osteoporose; Schmerzen entlang der Wirbelsäule; Ausbildung einer Wirbelsäulenverkrümmung (Skoliose); schmerzhaft verspannte Rückenmuskulatur. Bei Kindern und Jugendlichen häufig Kopfschmerzen und rasche körperliche Erschöpfung durch schnelles Wachstum, sie haben eine schlaffe Haltung, leiden unter Wachstumsschmerzen, das Mittel unterstützt den Aufbau der Knochen und die Zahnentwicklung. Kreuzschmerzen während der Schwangerschaft.

ANWENDUNGSGEBIETE:
➡ **Verletzungen: Knochenbruch,** *S. 34*
➡ **Erkrankungen der Zähne und Zahnsubstanz,** *S. 105*
➡ **Morbus Bechterew/Morbus Scheuermann,** *S. 167;*
   Osteoporose, Wirbelsäulenbeschwerden, *S. 168*
➡ **Kinder: Wachstumsschmerzen, Skoliose,** *S. 236*

Calcium sulfuricum | Calciumsulfat

LEITSYMPTOME: Anhaltende Entzündung, aus der offenen Wunde kommt immer wieder gelblich verfärbtes Sekret; verzögerte Wundheilung: Abszess, Fistel, aus der sich ständig Eiter entleert, verkrustete, gelbliche Haut. Gelblicher Schleim aus Augen und Nase.

ANWENDUNGSGEBIETE:
➡ **Hautentzündung,** *S. 188*

Calendula | Ringelblume

LEITSYMPTOME: Anregung der Wundheilung, Vermeidung wulstiger Narbenbildung (Keloid) nach Entbindung; Wundbereich neigt zu Entzündung und Eiterung, schlechte Heilungstendenz. Bei Verletzungen der Geburtswege (Zangengeburt, verzögerter Geburtsverlauf).

ANWENDUNGSGEBIETE:
➡ **Verletzungen: Dammriss,** *S. 34,* **Schürfwunde,** *S. 36*
➡ **Geburtsfolgen: Dammriss,** *S. 220*
➡ **Kinder: Nabelentzündung,** *S. 234*

Camphora | Kampferbaum

LEITSYMPTOME: Durch Nässe und Kälte: Frösteln, Frieren, kalte Schauer laufen über den Rücken; eiskalte Hände und Füße, gehäuftes Niesen, beginnender Fließschnupfen oder verlegte Nasenatmung; Kopfweh. Bei akuter Kreislaufschwäche mit kaltem Schweiß, blasses Gesicht. Das Mittel bewährt sich, wenn die Erstverschlimmerung eines anderen Mittels abgeschwächt werden soll (sog. Antidotieren, Seite 302).

ANWENDUNGSGEBIETE:
➡ akute Erkältung, *S. 70*; Erkältungsschnupfen, *S. 96*

Cantharis | Spanische Fliege

LEITSYMPTOME: Vermehrter Harndrang, ohne dass viel Urin kommt, zunehmendes Missempfinden beim Wasserlassen, stark zunehmende, heftigste brennende Schmerzen in Blase und Harnröhre, nach dem Wasserlassen anhaltend; Bauchkrämpfe, Schmerzen wie Feuer. Durch Sonnenbrand oder Verbrennung (Herd, Ofen, Kerze) kleine und größere Brandblasen, die ineinander übergehen, auch bei Blasen an den Füßen (Wanderschuhe) oder an den Händen (schweres Arbeiten).

ANWENDUNGSGEBIETE:
➡ Hausapotheke: Blasenentzündung, *S. 20*, Brandblase, *S. 21*
➡ akute Harnwegsentzündung, *S. 146*
➡ Schwangerschaft: Harnwegsinfekt, *S. 209*

Capsicum | Spanischer Pfeffer

LEITSYMPTOME: Trennungskonflikt und Heimweh: man reagiert mit Trotz, ist beleidigt, will in Ruhe gelassen werden. Neigung zu Übergewicht; Wangen sind auffallend gerötet, schlechte Stimmung verdirbt den Appetit; brennende Schmerzen an Zunge und Mundschleimhaut. Oft Ohren- und Mandelentzündung, auch wegen seelischer Konflikte.

ANWENDUNGSGEBIETE:
➡ Heimweh, Einsamkeit, *S. 54*
➡ Zungenbrennen, *S. 99*; Halsschmerzen, Mandelentzündung, *S. 102*

Carbo vegetabilis | Kaffeekohle

LEITSYMPTOME: Blasses Aussehen, Schwindelgefühl, Kältegefühl, besonders am Kopf, bläuliche Lippen und Fingernägel; erschwertes Atmen, hörbares Ausatmen, ständiges Räuspern und Husten mit Verschleimung; Atemnot selbst bei leichter Anstrengung, muss im Bett aufrecht liegen bei geöffnetem Fenster. Stark aufgetriebener Bauch, Völlegefühl, häufiges Aufstoßen, auch Sodbrennen; ständige Blähungen, die sehr übel riechend sind; krampfartige oder zusammenschnürende Schmerzen, die in die Brust oder zum Rücken ausstrahlen (sogenanntes Roemheld-Syndrom). Abneigung gegen Fett, Milch und Fleisch. Bläulich-rötliche (Gesichts-)Haut, juckend, entzündet; sichtbare Blutgefäße, hervortretende Venen.

ANWENDUNGSGEBIETE:
➡ Hausapotheke: Atemnot bei Kreislaufschwäche, *S. 19*
➡ Asthma bronchiale, *S. 114*
➡ Blähungen, Völlegefühl, Reizdarm-Syndrom, *S. 132*; Divertikulose, *S. 136*
➡ Couperose, Rosacea, *S. 185*
➡ Kinder: Blähungen, *S. 230*

Cardiospermum | Herzsame

LEITSYMPTOME: Starke Allergie auf Pollen, Tierhaare und Nahrungsmittel, allgemeine Erschöpfung. Augenjucken, Fließschnupfen, Niesreiz, stark juckende Hautquaddeln, trockene oder nässende, entzündete Haut mit heftigem Juckreiz. Entzündlich-rheumatische Schmerzen der Gelenke, Sehnen und Bänder, der Wirbelsäule; starke Bewegungsschmerzen; schmerzhaft angeschwollene Gelenke, Haut gerötet und heiß.

ANWENDUNGSGEBIETE:

➡ Hausapotheke: Hautausschlag, *S. 24*

➡ Allergie: Tierhaarallergie, *S. 74*

➡ Gelenkentzündung (Arthritis), *S. 164*

➡ Allergie, Nesselsucht, *S. 181*; trockener Hautausschlag, *S. 187*; Hautpilzinfektion, *S. 189*; Neurodermitis, *S. 192*

➡ Schwangerschaft: Juckreiz der Haut, *S. 210*

Carduus | Mariendistel

LEITSYMPTOME: Belegte Zunge, Aufstoßen, Verdauungsstörungen mit wechselndem Stuhlgang, dünn oder fest, oft hellgelbliche Farbe, viele Blähungen. Unterstützt die Funktion der Leber sowie der Gallenblase, regt die Verdauungstätigkeit sowie den Stoffwechsel an. Begleitbehandlung bei die Leber belastenden chemischen Arzneimitteln sowie Chemotherapie und zur Nachbehandlung nach einer Leberentzündung (Hepatitis).

ANWENDUNGSGEBIETE:

➡ Impfungen: Leberschutz, *S. 41*

➡ Leberfunktionsstörungen, *S. 140*

Castor equi | warzenartiger Auswuchs

LEITSYMPTOME: Wunde, schrundige Brustwarzen, schmerzhafte Brustdrüsenschwellung. Rissige, verdickte Haut; Haare und Nägel spröde; bräunlich harte Warzen vor allem auf Stirn und Brust. Schmerzen am Steißbein, vor allem nach Entbindung oder Sturz; schmerzhafter Fersensporn.

ANWENDUNGSGEBIETE:

➡ Steißbeinschmerzen, Fersensporn, *S. 168*

➡ Schwangerschaft: Rücken-, Steißbeinschmerzen, *S. 211*; Schambein- und Steißbeinschmerzen, *S. 223*; wunde Brustwarzen, *S. 224*

Caulophyllum | Frauenwurzel

LEITSYMPTOME: Frostigkeit, Nervosität, allgemeine Schwäche. Vor Eintritt der Periodenblutung Schwellung und eingeschränkte Beweglichkeit der Hände, oft auch der Füße; verspätet eintretende, starke Blutung mit in den Bauchraum ausstrahlenden Schmerzen, verstärkter Mundgeruch vor der Periode. Anfallsweise Finger- und Zehengelenkschmerzen, Gelenksteifigkeit im Tagesverlauf oft gebessert; auffallendes Knacken und Krachen der Gelenke. Kleine Knötchen an den Mittel- und Endgelenken der Finger, beim Drücken schmerzhaft (sogenannte Heberden'sche Knötchen), Schmerzen in den Sehnen und Bändern. Vorzeitige oder unkoordinierte, ineffektive Wehen, Muttermund geht nicht auf; Wehenschwäche durch Erschöpfung.

ANWENDUNGSGEBIETE:

➡ prämenstruelles Syndrom, *S. 156*

➡ Gelenkverschleiß (Arthrose), *S. 165*; Fibromyalgie, *S. 171*

➡ Schwangerschaft: Geburtsvorbereitung, *S. 218*

Causticum Hahnemanni | Ätzkalk

LEITSYMPTOME: Gedrückte, melancholische Stimmung, man reagiert emotional übersensibel, ausgeprägtes Mitleid; ist wie gelähmt vor Kummer; ausgeprägter Gerechtigkeitssinn. Nervenschmerzen und -lähmungen, auch nach Schlaganfall, Aussprache und Sprachfluss behindert; hängendes Augenlid mit unvollständigem Lidschluss; mangelnde Befeuchtung des Auges; Taubheitsgefühl im betroffenen Gesichtsbereich, auch mit Lähmung: hängende Gesichtshälfte, Mundwinkel schlaff, sodass Speichel herausläuft. Lähmungsartige Schwäche mit Taubheitsgefühl an Armen und Beinen. Gelenke und Muskeln wie steif mit Bedürfnis, sich zu dehnen und zu strecken. Häufiger Harndrang, verstärkt durch seelische Ereignisse (Kummer, Mitleid); bei körperlicher Belastung wie Heben, Tragen, Husten, Lachen und Joggen geht Urin ab; Blasenschwäche in Folge eines Schlaganfalls, nach Operation oder Entbindung; Einnässen der Kinder bei seelischen Belastungen in Schule oder Familie. Hautausschlag schuppend-trocken, rissig; gräuliche, harte Warzen, schmerzhaftes Hühnerauge; Wundheilungsstörungen bei Verbrennungen, verhärtete Narben mit Hautschrumpfung durch Bestrahlungstherapie. Neigung zur Bildung harter, hervorstehender Warzen.

ANWENDUNGSGEBIETE:
➡ **Verletzungen: Verbrühungen,** *S. 36*
➡ **Heimweh, Einsamkeit,** *S. 54*; **Kummer,** *S. 59*; **Schuldgefühle,** *S. 65*; **Trauer,** *S. 67*
➡ **Schlaganfall (Folgen),** *S. 123*
➡ **Harninkontinenz,** *S. 149*
➡ **Hornhaut, Hühnerauge, Schwielen,** *S. 190*; **Warzen,** *S. 195*
➡ **Schwangerschaft: Reizblase,** *S. 202*, **Erschöpfung,** *S. 206*

Ceanothus americanus | Seckelblume

LEITSYMPTOME: Fühlt sich nicht leistungsfähig, bei der geringsten Anstrengung tritt oft verstärktes Herzklopfen und Atemnot auf. Ohne Appetit, Bauch druckempfindlich, Bauchweh, unregelmäßiger Stuhlgang, oft Durchfall, häufiger Harndrang. Leber- und Milzvergrößerung durch anhaltende Entzündung, durch Medikamente (Chemotherapie) oder durch eine Infektionskrankheit, vor allem durch Pfeiffersches Drüsenfieber.

ANWENDUNGSGEBIETE:
➡ **Ausleiten, Entgiften: Pfeiffersches Drüsenfieber,** *S. 44*
➡ **Leberfunktionsstörungen,** *S. 140*

Cedron | Klapperschlangenbohne

LEITSYMPTOME: Oft periodisch auftretende, einschießende Schmerzen, von Schläfe zu Schläfe springend, in die Augen und den Nasenflügel einstrahlend; Schmerzempfindung wie Hitze und Brennen, oft mit heißem Tränenfluss. Die Nervenschmerzen sind häufig linksseitig oder gehen von einem Zahn aus; auch Folge einer Erkältung.

ANWENDUNGSGEBIETE:
➡ **Trigeminusneuralgie,** *S. 87*

Chamomilla | Kamille

LEITSYMPTOME: Ärgerliche, gereizte Stimmung, lässt sich nicht beruhigen, reagiert oft ungerechtfertigt. Hohe Schmerzempfindlichkeit, auch im Zahnbereich. Anfallsartige, krampfartige Magenschmerzen werden als unerträglich empfunden, Aufstoßen, saures Erbrechen; wehenartige Periodenschmerzen. Beim zahnenden Kind ist die schmerzende Gesichtshälfte oft rot und heiß, es hat Darmkrämpfe, auch gelblich grünen Durchfall, wie faule Eier riechend, wunden Po; aufgetriebener Leib, stinkende Blähungen.

ANWENDUNGSGEBIETE:
- ➡ Hausapotheke: Blähungskoliken, *S. 20*, Magenschmerzen, *S. 27*, Zahnschmerzen, *S. 32*
- ➡ Nervosität, *S. 61*
- ➡ Zahnschmerzen, empfindliche Zahnhälse, *S. 107*
- ➡ schmerzhafte Monatsblutung, *S. 153*; prämenstruelles Syndrom, *S. 156*
- ➡ Entbindung, *S. 219*; Nachwehen, *S. 222*
- ➡ Kinder: Drei-Monats-Koliken, *S. 231*, Windeldermatitis, *S. 236*, Zahnungsbeschwerden, *S. 237*

Cheiranthus cheiri | Goldlack

LEITSYMPTOME: Gedrückte Stimmung; Herzbeschwerden im Zusammenhang mit Schmerzen der Weisheitszähne; anhaltende Schmerzen des Weisheitszahns beim Durchbruch oder nach dem Ziehen. Schmerzen im Kieferwinkel, der ganze Kopfbereich schmerzt. Entzündlich-gereizter Trigeminusnerv: Nase verlegt oder Fließschnupfen.

ANWENDUNGSGEBIETE:
- ➡ Zahnschmerzen, *S. 107*

Chimaphila umbellata | Wintergrün

LEITSYMPTOME: Häufiger Harndrang, Wasserlassen oft nur im Stehen möglich, Urin mit schleimiger Beimengung, anhaltender krankhafter Urinbefund. Schmerzhafte, angeschwollene Brüste vor Eintritt der Periodenblutung.

ANWENDUNGSGEBIETE:
- ➡ wiederkehrende Harnwegsinfekte, *S. 147*

China | Chinarinde

LEITSYMPTOME: Mangelnde seelische und körperliche Belastungsfähigkeit nach Operation oder Entbindung mit Blutverlust, nach zu langer Stillzeit; Überempfindlichkeit gegen Gerüche, wobei essen, schlafen, ruhen nicht bessern. Nach dem Essen übel riechende Blähungen mit Bauchkrämpfen, starkes Rumoren, rasch zunehmender Stuhldrang und Entleerung von breiig oder wässrig schäumendem Durchfall, danach Schwächegefühl, auch nach Durchfall bei entzündlichen Darmerkrankungen (Morbus Crohn). Dunkelrote, klumpige Periodenblutung, stoßweise, stark schwächend.

ANWENDUNGSGEBIETE:
- ➡ Hausapotheke: Monatsblutung, *S. 27*
- ➡ Genesung, *S. 72*; Nahrungsmittelallergie, *S. 75*; Krebserkrankung (Schwächezustand), *S. 76*
- ➡ Kreislaufschwäche, Eisenmangel, *S. 118*
- ➡ Appetitlosigkeit, *S. 128*; Darmentzündung (Colitis ulcerosa, Morbus Crohn), *S. 133*; Darmflora-Aufbau, Darmsanierung, *S. 134*; verstärkte Monatsblutung, *S. 155*
- ➡ Wochenbett: Erschöpfung, *S. 221*

Chionanthus | Schneeflockenstrauch

LEITSYMPTOME: Migräneartige Kopfschmerzen, oft bei Leberleiden oder Periodenblutung. Trockener Mund, dick gelblich belegte Zunge, kein Appetit, periodisch auftretende Übelkeit; Verstopfung oder lehmfarbener, weicher Stuhlgang, übel riechend, Bauchkrämpfe.

ANWENDUNGSGEBIETE:
- ➡ Bauchspeicheldrüsenstörung, *S. 141*

Cholesterinum | Cholesterin[1]

LEITSYMPTOME: Erhöhte Cholesterin- und Fettstoffwechsel-werte, auch mit Gallengrieß- und Steinbildung; deshalb häufig Leber-Galle-Beschwerden mit Aufstoßen, Übelkeit und Völle-gefühl; Empfindung wie ein schmerzhaftes Brennen unterhalb des rechten Rippenbogens.

ANWENDUNGSGEBIETE:

➡ Fettstoffwechselstörung, Cholesterinerhöhung, *S. 143*

Cimicifuga | Traubensilberkerze

LEITSYMPTOME: Bedrückte Stimmung, man fühlt sich nieder-geschlagen und verzweifelt; ausgeprägte Redseligkeit, sehr erregt und gereizt. Starke Hitzewallungen trotz anhaltendem Frieren, man verträgt deshalb keine Kälte. Schwindel; auch Herzbeschwerden mit Druckgefühl in der Brust. Migräneartige Kopfschmerzen, von der Halswirbelsäule und vom Nacken-bereich ausgehende Schmerzen, die in die Schulter und bis in den gesamten Arm ausstrahlen; schmerzhafte Sehnen und Muskeln, Hand- und Fingergelenke wie steif und geschwollen, vor allem am Morgen, bessern sich oft im Tagesverlauf. Die Schmerzen sind oft wie elektrische Schläge, die auch Kopf-schmerzen auslösen können.

ANWENDUNGSGEBIETE:

➡ Angstzustände, Panikattacken, *S. 50*
➡ Migräne, *S. 84*
➡ Wechseljahresbeschwerden, *S. 159*
➡ Gelenkverschleiß (Arthrose), *S. 165*; Fibromyalgie, *S. 171*; Nacken- und Schultersteife, *S. 174*
➡ Entbindung, *S. 219*

Cinnabaris | Zinnober

LEITSYMPTOME: Stirnkopfschmerzen mit Druck über der Na-senwurzel, zähes Sekret, auch im Rachen, Reizhusten; in die Augen einschießende Schmerzen, zäher Schleim im Rachen; anhaltender und wiederkehrender Schnupfen mit schwerlös-lichem Schleim: Nasenneben- und Stirnhöhlenentzündung.

ANWENDUNGSGEBIETE:

➡ Hausapotheke: Nebenhöhlenentzündung, *S. 29*
➡ Nasennebenhöhlenentzündung (Sinusitis), *S. 97*

Clematis recta | Waldrebe

LEITSYMPTOME: Ausgeprägt flächig gerötete Haut, die nässt, juckt und brennt; immer wieder auftretende Bläschen und kleine Entzündungen, die platzen und verkrusten, danach starker Juckreiz. Wundsein im Genitalbereich. Neigung zu wiederkehrenden Infekten mit Schnupfen und Halsweh, dadurch schmerzhafte Schwellung der Lymphdrüsen; sehr kälteempfindlich.

ANWENDUNGSGEBIETE:

➡ Hautausschlag, nässend, *S. 186*
➡ Kinder: Windeldermatitis, *S. 237*

Cocculus | Kockelskörner

LEITSYMPTOME: Mangelnde Leistungsfähigkeit und Erschöp-fung, tagsüber häufig müde, gähnt ständig, gereizte Stimmung, Kopfweh und Schwindelanfälle, auch bedingt durch Schlafman-gel oder Jetlag. Übelkeit, Brechreiz, Erbrechen, Schweißausbrü-che, Schwindel bei der geringsten Bewegung: Fahren, Fliegen

---

[1] *Hinweis: Es handelt sich um eine sogenannte Nosode (Seite 303), die aus Wollfett hergestellt wird.*

oder auf dem Schiff (Reiseübelkeit), verursacht durch eine Störung des Gleichgewichtsorgans (Menière-Krankheit), Ohrgeräusche, ausgeprägte Geräuschempfindlichkeit.

ANWENDUNGSGEBIETE:
- ➡ Hausapotheke: Reiseübelkeit, *S. 30*, Schwindelanfälle, *S. 31*
- ➡ Erschöpfungszustände, *S. 52*; Konzentrationsstörungen, *S. 57*; Schlafstörungen, *S. 63*; Überanstrengung, *S. 68*
- ➡ Schwindel, Menière-Krankheit, *S. 86*; Ohrgeräusche (Tinnitus), *S. 95*

Coccus cacti | Cochenille-Laus

LEITSYMPTOME: Krampfartiger Husten, zäher Schleim, zieht sich wie ein Faden beim Abhusten; man würgt, um den Schleim herauszubekommen. Gefühl, als ob ständig Schleim im Rachen festsitzt. Beschwerden beim Wasserlassen, Nierenerkrankung.

ANWENDUNGSGEBIETE:
- ➡ Kinder: Husten, Keuchhusten, *S. 233*

Coffea | Kaffeebohne

LEITSYMPTOME: Gedankenzustrom, wie überdreht, kann überhaupt nicht abschalten, lautes Herzpochen, wälzt sich im Bett, Schweißausbrüche. Hat tagsüber immer neue Ideen, ist ruhelos, ständig in Bewegung, »nerviges« Verhalten bis zur Verhaltensauffälligkeit. Oft migräneartiges Kopfweh, oft Nervenschmerzen.

ANWENDUNGSGEBIETE:
- ➡ Hausapotheke: Schlaflosigkeit, *S. 30*
- ➡ Schwangerschaft: Schlafstörungen, innere Unruhe, *S. 212*

Colchicum | Herbstzeitlose

LEITSYMPTOME: Kann kein Essen riechen, wellenartige Übelkeit, Brechreiz bei Bewegung, starkes Erbrechen, auch bedingt durch Schwangerschaft. Schleimiger, heftiger Durchfall, auch Blutspuren, Gluckern und Gurgeln im Bauch, krampfartige Bauchschmerzen, zwingt zum Zusammenkrümmen. Drückende Herzbeschwerden mit schnellem Puls, kaltschweißig. Berührungsempfindliches, schmerzhaftes Zehengelenk (Gichtanfall), Muskel- und Gelenkschmerzen bei nasskaltem Wetter.

ANWENDUNGSGEBIETE:
- ➡ Durchfallerkrankung, Magen-Darm-Infekt, *S. 137*; Gicht, *S. 144*

Collinsonia | Grießwurzel

LEITSYMPTOME: Hartnäckiger Stuhlgang, knollig, trocken mit stechenden Schmerzen; brennendes und juckendes Gefühl am After, blutende Hämorrhoiden. Unregelmäßiger, oft auch wechselnder Stuhlgang mit Durchfall und krampfartigen Bauchschmerzen. Schwangerschaftsbedingte Verdauungsbeschwerden mit Verstopfung.

ANWENDUNGSGEBIETE:
- ➡ Schwangerschaft: Hämorrhoiden, *S. 208*, Verstopfung, *S. 215*

Colocynthis | Koloquinte (Bittergurke)

LEITSYMPTOME: Fühlt sich gereizt, wie »zum Explodieren« selbst durch Kleinigkeiten. Anfallsartig auftretende, krampfartige Magenschmerzen mit dem Gefühl, als ob sich der Magen zusammenschnüren würde; Übelkeit, Erbrechen und Durchfall sind häufig die Folge; bei Krämpfen an Gallenblase, Darm, Nieren und Harnblase mit schneidenden Schmerzen, schmerzhafte Periodenblutung: muss sich zusammenkrümmen, zieht die Beine an. Blähungskolik mit Durchfall bei Kindern. Verspannte Muskeln, bis ins Bein und in den Fuß ausstrahlende Ischiasschmerzen, plötzliche ziehende, krampfartige Schmerzen im Bein wie Umklammerung.

ANWENDUNGSGEBIETE:
- Hausapotheke: Bauchkrämpfe, *S. 20*
- Nervosität, *S. 61*
- Speiseröhrenentzündung, Reizmagen-Syndrom, *S. 131*; schmerzhafte Monatsblutung, *S. 153*
- Ischiasschmerzen, *S. 176*
- Kinder: Drei-Monats-Koliken, *S. 231*

Condurango | Kondurango

LEITSYMPTOME: Gefühl, als ob die Nahrung nicht durch die Speiseröhre ginge; brennender Schmerz in Speiseröhre und Magen. Immer wieder saures Aufstoßen, Übelkeit, auch Brechreiz und Erbrechen, oft auch mangelnder Appetit. Auffallend sind die eingerissenen Mundwinkel. Neigung zu Magenschleimhautentzündungen.

ANWENDUNGSGEBIETE:
- Speiseröhrenentzündung, Reizmagen-Syndrom, *S. 131*

Conium maculatum | Gefleckter Schierling

LEITSYMPTOME: Anfallsweise oder anhaltende Schwindelanfälle, durch Lageänderung (Hinsetzen, Hinlegen, Aufstehen) tritt ein heftiger Drehschwindel auf. Zittern, man kann alltägliche Gegenstände nicht mehr anfassen und halten. Schwächegefühl in Armen und Beinen, verlangsamte Bewegung. Blasenentleerungsstörungen: spontaner Urinabgang, Harnstrahl schwach und unterbrochen bei häufigem nächtlichem Wasserlassen, Nachträufeln, auch nach einer Prostata- oder Gebärmutter-Operation. Mittel stabilisiert die Funktion erkrankter Organe (Brustdrüse, Schilddrüse, Prostata), vor allem bei Entwicklung von Zysten; auch bei vergrößerten Lymphknoten. Insbesondere ältere Menschen ziehen sich immer mehr zurück, sind teilnahmslos, ohne jegliches Interesse, verfallen ins Grübeln; bei arteriosklerotisch bedingten Beschwerden, man kann sich nichts mehr merken, ist verwirrt.

ANWENDUNGSGEBIETE:
- Medikamentennebenwirkung: Schwindel, *S. 40*
- Krebserkrankung (Nachsorge), *S. 79*
- Schwindel, Menière-Krankheit, *S. 86*
- Reizblase, *S. 149*; Brustdrüsenbeschwerden, *S. 150*; Prostatavergrößerung, *S. 161*

Crotalus horridus | Gift der Klapperschlange

LEITSYMPTOME: Sprachstörungen, man findet oft die Worte nicht; beeinträchtigtes Erinnerungsvermögen. Lähmungserscheinungen auf der rechten Körperseite. Lange bestehende Herzschwäche, auch mit unregelmäßigem Puls und Engegefühl auf der Brust. Weinerliche Stimmung, depressiv, man wirkt apathisch.

ANWENDUNGSGEBIETE:
- Schlaganfall (Folgen), *S. 123*

Croton tiglium | Purgierkörner

LEITSYMPTOME: Gereizte Augenbindehaut mit anhaltendem Tränen. An der Ohrmuschel und im Gehörgang Bläschen und Pusteln, die platzen, Bildung von Krusten. Starker Juckreiz der geröteten Haut, unwiderstehliches Verlangen zu kratzen, oft ausgelöst durch eine Herpes-Infektion, vor allem auch im Genitalbereich.

ANWENDUNGSGEBIETE:
➡ Gehörgangekzem, *S. 94*

Cuprum metallicum | Kupfer

LEITSYMPTOME: Krampfartige Hustenanfälle, zäher Schleim, Druckgefühl im Brustbereich mit Gefühl, keine Luft mehr zu bekommen; bläuliche Lippenverfärbung, meist blasse Gesichtsfarbe. Nach dem Essen schneidende Bauchschmerzen mit heftigem Gurgeln und Rumoren, danach starker, oft grünlich gefärbter Durchfall, auch mit Übelkeit und heftigem Erbrechen. Nächtliches Zähneknirschen, morgens schmerzhafte Kiefergelenke und Kopfschmerzen, Muskelkrämpfe, auch nächtliche Wadenkrämpfe. Bis in die Beine ausstrahlende Nachwehen. Geschwächte Nierenfunktion mit verringerter Urinausscheidung, oft drückende Schmerzen in der Lendenwirbelsäule.

ANWENDUNGSGEBIETE:
➡ Hausapotheke: Muskelkrämpfe, *S. 28*, Wadenkrämpfe, *S. 32*
➡ Zähneknirschen, Kiefergelenkbeschwerden, *S. 107*
➡ Asthma bronchiale, *S. 114*
➡ Nierenfunktionsstörung, *S. 148*
➡ Muskelkater, Wadenkrämpfe, *S. 173*
➡ Schwangerschaft: Wadenkrämpfe, *S. 216*; Nachwehen, *S. 222*

Cuprum oxydatum nigrum | schwarzes Kupferoxid

LEITSYMPTOME: Band- oder Spulwürmer, bräunlich, länglich dick, oft sind nur kleine Wurmstückchen sichtbar (im Stuhl, in der Wäsche); man klagt immer wieder über Bauchweh, hat oft auch Juckreiz am After; sieht blass aus, hat dunkle Ringe um die Augen.

ANWENDUNGSGEBIETE:
➡ Kinder: Wurmbefall, *S. 237*

Cyclamen europaeum | Alpenveilchen

LEITSYMPTOME: Fühlt sich wie ausgelaugt, niedergeschlagen, weinerliche Stimmung, fröstelt und friert. Sehstörungen mit Flimmern, Funkensehen und Doppeltsehen bei Beginn eines Migräneanfalls. Heftige Schmerzen im Schläfen-Stirn-Bereich mit Benommenheit, Schwindelgefühl und Übelkeit. Oft zu früh einsetzende klumpige Periodenblutung mit kolikartigen Schmerzen; schmerzhafte Schwellung und Spannung in den Brüsten.

ANWENDUNGSGEBIETE:
➡ Migräne, *S. 84*
➡ prämenstruelles Syndrom, *S. 156*

Datisca cannabina | Gelbhanf

LEITSYMPTOME: Blutzucker erhöht, oftmals schwankende Werte; Neigung zu Übergewicht; Durstgefühl ist oft vermehrt; man fühlt sich häufig müde.

ANWENDUNGSGEBIETE:
➡ Diabetes mellitus (Zuckerkrankheit), *S. 142*

Dolichos pruriens | Juckbohne

LEITSYMPTOME: Sehr trockene Haut »wie Papier«, juckende Hautstellen, man muss sich ständig kratzen, wodurch sich die Haut entzündet. Juckreiz auch am After, Neigung zu Verstopfung mit hellem Stuhlgang bei Leber-Galle-Leiden. Bewährt beim Hautjucken in der Schwangerschaft und beim älteren Menschen (»Altersjuckreiz«).

ANWENDUNGSGEBIETE:
- Medikamentennebenwirkung: Juckreiz, S. 38
- Hautjucken, trockene Haut, S. 182; Hautpilzinfektion, S. 189
- Schwangerschaft: Juckreiz der Haut, S. 210

Drosera | Sonnentau

LEITSYMPTOME: Kurz nacheinander auftretende krampfartige Hustenanfälle mit Brechreiz, anhaltender Husten verursacht Nasenbluten, heisere Stimme.

ANWENDUNGSGEBIETE:
- Kinder: Keuchhusten, S. 238

Dulcamara | Bittersüßer Nachtschatten

LEITSYMPTOME: Erkältung durch Unterkühlung, Durchnässung, Wechsel der Jahreszeiten: Entzündung der Mandeln, Ohren, Atemwege, Harnwege, der Haut. Durch Schwimmen und Tauchen ausgelöste Entzündung im Gehörgang. Häufiges Wasserlassen in kleinen Mengen, die Beschwerden steigern sich bis zu schmerzhaftem Brennen. Harte, schmerzende Muskeln und Glieder, Muskelverhärtungen und -steife (Hexenschuss); rheumatische Schmerzen im Wechsel mit Durchfall oder mit asthmatischen Beschwerden mit Luftnot und bellendem, meist zäh-schleimigem Husten, tritt auch im Wechsel auf mit einem bläschenartigen Hautausschlag, der juckt und brennt.

ANWENDUNGSGEBIETE:
- Hausapotheke: Erkältung, S. 22
- Gehörgangekzem, S. 94
- akute Harnwegsentzündung, S. 146
- Morbus Bechterew/Morbus Scheuermann, S. 167; Muskelkater, S. 173
- Schwangerschaft: Harnwegsinfekt, S. 209

Eichhornia crassipes | Wasserhyazinthe

LEITSYMPTOME: Völlegefühl, Übelkeit, wechselnder Stuhlgang oft fettig glänzend, immer wieder Druckgefühl und krampfende Schmerzen im Bauch. Häufiger Abgang von übel riechenden Blähungen. Verdauungsbeschwerden als Folge einer Gallenblasenentfernung oder durch eine wiederkehrende Entzündung der Bauchspeicheldrüse.

ANWENDUNGSGEBIETE:
- Bauchspeicheldrüsenstörung, S. 141

Equisetum arvense | Ackerschachtelhalm

LEITSYMPTOME: Wasserlassen erleichtert nicht, Gefühl, als ob die Blase immer voll ist, Schmerzen nach dem Wasserlassen; unwillkürlicher Abgang von Urin und Stuhl, Einnässen der Kinder.

ANWENDUNGSGEBIETE:
- Schwangerschaft: Harnwegsinfekt, S. 209

Erigeron canadensis | Kanadisches Berufkraut

LEITSYMPTOME: Unruhiger Schlaf mit Angstträumen, Antriebsschwäche, man fühlt sich geschwächt, drückende Kopfschmerzen, als ob das Blut in den Kopf steigt. Hellrote, lang dauernde Blutung, stoßweise auftretend, auch bei immer wiederkehrendem Nasenbluten.

ANWENDUNGSGEBIETE:

➡ verstärkte Monatsblutung, *S. 155*

Espeletia grandiflora | südamerikanische Heilpflanze

LEITSYMPTOME: Engegefühl im Brustbereich, insbesondere durch körperliche Anstrengung; Magendrücken mit Aufstoßen, was das Gefühl der Herzenge verstärkt. Kälte und körperliche Anstrengung verstärken die Beschwerden. Kribbeln und Unruhe in den Beinen, stechende Schmerzen nach kurzer Wegstrecke, muss häufiger stehen bleiben; Muskelkrämpfe in den Waden und Beinen.

ANWENDUNGSGEBIETE:

➡ Herzkranzgefäßerkrankungen, *S. 120*; Durchblutungsstörungen, *S. 122*

➡ Wirbelkanalverengung, *S. 170*; Muskelkater, Wadenkrämpfe, *S. 173*

Eupatorium perfoliatum | Wasserhanf

LEITSYMPTOME: Heftige Glieder- und Knochenschmerzen, Schüttelfrost, Fieber; schmerzhafter Husten mit wenig Schleimauswurf, Kopfschmerzen, schmerzende Augen. Begleitend oft mit Übelkeit, galligem Erbrechen und Durchfall.

ANWENDUNGSGEBIETE:

➡ Hausapotheke: Erkältung, *S. 18*

➡ akute Erkältung, *S. 70*

➡ Schwangerschaft: Erkältungskrankheit, *S. 205*

Euphrasia | Augentrost

LEITSYMPTOME: Gerötete, brennende, schmerzende Augen, anfangs trockener, später scharfer Tränenfluss; hohe Lichtempfindlichkeit; entzündete Lidränder. Wässrig-schleimiges Nasensekret; Niesreiz.

ANWENDUNGSGEBIETE:

➡ Hausapotheke: Augenbindehautentzündung, *S. 20*

➡ Heuschnupfen, *S. 73*

➡ Augenbindehautentzündung, *S. 88*; Erkältungsschnupfen, *S. 96*

Fabiana imbricata | Pichi-Pichi (»falsche Heide«)

LEITSYMPTOME: Brennende, stechende oder splitterartige Schmerzen beim Wasserlassen, anhaltendes Wundheitsgefühl. Urin dunkel, übel riechend, auch blutig, oft drückende Schmerzen in der Nierengegend, in den Hoden und Nebenhoden; immer wiederkehrende Harnwegsinfekte mit der Gefahr einer Nierenbecken- oder Prostataentzündung. Neigung zu Nierengrieß- und -steinbildung, oft auch im Zusammenhang mit erhöhter Harnsäure.

ANWENDUNGSGEBIETE:

➡ wiederkehrende Harnwegsinfekte, *S. 147*; Hodenerkrankungen, *S. 160*

Ferrum jodatum | Eisenjodid

LEITSYMPTOME: Druckgefühl an der Schilddrüse, diese oft vergrößert; deutlich hervortretende Augen, die tränen, brennen und entzündet sind; auffallender Wechsel der Gesichtsfarbe von hektischer Röte zu fahler Blässe. Starkes Herzklopfen mit Gefühl von Blutwallungen. Rasche Erschöpfung, dabei häufig sehr emotionale Reaktion mit Ruhelosigkeit und sprunghaftem Verhalten. Zusammenhang mit Hormonstörungen, unregelmäßiger Periodenblutung oder Myombildung mit dem Gefühl, als ob etwas in der Scheide drückt.

ANWENDUNGSGEBIETE:

➡ **Schilddrüsenüberfunktion,** *S. 110*

Ferrum metallicum | metallisches Eisen

LEITSYMPTOME: Man wird rasch nervös, reagiert gereizt, hat wenig Ausdauer, verspürt keine sexuelle Befriedigung. Man friert rasch, wechselt oft die Gesichtsfarbe von Rot nach Blass, wirkt »durchsichtig«, auch als Folge von häufigen Erkältungen, raschem Wachstum oder starker Periodenblutung. Pulsierende Kopfschmerzen mit Hitzegefühl, Schwindel; Müdigkeit bei niederem Blutdruck und raschem Pulsschlag. Wenig Appetit, Übelkeit mit heftigem Erbrechen, wässriger Durchfall mit Unverdautem, auch mit Übelkeit und Erbrechen. Früh einsetzende Periodenblutung, starke, oft verlängerte Blutung. Häufiges Wasserlassen, andauerndes Gefühl, dass die Harnblase voll ist; kann den Urin nicht lange halten.

ANWENDUNGSGEBIETE:

➡ **sexuelle Lustlosigkeit,** *S. 66*

➡ **Kreislaufschwäche, Eisenmangel,** *S. 118*

➡ **Appetitlosigkeit,** *S. 128;* **Durchfallerkrankung, Magen-Darm-Infekt,** *S. 137*

➡ **Schwangerschaft: Brechdurchfall,** *S. 204,* **Erschöpfung,** *S. 206,* **Eisenmangel,** *S. 208;* **Wochenbett: Erschöpfung,** *S. 221*

➡ **Kinder: Reizblase,** *S. 235*

Ferrum phosphoricum | Eisenphosphat

LEITSYMPTOME: Nervöse Erschöpfung, beim akuten Infekt kaum beeinträchtigtes Allgemeinbefinden, auffallender Wechsel der Gesichtsfarbe von Rot nach Blass. Gehäuft Erkältungen, bei Kindern Mittelohrentzündungen oft mit Fließschnupfen beginnend, geschwollene Lymphknoten, schneller Puls; Aussehen wie bei Blutarmut.

ANWENDUNGSGEBIETE:

➡ **wiederkehrende Infekte,** *S. 71*

➡ **Mittelohrentzündung,** *S. 93*

➡ **Kinder: Erkältung,** *S. 232,* **Mittelohrentzündung, Ohrenschmerzen,** *S. 234,* **Schnupfen,** *S. 235*

Ferrum picrinicum | Pikrinsaures Eisen

LEITSYMPTOME: Allgemeine Schwäche, mangelnde Belastbarkeit; Neigung zu Gicht mit Gelenkschmerzen; vergrößerte Prostata mit verzögertem Harnfluss. Kleine, flache, hautfarbene, in Gruppen stehende Warzen, »Dellwarzen« (S. 302), oftmals an den Händen und Füßen.

ANWENDUNGSGEBIETE:

➡ **Warzen,** *S. 195*

Flor de Piedra | Steinblüte

LEITSYMPTOME: Vergrößerte Schilddrüse, auch Kropfbildung; Beengung und Druckgefühl am Hals, subjektives Empfinden von Schluckbeschwerden.
D6: mangelnde Leistungsfähigkeit, ausgeprägte Müdigkeit als Zeichen einer Unterfunktion.
D12: innerliche Anspannung, wie gejagt, kommt nicht zur Ruhe, auch Herzjagen und Schweißausbrüche als Hinweise auf eine Überfunktion.
Häufig migräneartige Kopfschmerzen mit Sehstörungen. Druckgefühl im Brustbereich mit Herzenge. Rechtsseitige Bauchbeschwerden, auch Sodbrennen, gelblich gefärbter, oft weicher Stuhlgang. Rheumatische Schmerzen meist am rechten Arm und Bein. Starkes Hautjucken (Kopf, Bauch), oft mit trockenem Hautausschlag.

ANWENDUNGSGEBIETE:
➡ **Schilddrüsenerkrankungen,** *S. 110, 111*
➡ **Leberfunktionsstörungen,** *S. 140*

Fraxinus americanus | Weißesche

LEITSYMPTOME: Druckgefühl im Unterbauch, nach unten ziehende Schmerzen, die bis in die Oberschenkel ausstrahlen, auch tief sitzende Rückenschmerzen mit dem Gefühl, als ob das Kreuz brechen würde, durch körperliche Arbeit verstärkt. Die Gebärmutter kann vergrößert sein. Neigung zu klopfenden Schmerzen im Hinterkopf, mit dem Gefühl einer heißen Stelle auf dem Kopf.

ANWENDUNGSGEBIETE:
➡ **Senkungsbeschwerden (Scheide, Gebärmutter),** *S. 158*

Fucus vesiculosus | Blasentang

LEITSYMPTOME: Vergrößerte Schilddrüse, auch druckempfindlich; Kropfbildung. Anhaltendes Hungergefühl, deutliches Übergewicht, Neigung zu hartnäckiger Verstopfung. Häufige Kopfschmerzen mit Gefühl, die Stirn wird durch einen Ring zusammengeschnürt.

ANWENDUNGSGEBIETE:
➡ **Schilddrüsenerkrankung,** *S. 111*

Galphimia glauca | mittelamerikanische Pflanze

LEITSYMPTOME: Tränenfluss; Fließschnupfen mit anhaltendem Niesen; Atembeschwerden. Gefühl, als ob Wasser aus Augen und Nase fließt, Asthmaneigung, erschwertes Atmen, allergisch bedingter Hautausschlag.

ANWENDUNGSGEBIETE:
➡ **Hausapotheke: Heuschnupfen,** *S. 24*
➡ **Heuschnupfen,** *S. 73*

Gelsemium | Gelber Jasmin

LEITSYMPTOME: Zittrige Schwäche, energielos, schwindelig, wie betäubt und gelähmt, oft dunkelrotes Gesicht, Frieren, ohne Durst. Folgen von feucht-warmem, föhnigem Wetter, Stress, Überforderung; zumeist langsamer Fieberanstieg, zur Nachbehandlung von Virusinfekten mit verzögerter Gesundung: mangelnde Energie, rasches Schwitzen, inneres Zittern verstärkt sich bei der geringsten Tätigkeit. Kopfschmerzen, von Nacken und Schulter ausgehende lähmungsartige Schmerzen, Gesichtslähmung (Mundwinkel, Wangen, Augenlid) als Folge einer Virusinfektion, Sehstörungen durch Augenmuskellähmung, sieht Doppelbilder. Lähmungserscheinungen an Arm und Bein durch einen Schlaganfall, nach einer Impfung.

ANWENDUNGSGEBIETE:
- ➡ Hausapotheke: Angstzustände, *S. 19*, Kopfschmerzen, *S. 26*; Ausleiten, Entgiften: Grippe- und Erkältungsviren, *S. 44*
- ➡ Ängste, Angstzustände, *S. 50*; Lampenfieber, *S. 60*; Schreck- und Schockfolgen, *S. 64*; akute Erkältung, *S. 70*; Genesung, *S. 72*
- ➡ Kopfschmerzen, *S. 82*
- ➡ Schlaganfall (Folgen), *S. 123*
- ➡ Nacken- und Schultersteife, *S. 174*
- ➡ Entbindung, *S. 219*
- ➡ Kinder: Drei-Tage-Fieber, *S. 238*

Ginseng | Ginseng

LEITSYMPTOME: Schlechte Konzentration, man fühlt sich erschöpft und abgespannt; entwickelt keine sexuellen Gefühle, fühlt sich nach Sex erschöpft. Steifigkeit der Gelenke und im Rücken mit Kältegefühl, Neigung zu Hexenschuss.

ANWENDUNGSGEBIETE:
- ➡ sexuelle Lustlosigkeit, *S. 66*

Glonoinum | Nitroglycerin

LEITSYMPTOME: Druck- und Engegefühl in der Brust mit Angst und Schwächegefühl. Blutandrang zum Kopf, heftiges Herzjagen mit Pulsieren im ganzen Körper, Herzenge, Angina Pectoris.

ANWENDUNGSGEBIETE:
- ➡ Herzinfarkt (Nachsorge), *S. 119*; Herzkranzgefäßerkrankungen, *S. 120*

Gnaphalium | Ruhrkraut

LEITSYMPTOME: Rückenschmerzen im Bereich der Lendenwirbelsäule; schneidende Schmerzen über dem Gesäß, in das Bein bis zum Fußrücken ausstrahlend; Ameisenlaufen, Kribbeln, Taubheitsgefühl, Muskelverspannungen und Wadenkrämpfe. Oft Durchfälle nach Unterkühlung, krampfartige Bauchschmerzen.

ANWENDUNGSGEBIETE:
- ➡ Wirbelkanalverengung, *S. 170*; Ischiasschmerzen, *S. 176*
- ➡ Schwangere: Rücken- und Ischiasschmerzen, *S. 211*

Graphites | Reißblei

LEITSYMPTOME: Mangelnde Hormonproduktion der Schilddrüse, der Eierstöcke; verlangsamter Stoffwechsel. Wenig Ausdauer; alltägliche Arbeit geht nur langsam voran; gedrückte Stimmung; friert ständig trotz der Wärme, ausgeprägte Erkältungsneigung. Ausgeprägter Appetit, Heißhunger und falsche Ernährung führen zu Übergewicht, gestörter Blutzucker- und Fettstoffwechsel. Verdauungsschwäche mit krampfartigen Magenschmerzen, übel riechenden Blähungen und meist hartnäckiger Verstopfung mit knotigem Stuhlgang, häufig auch Hämorrhoiden. Unregelmäßige, schwache oder ausbleibende Periodenblutung. Hautausschlag mit gelblich-klebriger Absonderung, juckend, sehr übel riechend und krustenbildend, später

auch trockene und rissige Haut; Neigung zu wulstiger Narbenbildung (Keloid), auch innerliche Narbenverwachsungen. Nägel
verhornt und verfärbt durch Pilzbefall.

ANWENDUNGSGEBIETE:
➡ Essstörungen, *S. 53*
➡ Schilddrüsenerkrankungen, *S. 111*
➡ Metabolisches Syndrom, *S. 145*; ausbleibende Monats-
blutung, *S. 152*
➡ Hautausschlag, nässend, *S. 186*; Hornhaut, Hühnerauge,
Schwielen, *S. 190*; Neurodermitis, *S. 192*; Schuppenbildung,
Kopfhautentzündung, *S. 197*; Nagelpilzinfektion, *S. 199*
➡ Kinder: Milchschorf, Neurodermitis, *S. 234*

Grindelia | Milzkraut

LEITSYMPTOME: Atemnot mit pfeifenden Atemgeräuschen;
oft schnarchende Atmung, auch nächtliche Atemaussetzer. Der
Auswurf ist zäh, meist schaumig und löst sich nur schwer, was
die Atemnot verstärkt.

ANWENDUNGSGEBIETE:
➡ Asthma bronchiale, *S. 114*

Guaiacum | Guajakharz

LEITSYMPTOME: Weißlich belegte, geschwollene Mandeln,
brennend stechende Schmerzen, der gesamte Rachenraum ist
wie rau, auch zunehmende Verschleimung und Husten, der oft
auch schmerzhaft ist. Übel riechende Schweiße, schlecht schme-
ckender Auswurf. Schwere Entzündungsprozesse im Hals- und
Rachenraum sowie in den Bronchien.

ANWENDUNGSGEBIETE:
➡ Halsschmerzen, Mandelentzündung, *S. 102*
➡ Kinder: Halsweh, *S. 232*

Hamamelis | Zaubernuss

LEITSYMPTOME: Wundheits- und Zerschlagenheitsgefühl, dun-
kelbläuliche, schmerzhafte Vene, Neigung zu Venenentzündungen, Krampfadern; Schwellung (Ödem) im Knöchelbereich.
Spontanes Nasenbluten. Wundschmerz am After; leicht blutende Hämorrhoiden, entzündlich gereizt, Riss am After, anhaltende Verstopfung.

ANWENDUNGSGEBIETE:
➡ Hausapotheke: Hämorrhoiden, *S. 23*, Venenent-
zündung, *S. 31*
➡ Venenentzündung, *S. 124*
➡ Hämorrhoiden, Beschwerden am Enddarm, *S. 138*; verstärkte
Monatsblutung, *S. 155*; Hodenerkrankung, *S. 160*
➡ Schwangerschaft: Hämorrhoiden, *S. 208*, Venenbeschwer-
den, *S. 214*

Haplopappus | Baylahuenkraut

LEITSYMPTOME: Gefühl, als sei alles zu viel, gedrückte Stimmung, Benommenheit, mangelnde Leistungsfähigkeit, Konzentrationsschwäche, fühlt sich erschöpft. Oft Kopfdruck mit Be-
nommenheitsgefühl, Sehstörungen, Schwarzwerden vor den
Augen, Schwindel, Kreislaufschwäche mit heftigem Herzklopfen, anhaltend niedriger Blutdruck; Beschwerden wie bei Früh-
jahrsmüdigkeit und Herbstdepression.

ANWENDUNGSGEBIETE:
- ➡ Medikamentennebenwirkung: Müdigkeit, *S. 38*
- ➡ Erschöpfungszustände, *S. 52*
- ➡ Kopfschmerzen, *S. 83*
- ➡ Kreislaufschwäche, niedriger Blutdruck, *S. 118*
- ➡ Schwangerschaft: niedriger Blutdruck, *S. 203*, Erschöpfung, *S. 206*

Harpagophytum | Teufelskralle

LEITSYMPTOME: Vor allem in Hüft- und Kniegelenken sowie in den Schultern treten bewegungsabhängige Schmerzen auf: reißend, ziehend, krampfartig, Bewegung oft humpelnd und einseitig, schmerzhafte Verspannungen der Rückenmuskulatur, auch durch Bandscheibenleiden. Lang anhaltende Folgen einer (Knie-)Gelenkverletzung (Bänderzerrung oder Dehnung; Meniskusverletzung) oder Operation, immer wieder Gelenkschwellung und Bewegungsschmerzen, verstärkt durch Belastung (Stehen, Gehen, Laufen).

ANWENDUNGSGEBIETE:
- ➡ Gelenkverschleiß (Arthrose), *S. 165*; Morbus Bechterew/ Morbus Scheuermann, *S. 167*

Hedera helix | Efeu

LEITSYMPTOME: Spannungsgefühl an der Schilddrüse, Enge und Ziehen am Hals. Häufiges Hungergefühl oder überhaupt kein Appetit, Übelkeit, oft krampfartige Schmerzen im rechten Oberbauch, von Magen und Gallenblase ausgehend; massiger Stuhlgang. Schmerzen und Steifigkeit in den Gelenken und

Muskeln; Nervenschmerzen mit Ameisenlaufen, insbesondere in der linken Schulter, Schmerzen strahlen nach rechts aus mit Taubheitsgefühl und Kribbeln im ganzen Arm bis zu den Fingern; anhaltende Sehnenscheidenentzündung.

ANWENDUNGSGEBIETE:
- ➡ Schilddrüsenerkrankungen, *S. 111*
- ➡ Gallenblasenbeschwerden, *S. 139*
- ➡ Karpaltunnel-Syndrom, *S. 172*; Nacken- und Schultersteife, *S. 174*

Hekla lava | Lava des Hekla-Vulkans

LEITSYMPTOME: Rückgang der Knochendichte, auch des Kieferknochens; Knochenzysten, auch durch chemische Arzneimittel bedingt; Neigung zu Kariesbildung. Mittel unterstützt den Heilungsprozess nach Setzen eines Zahnimplantats, nach einer Zahnwurzelbehandlung. Gesichtsschmerzen durch kariöse Zähne oder nach Ziehen eines Zahns. Schmerzen im Rückenbereich, man muss sich immer wieder setzen oder legen. Die Schmerzen strahlen bis zum Kopf und in die Arme sowie in die Beine aus. Die Rückenmuskulatur ist schmerzhaft verspannt. Schmerzhafte Gelenke (Finger, Hände, Füße) wegen Gelenkverschleiß (Arthrose), in Armen und Beinen vermehrt Schmerzen beim Tragen und Heben. Hartnäckiger, schmerzhafter Fersensporn; meist bei Bewegungsbeginn verstärkte Schmerzen.

ANWENDUNGSGEBIETE:
- ➡ Beschwerden nach Zahnbehandlung, Implantate, *S. 104*
- ➡ Gelenkverschleiß (Arthrose), *S. 165*; Osteoporose, Fersensporn, *S. 168*

Helonias dioica | Einhornwurzel

LEITSYMPTOME: Überlastung und Überarbeitung, keine Kraft mehr, wie ausgelaugt; starke Erschöpfung, man fühlt sich durch Familie und Beruf überfordert; stellt oftmals zu hohe Ansprüche an seine vielfältigen Tätigkeiten. Immer wieder Unterleibsschmerzen und Senkungsbeschwerden, ohne organische Ursache, entwickelt keine Lustgefühle mehr, hat Schmerzen beim Sex.

ANWENDUNGSGEBIETE:

➡ Erschöpfungszustände, *S. 52*; Kummer, *S. 59*

➡ Senkungsbeschwerden (Scheide, Gebärmutter), *S. 158*

➡ Schwangerschaft: drohende Frühgeburt, *S. 207*

Hepar sulfuris | Kalkschwefelleber

LEITSYMPTOME: Zäher dick gelblicher, schwer löslicher Schleim aus der Nase, auch im Rachenraum, heisere Stimme, trockener oder zäh schleimiger Husten, anfallsweise, oft stechendes Kopfweh. Hautentzündung, auch am Lidrand (Gerstenkorn) mit Eiterung, stechende oder splitterartige Schmerzen bei der geringsten Berührung. Die eitrige Stelle ist aufgegangen und es entleert sich ein gelb-grünliches, auch blutiges Sekret. Pusteln und Akne sowie schlecht heilende, ständig entzündete Wunden. Säuerliche, nach Käse riechende Absonderungen: Schleim, Schweiß, Eiter.

ANWENDUNGSGEBIETE:

➡ Hausapotheke: Nagelbettentzündung, *S. 28*; Abwehrschwäche: Nasennebenhöhlenentzündung, *S. 47*

➡ Gerstenkorn, *S. 89*; Nasennebenhöhlenentzündung (Sinusitis), *S. 97*; Heiserkeit, Kehlkopfentzündung, *S. 103*

➡ schleimiger Husten, *S. 115*

➡ Hautentzündung, *S. 188*; Nagelbettentzündung, *S. 198*

➡ Brustdrüsenentzündung, *S. 224*

Histaminum hydrochloricum |
Histaminhydrochlorid

LEITSYMPTOME: Trockene, juckende Nasenschleimhaut, gerötete Augen, Beklemmungsgefühl mit Atemnot; Blutdruckschwankungen, Schmerzen in der Herzgegend wie Nadelstich. Starke, übel riechende, dunkel gefärbte Durchfälle, meist nach dem Essen plötzlich einsetzend; Harndrang mit Brennschmerz. Bewährt bei Histaminintoleranz, Nahrungsmittelunverträglichkeit, Allergieneigung.

ANWENDUNGSGEBIETE:

➡ Nahrungsmittelallergie, *S. 75*

Hydrastis canadensis | Gelbwurz

LEITSYMPTOME: Mundschleimhäute mit entzündlichen Stellen, oft auch weißlich-blass verändert; häufig Mundbläschen (Aphthen). Anhaltende, verfärbte, zähe Verschleimung im Nasen-Rachen-Raum. Meist rechtsseitige Bauchschmerzen; Senkungsgefühl in der Magengrube, Aufstoßen, oft bitterer Mundgeschmack. Verstopfung mit Bildung von Hämorrhoiden, der Stuhlgang ist oft von Schleim überzogen, danach Anus anhaltend schmerzhaft. Gallenbeschwerden aufgrund von Gallengrieß. Andauernde Schleimhautentzündungen (Mund, Magen und Darm, Harnwege, Gebärmutter), auch infolge einer Chemo- oder Bestrahlungstherapie.

ANWENDUNGSGEBIETE:
➡ Abwehrschwäche: Mundschleimhautentzündung, *S. 46*
➡ Krebserkrankung (Bestrahlungsfolgen), *S. 77*
➡ Mundschleimhautentzündung, *S. 101*
➡ Magenschleimhautentzündung, Magenkeim-Befall, *S. 130*; Gebärmutterhalsentzündung, *S. 151*
➡ Knötchenflechte (Lichen ruber), *S. 191*

Hydrocotyle asiatica | Wassernabel

LEITSYMPTOME: Häufig starkes Schwitzen; trockene, krustige, wie verdickt aussehende Hautstellen, die stark gerötet sind, ausgeprägte Schuppung mit meist unerträglichem Juckreiz, häufig auch an den Fußsohlen. Kreisrunde, abgezirkelte, gerötete Hautflächen am Körper, an Armen und Beinen; Befall der Anal- und Genitalregion mit Juckreiz und Ausfluss, Hitzegefühl in der Scheide, Entzündung am Gebärmuttermund.

ANWENDUNGSGEBIETE:
➡ Schuppenflechte, *S. 193*

Hyoscyamus | Bilsenkraut

LEITSYMPTOME: Sofort nach dem Hinlegen anhaltender, zumeist trockener Husten; man kommt einfach nicht zur Ruhe. Dabei kann unfreiwillig Harn und Stuhlgang abgehen. Emotional bedingtes Räuspern, Hüsteln und Hustenreiz (z. B. das eifersüchtige Kind). Argwöhnisches, eifersüchtiges Verhalten, trotzig wie ein Kind, oft unpassende Ausdrucks- und Verhaltensweise; man »sieht Gespenster«, körperliche Unruhe mit Zittern der Arme und Beine.

ANWENDUNGSGEBIETE:
➡ trockener Husten, *S. 116*
➡ Kinder: Husten, *S. 233*

Hypericum | Johanniskraut

LEITSYMPTOME: Kopf- und Nackenschmerzen, Schwindel, starke Verspannungen, bedrückte Stimmung, Wetterfühligkeit nach einer Kopfverletzung oder Halswirbelsäulenverletzung, nach Gehirnerschütterung. Einschießende Schmerzen, anhaltendes Taubheitsgefühl; Nervenschmerzen an Druckstellen, durch Gürtelrose, nach Zahnbehandlung. Kribbeln und Schweregefühl in den Armen und Beinen, oft Schwäche in den Beinen mit Gangunsicherheit: Folge eines Unfalls oder einer Verletzung, z. B. Schleudertrauma, Rückenmarkkanalpunktion, Bandscheibenvorfall, Steißbeinprellung, Zahnbehandlung oder Operation; bei Wirbelkanalverengung (Spinalkanalstenose), bei Karpaltunnel-Syndrom des Handgelenks.

ANWENDUNGSGEBIETE:
➡ Verletzungen: Gehirnerschütterung, *S. 34*, Narbenschmerzen, Nervenverletzung, *S. 35*; Ausleiten, Entgiften: Borreliose, *S. 44*
➡ Nervenschmerzen, *S. 85*; Beschwerden nach Zahnbehandlung, *S. 104*
➡ Bandscheibenvorfall, *S. 166*; Wirbelkanalverengung, *S. 170*; Karpaltunnel-Syndrom, *S. 172*; Nervenschmerzen, Ischiasschmerzen, *S. 176*; Unruhige Beine, Polyneuropathie, *S. 177*
➡ Geburtsfolgen: Kopf- und Nervenschmerzen, *S. 220*; Schambein- und Steißbeinschmerzen, *S. 223*
➡ Babys Geburt: Nervenverletzung, *S. 228*

Iberis amara | Schleifenblume

LEITSYMPTOME: Herzklopfen bei der geringsten Anstrengung; bohrende, drückende, stechende Herzschmerzen; auch aussetzender oder stark beschleunigter Pulsschlag. Schwindel, Atemnot bei Anstrengung. Völlegefühl, Aufstoßen, auch Blähungen verbunden mit Druckgefühl im Brustraum und verstärkten Herzbeschwerden. Oft unruhiger Schlaf mit Albträumen.

ANWENDUNGSGEBIETE:
➡ Herzbeschwerden, *S. 120*; Herzrhythmusstörungen, *S. 121*

Ichthyolum | Ichthyol

LEITSYMPTOME: Trockener Mund, pappiger Geschmack, Zunge weiß-gelblich, gräulich belegt; aufgetriebener Leib, Völlegefühl, Aufstoßen; wechselnder Stuhlgang. Juckender, schuppender Hautausschlag, oft am Kinn.

ANWENDUNGSGEBIETE:
➡ Abwehrschwäche: Darmpilzbesiedelung, *S. 45*
➡ Mundschleimhautentzündung, *S. 101*
➡ Darmflora-Aufbau, Darmsanierung, *S. 134*

Ignatia | Ignazbohne

LEITSYMPTOME: Leidet unter Kummer, Trennung, Heimweh: Lachen und Weinen, körperliche und seelische Beschwerden wechseln sich ab, bringt keinen Bissen herunter, der Hals ist wie zugeschnürt, man ist zu Tränen gerührt. Magenbeschwerden mit Bauchkrämpfen, isst dennoch schwer Verträgliches. Kopfschmerzen wie durch einen Nagel verursacht; nervös bedingte Herzbeschwerden.

ANWENDUNGSGEBIETE:
➡ Essstörungen, *S. 53*; Heimweh, Einsamkeit, *S. 54*; Kränkung, *S. 58*; Schreck- und Schockfolgen, *S. 64*; Trauer, *S. 67*
➡ Kopfschmerzen, *S. 83*
➡ Appetitlosigkeit, *S. 128*

Ipecacuanha | Brechwurzel

LEITSYMPTOME: Extreme, »tief sitzende« Übelkeit, die auch nach dem Erbrechen unverändert anhält; kann kaum noch etwas essen oder trinken; starke Speichelbildung, würgt ständig Schleim heraus, schmerzhafte Durchfälle, auch nach Fettem und Kaltem sowie Durcheinanderessen. Würgende Hustenanfälle, Schleim löst sich sehr schwer, verursacht Brechreiz; Luftnot mit hörbar rasselndem Schleim, pfeifende Atmung. Hustenanfälle lösen Nasenbluten aus.

ANWENDUNGSGEBIETE:
➡ Krebserkrankung (Chemotherapie), *S. 78*
➡ schleimiger Husten, *S. 115*
➡ Erbrechen, Magenverstimmung, *S. 129*
➡ Sodbrennen, Übelkeit, *S. 213*
➡ Kinder: Erbrechen, Erkältung, *S. 231*, Husten, Erkältung, *S. 233*

Iris versicolor | Schwertlilie

LEITSYMPTOME: Heftiger Migräneschmerz, von der Schläfe ausgehend, bis zur Stirn ziehend, verschwommenes Sehen, Augenflimmern vor und während des Anfalls. Typisches Auftreten in Ruhephasen, nachdem alle Anspannung vorbei ist

(Wochenende, Ferien). Sodbrennen, saures Aufstoßen, Übelkeit und Erbrechen sowie Durchfall; auch fettig glänzender Stuhlgang, oft mit Unverdautem durch wiederkehrende Entzündungen der Bauchspeicheldrüse. Schwangerschaftsbedingtes Sodbrennen mit Übelkeit und saurem Erbrechen.

ANWENDUNGSGEBIETE:
➡ **Migräne**, *S. 84*
➡ **Bauchspeicheldrüsenstörung**, *S. 141*
➡ **Schwangerschaft: Sodbrennen, Erbrechen**, *S. 213*

Jaborandi | Jaborandistrauch

LEITSYMPTOME: Starkes Schwitzen am ganzen Körper, Nachtschweiße; starker Speichelfluss, auch durch Schilddrüsenüberfunktion. Schwindel, Druckgefühl auf den Augen, enge Pupillen durch Fehlfunktion der Augenmuskeln, wie gelähmt, Sehstörungen mit weißen oder farbigen Flecken vor den Augen, Kurzsichtigkeit.

ANWENDUNGSGEBIETE:
➡ **Schwitzen, Schweißausbrüche**, *S. 194*

Juglans regia | Walnuss

LEITSYMPTOME: Schmerzen im Hinterkopf, Nackenbereich. Leber- und Verdauungsstörungen; unreine Haut. Pubertätsbedingt viele kleine Eiterpickel im Gesicht, Brust- und Rückenbereich, unter den Achseln. Zu früh einsetzende Periode, dunkel-klumpiges Blut.

ANWENDUNGSGEBIETE:
➡ **Akne, Hautunreinheiten**, *S. 180*

Kalium bichromicum | Kaliumdichromat

LEITSYMPTOME: Gelblich weißer, zäher Schleim aus Nase und Bronchien, auch im Augeninnenwinkel, Augen wie verklebt; klopfende Gesichtsschmerzen über den Wangenknochen bei akuter Nasennebenhöhlenentzündung, allgemeines Krankheitsgefühl. Mundschleimhaut entzündet, einzelne Stellen wie ausgestanzt, Bläschen, weißliche Ablagerungen auf der Schleimhaut; Magenschmerzen nach dem Essen, Sodbrennen, Neigung zu Magengeschwüren.

ANWENDUNGSGEBIETE:
➡ **Hausapotheke: Nasennebenhöhlenentzündung**, *S. 29*
➡ **Augenbindehautentzündung**, *S. 88*; **Nasennebenhöhlenentzündung (Sinusitis)**, *S. 97*
➡ **Knötchenflechte (Lichen ruber)**, *S. 191*

Kalium carbonicum | Kaliumkarbonat

LEITSYMPTOME: Ausgeprägtes Pflichtbewusstsein; Überempfindlichkeit gegen Gerüche und Lärm. Rasches Ermüden, oft mit Luftnot, Herzjagen und starkem Schwitzen bei geringster Bewegung und Belastung; angeschwollene Beine (Ödeme) sowie ausgeprägte »Tränensäckchen« (angeschwollene Augenlider), Herzschwäche; nächtliches Erwachen. Tief sitzende Kreuzschmerzen (Ileo-Sakral-Gelenk), auch ins Bein ausstrahlend. Zu frühe, lang anhaltende, dunkle Blutung, meist übel riechend. Neigung zu Fehlgeburten.

ANWENDUNGSGEBIETE:
➡ **Spannungszustände**, *S. 55*; **Schuldgefühle**, *S. 65*
➡ **Herzrhythmusstörungen, Herzschwäche**, *S. 121*
➡ **unregelmäßige Monatsblutung**, *S. 154*

➡ Schwitzen, Schweißausbrüche, *S. 194*
➡ Schwangerschaft: drohende Frühgeburt, *S. 207*, Rückenschmerzen, *S. 211*

Kalium chloratum | Kaliumchlorid

LEITSYMPTOME: Schnupfen, Husten mit weißlich verdicktem
Schleim; Druck auf den Ohren, schmerzhaft, erschwertes Hören; Lymphknoten geschwollen. Schleimbeutel entzündet, wie
teigig geschwollen; Überbein am Handgelenk. Zystenbildung in
der Kniekehle (Baker-Zyste); Gelenkentzündung mit Flüssigkeitsansammlung (Erguss).

ANWENDUNGSGEBIETE:
➡ Schleimbeutelentzündung, *S. 175*

Kalium phosphoricum | Kaliumphosphat

LEITSYMPTOME: Vergesslich, unkonzentriert; Angst, die Aufgaben nicht bewältigen zu können; geringste Anstrengung löst
Schwitzen aus. Kopfschmerzen nach geistiger (Schul-)Arbeit.

ANWENDUNGSGEBIETE:
➡ Überanstrengung, *S. 68*

Kalmia latifolia | Berglorbeer

LEITSYMPTOME: Heftiges Herzklopfen; drückende oder stechende Herzschmerzen, in den linken Arm bis zur Hand ausstrahlend; Beklemmungsgefühl in der Brust mit ängstlicher
Stimmung; allgemeine Schwäche, auch als Folge einer Entzündung am Herzen. Oft bestehen auch rheumatische Schmerzen

mit Ziehen im Rücken, vor allem im Lendenwirbelbereich, und
in den Gelenken mit Taubheitsgefühl.

ANWENDUNGSGEBIETE:
➡ Herzrhythmusstörungen, *S. 121*

Kreosotum | Buchenholzteer

LEITSYMPTOME: Dunkle Verfärbung der Zähne, die bröckeln
und regelrecht zerfallen. Entzündetes Zahnfleisch, bläulich,
schwammig, leicht blutend; oft starker Mundgeruch, Speichelfluss. Extrem übel riechende, brennend-scharfe, wund
machende Absonderungen, oft wässrig-blutig; nicht heilende
offene Wunde: »offenes Bein«, »schwarzer Zeh«, zerfallendes
Gewebe. Scharfe, übel riechende Absonderungen, z. B. Ausfluss,
Periodenblutung.

ANWENDUNGSGEBIETE:
➡ Mundgeruch, Speichelfluss, *S. 99*; Erkrankungen der Zähne,
Kariesprophylaxe, *S. 105*
➡ Durchblutungsstörungen, diabetischer Fuß, *S. 122*
➡ Scheidenausfluss (Fluor vaginalis), *S. 157*

Lac caninum | Hundemilch

LEITSYMPTOME: Die Brüste sind geschwollen, schmerzhaft,
sehr berührungsempfindlich, jede Bewegung schmerzt;
schmerzhafte, starke Periodenblutung, oft zu früh einsetzend.
Beim Stillen Milchstau, angeschwollene Brüste, extrem berührungsempfindlich. Schluckbeschwerden, einseitiger Hals-
schmerz, der zur anderen Seite wechselt, auch für Kopfschmerzen zutreffend.

ANWENDUNGSGEBIETE:
➡ Hausapotheke: Brustdrüsenschmerzen, *S. 21*
➡ Brustdrüsenschmerzen, *S. 150*; prämenstruelles Syndrom, *S. 156*
➡ Milchbildungsstörung, *S. 225*

Lachesis | Gift der Buschmeisterschlange

LEITSYMPTOME: Heftige emotionale Reaktionen wie Eifersucht und Misstrauen, man ist sehr mitteilsam, oft lautstark, reagiert gereizt, wenn man sich unter Druck gesetzt fühlt. Überempfindlich gegen Berührung; Beengungsgefühl vor allem am Hals und am Körper, trägt locker sitzende Kleidung. Ausgeprägte Hitzewallungen mit starken Schweißausbrüchen, auch Frieren. Beklemmungsgefühl in der Brust, Herzklopfen und Kreislaufschwäche, oft erhöhter Blutdruck durch Wechseljahre oder Hormontherapie. Hochfieberhafter Infekt mit ausgeprägtem Krankheitsgefühl, akute Entzündungen beginnen meist auf der linken, wechseln auf die rechte Körperseite. Beschwerden bessern sich, wenn Ausscheidungen und Absonderungen in Gang kommen, z. B. Sekret, Schleim, Periode, Schweiß; bläulich verfärbte Haut, entzündet, bildet Eiterstellen (Pusteln, Furunkel).
ANWENDUNGSGEBIETE:
➡ Wutanfälle, *S. 69*; Krebserkrankung (Nachsorge), *S. 79*
➡ Bluthochdruck, *S. 117*; Venenentzündung, *S. 124*
➡ ausbleibende Monatsblutung, *S. 152*; Wechseljahresbeschwerden, *S. 159*
➡ Couperose, Rosacea, *S. 185*
➡ Schwangerschaft: erhöhter Blutdruck, *S. 203*; Wochenbett: niedergeschlagene Stimmung, *S. 221*

Lachnanthes | Rotwurzel

LEITSYMPTOME: Kopfschmerzen, Migräne durch Wirbelsäulenbeschwerden, Gefühl wie verrenkt und verspannt; Nacken-Schulter-Schmerzen, auch entlang der Halswirbelsäule. Schmerzen strahlen bis in die Finger aus, neuralgische Schmerzen bei empfindlicher Kopfhaut.
ANWENDUNGSGEBIETE:
➡ Hausapotheke: Nackenschmerzen, *S. 28*
➡ Rückenschmerzen, Hexenschuss, *S. 169*; Nacken- und Schultersteife, *S. 174*

Lapis albus | Gneis

LEITSYMPTOME: Schilddrüse vergrößert, oft auch nur an einzelnen Stellen; der Hals ist druckempfindlich. Schwellung der Lymphknoten am Hals. Myome der Gebärmutter, auch gutartige, bindegewebige Veränderungen und Zysten in der weiblichen Brust auch mit stechenden Schmerzen.
ANWENDUNGSGEBIETE:
➡ Schilddrüsenerkrankung, *S. 109*
➡ Myom, *S. 151*

Latrodectus mactans | Schwarze Witwe (Spinnengift)

LEITSYMPTOME: Anfallsweise stechende Herzschmerzen, auch mit einem Gefühl der Herzenge und erschwertem Atmen. Bis in den Arm ausstrahlende Schmerzen, auch mit Kribbeln in den Fingern einhergehend. Kältegefühl der Haut, weiß-rot gefleckt, wie Marmor aussehend. Kreislaufbedingte Schwäche mit starkem Angstgefühl.

ANWENDUNGSGEBIETE:
➡ Herzinfarkt (Nachsorge), *S. 119*

➡ Schilddrüsenüberfunktion, *S. 110*
➡ Herzbeschwerden, *S. 120*

Ledum | Sumpfporst

LEITSYMPTOME: Gelenkschwellung mit Hitzegefühl und Verlangen nach Abkühlung, oft an Füßen und Knien beginnend, um auf Finger und Handgelenke überzugehen, dabei brennendes Gefühl der Hände und Füße; auch borreliosebedingte Gelenkschmerzen. Erhöhte Harnsäure, druckschmerzhafte Gichtknoten. Verletzungen durch Pflanzen, Insekten (auch Zecken), Splitter, spitze Gegenstände mit Schwellung und Schmerzen, Auge blutunterlaufen (»blaues Auge«).
ANWENDUNGSGEBIETE:
➡ Hausapotheke: Gichtanfall, *S. 23*; Verletzungen: »blaues« Auge, *S. 33*, Stichwunde, *S. 36*; Ausleiten, Entgiften (Erreger): Borreliose, *S. 43*
➡ Gicht, *S. 144*
➡ Gelenkentzündung (Arthritis), *S. 164*
➡ Nagelbettentzündung, *S. 198*

Leonorus cardiaca | Herzgespann

LEITSYMPTOME: Anfallsweise Herzjagen, heftiges Herzklopfen, Druckgefühl in Brust und Hals; aufgetriebener Leib, Blähungen, Neigung zu Durchfall, Bauchkrämpfe; Herzbeschwerden durch Verdauungsstörungen (Roemheld-Syndrom) sowie bei vermehrter Schilddrüsentätigkeit.
ANWENDUNGSGEBIETE:
➡ Hausapotheke: Herzjagen, *S. 24*

Leptandra | Ehrenpreis

LEITSYMPTOME: Nach Gallenblasenentfernung übel riechende Durchfälle, rechtsseitige Bauchschmerzen, in den Rücken ausstrahlend, man verträgt vor allem keine fetten Speisen. Schmerzempfindlich gegen Berührung am Bauch, oft gelb belegte Zunge, Schwäche. Verdauungsbeschwerden durch Leber-Galle- und Bauchspeicheldrüsenstörungen.
ANWENDUNGSGEBIETE:
➡ Gallenblasenbeschwerden, *S. 139*

Lilium tigrinum | Tigerlilie

LEITSYMPTOME: Gelb-grünlicher Ausfluss, unangenehm riechend, Scheidenbereich stark juckend. Senkungsgefühl, als ob die Scheide nach unten drängt. Brustschmerzen bei oft schmerzhafter, unregelmäßiger Monatsblutung, auch als Zeichen beginnender Wechseljahre. Häufig Herzbeschwerden mit Herzrasen und -stolpern.
ANWENDUNGSGEBIETE:
➡ Scheidenausfluss (Fluor vaginalis), *S. 157*

Lobelia | Indianischer Tabak

LEITSYMPTOME: Engegefühl in der Brust, die Ausatmung ist erschwert; die krampfartigen Hustenanfälle steigern sich immer mehr und führen zu Atemnot, es löst sich wenig Schleim. Angestrengtes Atmen führt zu Übelkeit; blasses Aussehen, kalter Schweißausbruch, auch bei Schwangerschaftserbrechen. Beschwerden machen Angstgefühle. Unterstützend bei Beschwerden während der Raucherentwöhnung.

ANWENDUNGSGEBIETE:

➡ **Asthma bronchiale**, *S. 114*

Luffa operculata | Kürbisschwämmchen ✤

LEITSYMPTOME: Auffallende Müdigkeit, Abgeschlagenheitsgefühl, unregelmäßiger Stuhlgang mit Verstopfung, Durchfall, Blähungen.

D6 bei zähem Schleim im Rachen und in der Nase, vor allem auch morgens und am Vormittag; der Schleim reizt zum Räuspern und Hüsteln mit Brennen im Hals. Geruchsstörungen, abgeschwächtes Riechvermögen; tagsüber oft sehr trockene Nasenschleimhaut mit Borken oder anhaltend zäher Schleim, ständig verstopfte Nase.

D12 bei dünnflüssigem Nasenschleim, Niesanfällen; oft auch verstopfte Nase, man bekommt dann schwer Luft und muss durch den Mund atmen. Brenngefühl im Rachen, Mundtrockenheit; immer wieder Stirnkopfschmerzen.

ANWENDUNGSGEBIETE:

➡ **Abwehrschwäche: Allergien und Atemwegsinfekte**, *S. 45*, **Nasenschleimhäute, trockene**, *S. 47*

➡ **Heuschnupfen, Hausstaubmilbenallergie**, *S. 73*; **Tierhaarallergie**, *S. 74*

➡ **Erkältungsschnupfen**, *S. 96*; **Nasennebenhöhlenentzündung (Sinusitis)**, *S. 97*; **Geruchsstörungen**, *S. 98*

➡ **Schwangerschaft: Erkältungskrankheit**, *S. 205*

Lycopodium | Bärlapp ✱

LEITSYMPTOME: Vergesslichkeit und Konzentrationsschwäche, oft sehr heftige Gefühlsausbrüche gegenüber Untergebenen, duldet keinen Widerspruch. Die Haltung ist oft gebeugt mit hochgezogenen Schultern, meist eher schlanker Oberkörper mit geblähtem Bauch: starkes Völlegefühl mit kolikartigen Schmerzen, Überempfindlichkeit im Bauchbereich gegen Kleiderdruck oder Berührung; saures Aufstoßen und Sodbrennen; Heißhunger mit raschem Sättigungsgefühl; Abneigung gegen Fleisch, Brot und kalte Getränke; ausgeprägtes Verlangen nach Süßigkeiten und warmen Speisen (Suppe). Leber- und Gallenblasenstörung, auch mit Bildung von Gallensteinen oder -grieß, weshalb viele Beschwerden auf der rechten Körperhälfte auftreten. Allgemein verschlechtert sich das Befinden am Spätnachmittag sowie durch Wärme. Unreine Haut mit Altersflecken, bräunlichen Hautstellen, verhärtete, dunkelbraune (Alters-)Warzen; entzündetes Hühnerauge, trockener, krustiger, rissiger Hautausschlag mit Juckreiz, übel riechender Schweiß.

ANWENDUNGSGEBIETE:

➡ **Ärger, Aufregungen**, *S. 51*; **Essstörungen**, *S. 53*; **Konzentrationsstörungen**, *S. 57*; **Überanstrengung**, *S. 68*; **Nahrungsmittelallergie**, *S. 75*

➡ **Darmflora-Aufbau, Darmsanierung**, *S. 134*; **Divertikulitis, Divertikulose**, *S. 136*; **Gallenblasenbeschwerden**, *S. 139*; **metabolisches Syndrom**, *S. 145*

➡ **Pigmentstörungen**, *S. 182*; **Hornhaut, Hühnerauge, Schwielen**, *S. 190*; **Schuppenflechte**, *S. 193*; **Haarausfall**, *S. 196*

➡ **Schwangerschaft: Erkältungskrankheit**, *S. 205*

➡ **Babys Geburt: Gelbsucht**, *S. 228*; **Babys Entwicklung unterstützen**, *S. 229*; **Kinder: Blähungen**, *S. 230*

Magnesium chloratum | Magnesiumchlorid

LEITSYMPTOME: Oft verdrießliches und missgelauntes Verhalten. Sodbrennen, Übelkeit, Brechreiz, Bauchkrämpfe, Blähungen, oft gelblich belegte Zunge. Drückende Schmerzen in der Lebergegend, heller, oft gelblicher Stuhlgang, hart, bröckelig, mit Schleim vermengt. Unverträglichkeit von Milch und Eiweiß, was kolikartige Durchfälle hervorruft.

ANWENDUNGSGEBIETE:
➡ Darmträgheit, Verstopfung, S. 135

Magnesium fluoratum | Magnesiumfluorid

LEITSYMPTOME: Man ist abgespannt, fühlt sich nicht fit und leistungsfähig, hat gehäuft Infekte, oft Erkältungssymptome mit Schnupfen, Husten, ist anhaltend rasch erschöpft, die geringste Anstrengung löst Schweißausbrüche aus, die Gesundung zieht sich in die Länge, Neigung zum Rückfall für den nächsten Infekt, vor allem als Folge einer Unterdrückung durch chemische Erkältungsmittel. Zunehmend ein- oder beidseitiges, unscharfes Sehen wie Schleier vor den Augen bei beginnendem grauem Star (Katarakt).

ANWENDUNGSGEBIETE:
➡ Ausleiten, Entgiften: fiebersenkende Medikamente, S. 42
➡ Genesung, S. 72
➡ grauer Star (Katarakt), S. 90

Magnesium jodatum | Magnesiumjodid

LEITSYMPTOME: Vergrößerte Prostata mit häufigem Harndrang, Brennen beim Wasserlassen, oft unwillkürlicher Urinabgang beim Gehen; auch brennende und stechende Schmerzen im Hoden und am Damm, besonders bei angeregter Darmtätigkeit. Beschwerden durch anhaltende Prostataentzündung (Prostatitis), was oftmals zu einer mangelnden sexuellen Erlebnisfähigkeit führt. Nervös-gereizte Stimmung, kann cholerisch »über das Ziel hinausschießen«.

ANWENDUNGSGEBIETE:
➡ Prostatavergrößerung, S. 161

Magnesium phosphoricum | Magnesiumphosphat

LEITSYMPTOME: Plötzlich einschießende, krampfartige Schmerzen, die oft schon einige Tage vor der Monatsblutung beginnen. Nervenschmerzen, Trigeminusneuralgie, kolikartige Krämpfe (Magen, Gallenblase, Darm, Nieren) mit deutlicher Besserung durch Wärmeanwendung. Schmerzhafte Muskelverkrampfungen, die oft tagsüber anfallsweise auftreten. Empfindliche Zahnhälse, die auf Temperaturunterschiede schmerzhaft reagieren.

ANWENDUNGSGEBIETE:
➡ schmerzhafte Monatsblutung, S. 153
➡ Schwangerschaft: Wadenkrämpfe, S. 216, Zahnprobleme, S. 217

Mahonia aquifolium | Mahonie

LEITSYMPTOME: Unreine, mit vielen Mitessern durchsetzte Haut (»Komedonen-Akne«); eitrige Entzündungen wie Pusteln. Hautentzündung mit starker, meist silbrig aussehender Schuppung, meist hell glänzend; auch Befall der behaarten Körperstellen, vor allem der Kopfhaut sowie im Genitalbereich, oft mit Juckreiz, nach Kratzen blutet die Haut. Bildung von Rissen z.B. an den Fingerkuppen, am Nagelbett, die nicht heilen. Das Mittel regt die Ausscheidungsorgane Leber und Nieren an.

ANWENDUNGSGEBIETE:

➡ Schuppenflechte, *S. 193*

Mandragora | Alraune

LEITSYMPTOME: Stark geblähter Bauch mit Völlegefühl, oft rechtsseitige, krampfartige Schmerzen, die sich durch Abgang von Blähungen bessern. Magenbereich druckempfindlich und schmerzhaft, nach dem Essen lassen die Magenschmerzen nach; ständiges Aufstoßen. Hartnäckige Verstopfung, schmerzhafter Stuhlgang, auch wegen Hämorrhoiden; nach tagelanger Verstopfung kann wieder breiig-glänzender Stuhlgang oder Durchfall auftreten. Pelziges, trockenes Gefühl im Mund.

ANWENDUNGSGEBIETE:

➡ Magen- und Zwölffingerdarmgeschwür, *S. 130*; Darmträgheit, Verstopfung, *S. 135*; Gallenblasenbeschwerden, *S. 139*; Bauchspeicheldrüsenstörung, *S. 141*

Marum verum | Katzengamander

LEITSYMPTOME: Schleim in der Nase und im Rachen, oft übel riechend. Raue Stimme, hüsteln und Hustenreiz. Blähungen und Völlegefühl durch mangelnde Verdauung wegen Gallensteinen. Juckreiz am After durch Wurmbefall.

ANWENDUNGSGEBIETE:

➡ Nasenpolypen, *S. 98*

Mater perlarum | Perlmutt

LEITSYMPTOME: Erschwertes Atmen bei zäh fließendem oder stockendem Nasensekret oder trotz freiem Atmen durch die Nase erschwertes Hören. Oft auch Geräusche und schmerzhafter Druck auf den Ohren. Nachlassende Knochendichte mit Knochenschmerzen, auch durch Entzündung bedingt.

ANWENDUNGSGEBIETE:

➡ Paukenerguss, Tubenkatarrh, *S. 93*

Medicago sativa | Alfalfa (Klee-Art)

LEITSYMPTOME: Wenig Appetit bei oft starkem Durstgefühl, phasenweise (Heiß-)Hunger am Vormittag auf Süßes, danach vermehrt Blähungen. Mangelnde Energie, hat keinen Schwung, ist lustlos, auch infolge einer durchgemachten Erkrankung.

ANWENDUNGSGEBIETE:

➡ Appetitlosigkeit, *S. 128*

Mercurius sublimatus corrosivus | Quecksilberchlorid

LEITSYMPTOME: An Haut oder Schleimhaut schmerzhafte Entzündungen, auch Nervenschmerzen sowie druckschmerzhafte Lymphknotenschwellungen (Hals, Achsel, Leiste). Immer wieder hochakute eitrige Entzündungen, ausgeprägtes Krankheitsgefühl, auch erhöhte Temperatur. Starke Bauchkrämpfe, übel riechende Durchfälle, oft mit Schleim und Blut. Süßlich riechender, klebriger, oft öliger Schweiß, der die Wäsche gelb färbt, besonders nachts. Stark entzündetes Zahnfleisch, bei der geringsten Berührung sofort blutend, unangenehmer Mundgeruch, starker Speichelfluss, mit metallischem Mundgeschmack. Schmerzhaft entzündete Mundschleimhaut mit vielen Bläschen (»Mundfäule«), die beim Essen und Trinken sehr schmerzen.

ANWENDUNGSGEBIETE:
- ➡ Mundgeruch, Speichelfluss, *S. 100*; Mundschleimhautentzündung, Mundbläschen, *S. 101*; Parodontose, Zahnfleischentzündung, *S. 106*
- ➡ Darmentzündung (Colitis ulcerosa, Morbus Crohn), *S. 133*; Divertikulitis, *S. 136*; akute Harnwegsentzündung, *S. 146*
- ➡ Schwangerschaft: Zahnprobleme, *S. 217*
- ➡ Kinder: Augenentzündung, *S. 230*

Mezereum | Seidelbast

LEITSYMPTOME: Blitzartig auftretende, heftige, brennende oder stechende Schmerzen, Taubheitsgefühl oder Überempfindlichkeit gegen Berührung. Juckreiz der abheilenden Haut als Folge einer Gürtelrose (Postzoster-Neuralgie). Nässende Bläschen mit brennenden, bohrenden, »scharfen« Schmerzen. Nervenschmerzen durch eine auch länger zurückliegende Borrelien-Infektion (Neuroborreliose).

ANWENDUNGSGEBIETE:
- ➡ Ausleiten, Entgiften: Herpesviren, Borreliose, *S. 44*
- ➡ Nervenschmerzen, *S. 85*
- ➡ Bläschenausschlag, Herpes, *S. 183*

Millefolium | Schafgarbe

LEITSYMPTOME: Hellrote, sehr dünnflüssige Periodenblutung; hellrote Blutungen auch aus Nase, Hämorrhoiden.

ANWENDUNGSGEBIETE:
- ➡ Hausapotheke: Monatsblutung, *S. 27*

Momordica balsamina | Balsamapfel

LEITSYMPTOME: Ständiges Aufstoßen, starke Blähungen, Bauch prall aufgetrieben; Schmerzen verstärkt oft im linken Bauchbereich auftretend, mangelnde Verdauung, Speisen liegen »schwer« im Magen.

ANWENDUNGSGEBIETE:
- ➡ Hausapotheke: Völlegefühl, *S. 32*
- ➡ Blähungen, Völlegefühl, Reizdarm-Syndrom, *S. 131*
- ➡ Schwangerschaft: Verdauungsstörungen, *S. 215*

Myristica sebifera | Talgmuskatnussbaum

LEITSYMPTOME: Eiterbildung an der Haut (Abszess, Furunkel), stark schmerzhaft, berührungsempfindlich, Gefühl, als ob sie bald platzen würde. Unterstützt das Eröffnen eines Furunkels (»homöopathisches Messer«).

ANWENDUNGSGEBIETE:
- ➡ Hautentzündung, *S. 188*

Myrrhis odorata | Anisdolde

LEITSYMPTOME: schmerzhafte, tastbar hervortretende Hämorrhoiden, oft hellrot blutend; oft harter Stuhlgang, Schmerzen im After. Gestörte Darmflora. Immer wiederkehrende Mundschleimhaut- und Zahnfleischentzündungen, leicht blutend und schmerzhaft.

ANWENDUNGSGEBIETE:
⮕ Hämorrhoiden, Beschwerden am Enddarm, *S. 138*

ANWENDUNGSGEBIETE:
⮕ grauer Star, Makuladegeneration, *S. 90*

Myrtillocactus | Heidelbeerkaktus

LEITSYMPTOME: Immer wieder Druckgefühl und Enge im Brustbereich, ziehende Schmerzen, verstärktes Herzklopfen, bei körperlicher Anstrengung vermehrt Luftnot. Wetterwechsel verstärkt die Beschwerden und beeinträchtigt das Allgemeinbefinden.

ANWENDUNGSGEBIETE:
⮕ Herzinfarkt (Nachsorge), *S. 119*

Naja | Gift der Brillenschlange

LEITSYMPTOME: Krampfartige, stechende Herzschmerzen, häufig nachts; in den linken Arm, die Schulter und den Nacken ausstrahlend. Starkes Herzklopfen mit Beklemmungsgefühl in der Brust; unregelmäßiger Pulsschlag. Hustenanfälle mit schleimigem Auswurf. Eingeschränkte Leistungsfähigkeit, Angstgefühle, auch Todesfurcht.

ANWENDUNGSGEBIETE:
⮕ Herzinfarkt (Nachsorge), *S. 119*

Naphthalinum | Naphthalin

LEITSYMPTOME: Verschwommenes, unscharfes Sehen, auch Druckgefühl auf dem Auge, oft auch mit Kopfweh: Sehstörung, Hornhauttrübung. Anhaltend zäher, schleimiger Husten mit erschwerter Atmung.

Natrium chloratum | Kochsalz

LEITSYMPTOME: Psychosomatische Reaktion, auch der Haut durch bedrückende emotionale Ereignisse und anhaltenden Kummer: man kann das Vergangene nicht vergessen, will allein sein, nicht getröstet werden; ist sehr nachtragend und fühlt sich rasch gekränkt. Meist fahl-blasse Hautfarbe; Vorliebe für salzige, gewürzte Speisen bei großem Appetit, ohne an Gewicht zuzunehmen; starkes Durstgefühl. Seelische und körperliche Beschwerden bessern sich oder verstärken sich durch Sonne und Meer. Migräne, Kopfschmerzen oft emotional bedingt. Im Stirn-Haar-Bereich sowie im Nasen- und Kinnbereich ist die Haut fett, unrein, entzündet; an den Wangen ist die Haut eher trocken und schuppend; Ausschlag vor allem auch in Gelenkbeugen, Kniekehlen, Ohr und Hals. Haarausfall im vorderen Kopfbereich. Aufgesprungene Lippen, immer wieder Lippenherpes, Neigung zu Sonnenallergie. Verspätete schwache oder zu frühe starke Blutung; dünner, wässriger, wund machender Ausfluss, entzündlich gereizte und schmerzhafte Schamlippen; auch bedingt durch Wechseljahre trockene Schleimhäute, auch der Scheide.

ANWENDUNGSGEBIETE:
⮕ Hausapotheke: Lippenherpes, *S. 27*, Sonnenallergie, *S. 31*
⮕ Kontaktschwierigkeiten, *S. 56*; Kränkung, *S. 58*; Schuldgefühle, *S. 65*; sexuelle Lustlosigkeit, *S. 66*; Trauer, *S. 67*
⮕ Lippen, rissige, *S. 99*
⮕ unregelmäßige Monatsblutung, *S. 154*

Natrium choleinicum | Natriumcholinat

LEITSYMPTOME: Auffallende Müdigkeit nach dem Essen; Magendrücken und -schmerzen, Blähungen, Verstopfung durch Leberleiden.

ANWENDUNGSGEBIETE:

Natrium sulfuricum | Natriumsulfat

LEITSYMPTOME: Wetterfühligkeit, Kopfschmerzen, Schwindel, Konzentrationsstörungen, gedrückte Stimmungslage durch Gehirnerschütterung und Kopfverletzung nach jahrelang zurückliegendem Unfall. Trockener oder gelblich-schleimiger Husten mit starken Atembeschwerden, hörbares Pfeifen und Rasseln in der Lunge; deutlich schlechter bei feuchtem, nassem, kaltem Wetter. Aufgeschwemmtes Aussehen (Tränensäckchen; Beine, schwammiges Gewebe), man lagert Wasser ein. Morgens gehäuft Durchfälle wie Wasser, mangelnde Leberfunktion; Neugeborenen-Gelbsucht.

ANWENDUNGSGEBIETE:

Nux vomica | Brechnuss

LEITSYMPTOME: Beschwerden als Folge von emotionaler Belastung, z. B. Stress, starke innere Anspannung, man ist überfordert, häufig gehetzte Lebensweise, völlig überarbeitet, ausgeprägtes Konkurrenzdenken, Arbeitswut, Verlangen nach Genussmitteln. Gehäuft Infekte, dabei sehr kälteempfindlich, Fließschnupfen mit wechselseitig verlegter Nasenatmung, verstärkt im Liegen; Kopfschmerzen und Ohrgeräusche oft als Folge von Stress und Anspannung oder durch ungesunde Ernährung. Schwere- und Völlegefühl im Magen, empfindlich gegen Kleiderdruck. Saures, bitteres Aufstoßen; krampfartige Magenschmerzen (Nüchternschmerz) mit Übelkeit und Erbrechen, auch als Reaktion auf Medikamente und Narkose; Verstopfung mit Hämorrhoiden. Schmerzhaft verspannte Rückenmuskulatur durch mangelnde Bewegung oder Bettlägerigkeit. Spannungskopfschmerzen; Schmerzen im Nacken-Schulter-Bereich. Die Muskeln sind bretthart, man kann sich im Bett nicht umdrehen vor Schmerzen.

ANWENDUNGSGEBIETE:

Okoubaka | Schwarzafrikanischer Rindenbaum

LEITSYMPTOME: Bleierne Müdigkeit, allgemeine Leistungsschwäche. Trockener Mund, pappiger Mundgeschmack, weiß-gelblich belegte Zunge. An den Lippen und im Gaumen zunehmender Juckreiz nach dem Essen, vermehrt Aufstoßen mit Übelkeit, anhaltende Appetitlosigkeit, Blähungen, Durchfall im Wechsel mit Verstopfung. Anhaltende Schwellung und Blutungsneigung des Zahnfleisches, auch mit Taschenbildung (Parodontose). Bei Reisedurchfall, zur Vorbeugung bei Reisen, Verdauungsstörungen und Scheidenpilzinfektion durch Antibiotika, bei wiederkehrendem Befall von Würmern.

ANWENDUNGSGEBIETE:

➡ Hausapotheke: Durchfall, *S. 21*; Medikamentennebenwirkung: Durchfall, *S. 37*; Impfungen: Impffolgen, *S. 41*; Ausleiten, Entgiften: Antibiotika, *S. 42*, Noroviren, Rotaviren, Salmonellen, *S. 43*

➡ Nahrungsmittelallergie, *S. 75*

➡ Mundschleimhautentzündung, Soor, *S. 101*; Parodontose, *S. 106*; Amalgambelastung: Ausleitung, *S. 108*; Schilddrüsenentzündung, *S. 109*

Oleander | Oleander

LEITSYMPTOME: Konzentrationsschwäche, Schwindel, Sehstörungen mit Doppelbildern; nachlassende Herzkraft, heftiges Herzklopfen, Beklemmungsgefühl beim tiefen Atmen. Brennende, juckende Haut, blutet leicht beim Kratzen, klebriges Sekret; ständiges Nässen hinter den Ohren, rötliche, fleckige, schorfige Stellen am Kopf.

ANWENDUNGSGEBIETE:

➡ Hautausschlag, nässend, *S. 186*; Schuppenbildung, Kopfhautentzündung, *S. 197*

Opium | Schlafmohn

LEITSYMPTOME: Man ist peinlich berührt, fühlt sich bloßgestellt, ist verletzt, Gefühl wie erstarrt zu sein; fühlt sich wie betäubt, weiß nicht, was man sagen oder tun soll in Folge eines Ereignisses, einer Gehirnerschütterung oder eines Schlaganfalls. Rötliche oder bläulich-blasse Gesichtsfarbe, starkes Schwitzen, unregelmäßiges, erschwertes Atmen. Schlechter Schlaf, Gedanken wirbeln durch den Kopf, schreckhaftes Verhalten. Darmträgheit, spontaner Harnabgang wegen Bettlägerigkeit und Nervenverletzungen.

ANWENDUNGSGEBIETE:

➡ Hausapotheke: Atemnot bei Schreck, *S. 19*; Medikamentennebenwirkung: Verstopfung, *S. 40*

➡ Schreck- und Schockfolgen, *S. 64*

➡ Darmträgheit, Verstopfung, *S. 135*

➡ Schwangerschaft: Verstopfung, *S. 215*

➡ Kinder: Verstopfung, *S. 236*

Ornithogalum umbellatum | Milchstern

LEITSYMPTOME: Aufgetriebener Bauch mit Druckgefühl, das bis in die rechte Flanke ausstrahlt; übel riechendes Aufstoßen, oft auch schleimiges Würgen oder Erbrechen; Magenschmerzen beim Essen, wenig Appetit. Nächtliche Übelkeit, was Schlafstörungen verursacht. Man fühlt sich allgemein erschöpft. Körperliche Entspannung lindert die Beschwerden.

ANWENDUNGSGEBIETE:

➡ Magen- und Zwölffingerdarmgeschwür, *S. 130*

Osmium metallicum | Osmium

LEITSYMPTOME: Druckgefühl am Auge, steigert sich bis zum Schmerz; oft schmerzt die gesamte Augenhöhle sowie der Augenbrauenbereich verbunden mit Augentränen. Unscharfes Sehen, teilweise wie schillernd.

ANWENDUNGSGEBIETE:

➡ grüner Star (Glaukom), *S. 90*

Paeonia | Pfingstrose

LEITSYMPTOME: Juckreiz und Nässen am After, auch Hautausschlag; angeschwollene Hämorrhoiden, die sich entzünden; Brennschmerz während und nach dem Stuhlgang. Oft bräunlich, breiiger Stuhlgang, übel riechend; danach Schwächegefühl im Bauchraum. Schlecht heilende Hautstellen und Druckgeschwüre an den Füßen und am Steißbein.

ANWENDUNGSGEBIETE:

➡ Hämorrhoiden, Beschwerden am Enddarm, *S. 138*

Paloondo | Kreosotstrauch (Larrea mexicana)

LEITSYMPTOME: Der gesamte Rücken schmerzt und ist verspannt, schmerzhaft eingeschränkte Bewegung durch nachlassende Knochendichte oder Abnutzung der Bandscheiben; Nervenschmerzen in den Armen und Beinen, schmerzhafte Muskelverhärtungen. Gelenkverschleiß (Arthrose) mit bewegungsabhängigen Schmerzen.

ANWENDUNGSGEBIETE:

➡ Bandscheibenvorfall, *S. 166*; Osteoporose, *S. 168*

Pareira brava | Grießwurz

LEITSYMPTOME: Plötzlicher Harndrang mit erschwertem Wasserlassen und Schmerzen, dunkler Urin, kolikartige Schmerzen, Dehnungsgefühl der Blase, Nachträufeln; wiederkehrende Entzündungen, auch der männlichen Geschlechtsorgane (Prostata, Hoden, Nebenhoden); Neigung zu Nierensteinleiden.

ANWENDUNGSGEBIETE:

➡ Hodenerkrankungen, *S. 160*

Paris quadrifolia | Einbeere

LEITSYMPTOME: Migräneartige Kopfschmerzen, oft auch am Hinterkopf, pulsierende, stechende Gesichtsschmerzen, häufig linksseitig, in Scheitel oder Augen ausstrahlend; berührungsempfindliche, angespannte Kopfhaut. Druckgefühl in den Augen mit Empfinden, als ob die Augen zu groß sind und an einer Schnur gezogen werden. Plötzlich auftretende, teilweise oder vollständige einseitige Sehstörung, man sieht Gegenstände dunkel verschwommen oder gar nicht; oft verbunden mit Missempfindungen im Kopfbereich (»Ameisenlaufen«); dumpfes Kopfweh nach Abklingen der Sehstörung. Geruchsstörungen, alles riecht unangenehm; trockener Mund, dennoch kein Durstgefühl, mit bitterem oder keinem Geschmack. Die Beschwerden werden durch Überarbeitung und Überanstrengung ausgelöst und verstärkt.

ANWENDUNGSGEBIETE:

➡ **Migräne**, *S. 84*; **Trigeminusneuralgie**, *S. 87*; **grüner Star (Glaukom)**, *S. 90*

Passiflora | Passionsblume ✳

LEITSYMPTOME: Innere Unruhe, häufiges nächtliches Erwachen, man liegt längere Zeit wach, oberflächlicher Schlaf, Albträume oft in Folge von Überforderung oder zu langer Einnahme von chemischen Schlafmitteln. Hustenanfälle bei Nacht; tagsüber oft heftige Kopfschmerzen, als ob die Schädeldecke weggesprengt würde; schmerzhafte Muskeln. Blähungen und Völlegefühl nach dem Essen.

ANWENDUNGSGEBIETE:

➡ **Schlafstörungen**, *S. 63*

Perilla ocymoides | Schwarznessel

LEITSYMPTOME: Die Harnsäurewerte sind erhöht, oft auch die Leberwerte. Es traten schon Gichtanfälle auf; die Gelenke sind schmerzhaft, vor allem bei Bewegung.

ANWENDUNGSGEBIETE:

➡ **Gicht, Harnsäureerhöhung**, *S. 144*

Petroleum | Steinöl

LEITSYMPTOME: Schwindelanfälle bei Bewegung, auch beim Fahren, Fliegen, durch Fahrzeugabgase: Übelkeit, Brechreiz und Erbrechen. Verdauungsbeschwerden mit nächtlichem Heißhunger oder Hungergefühl nach Durchfall, fauliger Mundgeruch, man mag nichts Fettes und kein Fleisch. Blutig gekratzte, rissig-schrundige oder nässende, übel-riechende Hautausschläge, auch an Haut-Schleimhaut-Übergängen (Augen, Nase, Mund, After), rissige Hände, eingerissene Fingerspitzen und Fersen mit tiefen, schmerzhaften Schrunden; Einrisse an den Ohrläppchen. Aufregung und Ärger verstärken die Beschwerden, gedrückte Stimmung.

ANWENDUNGSGEBIETE:

➡ **Lidrandentzündung**, *S. 89*

➡ **trockener Hautausschlag**, *S. 187*; **Neurodermitis**, *S. 192*

Petroselinum | Petersilie

LEITSYMPTOME: Der häufige Harndrang setzt ganz plötzlich und so stark ein, dass oftmals die Toilette nicht mehr rechtzeitig erreicht wird; einige Urintropfen gehen oft schon vorher ab. Gelegentlich auch Brennen beim Wasserlassen oder Missempfindungen wie Drücken oder Ziehen: Gefühl, als ob Blase und Harnröhre ständig gereizt sind, auch als Folge einer Operation oder Entbindung.

ANWENDUNGSGEBIETE:
- Harninkontinenz, *S. 149*
- Schwangerschaft: Blasenschwäche, Reizblase, *S. 202*

Phosphorus | Phosphor

LEITSYMPTOME: Meist schlanke Gestalt, wirkt nervös, innere Unruhe, starker Bewegungsdrang. Wenig ausdauernd, rasch erschöpft, legt immer wieder Ruhepausen ein. Geringste Ereignisse bringen das seelische und körperliche Gleichgewicht durcheinander, ausgeprägte Fantasie, Vorahnungen, Geräuschempfindlichkeit; will nicht allein sein, fürchtet sich in der Dunkelheit und bei Gewitter, dabei schlechter Schlaf. Muss häufig Kleinigkeiten essen. Ausgeprägter Schwächezustand nach Entbindung und Stillzeit, nach Erkrankung und Blutverlust sowie durch eine Bestrahlungsbehandlung bei einer Krebserkrankung; verminderte Anzahl weißer Blutkörperchen (Leukozyten) und Blutplättchen (Thrombozyten). Häufiges Nasenbluten, der geringste Stoß verursacht blaue Flecken; kleinste Wunden bluten stark und lang anhaltend, Zahnfleischbluten; verlängerte Periodenblutung. Hitzegefühl, Schmerzen werden als brennend empfunden. Verlangen nach kalten Getränken, danach Erbrechen. Schwächezustand kann alle Organe betreffen und auch durch Entzündungen ausgelöst werden, vor allem an den Augen, den Atemwegen und den Verdauungsorganen.

ANWENDUNGSGEBIETE:
- Hausapotheke: Nasenbluten, *S. 28*

- Heimweh, Einsamkeit, *S. 54*; Spannungszustände, *S. 55*; Schlafstörungen, *S. 63*; Krebserkrankungen (Nebenwirkungen), *S. 77, 78*
- Makuladegeneration, *S. 90*; Sehschwäche (Kurzsichtigkeit), *S. 91*; Ohrgeräusche (Tinnitus), *S. 95*; Parodontose, Zahnfleischentzündung, *S. 106*
- trockener Husten, *S. 116*
- Bauchspeicheldrüsenstörung, *S. 141*; Diabetes mellitus (Zuckerkrankheit), *S. 142*; Nierenfunktionsstörung, *S. 148*; unregelmäßige Monatsblutung, *S. 154*
- Schwangerschaft: Eisenmangel, *S. 208*, Schlafstörungen, innere Unruhe, *S. 212*

Phytolacca | Kermesbeere

LEITSYMPTOME: Geschwollenes Zahnfleisch; Schmerzen, Bluten bei der Zahnreinigung. Dunkelrote Rachenschleimhaut, schmerzhaftes Schlucken, Halslymphknoten geschwollen; bis in die Ohren ausstrahlende Schmerzen, allgemeines Zerschlagenheitsgefühl; auch bei Seitenstrangangina und Pfeifferschem Drüsenfieber. Geschwollene Brustdrüse, tastbare, schmerzhafte Knoten in der Brust, die Haut ist gerötet, heiß. Lymphknoten in der Achselhöhle schmerzhaft geschwollen, ausgeprägtes Krankheitsgefühl mit Müdigkeit und Schwäche.
Als D12 zur Anregung des Milchflusses, bei mangelndem Milchabfluss.
Als D2 zur Verringerung des Milchflusses und zum Abstillen!

ANWENDUNGSGEBIETE:
- Hausapotheke: Brustdrüsenentzündung, *S. 21*, Halsschmerzen, *S. 23*; Abwehrschwäche: Mandelentzündung, *S. 46*

➡ Halsschmerzen, Mandelentzündung, *S. 102*; Parodontose, Zahnfleischentzündung, *S. 106*
➡ Brustdrüsenschmerzen, *S. 150*
➡ Schwangerschaft: Zahnprobleme, *S. 217*; Brustdrüsenentzündung, *S. 224*; Milchbildungsstörung, Abstillen, *S. 225*
➡ Kinder: Halsweh, *S. 232*; Mumps, *S. 239*

Picrorhiza | Katuka-Pflanze

LEITSYMPTOME: Mangelnde Leistungsfähigkeit, man fühlt sich immer müde, gedrückte Stimmungslage. Belegte Zunge, pappiger Mundgeschmack, ohne Appetit, Druckgefühl im Oberbauch, Verstopfung: Folgen einer Leberfunktionsstörung durch Virusinfektion, Medikamente oder ungesunde Ernährungsweise. Trocken-rissige Hautausschläge, allgemein trockene Haut mit Juckreiz, auch beim älteren Menschen.

ANWENDUNGSGEBIETE:
➡ Medikamentennebenwirkung: Leberbelastung, *S. 38*; Ausleiten, Entgiften: Hepatitis-Viren, *S. 43*
➡ Krebserkrankung (Chemotherapie), *S. 78*
➡ Leberfunktionsstörungen, *S. 140*

Plantago major | Breitblättriger Wegerich ✍

LEITSYMPTOME: Zahnschmerz bessert sich spürbar beim Kauen, dabei tritt vermehrter Speichelfluss auf; stechender Schmerz mit Gesichtsschwellung und ins Gesicht ausstrahlend, oft spontaner Tränenfluss oder Fließschnupfen. Spontaner Urinabgang durch Entzündung, Reizblase, man muss bei Harndrang sofort zur Toilette; nachts häufiges Wasserlassen; auch Bettnässen.

ANWENDUNGSGEBIETE:
➡ Zahnschmerzen, *S. 107*
➡ Schwangerschaft: Zahnprobleme, *S. 217*

Platinum metallicum | Platin

LEITSYMPTOME: Attraktives Äußeres, wirkt nach außen hin oft überheblich und herablassend; ängstliche Mutlosigkeit, melancholisch, sexuell sehr fordernd mit starkem Verlangen, was nicht ausgelebt werden kann. Immer wieder Unterleibsbeschwerden und Schmerzen, Periodenschmerzen.

ANWENDUNGSGEBIETE:
➡ Niedergeschlagenheit, *S. 62*
➡ Wechseljahresbeschwerden, *S. 159*

Plumbum metallicum | Blei

LEITSYMPTOME: Ängstliche Verwirrtheit, bedrückte Stimmung, wirkt wie ausgezehrt; ungelenke Bewegungen, versteinerte Mimik. Schwindelanfälle und Kopfschmerzen, erhöhter Blutdruck, vor allem der untere Wert (diastolischer Wert). Krampfartige Schmerzen in den Beinen wegen mangelnder Durchblutung. Muskelverkrampfungen mit Zittern und Zucken an Armen und Beinen. Blasse, trocken-faltige (Gesichts-)Haut, die zu Hautausschlag neigt; schmerzhafte Berührungsempfindlichkeit der Haut. Infektbedingte Schwellung der Ohrspeicheldrüse (Mumps) oder der Speicheldrüsen.

ANWENDUNGSGEBIETE:
➡ Niedergeschlagenheit, *S. 62*
➡ Bluthochdruck, *S. 117*

Podophyllum | Maiapfel

LEITSYMPTOME: Morgendliches Erwachen mit heftigem Rumoren und Gluckern im Bauchraum, starker Stuhldrang, die Toilette wird oft nicht erreicht; es entleert sich explosionsartig ein wässriger, übel riechender Durchfall mit Unverdautem und Beimengung von Schleim und Blut, oft mehrfach am Morgen. Man fühlt sich geschwächt und müde. Saures, auch galliges Erbrechen mit starken Bauchkrämpfen durch Gallengrieß- oder -steine verursacht. Oft Völlegefühl bei ausgeprägter Druckempfindlichkeit des Bauches.

ANWENDUNGSGEBIETE:

➡ Darmentzündung (Colitis ulcerosa, Morbus Crohn), *S. 133*

Populus | Espe

LEITSYMPTOME: Wiederkehrende Entzündungen an Harnwegen und Prostata, auch als Folge einer Operation: brennende Schmerzen hinter dem Schambein beim Wasserlassen, ständiger Harndrang oder erschwertes Wasserlassen; Urin auch schleimig durchsetzt. Bei Schwangeren Neigung zu Harnwegsinfekten.

ANWENDUNGSGEBIETE:

➡ Abwehrschwäche: Prostataentzündung, *S. 47*

➡ Prostataentzündung, *S. 161*

Propolis | Bienenharz

LEITSYMPTOME: Wechselnde Leistungsfähigkeit, fühlt sich abgeschlagen, unerklärlich müde, dann wieder wie unter Strom stehend mit Kopfweh. Allgemeine Abwehrschwäche: häufig entzündetes Zahnfleisch, Mund- und Lippenbläschen, Gerstenkorn, häufig erkältet; Schilddrüsenfehlfunktion, auch Entzündung; Leberschwäche mit Verdauungsstörungen, mangelnde Funktion der Bauchspeicheldrüse mit Blutzucker- und Stoffwechselstörung. Symptome allergischer Erkrankungen mit Fließschnupfen und Augentränen; rheumatische Muskel- und Gelenkschmerzen; Hautentzündungen, Akne-ähnlicher Ausschlag oder Neurodermitis. Reagiert auf Impfungen mit leichtem Fieber, Krankheitsgefühl und »Kränkeln«. Folgen einer Virusinfektion, einer (langjährigen) Schwermetallbelastung wie z.B. Amalgam, bei Impfunverträglichkeit.

ANWENDUNGSGEBIETE:

➡ Impfungen: Impffolgen, *S. 37*; Ausleiten und Entgiften: Medikamente, *S. 38*

➡ Genesung, *S. 72*

➡ Amalgambelastung: Ausleitung, *S. 108*; Schilddrüsenentzündung, *S. 109*

➡ Diabetes mellitus (Zuckerkrankheit), *S. 142*

Pulsatilla | Küchenschelle

LEITSYMPTOME: Wechselhafte, weinerliche Stimmung, möchte nicht allein sein, oft launisch, bricht sofort in Tränen aus, sehr liebesbedürftig; ständiger Wechsel der seelischen und körperlichen Beschwerden. Ständiges Frieren, starke Hitzewallungen, verträgt dennoch keine (Zimmer-)Wärme, braucht viel frische Luft; auffallend geringes Durstgefühl. Ausgeprägte Infektneigung, verstärkt durch Kälte und Nässe; das entzündete Organ (Ohren, Nase, Bronchien, Harnblase, Scheide) sondert weißlich-milchigen Schleim ab. Schwellung der Beine, Schweregefühl, Krampfadern mit Entzündungsneigung. Übelkeit, Aufstoßen, Erbrechen einige Zeit nach dem Essen; Neigung zu Unverträglichkeit und Verdauungsbeschwerden auf Fettes und Kaltes. Vermehrtes Auftreten von eitrigen Hautentzündungen und unreiner Haut in der Pubertät sowie vor der Periodenblutung; hormonelle Störungen mit unregelmäßiger Periodenblutung, Wechseljahresbeschwerden.

ANWENDUNGSGEBIETE:

➡ Hausapotheke: Erbrechen, *S. 22*

➡ Ängste, Panikattacken, *S. 50*; Heimweh, Einsamkeit, *S. 54*; Niedergeschlagenheit, *S. 62*; Schuldgefühle, *S. 65*; Wiederkehrende Infekte, *S. 71*

➡ Sehschwäche (Kurzsichtigkeit), *S. 91*; Augenbeschwerden/ tränendes Auge, *S. 92*; Mittelohrentzündung, *S. 93*

➡ Venenschwäche, Krampfadern, *S. 125*

➡ Erbrechen, Magenverstimmung, *S. 129*; wiederkehrende Harnwegsinfekte, *S. 147*; Reizblase, *S. 149*; ausbleibende Monatsblutung, *S. 152*; unregelmäßige Monatsblutung, *S. 154*; prämenstruelles Syndrom, *S. 156*; Wechseljahresbeschwerden, *S. 159*

➡ Schwangerschaft: Brechdurchfall, *S. 204*, Geburtsvorbereitung, *S. 218*; Milchbildungsstörung, *S. 225*

▢ Babys Entwicklung unterstützen, *S. 229*; Kinder: Augenentzündung, *S. 230*, Erbrechen durch Ernährungsfehler, *S. 231*, Zahnungsbeschwerden, *S. 237*

Ranunculus | Hahnenfuß

LEITSYMPTOME: Stechende, einschießende Schmerzen nach einer Gürtelrose; die Bläschen trocknen ab oder sind bereits verschwunden. Befallen sind vor allem der Brustkorb oder das Gesicht; oft mit anhaltender Augenentzündung. Rheumatische Schmerzen mit Ziehen in den Muskeln, vor allem der Rippen.

ANWENDUNGSGEBIETE:

➡ Nervenschmerzen (Post-Zosterneuralgie), *S. 85*

▢ Bläschenausschlag, Gürtelrose, Herpes, *S. 183*

Ratanhia | Krameria triandra (südamerikanische Pflanze)

LEITSYMPTOME: Fadenwürmer, klein und weißlich, meist zu mehreren; wiederkehrende Erkältungen, Juckreiz am After, der ständig feucht ist, auch bedingt durch Hämorrhoiden. Brustwarzen rissig, brennende Schmerzen.

ANWENDUNGSGEBIETE:

▢ Kinder: Wurmbefall, *S. 237*

Rauwolfia | Schlangenwurzel

LEITSYMPTOME: Drückendes Kopfweh, auch mit Schwindelgefühl; Hitzewallungen, oft mit Schweißausbrüchen. Neigung zu Erschöpfung, auch verbunden mit bedrückter Stimmung.

ANWENDUNGSGEBIETE:

➡ Bluthochdruck, *S. 117*

Rhododendron | Alpenrose

LEITSYMPTOME: Ziehende Schmerzen in Gelenken und Muskeln, schmerzhafte Sehnen, Nervenschmerzen, Kribbeln und Ameisenlaufen in den Beinen, Knochenschmerzen, jeder Wetterumschwung verstärkt die Schmerzen: Barometerschmerz.

Anhaltende Schwellung und Schmerzen durch wiederkehrende Entzündungen in Hoden und Nebenhoden, bis in den Bauch ausstrahlend, Flüssigkeitsansammlung im Hodensack, Pendelhoden (S. 303) meist linksseitig.

ANWENDUNGSGEBIETE:
- ➡ Abwehrschwäche: Muskel-, Sehnen-, Gelenkschmerzen, *S. 46*
- ➡ Hodenerkrankungen, *S. 160*
- ➡ Gelenkverschleiß (Arthrose), *S. 165*

Rhus toxicodendron | Giftsumach ☘

LEITSYMPTOME: Allgemein starker Bewegungsdrang; schmerzende Muskeln, Sehnen und Gelenke, bei Bewegungsbeginn wie steif, allmählich nachlassend, Sehnenansätze druckschmerzhaft. Bewegungsabhängige Gelenkschmerzen durch Verschleiß (Arthrose). (Sport-)Verletzungen mit Dehnung, Zerrung, Prellung, Tennisarm; Rückenschmerzen nach Bandscheibenvorfall mit Schmerzen im Arm oder Bein. Kleine Bläschen auf stark geröteter Haut einzeln oder in Gruppen, juckende und brennende Schmerzen. Bläschen platzen, Flüssigkeit hell.

ANWENDUNGSGEBIETE:
- ➡ Hausapotheke: Hautausschlag, *S. 24*, Ischiasschmerzen, *S. 25*, Lippenherpes, *S. 26*, Prellung, *S. 29*; Verletzungen: Zerrung, *S. 36*; Medikamentennebenwirkung: Hautausschlag, *S. 37*; Ausleiten, Entgiften: Lippenherpes, Gürtelrose, *S. 43*
- ➡ Bandscheibenvorfall, *S. 166*; Rückenschmerzen, Hexenschuss, *S. 169*; Wirbelkanalverengung, *S. 170*; Fibromyalgie, *S. 171*; Sehnenscheidenentzündung, Tennisarm, *S. 175*; Ischiasschmerzen, *S. 176*

- ➡ Bläschenausschlag, Gürtelrose, Herpes, *S. 183*
- ➡ Schwangerschaft: Rücken- und Ischiasschmerzen, *S. 211*, Muskelkrämpfe, *S. 216*
- ➡ Kinder: Windpocken, *S. 239*

Robinia pseudacacia | Falsche Akazie

LEITSYMPTOME: Ständig saures Aufstoßen mit Magensäure im Mund, ständiges Sodbrennen mit Magenschmerzen, die bis zu den Schulterblättern ausstrahlen; Zähne wie stumpf; säuerlich riechender Stuhlgang, der ganze Mensch fühlt sich sauer; oft Stirnkopfschmerzen, dumpf oder pulsierend. Magendrücken und Sodbrennen in der Schwangerschaft.

ANWENDUNGSGEBIETE:
- ➡ Hausapotheke: Sodbrennen, *S. 31*; Medikamentennebenwirkung: Sodbrennen, *S. 39*
- ➡ Speiseröhrenentzündung, Reizmagen-Syndrom, *S. 131*
- ➡ Schwangerschaft: Sodbrennen, *S. 213*

Rumex | Ampfer

LEITSYMPTOME: Anhaltend trockener Kitzelhusten, hinter dem Brustbein sitzend; der geringste Luftzug, Kälte, Sprechen oder Einatmen durch den Mund verursachen Hustenreiz. Ausgeprägte Empfindlichkeit gegen Kälte und Zugluft (Klimaanlage).

ANWENDUNGSGEBIETE:
- ➡ trockener Husten, *S. 116*
- ➡ Schwangerschaft: Erkältungskrankheit, *S. 205*
- ➡ Kinder: Husten, *S. 233*

Ruta | Gartenraute

LEITSYMPTOME: Hitze und Brennen der Augen, unscharfes Sehen und Kopfschmerzen durch angestrengtes Lesen (etwa nach Bildschirmarbeit); unterstützend bei Augenfehlstellung (Schielen), nach einer Schieloperation, bei Augenverletzungen durch Unfall oder Stoß. Schmerzhafte Verspannungen im Schulter-Nacken-Bereich. Schmerzen und Bewegungseinschränkungen bei anhaltender Sehnenscheidenentzündung und nach einem Bänderriss: der betroffene Bereich ist angeschwollen und schmerzt stark (»Tennisellenbogen«, Achillessehne an der Ferse); Schnappfinger, man kann ihn nicht beugen oder strecken.

ANWENDUNGSGEBIETE:
➡ Hausapotheke: Augenbindehautentzündung, *S. 20*; Verletzungen: Bänderriss, *S. 33*
➡ Augenbindehautentzündung, *S. 88*; Sehschwäche, *S. 91*; Augenbeschwerden/müdes Auge, *S. 92*
➡ Schnappfinger, *S. 172*; Sehnenscheidenentzündung, Tennisarm, *S. 175*

Sabadilla | Läusesamen

LEITSYMPTOME: Anhaltende, heftige Niesanfälle, extrem geruchsempfindlich, vor allem gegen Blumendüfte und Parfum. Brennen, Jucken und Kitzeln in Nase und Rachen. Morgens oft dünnflüssiger Schnupfen, dicker und zäher werdend, verstopfte Nasenatmung; oft mit migräneartigen Stirnkopfschmerzen und tränenden Augen. Oft Kreislaufbeschwerden mit Schwindel und Herzjagen, Abgeschlagenheitsgefühl, sehr unruhig und schreckhaft.

ANWENDUNGSGEBIETE:
➡ Heuschnupfen, Hausstaubmilbenallergie, *S. 73*
➡ Geruchsstörung, *S. 98*

Sabal | Sägepalme

LEITSYMPTOME: Stechende Schmerzen bei erschwertem Wasserlassen, oft auch durch Prostataentzündung bedingt; häufiger Harndrang, auch nachts, schwacher Harnstrahl, man muss warten, bis der Urin fließt; schmerzhafte Erektionen, Kreuzschmerzen nach Intimverkehr.

ANWENDUNGSGEBIETE:
➡ Prostataentzündung, *S. 161*

Sabdariffa | Malve, Hibiscus

LEITSYMPTOME: Deutlich sichtbare Venen, Bildung von Besenreisern; zunehmend geschwollene Beine mit schmerzhaften Krampfadern; die Knöchelregion schwillt beim längeren Stehen an. Nach einer Venenentzündung verfärbt sich die Haut über den Venen zunehmend bräunlich und ist trocken, dabei leicht verletzlich. Neigung zu Venenthrombose. Schmerzhafte Venenentzündung, auch durch Infusionen. Lymphstauungen im operierten Bereich; Arm-Hand-Lymphödem mit schmerzhafter Bewegungseinschränkung.

ANWENDUNGSGEBIETE:
➡ Krebserkrankung (Bestrahlungsfolgen), *S. 77*
➡ Krampfadern, Venenschwäche, *S. 125*
➡ Cellulitis, Faltenbildung, *S. 184*
➡ Schwangerschaft: Venenbeschwerden, *S. 214*

Sabina | Sadebaum

LEITSYMPTOME: Hellrote Monatsblutung verstärkt und verlängert, oft mit Schmerzen, die vom Rücken bis in die Scheide ausstrahlen; übel riechender Ausfluss, meist nach der Periodenblutung verstärkt; Warzen im Genitalbereich. In der Frühschwangerschaft hellrote, flüssige Blutung, vermengt mit dunklen Klumpen, verstärkt bei Bewegung. Gelenkbeschwerden durch hormonelle Schwankungen, in den Wechseljahren, oft auch erhöhte Harnsäurespiegel.

ANWENDUNGSGEBIETE:
➡ **Schwangerschaft: drohende Frühgeburt,** *S. 207*

Sambucus | Holunder

LEITSYMPTOME: Zähe, gelbliche Schleimbläschen, die mit jedem Atemzug sichtbar sind, starke Schleimabsonderung; Kind bekommt schwer Luft, kann nicht richtig saugen; Neigung zu Mittelohrentzündung. Weißliches, morgens eingetrocknetes Sekret im Augeninnenwinkel, verklebte Augen.

ANWENDUNGSGEBIETE:
➡ **Kinder: Schnupfen,** *S. 235*

Sanguinaria | Blutwurz

LEITSYMPTOME: Migräneartige, meist rechtsseitige Kopfschmerzen mit Übelkeit und bitter-galligem Erbrechen; Schwindel, erhöhter Blutdruck mit Gesichtsröte meist durch Wechseljahre. Ziehende Schmerzen, die vor allem von der rechten Schulter und vom Nackenbereich ausgehend bis in den Arm ausstrahlen, oft sind auch die Finger wie pelzig. Rötlich-fleckiges Gesicht, Akne-ähnlicher Ausschlag, Brennen und Jucken. Oft sehr unleidige, gereizte Stimmung.

ANWENDUNGSGEBIETE:
➡ **Migräne,** *S. 84*
➡ **Nacken- und Schultersteife,** *S. 174*
➡ **Couperose, Rosacea,** *S. 185*

Sarsaparilla | Stechwinde

LEITSYMPTOME: Rötliche, angeschwollene und verhärtete Hautstellen, die sehr stark jucken; durch ständiges Kratzen entzündet sich die Haut und nässt, vor der Periodenblutung oft verstärkt auftretend; Bläschen eitern, bilden Krusten, heilen nur langsam ab. Hautausschlag als Folge einer Impfung oder nach dem Schwimmen (»Schwimmbaddermatitis«). Harnwegsentzündungen mit häufigem Wasserlassen, oft bedingt durch Phosphat-Nierensteine; rheumatische Muskel- und Gelenkschmerzen.

ANWENDUNGSGEBIETE:
➡ **Hautausschlag, nässend,** *S. 186*; **Knötchenflechte (Lichen ruber),** *S. 191*

Scutellaria | Helmkraut

LEITSYMPTOME: Seelische Ereignisse, nach einer Krankheit: trotz Erschöpfung erschwertes Ein- und Durchschlafen, unruhiger Schlaf, häufiges Aufwachen durch Albträume; pessimistische Grundstimmung, körperliche Unruhe. Anfallsweise migräneartige Kopfschmerzen, schmerzende Augen. Oft saures Aufstoßen, häufiges Wasserlassen.

ANWENDUNGSGEBIETE:
➡ Schlafstörungen, *S. 63*
➡ Kopfschmerzen, *S. 83*
➡ Schwangerschaft: Schlafstörungen, innere Unruhe, *S. 212*

Secale cornutum | Mutterkornpilz

LEITSYMPTOME: Taubheitsgefühl, Missempfindungen wie Kribbeln, Brennen, was sich bis zu schmerzhaftem Empfinden steigern kann: wie von Nadeln gestochen. Weißlich-bläuliche Verfärbung der Haut, oft auch Kältegefühl; Hände und Füße fühlen sich meist eiskalt an; längeres Gehen verursacht Schmerzen. Kräftezehrende Entbindung, vor allem bei Zweitgebärenden; schmerzende Nachwehen, die den Blutfluss verstärken, Blut meist schwärzlich, starker Geruch.

ANWENDUNGSGEBIETE:
➡ Durchblutungsstörungen, *S. 122*
➡ Wirbelkanalverengung, *S. 170*; Karpaltunnel-Syndrom, *S. 172*; unruhige Beine, Polyneuropathie, *S. 177*
➡ Entbindung, *S. 219*; Gebärmutterrückbildung, Wochenfluss, *S. 222*

Selenium | Selen

LEITSYMPTOME: Geistig und körperlich überanstrengt, fühlt sich erschöpft, gedrückte Stimmung; zurückhaltend, menschenscheu, will für sich sein. Verlangen nach Sex, mangelnde Erektionsfähigkeit, vorzeitiger Samenerguss. Dunkle Mitesser, sichtbar gefüllte Talgdrüsen, die (Gesichts-)Haut ist fettig, sieht ölig aus, auch die Kopfhaut, im Gesichtsbereich eitrige Entzündun-

gen. Starkes Schwitzen, übel riechend, vor allem in der Pubertät. Akne verstärkt sich vor und während der Monatsblutung.

ANWENDUNGSGEBIETE:
➡ Kontaktschwierigkeiten, *S. 56*
➡ Akne, Hautunreinheiten, *S. 180*; Schuppenbildung, Kopfhautentzündung, *S. 197*

Senega | Schlangenwurzel

LEITSYMPTOME: Husten mit Atemnot: rau klingender Husten mit schmerzhaftem Wundheitsgefühl im Brustbereich. Hustenanfall endet mit Niesen: Erschwertes Atmen bei schwerlöslichem und zähem Schleim.

ANWENDUNGSGEBIETE:
➡ schleimiger Husten, *S. 115*

Sepia | Tintenfisch

LEITSYMPTOME: Große Reizbarkeit, reagiert auf den geringsten Anlass mit Wutausbrüchen; fühlt sich missbraucht, emotional und körperlich überfordert; gleichgültig gegenüber der Familie, Ablehnung des Partners, sexuelle Abneigung. Würgen und Erbrechen, Bauchkrämpfe, Ekel vor Küchengerüchen, auch bei Schwangerschaftsübelkeit, ausgeprägtes Verlangen nach Saurem. Bei körperlicher Belastung (Heben, Tragen, Husten, Lachen, Joggen) geht Urin ab; Blasenschwäche als Folge einer Entbindung oder Operation. Gestaute Venen mit Schwere- und Spannungsgefühl, Hämorrhoiden durch Verstopfung; oft kaltschweißige Füße. Lippenbläschen, bläschenartiger Ausschlag um den Mund, am Kinn; fleckige, bräunliche Haut wie Pigmentstörung, Gelbfärbung des Nasenrückens, Leberflecken, Muttermale, Warzen; starkes und übel riechendes Schwitzen, unreine Haut mit Mitesser, Pickel; Hautausschlag verstärkt nach Absetzen der Pille; oft ausgeprägte dunkle Behaarung der Frau: sportlich maskuliner Typus.

ANWENDUNGSGEBIETE:

➡ **Hausapotheke: Lippenherpes,** S. 26, **Verdauungsstörungen durch verdorbene Speisen,** S. 32

➡ **Ärger, Aufregungen,** S. 51; **Kontaktschwierigkeiten,** S. 56; **Kränkung,** S. 58; **sexuelle Lustlosigkeit,** S. 66

➡ **Venenschwäche, Krampfadern,** S. 125

➡ **Erbrechen, Magenverstimmung,** S. 129; **ausbleibende Monatsblutung,** S. 152; **Senkungsbeschwerden (Scheide, Gebärmutter),** S. 158; **Wechseljahresbeschwerden,** S. 159

➡ **Akne, Hautunreinheiten,** S. 180; **Pigmentstörungen,** S. 182; **Bläschenausschlag, Lippenherpes,** S. 183; **Hautpilzinfektion,** S. 189; **Nagelpilzinfektion,** S. 199

➡ **Schwangerschaft: Ausfluss, Scheidenentzündung,** S. 202, **Sodbrennen, Erbrechen,** S. 213; **Wochenbett: niedergeschlagene Stimmung,** S. 221

Silicea | Kieselsäure

LEITSYMPTOME: Mangelndes Selbstbewusstsein, geringste Kritik entmutigt, Selbstzweifel, voller Zukunftsängste, unentschlossen, alles ist »grau in grau«; Erschöpfung durch Überanstrengung, geistiges Arbeiten überfordert rasch; oft schlanke Statur. Infekt- und Entzündungsneigung mit verzögerter Heilung, allgemeine Bindegewebsschwäche. Entzündungen im Hals-Nasen-Ohren-Bereich mit anhaltendem Sekretfluss, der sich kalt anfühlt; vergrößerte Mandeln, geschwollene Lymphknoten; erschwertes Hören, Ohrgeräusche. Anhaltend entzündetes Zahnfleisch, zieht sich zurück, Zahnfleischtaschen mit »schlechtem« Mundgeschmack, Zahnfleischbluten bei der Reinigung; Schmerzempfindlichkeit der Zähne insbesondere auf Kaltes. Darmdivertikel mit Verdauungsbeschwerden wie Magendrücken, Aufstoßen, Blähungen; meist mit Verstopfung; Divertikelentzündung nur langsam abklingend. Bindegewebe verliert an Elastizität, Straffheit und Form der Brüste lässt immer mehr nach, verliert an Elastizität; alte Narben brechen auf und schmerzen. Venenschwäche mit Krampfadern, die Vene ist dick bläulich und berührungsempfindlich, langsam abklingende Venenentzündung; eiskalte, schweißige Füße, Fußpilz. Schmerzen in der Wirbelsäule mit Schwächegefühl, oft mit Muskelschmerzen verbunden. Rachitisneigung, nachlassende Knochendichte; Einknicken der Hand- und Fußgelenke (»Übertreten«). Die Rückenschmerzen entsprechen der Stimmungslage »kann sein Kreuz nicht mehr tragen«.

ANWENDUNGSGEBIETE:

➡ **Verletzungen: Narbenheilung,** S. 35; **Abwehrschwäche: Zahnfleischentzündung,** S. 47

➡ **Kränkung,** S. 58; **Lampenfieber,** S. 60; **Niedergeschlagenheit,** S. 62; **wiederkehrende Infekte,** S. 71

➡ **Sehschwäche (Weitsichtigkeit),** S. 91; **Erkrankungen der Zähne, Kariesprophylaxe,** S. 105; **Parodontose,** S. 106

➡ **Venenentzündung, Operationsfolgen,** S. 124

➡ **Divertikulitis, Divertikulose,** S. 136; **Brustdrüsenbeschwerden,** S. 150

➡ **Bandscheibenleiden, Bandscheibenvorfall,** S. 166; **Morbus Bechterew/Morbus Scheuermann,** S. 167

Faltenbildung, *S. 184*; Schwitzen, Schweißausbrüche, *S. 194*; Nagelbettentzündung, *S. 198*; Nagelpilzinfektion, *S. 199*

Schwangerschaft: schmerzhafte Kindsbewegungen, *S. 210*, Venenbeschwerden, *S. 214*, Zahnprobleme, *S. 217*, Dammpflege, Geburtsvorbereitung, *S. 218*

Babys Entwicklung unterstützen, *S. 229*; Kinder: Wachstumsschmerzen, Skoliose, *S. 236*

Solidago | Goldrute

LEITSYMPTOME: Wiederholt Harnwegsentzündungen, oft dunkel gefärbter Urin, verminderter oder vermehrter Harndrang, drückende Schmerzen im Nierenbereich; Neigung zu Grieß- und Steinbildung. Nachbehandlung eines Harnwegsinfekts; zur verstärkten Ausscheidung von Schwermetallen, Anregung der Nieren- und Blasenfunktion.

ANWENDUNGSGEBIETE:

Abwehrschwäche: Blasenentzündungen, *S. 45*

Amalgambelastung: Ausleitung, *S. 108*

Harnwegsentzündung, *S. 146*

Schwangerschaft: Harnwegsinfekt, *S. 209*

Spartium scoparium | Besenginster

LEITSYMPTOME: Unregelmäßiger Herzschlag, verlangsamt oder beschleunigt, auch anfallsweise, auch ohne es zu spüren; Druckgefühl auf der Brust und erschwertes Atmen auch mit stechenden Herzschmerzen. Geschwollene Beine (Ödeme), gehäuftes nächtliches Wasserlassen. Rasches Ermüden, wenig Ausdauer, reagiert schnell nervös.

ANWENDUNGSGEBIETE:

Herzrhythmusstörungen, *S. 121*

Spigelia | Wurmkraut

LEITSYMPTOME: Meist regelmäßig auftretende, heftig stechende Schmerzen, besonders linksseitig im Gesichtsbereich, bis in den Hinterkopf ausstrahlend; migräneartiger Kopfschmerz. Augenschmerzen mit Funkensehen, Tränenfluss und Lichtüberempfindlichkeit. Auffallend ist die Schmerzverstärkung tagsüber. Anfallsweise auftretendes Herzjagen mit heftigem Herzklopfen, dabei Angstgefühl.

ANWENDUNGSGEBIETE:

Kopfschmerzen, *S. 83*; Trigeminusneuralgie, *S. 87*

Spongia | Meerschwamm

LEITSYMPTOME: Trockener, vom Hals-Kehlkopf-Bereich ausgehender Husten, der bellend und hohl klingt. Gefühl wie durch einen Schwamm zu atmen, bekommt schwer Luft, muss im Bett erhöht liegen. Wundheitsgefühl im Rachen und in der Luftröhre, auch rau klingende Stimme. Herzschwäche, auch mit nächtlichem Aufschrecken und unregelmäßigem Pulsschlag, oft bei Schilddrüsenüberfunktion, Kropf. Anhaltende Entzündung mit druckempfindlicher Schwellung der Hoden und Nebenhoden, Schmerzen wie gequetscht.

ANWENDUNGSGEBIETE:

Heiserkeit, Kehlkopfentzündung, *S. 103*

trockener Husten, *S. 116*

Kinder: Husten, Pseudokrupp, *S. 233*

Staphisagria | Stephanskraut, Rittersporn

LEITSYMPTOME: Man fühlt sich im Inneren verletzt, ist sehr empfindsam, nachtragend: seelischer »Müllschlucker«, ist leicht gekränkt, die angestaute Wut entlädt sich später explosionsartig. Entzündliche Verhärtung der geröteten Augenlider, Druckgefühl, Berührungsempfindlichkeit. Schmerzen der Prostata, die von der Harnröhre bis zum After ziehen; häufiger Harndrang, Harnblase entleert sich nicht vollständig; Brennen während und nach dem Wasserlassen. Harnwegsentzündung durch Harnblasenkatheter, nach Intimverkehr; Nachträufeln nach einer Prostataoperation. Heilung von Schnittwunden und Operationswunden, auch nach Kaiserschnitt oder Dammschnitt sowie nach Parodontose-Behandlung. Neigung zu narbenbildenden Schnittwunden.

ANWENDUNGSGEBIETE:
➡ Verletzungen: Schnittwunde, S. 36
➡ Ärger, Aufregungen, S. 51; Kränkung, S. 58; Kummer, S. 59; Schuldgefühle, S. 65; Trauer, S. 67; Krebserkrankung (Wundheilung), S. 76
➡ Gerstenkorn, S. 89; Erkrankungen der Zähne, Kariesprophylaxe, S. 105
➡ Prostatavergrößerung, S. 161
➡ Haarausfall, S. 196
➡ Schwangerschaft: Harnwegsinfekt, S. 209; Kaiserschnittwunde, S. 223

Sticta | Lungenflechte

LEITSYMPTOME: Erkältungsbeginn mit trockener Rachenschleimhaut, Schluckbeschwerden kommen und gehen, danach Halsweh und Fließschnupfen, später dick gelblicher Nasen- und Rachenschleim, Stirnkopfschmerzen; bellender Husten, danach schleimiger Husten, oft lange Zeit anhaltend: absteigender Infekt.

ANWENDUNGSGEBIETE:
➡ Abwehrschwäche: Atemwegsinfekte, S. 45
➡ Nasennebenhöhlenentzündung (Sinusitis), S. 97
➡ schleimiger Husten, S. 115

Stramonium | Stechapfel

LEITSYMPTOME: Heftigste Wut- und Zornausbrüche, wird tätlich, zerstört Gegenstände, beißt, spuckt, schlägt in blinder Wut, reagiert emotional unangemessen; entwickelt bei Nacht, in der Dunkelheit Ängste, glaubt bestohlen zu werden. Kinder wollen im Dunkeln nicht allein sein, Licht soll ins Zimmer fallen.

ANWENDUNGSGEBIETE:
➡ Wutanfälle, S. 693

Strontium carbonicum | Strontiumcarbonat

LEITSYMPTOME: Zeichen der Arteriosklerose: gedrückte Stimmung, oft erhöhter Blutdruck. Migräneartige Kopfschmerzen; Atembeschwerden durch eingeschränkte Lungenfunktion (= COPD). Rheumaähnliche Schmerzen in der Wirbelsäule, in den Gelenken mit Bewegungseinschränkung, durch nachlassende Knochendichte oder Metastasen bedingt.

ANWENDUNGSGEBIETE:
➡ Krebserkrankung (Nachsorge), S. 79
➡ Osteoporose, S. 168

Strophantus | Strophantin

LEITSYMPTOME: Bei emotionalen Ereignissen klopft das Herz bis zum Hals, heftiger Pulsschlag, man ist schweißig, schwindelig, bekommt vor Aufregung kaum Luft beim Sprechen. Rote Hautflecken im Gesicht, am Hals; pünktchenartiger Hautausschlag, auch allergisch bedingt. Kopfweh entwickelt sich, auch mit verschwommenem Sehen.

ANWENDUNGSGEBIETE:
➡ Lampenfieber, *S. 60*

Sulfur | Schwefel

LEITSYMPTOME: Übergewicht, Stoffwechselstörung durch »barocken Lebensstil«, oft extrovertiertes bis aggressives Verhalten, »weiß alles besser«, aber auch depressive Stimmung. Rotes, schweißiges Gesicht, unangenehmer Mund- und Körpergeruch; Schwitzen bei der geringsten Anstrengung, auch Nachtschweiße; ständiges Gefühl der innerlichen Hitze, brennende Empfindung an den Füßen. Körperausscheidungen (Schweiß, Urin, Stuhlgang, Periodenblutung) übel riechend; schlecht heilende, oft eitrige Hautentzündungen mit unerträglichem Juckreiz vor allem abends und in der (Bett-)Wärme; Waschen und Baden verschlechtert den Hautzustand. Fettstoffwechselstörung mit Leberleiden, Blutzucker und Bluthochdruck (metabolisches Syndrom). Das Mittel setzt Heilungsreaktionen in Gang, z. B. nach verschleppten Erkrankungen sowie nach (längerfristiger) Cortison-Therapie etwa bei entzündlichen Atemwegs- oder Gelenkerkrankungen, Hautkrankheiten.

ANWENDUNGSGEBIETE:
➡ Ausleiten, Entgiften: Cortison, *S. 42*

➡ Augenbeschwerden/gerötetes Auge, *S. 92*; Gehörgangekzem, *S. 93*; Lippen, rissige, Zungenbrennen, *S. 99*

➡ Darmflora-Aufbau, Darmsanierung, *S. 134*; Diabetes mellitus (Zuckerkrankheit), *S. 142*; metabolisches Syndrom, *S. 145*

➡ Polyneuropathie, Brennschmerz der Füße, *S. 177*

▢ trockener Hautausschlag, *S. 187*; Hautpilzinfektion, *S. 189*; Hornhaut, Hühnerauge, Schwielen, *S. 190*; Schuppenflechte, *S. 193*

Sulfur jodatum | Schwefeljodid

LEITSYMPTOME: Unreine Haut mit vielen Mitessern, große abgekapselte Hautentzündungen, schwer zu öffnen, danach längere Zeit eiternd, zögerlich abheilend; rötlich entzündete Haut, berührungsempfindliche Pusteln am Augenlid, im Gesicht, auf Brust und Rücken; Halslymphknoten schmerzhaft vergrößert. Häufig Verdauungsstörungen mit Verstopfung oder unregelmäßigem Stuhlgang.

ANWENDUNGSGEBIETE:
➡ Gerstenkorn, *S. 89*

▢ Akne, Hautunreinheiten, *S. 180*; Couperose, Rosacea, *S. 185*; Hautentzündung, Abszess, Furunkel, *S. 188*; Knötchenflechte (Lichen ruber), *S. 191*

Symphytum | Beinwell

LEITSYMPTOME: Anregung der Knochenbruchheilung, lindert Schmerz und Schwellung, auch nach Operation oder Setzen eines Zahnimplantats; anhaltende Beschwerden nach Zahnwurzelbehandlung, Schmerzen beim Kauen, durch Kaltes. Bewegungsabhängige Schmerzen durch Knochenhautentzündung und Knochenödem, auch als Folge eines chirurgisch behandelten Knochenbruchs (Nagel, Metallplatte). Schmerzen beim Sitzen am Steißbein durch Beckenringlockerung nach Entbindung, nach einem Sturz oder Schlag.

ANWENDUNGSGEBIETE:

➡ **Verletzungen: Knochenbruch,** *S. 34*

➡ **Beschwerden nach Zahnbehandlung, Implantate,** *S. 104*

➡ **Schambein- und Steißbeinschmerzen,** *S. 223*

Syzygium jambolanum | Jambulbaum

LEITSYMPTOME: Erhöhte Blutzuckerwerte; oft juckender Hautausschlag und Hitzegefühl am Körper.

ANWENDUNGSGEBIETE:

➡ **Diabetes mellitus (Zuckerkrankheit),** *S. 142*

Tabacum | Tabak

LEITSYMPTOME: Meist in schlecht gelüfteten, überwärmten Räumen: akute Kreislaufschwäche mit extremer Übelkeit, man fühlt sich »sterbenselend«, blasses Gesicht; starker Schwindel, Sehstörungen, Ohrensausen, Zittern, ängstliche Unruhe, der Körper fühlt sich eiskalt an mit kaltem, klebrigem Schweiß. An Händen und Füßen treten Kribbeln, Kältegefühl und Muskelkrämpfe auf, auch lähmungsartige Schwäche.

ANWENDUNGSGEBIETE:

➡ **Schwindel, Menière-Krankheit,** *S. 86*

➡ **Durchblutungsstörungen,** *S. 122*

➡ **Schwangerschaft: niedriger Blutdruck,** *S. 203*

Taraxacum | Löwenzahn

LEITSYMPTOME: Gräulich belegte oder rotfleckige Zunge, Widerwillen gegen fette Speisen, Speichelfluss, Blähungen, Verstopfung oder hellgelblicher Stuhl. Häufiges Wasserlassen großer Mengen; nächtliches Schwitzen. Stechende, dumpfe Kopf-, Muskel-, Gelenkschmerzen.

ANWENDUNGSGEBIETE:

➡ **Leberfunktionsstörungen,** *S. 140*

Tellurium metallicum | Tellur

LEITSYMPTOME: Übel riechender Hautausschlag, wie verkrustet auf dem Kopf, hinter den Ohren und im Gehörgang mit Schwellung und Juckreiz. Auf der Haut ringförmige juckende Entzündungen wie eine Flechte.

ANWENDUNGSGEBIETE:

➡ **Hautpilzinfektion,** *S. 189*; **Schuppenbildung, Kopfhautentzündung,** *S. 197*

Terebinthina | Kiefernöl

LEITSYMPTOME: Blasses Aussehen und Schwächegefühl. Brennende Schmerzen beim Wasserlassen, ziehende Schmerzen in der Nierengegend; auffallender Geruch des Urins oft wie Veilchen. Spuren von Blut und Eiweiß im Urin; Nierenleiden durch Oxalatsteine. Unregelmäßiger Stuhlgang mit geblähtem Bauch; auffallend glänzend rote Zunge.

ANWENDUNGSGEBIETE:

➡ **wiederkehrende Harnwegsinfekte,** *S. 147*; **Nierenfunktionsstörung,** *S. 148*

Theridion | Kugelspinne

LEITSYMPTOME: Ausgeprägte Überempfindlichkeit gegen jegliche Art von Geräuschen, die den Tinnitus verstärken: jedes noch so schwache Geräusch durchdringt den Körper; Zähne reagieren schmerzhaft. Migräneartige Kopfschmerzen, Schwindel, Übelkeit steigert sich bis zum Erbrechen beim Augenschließen und bei der geringsten Bewegung, auch bedingt durch Seekrankheit. Schmerzen in der Herzgegend mit Angstgefühlen. Empfindliche Haut mit plötzlich auftretendem Stechen.

ANWENDUNGSGEBIETE:
➡ Ohrgeräusche (Tinnitus), *S. 95*

Thuja occidentalis | Lebensbaum

LEITSYMPTOME: Man ist ständig in Eile, hastig, hat viele Ideen, fürchtet den Misserfolg, Angst um die Zukunft. Häufig erkältet, auch mit Nasennebenhöhlenentzündungen und Bronchitis, wiederkehrende Harnwegs- und Prostataentzündungen, anhaltende Schleimabsonderung und Polypenbildung (Nase, Magen, Darm, Gebärmutter, Harnblase). Meist dunkler Teint mit vielen Pigmentflecken; oft auch rötlich-kupferfarben schimmernde, fettig glänzende, unreine Haut mit Entzündungen; am Körper viele, meist bräunliche Warzen, die leicht bluten; kalte Hände und Füße.

ANWENDUNGSGEBIETE:
➡ Impfungen, Impffolgen: Grippeschutz, *S. 41*
➡ wiederkehrende Infekte, *S. 71*
➡ wiederkehrende Harnwegsinfekte, *S. 147*; Eierstockbeschwerden, *S. 151*
➡ Warzen, *S. 195*

Thyreoidinum | Schilddrüsengewebe (vom Schwein)

LEITSYMPTOME: Angstgefühl, Druck auf dem Brustkorb, vermehrtes Herzklopfen bei der geringsten Anstrengung; oft gereizte Stimmung, kann das Geringste (Geräusche, Menschenansammlung) nicht mehr ertragen. Schweißige Haut, oft auch leichtes Zittern der Hände.

ANWENDUNGSGEBIETE:
➡ Schilddrüsenüberfunktion, *S. 110*

Urtica urens | Brennnessel

LEITSYMPTOME: Auf der Haut treten viele kleine Entzündungen auf wie nach Kontakt mit Brennnesseln (Nesselsucht, Frieselausschlag); schmerzhaftes Brennen, Juckreiz nach dem Essen, oft nach Fisch oder Meeresfrüchten. Hautausschlag oft auch im Wechsel mit Gelenk- und Muskelschmerzen.

ANWENDUNGSGEBIETE:
➡ Allergie, Nesselsucht, *S. 181*

Ustilago maydis | Maisbrand

LEITSYMPTOME: Hellrote, lang anhaltende Blutung oder Blut dunkel geronnen. Blutung in der Schwangerschaft mit Gefahr der Fehlgeburt; Schmerzen im Lendenbereich. Nachbluten nach gynäkologischer Untersuchung. Hitzegefühl am Rücken wie heißes Wasser, Hitzewallungen, Stimmungswechsel.

ANWENDUNGSGEBIETE:
➡ verstärkte Monatsblutung, *S. 155*
➡ Schwangerschaft: drohende Frühgeburt, *S. 207*; Gebärmutterrückbildung, Wochenfluss, *S. 222*

Veratrum album | Weißer Germer

LEITSYMPTOME: Akute Kreislaufschwäche, blasses Gesicht, kalte Schweiße, starker Schwindel; Kältegefühl am ganzen Körper, Erbrechen, wässrige Durchfälle, Bauchkrämpfe, gehen oft mit Durstgefühl und Verlangen nach kaltem Wasser einher. Schmerzhafte Periodenblutung mit Brechdurchfall und Kreislaufschwäche. Erschöpfung; schmerzhafte Muskelverspannungen, Wadenkrämpfe. Neigung zu migräneartigen Kopfschmerzen mit Schwindel. Unruhiges, ängstliches Gemüt auch mit Niedergeschlagenheit oder gereizter Stimmung, man ist überbeschäftigt.

ANWENDUNGSGEBIETE:
- Hausapotheke: Kreislaufschwäche, S. 26, Periodenschmerzen, S. 29; Medikamentennebenwirkung: Kreislaufschwäche, S. 38
- Kreislaufschwäche, S. 118
- Durchfallerkrankung, Magen-Darm-Infekt, S. 137; schmerzhafte Monatsblutung, S. 153
- Schwangerschaft: niedriger Blutdruck, S. 203, Brechdurchfall, S. 204, Muskelkrämpfe, S. 216; Entbindung: Kreislaufschwäche, S. 219

Verbascum | Königskerze

LEITSYMPTOME: Blitzartige, krampfende Gesichts- und Kopfschmerzen, Gefühl wie gequetscht, oft periodisch auftretend, bis ins Ohr, in den Gehörgang und die Kiefergelenke ausstrahlend, häufig linksseitig; Schmerzen werden durch Erkältung und Wetterumschwung ausgelöst oder verstärkt, dabei ist das Gesicht oft rot und heiß.

ANWENDUNGSGEBIETE:
- Hausapotheke: Schmerzen, S. 30
- Kopfschmerzen, S. 82; Trigeminusneuralgie, S. 87; Ohrenschmerzen, S. 94

Viburnum opulus | Schneeball

LEITSYMPTOME: Meist verspätet einsetzende und oft nur kurz dauernde Periodenblutung; Tage zuvor entwickeln sich krampfartige, vom Rücken bis zu den Oberschenkeln ausstrahlende Schmerzen; oft auch Übelkeit und Durchfall oder Verstopfung.

ANWENDUNGSGEBIETE:
- schmerzhafte Monatsblutung, S. 153

Vinca minor | Immergrün

LEITSYMPTOME: Fleckige, gerötete Kopfhaut, nässend, Haar wie verfilzt; kreisrunder Haarausfall mit nachwachsendem grauem Haar. Empfindliche Haut, schon durch wenig Reiben starke Rötung.

ANWENDUNGSGEBIETE:
- Schuppenbildung, Kopfhautentzündung, S. 197

Viola tricolor | Stiefmütterchen

LEITSYMPTOME: Oft im Gesicht, am Kopf und an den Gelenken nässend-feuchter Hautausschlag, später bilden sich dort Pusteln und Krusten, die jucken, oft Folge eines Infekts; geschwollene Lymphknoten. Übel riechender Urin. Milchschorf bei Kindern.

ANWENDUNGSGEBIETE:
➡ Hautausschlag, nässend, *S. 186*; Neurodermitis, *S. 192*

Vipera berus | Gift der Kreuzotter

LEITSYMPTOME: Meist rechtsseitige Entzündung, Vene gespannt, als ob sie platzen wolle, dunkle Verfärbung, Lymphknoten angeschwollen (Achsel, Leiste). Kreislaufbeschwerden mit ängstlicher Unruhe, kühle Haut mit kaltem Schweißausbruch; Herzschmerzen bei Angina Pectoris.

ANWENDUNGSGEBIETE:
➡ Venenentzündung, *S. 124*

Viscum album | Mistel

LEITSYMPTOME: Erhöhter Blutdruck ohne Beschwerden oder mit hämmernden Kopfschmerzen, Ohrensausen und Schwindel; Gefühl sich nicht zurechtzufinden, man ist wie verwirrt. Immer wieder auftretende Herzbeschwerden mit unregelmäßigem Pulsschlag; Ablagerungen in den Blutgefäßen (Plaques). Schmerzende Muskeln, steife Glieder und Gelenke, auch durch Abnutzung (Arthrose).

ANWENDUNGSGEBIETE:
➡ Bluthochdruck, *S. 117*; Durchblutungsstörungen, *S. 122*

Wyethia | Wyethia helenoides
(nordamerikanische Pflanze)

LEITSYMPTOME: Ständiges Hüsteln, zunehmender Hustenreiz, Fremdkörpergefühl und Juckreiz im Rachen; man räuspert sich ständig, als ob die Stimme immer belegt ist; trockener Rachenraum, Gefühl, als ob der Hals geschwollen sei und das Schlucken erschwert; oft auch Gefühl von Brennen im Rachen.

ANWENDUNGSGEBIETE:
➡ Medikamentennebenwirkung: Reizhusten, *S. 39*; Abwehrschwäche: Stimmbandentzündung, *S. 47*
➡ Heiserkeit, Kehlkopfentzündung, *S. 103*

Zincum metallicum | Zink

LEITSYMPTOME: Allgemeine Erschöpfung und Abgeschlagenheit; innere Unruhe und Anspannung, man fühlt sich ständig getrieben, redet viel, ausgeprägte Geräuschempfindlichkeit; Verhaltensauffälligkeiten und Schlafstörungen als Folge einer Impfung. Beine sind ständig in Bewegung mit Kribbeln und Schmerzen, vor allem nachts; unruhiger, immer wieder unterbrochener Schlaf, schlechte Träume, Zähneknirschen; nächtliches Aufschrecken mit Schreien, deshalb tagsüber große Müdigkeit. Die Muskulatur ist schlaff oder aber stark angespannt auf einer Körperseite; ständiges Zucken einzelner Muskelgruppen, Brennen und Druckgefühl entlang der Wirbelsäule, die Beschwerden strahlen in Kopf, Arme und Beine aus, an Händen und Füßen starkes Schwitzen, was säuerlich riecht. Periodenschmerzen, die bei Blutungsbeginn sofort nachlassen.

ANWENDUNGSGEBIETE:
➡ Erschöpfungszustände, *S. 52*; Spannungszustände, *S. 55*; Schlafstörungen, *S. 63*
➡ Schlaganfall (Folgen), *S. 127*
➡ unruhige Beine, Polyneuropathie, *S. 181*
➡ Schwangerschaft: Schlafstörungen, innere Unruhe, *S. 216*

Glossar

Akutmittel
Das Mittel wird überwiegend bei akuten Beschwerden angewendet.

Antidot
Das Mittel schwächt die Wirkung eines anderen Mittels ab (siehe unten).

Antidotieren
Vorgang der Wirkungsabschwächung (siehe oben)

Aphthen
Schmerzhafte Bläschen meist auf der Mundschleimhaut

Ausleiten
Substanzen können die Selbstheilungskräfte blockieren, deshalb müssen sie ausgeschieden werden.

Borreliose
Bakterielle Infektion durch Borrelien, diese werden durch Zecken übertragen.

Colitis ulcerosa
Chronische oder schubweise verlaufende Entzündung der Dickdarmschleimhaut

COPD
Anhaltende Atembeschwerden mit Luftnot und Verschleimung

Couperose
Fleckige Rötung und Entzündung der Gesichtshaut

Dellwarzen
In der Mitte eingedellte Warzen, auch Schwimmbadwarzen genannt

Diabetischer Fuß
Durch Diabetes mellitus (Zuckerkrankheit) bedingte Durchblutungsstörungen

Divertikulitis
Entzündung der Ausstülpungen im Dickdarm (Divertikel)

Divertikulose
Vergrößerte Ausstülpungen des Dickdarms (Divertikel)

Endometriose
Schleimhaut außerhalb der Gebärmutter

Engegefühl
Gefühl von Druck und Beengung auf dem Brustkorb (Angina Pectoris)

Fersensporn
Knöcherner, dornartiger Fortsatz an der Fersenunterseite; bereitet Schmerzen, als ob man in einen Nagel getreten ist.

Folgemittel
Ein bestimmtes Mittel wirkt besonders gut nach der Anwendung eines anderen Mittels.

Gerstenkorn
Schmerzhafte Entzündung am Rand des Augenlids

Histaminintoleranz
Unverträglichkeit von Histamin, welches in vielen Nahrungsmitteln enthalten ist.

Inkontinenz/Harninkontinenz
Unwillkürlicher Harnabgang; Unvermögen, den Urin kontrolliert zu lassen

Lymphödem/Lymphstau
Anschwellung von z.B. Hand, Arm oder Beinen durch nicht abfließende Lymphflüssigkeit (z.B. nach Operation)

Makuladegeneration
Krankhafte Veränderung der Netzhaut im Auge mit Sehstörung

Menière-Krankheit
Schwindel durch Erkrankung des Gleichgewichtsorgans im Innenohr

Metabolisches Syndrom
Krankhafte Veränderung des Blutzucker- und Fettstoffwechsels

Morbus Bechtcrew
Entzündung der Wirbelsäule

Morbus Crohn
Chronische oder schubweise verlaufende Entzündung der Darmschleimhaut; kann den ganzen Verdauungstrakt betreffen

Morbus Scheuermann
Krankhafte Veränderung der Wirbelkörper (Wirbelsäule) beim Heranwachsenden, die zu ausgeprägter Rückwärtskrümmung der Wirbelsäule führt

Myom
Gutartige Vergrößerung der Muskulatur der Gebärmutter

Nahrungsmittelunverträglichkeit
Allergie-ähnliche Reaktion auf Nahrungsmittel ohne Allergie-Nachweis im Blut oder an der Haut

Niednagel
Nagel, der in das Nagelbett einwächst und sich schmerzhaft entzündet.

Nosode
Homöopathisches Arzneimittel, aus abgetöteten Erregern hergestellt

Ödem
Wasseransammlung im Gewebe

Osteoporose
Abnehmende Knochendichte im Alter oder durch Krankheit

Paukenerguss
Mittelohrentzündung mit Ansammlung von Flüssigkeit im Mittelohr

Pendelhoden
Der Hoden verbleibt nicht dauerhaft im Hodensack, er rutscht immer wieder zurück (er »pendelt«).

(Post-)Zosterneuralgie
Schmerzhafte Nervenentzündung durch eine Gürtelrose

Pusteln
Eitrige Hautentzündungen wie bei Akne

Quincke-Ödem
Schwellung im Gesichtsbereich

Roemheld-Syndrom
Große Gasansammlungen im Darm, die auf das Herz drücken

Skoliose
Seitliche Rückgratverkrümmung

Trichomonaden
Einzellige Erreger, die Entzündungen im Genitalbereich verursachen

Trigeminusneuralgie
Fast immer einseitige, sehr schmerzhafte Nervenentzündung im Gesicht im Bereich des Trigeminusnervs

Tubenkatarrh
Entzündung im Verbindungsgang vom Mittelohr zur Nase

Zahn(fleisch)fistel
Anhaltende Entzündung meist im Zahnwurzelbereich mit Absonderung

Zyste
Mit Flüssigkeit gefülltes Bläschen, z.B. in der Schilddrüse oder Niere

Bücher, die weiterhelfen

→ Gawlik, Willibald: **Arzneimittelbild und Persönlichkeitsportrait.** Haug Verlag, Stuttgart

→ Hahnemann, Dr. Samuel: **Organon der Heilkunst.** Narayana Verlag, Stuttgart

→ Köhler, Gerhard: **Lehrbuch der Homöopathie.** Haug Verlag, Stuttgart

→ Wiesenauer, Dr. med. Markus: **Quickfinder Homöopathie für Kinder.** GRÄFE UND UNZER VERLAG, München

→ Wiesenauer, Dr. med. Markus: **Homöopathie Quickfinder.** GRÄFE UND UNZER VERLAG, München

→ Wiesenauer, Dr. med. Markus/Kirschner-Brouns, Dr. med. Suzann: **Das große Homöopathie Handbuch.** GRÄFE UND UNZER VERLAG, München

→ Wiesenauer, Dr. med. Markus/Elies, Michael: **Praxis der Homöopathie: Eine praxisbezogene Arzneimittellehre.** Haug Verlag, Stuttgart

Zeitschrift

Allgemeine homöopathische Zeitschrift. Haug Verlag, Stuttgart

Adressen, die weiterhelfen

→ **Deutsche Homöopathie-Union**
Postfach 41 02 40
76202 Karlsruhe
www.dhu.de

→ **Deutsche Gesellschaft für Klassische Homöopathie e. V. (DGKH)**
Saubsdorfer Str. 9
86807 Buchloe
www.dgkh-homoeopathie.de

→ **Österreichische Gesellschaft für Homöopathische Medizin (ÖGHM)**
Billrothstr. 2
A-1190 Wien
www.homoeopathie.at

→ **Homöopathie Verband Schweiz (HVS)**
Leimeren 8
CH-3210 Kerzers
www.hvs.ch

→ **Schweizer Verein Homöopathischer Ärztinnen und Ärzte (SVHA)**
Dorfhaldenstr. 5
6052 Hergiswil
www.swiss-homeopathy.ch

→ **Natur und Medizin**
Am Deimelsberg 36
45276 Essen
www.naturundmedizin.de

Plazenta-Nosode

www.plazentanosoden.de
Unter dieser Adresse finden Sie die auf Seite 201 von mir empfohlene Nosode. Auf dieser Homepage finden Sie auch eine von mir mit durchgeführte Studie zur Anwendung von Plazenta-Nosoden.

Beschwerdenregister

Mittelregister und Kuren

Mittel

Kuren

Der Autor

Dr. med. Markus Wiesenauer ist seit über 25 Jahren in eigener Praxis tätig als Facharzt für Allgemeinmedizin mit den Zusatzqualifikationen Homöopathie, Naturheilverfahren und Umweltmedizin. Für seine wissenschaftlichen Arbeiten wurde Dr. Wiesenauer mehrfach ausgezeichnet, unter anderem mit dem Alfons-Stiegele-Forschungspreis für Homöopathie. Er war langjähriger Vorsitzender der Arzneimittelkommission D (homöopathische Therapierichtung), Mitglied der Arzneimittelkommission E (pflanzliche Therapierichtung) sowie der Homöopathischen Arzneibuch-Kommission HAB am Bundesinstitut für Arzneimittel und Medizinprodukte (BfArM). Dr. Wiesenauer hat mehr als 200 Arbeiten und über 25 Bücher zu den Themen Homöopathie, Pflanzenheilkunde und Allgemeinmedizin geschrieben. Seit Jahren hält er Vorlesungen für Ärzte und Apotheker sowie Vorträge für interessierte Laien. Immer wieder ist er Gast in TV-Sendungen.

Von Dr. Markus Wiesenauer sind beim GRÄFE UND UNZER VERLAG bisher erschienen:
→ Homöopathie Quickfinder
→ Quickfinder Homöopathie für Kinder
→ Homöopathie – Das große Handbuch

Impressum

Projektleitung: Barbara Fellenberg
Lektorat: Angelika Lang
Bildredaktion: Julia Fell
Layout: independent Medien-Design GmbH, Horst Moser, München
Herstellung: Martina Koralewska
Satz: Cordula Schaaf, München
Reproduktion: Longo AG, Bozen
Druck und Bindung: Dimograf

Bildnachweis:
Cover: alimdi; Flora Press: S. 241; Stock-Food: S.5 ; Illustrationen: Isabelle J. Fischer

ISBN 978-3-8338-3693-0
3. Auflage 2017

Syndication: www.seasons.agency

Wichtiger Hinweis

Die Gedanken, Methoden und Anregungen in diesem Buch stellen die Meinung bzw. Erfahrung des Verfassers dar. Sie wurden vom Autor nach bestem Wissen erstellt und mit größtmöglicher Sorgfalt geprüft. Sie bieten jedoch keinen Ersatz für kompetenten medizinischen Rat. Jede Leserin, jeder Leser ist für das eigene Tun und Lassen auch weiterhin selbst verantwortlich und sollte in Zweifelsfällen oder bei länger andauernden Beschwerden immer einen Arzt oder Heilpraktiker aufsuchen. Weder der Autor noch der Verlag können für eventuelle Nachteile oder Schäden, die aus den im Buch gegebenen praktischen Hinweisen resultieren, eine Haftung übernehmen.

 www.facebook.com/gu.verlag

GRÄFE UND UNZER

Ein Unternehmen der
GANSKE VERLAGSGRUPPE

Liebe Leserin, lieber Leser,

haben wir Ihre Erwartungen erfüllt? Sind Sie mit diesem Buch zufrieden? Haben Sie weitere Fragen zu diesem Thema? Wir freuen uns auf Ihre Rückmeldung, auf Lob, Kritik und Anregungen, damit wir für Sie immer besser werden können.

GRÄFE UND UNZER Verlag
Leserservice
Postfach 86 03 13
81630 München
E-Mail:
leserservice@graefe-und-unzer.de

Telefon: 00800 / 72 37 33 33*
Telefax: 00800 / 50 12 05 44*
Mo–Do: 9.00 – 17.00 Uhr
Fr: 9.00 – 16.00 Uhr
(* gebührenfrei in D, A, CH)

Ihr GRÄFE UND UNZER Verlag
Der erste Ratgeberverlag – seit 1722.